ARNO SCHMIDT

DAS
ERZÄHLERISCHE WERK
IN 8 BÄNDEN

BAND 3

EINE EDITION DER
ARNO SCHMIDT STIFTUNG
IM HAFFMANS VERLAG

ARNO SCHMIDT

NOBODADDY'S KINDER: AUS DEM LEBEN EINES FAUNS

—

BRAND'S HAIDE

—

SCHWARZE SPIEGEL

UMSCHLAGZEICHNUNG VON ARNO SCHMIDT

1.–10. TAUSEND, MÄRZ 1985
11.–20. TAUSEND, APRIL 1985

ALLE RECHTE AN DIESER WERKAUSGABE VORBEHALTEN
COPYRIGHT © 1985 BY
ARNO SCHMIDT STIFTUNG BARGFELD
GESTALTUNG UND PRODUKTION:
URS JAKOB, HAFFMANS VERLAG AG, ZÜRICH
GESAMTHERSTELLUNG: ZOBRIST & HOF AG, LIESTAL
ISBN 3 251 80000 0

Inhalt

AUS DEM LEBEN EINES FAUNS
7

(Februar 1939)
9

(Mai/August 39)
41

(August/September 1944)
75

BRAND'S HAIDE
99

Blakenhof oder die Überlebenden
101

Lore oder das spielende Licht
139

Krumau oder willst Du mich noch einmal sehen
164

SCHWARZE SPIEGEL
183

(1.5.1960)
185

(20.5.1962)
217

AUS DEM LEBEN EINES FAUNS

I

(Februar 1939)

Auf die Sterne soll man nicht mit Fingern zeigen; in den Schnee nicht schreiben; beim
   Donner die Erde berühren: also spitzte ich eine Hand nach oben, splitterte
   mit umsponnenem Finger das ‹K› in den Silberschorf neben mir,
   (Gewitter fand grade keins statt, sonst hätt ich schon was gefunden!) (In
   der Aktentasche knistert das Butterbrotpapier).
Der kahle Mongolenschädel des Mondes schob sich mir näher. (Diskussionen haben
   lediglich diesen Wert: daß einem gute Gedanken hinterher einfallen).
Die Chaussee (zum Bahnhof) mit Silberstreifen belegt; am Rande mit Rauh-
   schnee hochzementiert, diamonddiamond (macadamisiert; – warn
   Schwager Coopers nebenbei). Die Bäume standen riesenstramm und
   mein Schritt rührte sich dienstfertig unter mir. (Gleich wird der Wald
   links zurückweichen und Felder ankommen). Auch der Mond mußte
   mir noch im Rücken hantieren, denn manchmal zwitschten merkwürdig scharfe Strahlen durchs Nadelschwarz. Weit vorn stach ein kleines
   Auto die aufgeschwollenen Augen in die Morgennacht, sah sich langsam zitternd um, und wandte mir dann schwerfällig den rotglühenden
   Affensteiß her: gut, daß es wegfährt!
Mein Leben?!: ist kein Kontinuum! (nicht bloß durch Tag und Nacht in weiß
   und schwarze Stücke zerbrochen! Denn auch am Tage ist bei mir der ein
   Anderer, der zur Bahn geht; im Amt sitzt; büchert; durch Haine stelzt;
   begattet; schwatzt; schreibt; Tausendsdenker; auseinanderfallender
   Fächer; der rennt; raucht; kotet; radiohört; »Herr Landrat« sagt: that's
   me!): ein Tablett voll glitzernder snapshots.
Kein Kontinuum, kein Kontinuum!: so rennt mein Leben, so die Erinnerungen
   (wie ein Zuckender ein Nachtgewitter sieht):
   Flamme: da fletscht ein nacktes Siedlungshaus in giftgrünem Gesträuch:
   Nacht.
   Flamme: gaffen weiße Sichter, Zungen klöppeln, Finger zahnen: Nacht.
   Flamme: stehen Baumglieder; treiben Knabenreifen; Frauen kocken;
   Mädchen schelmen blusenauf: Nacht!
   Flamme: Ich: weh: Nacht!!

Aber als majestätisch fließendes Band kann ich mein Leben nicht fühlen; nicht ich! (Begründung).

Treibeis am Himmel: Schollen; ein Feld. Schollen; ein Feld. Schwarze Spalten, in denen Sterne krochen (Seesterne). Ein heller weißer Fischbauch (Mondfisch). Dann:

Bahnhof Cordingen: der Schnee prickelte leise an den Mauern; ein schwarzer Weichendraht bebte und hauchte hawaien; (neben mir erschien die Wölfin, mit Silberkörnern überall. Erst mal einsteigen).

Die große weiße Wölfin: knurrte den Gruß, setzte sich wild und zerrte das Schulbuch an einer Ecke heraus; dann zog sie viele zackige Tintenfäden aus dem Füller, duckte sich, und sah mit den runden Augen in ein unsichtbares Loch. Mein roter Gedankenschwarm kreiste ein bißchen um sie rum, knarrend, mit runden Augen, gelbgeränderten. (Dann kam aber schon wieder ein schwarzer, und ich wetzte den Mund und starrte ablehnend auf die schmutzigen Lattenbänke: funkelnde dickköpfige Messingschrauben, roundheads, perlten uns durch: wie soll man solchem Zeug entkommen?! Die Wölfin kratzte im Reif am Fenster, daß ihre Freundin einsteige: also: Walsrode).

»Heil, Herr Düring!«: »Morgen, Peters.«; und er brachte den Witz: ‹Blumen, gnädiger Herr?!: –: Danke. Die Dame ist meine Frau!›. Hahahihi. (Draußen hakte eine Silberklaue durch die Wolken, zerriß eine dünne, zog sich wieder ein): hahahihi. Seine Blicke strolchten auf den Schülerinnen herum, der gebogenen Blusenseide; den schenkelgefüllten Röcken.

Schönbrauige: Schulmädchen mit glatten Gesichtsgeheimnissen, ernste unbewegliche Augen; sandfarbene Bubiköpfe drehten sich auf dünnen Hälsen, während die Porzellanhand Englischklein schrieb, ins blaue Heft. (Nun noch etwas Morgensonne drauf!: Und da kam sie schon, pünktlich, rot aus gelben Wolkenschlitzen; hü-oh-ruf der Eisenbahn, als kehle das Weltall, unbeteiligt und extragalaktisch).

Station Aufenthalt: (Macht bloß die Tür zu!. »Mok Schott dicht!«).

Sonnenaufgang: und scharlachne Lanzen. (Aber hinten blieb Alles noch starr und eisblau, wie hoch Der auch die lachsroten leeren Gobelins hielt).

Vom Abteilfenster aus: ganz erstarrt die Wälder! (Und dahinter hellrosa und blau); so still, daß Niemand hindurchgehen konnte (er müßte denn mit geweiteten Augen und gewinkelten Armen auf spitzen Füßen hindurch balancieren; (und vielleicht so einwachsen! Eine unsinnige Lust ergriff mich, Derjenige zu sein: Notbremse ziehen, Tasche liegen lassen, spitze Balancierarme, kristallene Augen, flint & crown)).

Fallingbostel: »Heil!«: »Wiedersehn!«: »Wiedersehn: –«: »Heilittler!«

Landratsamt (= der Prometheusfelsen). Kollegen: Peters; Schönert; (Runge war noch auf Parteiurlaub); Fräulein Krämer, Fräulein Knoop (Tipsen); Otte, männlicher Lehrling; Grimm, weiblicher Lehrling.

Fräulein Krämer: klein und schlangenzierlich. Sie stand an der Kartei, sah listig herüber, und rieb dann gewandt ihr Becken an der Tischkante; lehnte die grüne Strickjacke zurück in die zentralgeheizte Luft, daß die subtilen apfelgroßen Brüste hervortraten, und blickte so versonnen auf ihre dünnen glatten Fingerspargel, die in den Karteikarten schnipsten.

»In Ihrer Haut möcht ich stecken, Fräulein Krämer!« (Schönert, beklommen seufzend. Noch mal): »In Ihrer Haut möcht ich stecken.« Sie sah ihn mißtrauisch aus den langen Augenwinkeln an (hat ja wohl auch ihre Sorgen). – »Dochdoch«, beteuerte er fromm, »Und wenns son Stück wär: –« zeigte: etwa 20 Zentimeter. – Ihr Mund, zuerst verblüfft plissiert, löste sich auf, in eddies and dimples, dann prustete sie semig (selbst ich griente würdig und abteilungsleitern: der Schönert, das Schwein. Ja, der war unverheiratet!), und ging zu ihrer Freundin rüber, tuschelte der zwei Sätze, zeigte –: (Abstand etwa 30 Zentimeter), und auch die lachte hell und nervös (bog aber während der ganzen Offerte kommerziell weiter ihre Blattecken. Dann: ihre Blicke schlängelten sich vorsichtig durch die Gegenstände bis zu ihm, Schönert).

Beete und arbeete, und arbeete, und arbeete: »So ein Pflaumbauer.« knurrte Peters (der Schlesier) ärgerlich über seiner Akte, fraß am pencil, schob die Zähne über die Unterlippe und sann. (Aber das war interessant! Ich hatte schon oft seinen Urlauten gelauscht: die unverständlichen davon waren entweder verballhorntes Slawisch oder Französisch, aus den Jahren der napoleonischen Besetzung Schlesiens, 1808–13. So sagte er grundsätzlich: »Abgemacht Seefe« = nicht »Seife«, sondern »c'est fait«; »Verflucht an Sammel« = nicht »eine Semmel«, sondern »ensemble«. Und jetzt nannte er seinen Quidam einen »Pflaumbauer«. – Später im Sachs-Villatte gefunden: »flambart = lustiger Bruder, doller Kerl«, also etwa unserem »Blitzkerl« oder »Donnerschlag« entsprechend).

Frühstückspause (danach ist dann gleich Publikumsverkehr): Filme, Fußball, der Führer, Witze, »Wer in der Jugend tüchtig bürscht, braucht im Alter wenich kämm« (Peters), Parteitag, Bürofehden, Illustrierte ansehen, kauen und rascheln: »Na, Schönert?« –

Höchst merkwürdig!: Schönert, durchaus auch klassisch beschlagen, hatte Odyssee XXIII, 190 ff. gelesen, und bestritt die Möglichkeit: es faulte viel zu schnell! Selbst ein in den Boden getriebener Pfahl hielte wesentlich länger (da andernfalls die noch intakten Wasserleitungen des Stumpfes andauernd Feuchtigkeit hochkapillarten; wie jeder Landwirt wüßte).

»Auf keinen Fall hält das 10 oder 20 Jahre!« Also: Ignorant Homer?!
Oder?.

Am Fenster: weißmähnige Pferde standen vor langen Wagen; lugten aus
Ställen; gingen an Knabenhand; zuckten den Huf aufs Pflaster; grünliche
Feigen fielen aus ihnen; sie sannen und schnaubten. (In Leder Gefesselte.
Und bunte Fuhrleute erschienen und schrieen auf Menschisch. Alles im
Winter).

Und der Kundschaft breitgestirnte glatte Scharen (na sgeht ja bloß von 10 bis 12.
Und war ruhig heute). Stempeln. Zwei Bescheinigungen. »Ja, da müssen Sie nachä – Zimmer 14. Ein' Stock höher. – Ja?«

Ein junges Mädchen wollte heiraten (roter Rock, gelber Pullover, breit und
gebärfreudig), und ich erklärte ihr mit Nachsicht, daß ihr noch diverse
»Papiere« fehlten, »nach den neuen Bestimmungen«, Geburtsurkunde
des Großvaters mütterlicherseits; hier dem Trauschein fehlte die Unterschrift (Oh, ein Kind hatte sie bereits, daher auch das Chassis, Gran
Cañon: soll man ihr sagen: heiraten Sie lieber nicht?!)

Es gibt einfach keine Verständigung zwischen den Generationen! Meine Kinder
sind Fremde; ebenso warens immer meine Eltern. Daher auch in Bio-
graphien die Verwandten stets unwichtiger als Geliebte oder Freunde.
Wir stehen wie Kellner umeinander herum. (Kinder trennen eine Ehe
nur noch schneller. In unsern Kreisen).

Noch ein Stempel: »Schließen Sie bloß zu, Freuln Krämer!«

Mittagspause: heißt Stullen malmen. Dann etwas Bewegung machen.

Ich weiß nicht (vor Geschäften); ich weiß nicht: aber »Warenhaus«, das deckt
sich bei mir immer irgendwie mit »Familienbad«; erotische Neonwelle
in beiden, künstlich und überbelichtet.

Ein Mädchenschwarm fiel ein mit fröhlich flatternden Zungen. (Peters will sich
auf seine alten Tage noch n Klavier kaufen. Und spielen lernen. Je nun).

SA, SS, Militär, HJ undsoweiter: die Menschen sind nie lästiger, als wenn sie
Soldaten spielen. (Kommt bei ihnen wohl periodisch in jedem Jahr-
zwanzicht, ungefähr wie Malaria, neuerdings noch schneller). Am Ende
sind doch immer die Schlimmsten Meister, das heißt: Vorgesetzte,
Chefs, Direktoren, Präsidenten, Generale, Minister, Kanzler. Ein
anständiger Mensch schämt sich, Vorgesetzter zu sein!

Der dunkelrote Autobus schnurrte leise von hinten heran, schob sich langsam
an meiner Seite vorbei, und ich sah eine Sekunde in die Gesichter, rund
zehn warens, von daumendicken Nickelstangen halbiert, von angelau-
fenen Scheiben mattgefleckt, interesselos und großäugig. (Dann noch
die Mühle mit der Böhme, und das Denkmal Quinti Icilii).

»Achtung, Dr. D. kommt!« zischte Peters beim Eintreten und griff tiefer in seine

Pässe; schneller juckte die Krämer mit lesbisch dünnen Fingerspitzen ihre dunkle Mercedes, und Lehrling Otte hob den dicken Karteikasten betont keuchend in Kinnhöhe, das Auge des Herrn macht das Vieh fett, siehe: er kam:

Landrat Dr. von der Decken: hoch, grau und fett; souveräne Ruhe in den großen Falten des Nebelgesichtes; die Augen wischten schwer über die Tischplatten und uns andere Gegenstände. Auf meine Rechte sah er lange (die beim raschen Postdurchlesen ständig den Bleistift drehte: machts Dich porös, Serenissime?, nächstes Blatt: drehen. Er stand immer noch, präsidenten, monumenten, potentaten, iguanodonten, ohgott, wie wir uns verachteten, wie der Kaiser von Aromata, nächstes Blatt: drehen). »Wie spät, Herr Peters?«: »Ä – 15 Uhr 30, Herr Landrat, vierndreißich.« »Danke« (ganz tief und hindenburgig hingebrummt), »Danke«. Ging dann. Und ich las und drehte; die Krämer popelte zierlich; und Lehrling Otte nahm sich den Kasten wieder vom Brustbein. (»N Gesicht hatta gemacht«, Peters eifrig: »wie wenn da Affe Kleister kaut!«; und wir jappten vor Lachen ob der heroischen Metapher: aber das ist doch bestimmt auch wieder irgend son Silesianismus!)

Früh heut die Dämmerung. (Schönert hatte den Wetterbericht gehört und weissagte Eintrübung und regnerisch). Die Tischlampe färbte die grünen Formulare noch mabusischer (I seen him serve the Queen/in a suit of rifle-green), und Otte brachte mir die Mappe mit 500 Unterschriften; wieder mal; er hatte sie fertig gestempelt (irgend ne Anweisung an alle Gemeinden; zum Aushängen), und er half mir, wortlos und auch schon Stachanow. »I. A. Düring«. »I. A. Düring«. Fünfhundertmal. (Und dann beneidet man uns noch um die Pension! Mein lieber Mann!)

Weiß Gott: es nieselte schon; aber der Zug kam pünktlich durchs Gesprühe. (Peters wollte noch ins Kino).

Der hagere Zeitungsverteiler: ich war in »Reisende mit Traglasten« geraten, und sah zu, wie er unterwegs das Fenster öffnete und den einsamen Bahnwärterhäuschen die Pakete hin kugelstieß (damit die sie dann auf den Dörfern verteilten). »Na, Herr Singer, wie stehts Turnier?«; und er gab mir zurückhaltend und kammachern Auskunft. (War nämlich ein leidenschaftlicher Schachspieler, vieleckig und armselig, ‹Germania Walsrode›, und so entzückend fanatisch, daß er nicht rauchte, wenn er »trainierte«). »Heilittler, Herr Singer«.

Stillste Moorluft: ein Bauer bildete sich zehn Schritte vor mir; zuerst nur grau, wie aus Rauch gepustet; (dann schien er blaue Hosen zu tragen; der gebückte Rücken blieb buntlos); Hände qualmten langsam unter ihm rum; dann richtete er sich breit, schnickte mit der Peitsche, daß die Luft

vor Schmerzen stöhnte, hohl: da verschwand das Pferd aus Schatten-
flicken neben ihm, und auch er entstand mir später nicht mehr. (War
wohl verrübt; zersät; irgendwie).

Lichter der Siedlung, und Schwermut, as the mist resembles the rain.

Mittagessen als Abendbrot: Seemannslos. Bratkartoffeln und elastische
schwarz-rote Wurstscheibchen. »Habt Ihr schon das Hitlerbild?« fragte
der Egerländermarsch, und beteuerte sogleich weiter: »Nee nee, wir
ham noch keins / aber kaufen tun wir eins!«. (Dazu wie ein Blitzlicht die
Weihnachtserinnerung: Kerzen schimmerten gekonnt und versonnen,
weiche goldgeschmolzene Gesichtlein über weißen schlanken Hälsen,
geneigten, verlogen und schein-heilig. Gar gemütlich stank der mit
Zimt und Nelken verfälschte Glühwein, rot aus den Sonntagsgläsern;
und auch ich hatte mir falsch die Hände über den Leib gelegt, eine der
drei schweren Brasil geblasen. Dann hatte ichs aber doch nicht ausgehal-
ten, und zu dem ollen Atlas von 1850 gegriffen, den ich für ein paar
Pfennige in Verden für mich aufgegabelt hatte. Blende zu).

(Früher hatte ichs noch immer mit Büchern versucht. Als Geschenke für Frau
und Kinder. Aber seit Jahren warens nur noch elektrische Kochtöpfe,
Wäsche und Fleischwölfe; primum vivere rundum. Mein Sohn prüfte
mit wilder Freude den extralangen HJ-Dolch, was fallen will, das soll
man auch noch stoßen; an der Tochter hing das neue Kleid, vorm
Spiegel, bonbonenes Gesicht: meine Tochter. Blende zu).

Beim Sendersuchen (nach Nachrichten): »Kadum-Seife macht schön Deinen
Leib. / – Kadum-Seife ist unerreicht!«. Und so innig gesprochen, in der
pflaumengelben Liebstdumichweis': also Saarbrücken; weiter. (Die halten sich nu fürn kulturellen Feldherrnhügel!)

»Papst Pius der Soundsovielte: schwer erkrankt«, und ich hob nur die Augen-
brauen im abweisenden Weiterdrehen: wer fährt heut noch im Zeppe-
lin?! (Wenn ich bedenke, daß keiner unserer sechs großen Klassiker
katholisch gewesen ist . . . . . Wenn ich fernerhin bedenke, daß die Hälfte
von ihnen – oh, die weitaus bessere Hälfte: Lessing, Wieland, Goethe
(zeitlich geordnet!) – feind jeder geoffenbarten Religion war . . . . : so
weiß ich, was ich weiß!)

»Bin müde: Gut Nacht«. (Hab mein Zimmer im Erdgeschoß für mich allein;
meine Frau hat mich über den Kindern und Jahren vergessen; läßt nur
noch ganz widerwillig). Drüben bei Evers und Hohgrefe noch Licht.

Noch mal im Klo: schwarz und geruchlos kalt. (Bin tatsächlich müde; na, morgen
iss Sonnabend). (Asche wehte über den Betonmond, unaufhörlich, vom
Bleichwind verschwemmt, verführt, verladen, vergossen). (Dann, nach
Stunden, war er ein Stück weiter gerückt. Im Hemd am Fenster).

Plus 2 Grad, Sprühregen, windstill, augenblicklich. (Eiskalt die Laken).

Ich schlug die biegsame blaue Kröner-Ausgabe auf, und las den Brief, den
Friedrich Nietzsche 1891 von der Hebrideninsel Skye an Jakob Burckhardt gerichtet hat: ».... Am Strande, zwischen Planken und anderem
stürmisch gekrümmtem Holz, und ein ganzer Himmel von Seesternen
wimmelt langsam um mich Schreibenden her: wir bauen die Drachen
nun doch ohne furchtsames Verdeck; am ersten Mast wallt schon die
Segeldecke mit scharfer roter Borte. – Zwei der Boote werden voraus-
fahren, als Spähtrupp, als Raben, als Templeisen. Ich, Führer des Haupt-
treffens, folge wenige Tage später mit den restlichen sechs Schiffen:
mein nächstes Lachschreiben (sic!), Freund, wirst Du bereits aus Hellu-
land erhalten, sobald wir die Baustellen für unsere shanties uns auserle-
sen haben .....« (dann wirrte sich aber der Text, und ich schlug die Seite
um, und geriet in Fragmente und Notizen, bis ich erwachte. – Geschieht
mir oft, so in Büchern zu blättern. Aber komisch, wo ich N. doch sonst
nicht verknusen kann!).

Küchenallein: kalt und fliesenleer. Kinder schlafen; Frau schläft; ich: wache! –
Die lächerlich rote Thermosflasche mit dem lehmigen Gekaff; zwei
Wurstschnitten, zwei mit Käse: schönen graugoldnen Harzerscheiben
(nicht etwa stinkig und zerlaufen: den mag ich nicht! Iss doch gut, wenn
man ‹seine Ordnung› hat. Höhnisch).

Wind schnalzte im Garten und kam mit schlürfenden Wasserschrittchen
hinterher.

Die Zweige schnarrten in der Nacht. (Da wallte mein Mantel kurz und prahlerisch). Ein Regen flüsterte mit der Teerstraße. (Wie schwarze nasse
Wollstrümpfe mäanderte's lange unten durch mein Gedenk. Oder wie ein
Leichenauto, verfahren in großen Wäldern, stöhnt, mit hinterherwehen-
den schwarzen-weißgeränderten Vorhängen). Auch hagere Büsche
rasselten skelettene Sarabanden; das Pflaster glitzerte auf die einsame
Laterne zu; lemurisch hantierten die Einfälle im Dachstübchen; der Bauch
puffte schnarrig aus: hübsch warm übern Rücken ruff – c'est la guerre!).

(Bergländer liebe ich nicht: nicht den breiigen Dialekt ihrer Bewohner, nicht die
zahllos gewölbte Erde, Bodenbarock. Meine Landschaft muß eben sein,
flach, meilenweit, verheidet, Wald, Wiese, Nebel, schweigsam).

(Nicht nur geologisch: auch geistig und moralisch heißt die Stunde Alluvium:
Geschwemmtes. Pfahlbauern und Höhlenmenschen; mit Pfahlgeram-
mel oder Grotten im Denken; sächsische Schweiz der Geister. Schöner
Name: »Glockenbecherleute«! Nicht Lang- oder Kurz-: Hohl-Schädel!
Vom ewigen Strammstehen wird Alles prognath: 'woll, Herr Neander-
taler!)

Verspätung!: alle Züge hatten unbestimmte Verspätung (und seine feuerrote Mütze bedauerte knapp und amtlich stolz ob des verantwortungsvollen Sonderfalles). So taten wir denn stumm die paar Schritte und schoben hintereinander rein

in den winzigen Warteraum: sogleich begannen sich dunkle Kreise um Jeden von uns zu bilden, gedankenlos, taschenhändig; erst nach einiger Zeit kam Murmeln (das würde gut 10 Minuten anhalten; dann würden sie wütend werden, usw. usw., war ja Alles bekannt. Ich sah zu, daß ich meine Wölfin immer im Auge hatte).

Sie merkte es, und rotzte frech und einladend über ihren Freundinnen. (Die Schulaufgaben schienen noch so ziemlich dieselben zu sein: Kurvendiskussionen, Galsworthy, Wärme-Wien, und »Hastun viertn Akt gelesn?«. –) Der Wind wurde lauter; er spräng geduckt hin und her, reckte sich, atmete höhlig, und stöberte witzig im Matsch; dann kam er an mein Fenster, haspelte drei Sätze auf Gälisch, prustete los (vor Lachen, wegen meim Gesicht), und weg war er. Die dunklen Flecken unter uns wurden größer; der Rote nahm wieder das Telefon zur Hand; es schwirrte an seiner dünnen Schnur, und er befragte es sorgsam und erregt.

So dachte ich, und mein indessener Körper stand an der Bahnhofsecke wie ein vom Fahrer verlassener leerer Omnibus.

Alles fröstelt endlich: vom Rücken des schwarzen Eisenwurmes troff es in die Mantelkragen. Pfützen schlürften in Mädchenhalbschuhe (da zischte der dicke Drache schlaffen Dampf heraus, der lallend und unentschlossen überm bleiernen Kies wappte).

Raucherabteil: sie inhalierten und träumten; und auch ich holte pro forma eine schicke Attika heraus.

Die Wölfin: sie zerriß ihre Frühstücksschnitte in zwei handliche Stücke, langsam und mit abwesenden Fingern, daß eine dicke bernsteinene Käseperle in die Gletscherfalten des Butterbrotpapieres rollte (Seelenverwandtschaft, wie?!). Dann ein Apfel. Dann Schmeil-Norrenberg ‹Biologie›.

»Mensch, Runge!« (heuchlerisch): »Na?!« (Peters, Schönert, die Krämer, Alle, rundherum). Und er erzählte stolz und kurz.

Von Bergen-Belsen: (war als SS-Mann zum Lagerpersonal abkommandiert gewesen, das fette Schwein). »Oh, die arbeiten dort Alle schön!«, lächelte verkniffen und herrenhäusern: »die Juden.« Pause. Er schob die Karteikarte näher an die dicken Blauaugen; aber es mußte heraus: »Und wenn sie sich weigern – werden sie aufgehängt.« – ?!!? –: »A'm Spezialgalgen.«

Nichts! Ich weiß nichts! Ich kümmre mich um nichts! (Aber das weiß ich: Alle Politiker, alle Generäle, alle irgendwie Herrschenden oder Befehlenden sind Schufte! Ohne Ausnahme! Alle! Ich erinnere mich der großen Pogrome noch gut; ich vergesse es nicht, wie die SA beim Dr. Fränkel mit der Axt in die Schreibmaschine hackte, unds schrille Klavier aus dem Fenster kantete, bis er Selbstmord beging!: Aber einst wird kommen der Tag, meine Herren Lumpen. Und wehe dem, ders dann ‹nochmal versucht› mit Euch!)

»Christus?: hat sich selbst kastriert!«; das war wieder Schönert, der prononciert Matthäus XIX Vers 12 vorlas, die Parallelstellen, die Skopzen erwähnte, und seine mangroven Ideen dann unablässig fortspann. (Aber an sich gar nich so abwegig, wie? Später ma näher ventilieren).

Eine kleine schwarze Kundin, beltenebros also, mit ganz unverhältnismäßig hoher Brust, machte Peters viel zu schaffen, der sich lange und übertrieben dienstlich mit ihr unterhielt, und mit seinen Fischaugen mehrfach unzüchtige Handlungen an ihr vornahm. (Iss ja nich wild: eher traurig! »Die wird ein Dreieck hinlegen!«. Luther war genau so: der konnte auch »keine Frau ansehen, ohne ihrer zu begehren«!).

Dann sonnabendne Pläne der Tipsen: »Hat der Landrat schon was wegen heut Mittag angeordnet? – Also: meine Damen!«, und ich wandte mich mürrisch wieder den Mappen zu, mit kalten textilnen Griffen.

Ein Mutterschaftskreuz!: Das war der pucklige versoffene Benecke, der mit den 14 Kindern; alles Karikaturen, rothaarig, schielend, Zähne wie Mah-Jongg-Steine, ein Satz Trolle: den Hintern aushauen!

Also ein Mutterkreuz: und sie breitete stolz die Hände auf dem fetten Mutterbauch. (Solange der Staat noch Bockprämien zahlt, brauchen wir uns ja nicht zu wundern, wenn der Lebensraum immer knapper wird. – Aber es sei: wozu bin ich Beamter?!)

Als Kaiser Augustus das bekannte Gebot ausgehen ließ, betrug die Bevölkerung der Erde etwa 50 Millionen. (Schönert bestätigte). Nun ist ja die nutzbare Erdoberfläche ziemlich eine Konstante. Auch zugegeben. Zur Zeit haben wir 2.500 Millionen, d. h. das Fünfzigfache; und jeden Tag nehmen sie um weitere 100.000 zu: also?! Und nun knallten die Meinungen aufeinander. (Ich bin ja ganz für Sterilisation der Männer – nicht etwa Kastrierung – und legalisierte Abtreibung. Mehr als 1.000 Millionen dürfts nicht geben!)

Argumentum ad hominem: »Ja, ließen Sie sich denn sterilisieren, Herr Düring!« (Ausforderung und Triumph: na?!): »Aber sofort, Herr Runge! Lieber heut wie morgen!«. Und auch Schönert nickte betroffen und schwelgerisch: »Völlig freie Fahrt. Und der Genuß ist derselbe!«, und stützte sich tiefer auf den Stuhl von Fräulein Krämer. (Dann technische Einzelheiten: wie das gemacht wird: Bajonett rein, Fuß ran, raus. Oder mi'm Kardoffelscheela.)

»Links!: – Links!: – – Ein Lied!« (Arbeitsdienst), und die uniformen Hampelmänner zuckten vorbei mit paukenden Beinen, legten gehorsam die Germanenköpfe zurück und brausten begeistert auf: »Duh heiljes Lant dea Treu ...« (und in ihren KZs verdarben derweil die Millionen!). Weiter brüllten die zackigen Totengräber, von ebensovielen Schöpsen nur durch die Gestalt unterschieden, tiefer faltete sich mein Gesicht, mehr Ruinen ahnte ich, mehr gliedrige Tote (»Unt wie des Adlers Flug vom Nest / ihist Dei-nes Geistes Flug: Haltet aus!«); ich nickte nicht höhnisch; ich lächelte nicht bitter; ich nicht! Nur schade, daß ich, ein Sehender, das Blinde-Kuh-Spiel werde mitmachen müssen. (Na, vielleicht kann man doch etwas beiseite treten. Ma sehn). (Elefantiasis des Staatsbegriffes).

Zerkaute Nagelränder, gleichgültige Kleidung, breites Gesicht um stumpfe Augen: »Einen Paß, bitte.« (In sehr stillem sauberem Hochdeutsch: ist schon was!). Und ich fragte ihm selbst seine Biographie heraus. (Wollte ein Visum nach England: also emigrieren. Schlaue Kerls, diese Schriftsteller. Hatten Alle keinen »Anhang«, und waren frei beweglich. Während unsereiner). »Kennzeichen?«: »–: Vielleicht: Brillenträger? –« schlug er vor; Nicken und das und das. (Aber dann wurde mirs doch zuviel, und ich gabs Massa Otte mit seiner blendenden Sütterlinschrift zum Ausfüllen).

‹*12 Uhr Gemeinschaftsempfang*›: und es war wieder eine Reichstagssitzung, mit Ha und Heil und Liedertafel und markigem Gebrülle; zum Schluß: »einstimmig angenommen«. (Dann auch: »Ein Lied!«. Und waren so stolz: in England gibts immer diese widerlichen Pro und Contra im Parlament: aber wir sind einig, von oben bis unten!). Und im Volk überall die ruhige glückliche Überzeugung: der Führer wirds schon machen! Gott, sind die Deutschen dumm! 95%! (D. h. die Andern auch nicht besser: laßt nur erst mal die Amerikaner ihren Hindenburg wählen!)

Die Menschen gebärdeten sich wie Fahnen; ihre Lippen flatterten, ihre Hände klatschten, Manche rannten wirbelnd vor Anderen her. An den offenen Fenstern sotten und kochten die Radiogeräte ihre Knackmusik, in die sich schon grauer Wind mischte. Regenlicht trat wieder zwischen die Häuser, und bald darauf glitschten die Wassernadeln über die Asfaltseen.

Unberührt vom Schicksal meines Volkes?!: Was sich dort braun gebärdet, Märsche töfft, und begeistert Groschenworte tauscht, ist nicht mein

Volk! Ist das Volk Adolf Hitlers! (Eine halbe Million vielleicht sind anders, d. h. besser; aber dann sollten wir uns auch anders nennen, auswandern, nach Saskatchewan, – ach, s ist alles betrüblich und un, und ich stach grämlich weiter die dürren Beine aufs Pflaster. Oder meinetwegen nach den Falklands).

Regen ritzte die Scheiben (des Abteils); es wurde wieder dunkler in unserem Eisenrohr.

Windkrawall; der Hagel plapperte energisch. (Walsrode).

Wald: der Eingang war eilig-unordentlich mit Nebeln verhängt worden, deren lose untere Enden noch über den Rasen hin und her schleiften; also ein' Zipfel hoch, und hineingeschaut: – (Zu wieder. Naß ist es. Buschlich. Ich).

»Geh doch noch ma zu Trempenau. Wurst kaufen«. Und ich ging geduckt unter dem flachen Himmel entlang, schräg schraffiert vom Regen, voll domestiker Bitterkeit und resigniert.

Die große weiße Wölfin: sie lachte um listige Zähne, und kaufte rotes volles Fleisch, und schlappe blasse Bratwürste. Dann schwang sie sich langbeinig ins Fahrradgestänge, daß ihr kleines Gesäuge bebte, und glitt wach und wolkenlos davon. Zwischen Regen und verstockten Bäumen.

Die Lieblingskatze: wenn ich nur einigermaßen ein Kenner des Universums bin (Hihi: was empfindet ein Stern, wenn ihm ein anderer »zu nahe« tritt?), wird sie ihre Kleinen demnächst aufs freie Feld schaffen, weit weg, damit sie nicht vollkommen vernachlässigt wird. (Ich habs schon einmal so aus Eifersucht bei ihr erlebt!) – Genau wie bei Menschen: wenn erst Kinder da sind, wird der Mann vernachlässigt. (Jahrelang schon umgeht meine Frau, mürrisch und unter treuherzig-verschlagenen Vorwänden, mich zu befriedigen! Folgen!).

»Na, Miß Weibsbild?« (meine Tochter); kam hellstimmig und wollte ne Mark für Schulhefte. »Ist der Film auch bestimmt jugendfrei?« mahnte ich vorwurfsvoll, und sie gab mir einen damenhaften Klaps (!) und lachte.

»Wasser – iss – soweit!«; ich stakte in Holzpantinen und Bademantel mit dem Handtuchpaket in die Waschküche, zur Grauwanne.

Nackt (und rotgebrüht); aber s ist fast zu kalt! Ich schäumte mir fröstelnd Gesäß und Zubehör, hob mich zäh, und frottierte Alles trocken.

Klopfen an der Scheibe: »Hàlloo!« Käthe Evers (die Wölfin): sie bohrte mit der Augenzwinker, erkannte mich, besah Alles genau, einschließlich Brust und Beine, und lachte laut auf. Tatsächlich: sie lachte knallend und rannte um die Hausecke. O. (Kosmotheoros: heißt das nicht »Guck-indiewelt«?).

Reine Wäsche; und dann trat ich wieder zwischen die endlos-fürchterlichen schwarz-roten Gobelins des Lebens, die drohend-heulenden, die schlafend-weiligen.

Sessel sitzen: die Uhr zitterte gehorsam, mir die kleinen Zahlen zu. (Manchmal lachte die große drinnen herrisch und gepreßt auf: »Ah!«; »Oh!«; dann summte wieder der Höflingschor). Die Katzen pulsierten im Pelz; atmeten. Pulsieren heißt Leben. Vielleicht sind wir zwischen zwei Atemzügen der Sonne geboren (Eis-Zeit; Zwischen-Eiszeit). Wahrscheinlich ist der Begriff »Zeit« auch von der Größe des betreffenden Lebewesens abhängig; ich habe einen andern, als die Sequoia von 4.000 Jahren, als das Sekundeninfusor, als der Stern vom Typus δ-Cephei, als der Leviathan, als der nächste Unbekannte, als der Nächste ...

Im Schuppen: Fahrräder sollen neuerdings auch Rücklicht und Nummer kriegen: als wenn die an den Unfällen schuld wären! Ich wüßte Besseres: Kein Fahrzeug dürfte einen Motor haben, der es über 40 km die Stunde bewegen könnte: dann wär sofort Ruhe. (Aber wahrscheinlich saß ja irgendein elektrischer Lampenfabrikant oder sein Freund im Reichstag; ist wohl die einfachste Erklärung).

Die Sonne verbrannte am unteren Rande des Himmels (zu fester Wolkenasche); aus den Wäldern erhob sich grauer Moorgeist; Gras und Gewelke troffen sehr und schnarchten (neben meinen hohen Schuhen, meinen Hosen). Ich stellte den Kopf auf dem Beinstativ waagerecht und maß um mich: 5 Lichter, 200 Grad Wälder, dann Wasserwiese und Felderwust (und kein Radio, keine Zeitung, kein Volk, kein Führer!). Wind coiffierte mir gefällig im Haar (was ich gar nicht schätze!), und wischperte waschhaft und figarös: Laß das!

Über den Weg, dahin wo die Wölfin am Gartentor ölte. (Und ich ging im schweren Grauwerk der Luft, wie durch große Wintermäntel, mit geschlossenen Händen und stillem Ohr). Kalt. Grauer Eisbrei lag dünn vor allen Schritten; die Wälder machten öde Ringe um die aschengrube Welt; wir glotzten einander in die fleckigen Seelen (während aus unseren Mündern erstarrende Gase quirlten. Haarige fleischerne Tröge wir. Und eingesperrt in die kalte Matschschachtel). Stumm zurück in die betreffenden Häuser. (Später sah ich sie noch einmal am Fenster, beim Vorhang zur Seite zerren. Bald würde ich ein weißer Greis sein, stökkelzähnig, mit adrigen Fingerschläuchen, triefherzig, mit zähem Ideengewackel, gack gack.)

Ganz zuletzt: blutige Wolkenrümpfe im Westen geschichtet, Massengrab des Lichts, bis tief in den Rünstigen, Rauchigen. (Die Wälder lagen als blauer trauernder Schweigekranz um meinen Horizont). Das Mondtotenlicht brannte auch ganz schnell ab; die eckigen Siedlungshäuser

schielten sanft aus gelben Winkeln, samtgelb in Stuben, ganz weiche
Bilder. (Während draußen Wolken starben!). Draht rasselte einmal am
Zaun. Halb-Laut. All dies geschah überm Meßtischblatt 3023.
»*Und kommt : der : Frühlingindastal*«: das nimmt doch kein Ende! (Und Frau
und Kinder summten beifällig mit, und klappten gar noch!). »Aber in
Spanjen sinds Tausendunddrei«: nämlich Tote, mindestens; na, der
Bürgerkrieg geht eben seinem Ende entgegen (allerdings wieder ein
Großtyrann mehr!).
Wind munkelte in der ausgeräumten Nacht; Wolken zogen noch um, ganze
Fuder, graue; aber es war wieder kalt; zuckten schon die winzigen
Fiebersterne.
Ohne Schlaf und aus allen Gesträuppen schlichen katzenschnell die Gedanken-
makis: Akten zeilten ehrenhaft; Schuljunges matrosenkrägelte; rüpelte
picklig Militär; halbwüchsige Geilheiten strichen mandelmilchig ums
Bein; alte Sommerreisen tigerten Licht heran; im grünen Weidenkorb
der Wälder; die Wölfin kam mehrfach nach Samen geschlendert; (also
kein Kontinuum: ein Haufen bunter Bilderkacheln; zerblitztes Museum.
Ich bohrte mich ächzend auf die andere Seite und) Kaskaden unreifer
Kopftücher musterten mich; weißgestrichene Zahlen kilometersteinten
gefällig (wenn ich in die Algebra gerate, ists aus für heute Nacht); und
immer weiter die Altwarenhandlung, neck or naught, bis ich tatsächlich
noch den 1-Uhr-Zug von Jarlingen her pfeifen hörte.
Wolkenhalligen mit zerlaufenen Strandlinien, ein schmaler hellroter Kahn floß
lange darin. (Im Wattenmeer meiner Morgengedanken dann und wann
humpelnde Räder, ein fauler Nachbarnfluch. Aufstehn, ausm Schlaf-
anzug hopsen).
: *Ich?: Jung?!* (Vorm Spiegel: Pf!). Es ist ja unter den Betroffenen ein weit
verbreiteter Irrtum, daß sie mit 50 Jahren doppelt so interessant wären,
wie mit 25: wenn ich den kleinen runden Bauch einzog, war ich groß
und schlank (ja, und falls ich viel Geld hätte, wär ich n reicher Mann).
Haar mäßig verschimmelt; hinter der Brille gespreizte Augen: – Nee!!
Ich drehte dem Gerät fest den Rücken (dann in die Hosen und Rasieren,
Rasieren, du freie Burschenlust: das ist das Abscheulichste!).
Ein Busch, der statt der Blätter Meisen hatte, mit flotten schwarzen Basken-
mützen: bogen die kanariengrünen Büsten herausfordernd vor, und
schimpften nach Futter. – »Ham wir noch ne Schpeckschwarte, Berta!«;
aber meine Frau fegte wohl eben aus, und schrie vor Unwillen: »Stör
mich jetz nich. –: Nachher.« Schloß ich die Tür wieder: bueno; sagte es
den Meisen, und las ein paar Minuten (keinen »Morgensegen«, un-
besorgt! Lieber noch den »Écumoire«).

»Großer Gohott wir lohoben Dich:« (aus Evers' offenem Radio drüben, während die Alte Koteletts niederknüppelte und ihr Kleid auskehrte; und dann fing erst das eigentliche Gegospel an). Auch auf Langwelle kaute man feierlich an Dschieses Kraist, Orgeln brummten kuhwarm, und es war keine Rettung vor all den Molkereien der frommen Denkungsart. Halt: Radio Moskau, pfiuwitt: und irgendein ‹Charakterstück› purzelte aus dem Lautsprecher: ich versteh ja auch nichts von Musik, aber das war mir doch zu grob! So: Märsche, Hopswalzer, Platz-Musik: das brauchts auch nich zu geben!

Umräumen: ist die Leidenschaft meiner Frau; alle Vierteljahre komm ich wie in ein fremdes Haus. – Zuerst ärgerte ich mich wieder; dann gleichgültig: mach doch, was Du willst! Und ich half pfeifend mit tragen und rücken: von mir aus! (Und sie freute sich noch, daß ich so willig war: no, da ist Beiden geholfen!)

Kikeriki: Kakakanei; und sie wetzten die Füße am Boden, zuckten, schnablige Mechanismen, in die Borke, (eins durchzappelte plappernd meterhoch die Luft), und waren entsetzlich blöd. »Alles Leghorn«, erläuterte Vadder Weber stolz (überzeugt, das käme von »Legen« her, ungefähr wie Saanenziege. Wie schrecklich unwissend und deshalb so leicht zu betrügen ist »das Volk«!: wenn ich ne Führerrede höre, vergleiche ich automatisch mit Agamemnon, Perikles, Alexander, Kikero, Käsar, bis Cromwell, Napoleon, Freiheitskriege, »Ich kenne keine Parteien mehr« – und was war das für ne Type! – und lache nur der schallenden Scharlatanerien. Während »das Volk« denkt, so was wäre noch nie und nirgends dagewesen, und kennen die Folgen nicht: anstatt sich an den Genasführten der Jahrtausende zu spiegeln, und den betreffenden Marktschreiern die Hintern auszuhauen! – Aber schließlich ist ja Unwissenheit eigene Schuld, und gar nicht zu bemitleiden, und geglaubt hätte Weber mir auch nicht, denn »Legen« ist gut, und »Horn«, das klingt so siegfrieden: sprach ichs deshalb hinterlistig genau so fruchtbringend aus wie er, und wir verständigten uns auch. Aber wie).

»Füchse holen Hühner. Habichte holen Hühner.« (Menschen holen Hühner! – : Kriege holen Menschen; Seuchen holen Menschen: Tod holt alle Menschen! – Aber das geht schon fast zu weit; darüber denke ich nicht mehr!).

Überhaupt Schuster Weber!: Einer von Denen, die stundenlang davon erzählen können, daß sie »unter 3 Kaisern gedient« hätten, und stolz dazu. Mit einem davon hatte er sogar gesprochen: in Berlin hatten sie vorm königlichen Palleh Wache gestanden; die Kutsche fuhr vor: Präsentiergriff! – !! (– »Ober däi satt!« kam an dieser Stelle grundsätzlich).

»Pommer, was mein Sohn?« hatte seine Majestät leutselig bemerkt, und dann noch »Soso« oder »Brav so« oder dergleichen Unvergeßliches: Gelt, das war noch ein Erlebnis?! Weber schwang die Dreikantraspel wie einen Misericordia, und strich immer wieder den (abgeschnittenen) Schnurrbart.

Töchterchens Zeitvertreib: »*Denk Mapappa:* die Käthe Evers drüben ist ‹Schaftführerin› geworden!« (Das war die große Wölfin, und ich horchte doch hin: »M-m«. – Na ja, als ich jung war, hatte auch so ein Wandervogel geblüht; damals hatte Alles von ‹Zupfgeigenhansel› und ‹Mädchenbleibe› gefaselt: Jugend tritt wohl immer in Rudeln auf. Aber das war ja ehrwürdig gewesen, gegen diese ‹Staatsjugend›!)

Ich war eigentlich immer Einzelgänger gewesen!

Sie sang am Fenster drüben: ein ganz schlichtes Volkslied, Typ Lochheimer Liederbuch, und so innig, daß sie mir sofort verdächtig wurde: hast Du nicht gestern bald ein Loch in mein Waschküchenfenster gebohrt?! (Und Gerda grüßte sofort militärisch hinauf).

Ein Kind mit Handschuhen, das immerfort das Wort ‹Palikánda› deklamierte, recitativo secco, und wahrscheinlich selbst erfunden zur Bezeichnung irgendwelcher Gewürzinseln. (Allmählich wurde mir das ewige Gesumse aber doch zuviel, und ich machte den Versuch, es durch Gedankenübertragung zum Schweigen zu bringen; natürlich wieder vergeblich; und duldete dann resigniert weiter).

Ein Reh-, ein Ree-, ein Reesender: vor Webers Tür, wechselte das Kennwort, und kam bekehren: zur Neu-Apostolischen Kirche, und wurde fromm-vertraulich-frech, wie alle diese Zünftler: »Ich besitze das Buch der Bücher,« sagte er eindringlich und ekel heil. »Die Encyclopaedia Britannica?!« rief ich falsch und künstlichneidisch: »Donnerwetter!«, und wir sahen uns fest und verächtlich an, ein bißchen, heiliger Holbach, was gibts noch für Trottel! – »Nur eine kleine Spanne Zeit sind wir unten: betrachten Sie alles Eigentum nur als geliehen: Haus, Gelder, Kleider––« (seine sahen auch tatsächlich so aus). »Der Herr Christus: nur ganz einfache Leute hatt' a zu Verkündern und Aposteln genommen: die nich Lesen und Schreiben konntn!« (sinnlos triumphierend!) »Da halten Sie ja immer ganz streng drauf«, sagte ich angeekelt, ließ den Kerl weiter dalbern, und Weber hatte sein Kismet.

Ich bin ein Heidediener, Blattanbeter, Windverehrer! (Und ich tauschte ärgerliche Worte mit mir aus, daß ich überhaupt auf den Munki reagiert hatte).

»Geländeübung! –« und meine Frau wies bekümmert auf Paul Düring, 16 Jahre. »Laß n ne Kniebeuge machen, daß der Dreck abplatzt«; und mein

23

zebraner Sohn, Feirefies, war begeistert. (»Also was Du für Ausdrücke hast, Heinrich!«: meine Frau).

»Zeig mal Deine Schulhefte«; und er brachte sie mir hochmütig, wie einem Wahnsinnigen. Durchblättern: Englisch genügend, Französisch Genügend, Deutsch Fast Genügend. (Durchsehen muß ja mal sein. Mein Vater allerdings wurde im Ernst immer wie unsinnig, wenn ich statt ‹Sehr Gut› nur ‹Gut› anbrachte; weissagte, wollte mich »runternehmen«, und war überhaupt ein rechter Hansnarr). Nun, ich runzelte eben erzieherisch die Stirn, sagte aber nichts: war ja Genügend, und damit basta. (Nur nicht noch die erhabenen Lehrerfantasieen unterstützen, daß die Schule der Nabel der Welt sei, oder fürs Leben und überhaupt). Dann wog ich die Hefte in der Hand, und machte einen Versuch: »Sachmapaul –: hast Du Dich ma mitn Kommunismus befaßt?«. Er fiel aus allen Wolken und stieg wieder auf: »Sag ma –« fing auch er an, und schüttelte verächtlich-amüsiert den Kopf; abfällig: »Lohnt sich doch gar nich! Iss doch im Dritten Reich längst überwunden.«. »Du kennst also nichts davon, und läßt Andere für Dich denken?«, forderte ich kalt heraus, »Hast Du ihn mal mit dem Nazionalsozialismus verglichen?: Wärst wahrscheinlich recht überrascht.«. »Iss doch gar kein Vergleich«, sagte er kühl und unendlich überlegen: »unseres iss doch ne Weltanschauung«; und ging, ein erneuerter sicherer Mensch. (Hat keinen Sinn, zu Jemandem etwas zu sagen!)

»Was heißt Immunität genau, Pappa?« (sollte wohl die Versöhnungshand sein), und ich erklärte es ihm. »Warum gerade Reichstagsabgeordnete?«. »Würden sonst wahrscheinlich sofort Alle abgeholt,« sagte ich häßlich, und wir lachten wenigstens ein bißchen zusammen. (Dann gab ich jedem 2 Mark: da der menschliche Scharfsinn noch kein Verfahren ausgemittelt hat, wodurch wir unsere Habe in die andere Welt mitnehmen könnten, muß man Kinder beizeiten die Verachtung des Geldes lehren, vorsichtige Verschwender: »Und gebt es aus: Sparen ist Unsinn!« fügte ich hinzu. Und wenn sich Euch sämtliche Haare sträuben: ich habe als Kind genug unter dem verfluchten Sparbüchsenkomplex geduldet!)

Noch ne Stunde bis zum Essen: also im Sessel lesen. – – Halt.

Ameisen in der Stube!: Hinter dem Bücherregal quollen sie zu Hunderten aus der Scheuerleiste. Gerda kehrte sie auf die breite graue Blechschaufel, und ich blies dünne Nebel aus DDT. (Schade. Sind kluge Kerls. Viele Morde und Katastrophen: wie werden die den Leviathan – d. h. mich! – anklagen; drohend, verzweifelnd, die Antennen schütteln, mit sechs Füßen Trotz stampfen und Heldenmut. Und mein Quermaul blies

unablässig Gift und Tod. Hasten und Flüchten, zahllos gelenkig, glied-
sam entrinnich).

Auch wir Menschen müßten geköpft werden: ganz schnell, ehe uns Alter oder
Siechtum quälen, ganz sachlich, ohne Übergang. Im Schlaf. Oder am
Waldrand, wenn man zum Bahnhof geht, von vier Verkappten über-
fallen werden, unters Gerüst gezerrt: Kapp!!

Vorm Regal: Die große spanische Quijote-Ausgabe des Diego Clemencin,
6 Quartbände, Madrid 1833–39: möchte ich haben!

Swift, Cooper, Brehm: von dessen 13 Bänden hat mich immer am meisten
interessiert der Band »Fische«. Danach die »Niederen Tiere«. (Am
scheußlichsten stets »Insekten«). Wer ein Buch schreiben will, muß viel
zu sagen haben: meistens mehr, als er hat. – Mittelhochdeutsch vielleicht?: oft in Schlössern: Soltane und Kanvoleis, Belripar und Montsal-
vaz, Kardigan und Grahars, und wie die bezaubernden alten Namen alle
heißen, bis man fäuststöhnend dasitzt. Oder Volksbücher: Herzog
Ernst (die Fahrt durch den hohlen Berg, die vor allem. Und die
Agrippiner); Fortunat und seine Söhne. Großer Mann der Ludwig Tieck
(Und wie steifbeinig-altklug dagegen Goethes »anständige« Geheim-
ratsprosa: der hat nie eine Ahnung davon gehabt, daß Prosa eine
Kunstform sein könnte; man kann über die gravitätische Stümperei der
»Novelle« z. B. nur lachen!)

Jeder Schriftsteller sollte die Nessel Wirklichkeit fest anfassen; und uns Alles
zeigen: die schwarze schmierige Wurzel; den giftgrünen Natternstengel;
die prahlende Blume(nbüchse). Und die Feuerwehrleute, die geistigen
Eckensteher, die Kritiker, sollten ihr Nestelknüpfen gegen die Dichter
nur unterlassen, und mal selbst was »Feinsinniges« produzieren: da
würde die Welt ganz schön Hallo brüllen! Natürlich ist die Poesie, wie
jede andere große Schöne, von der entsprechenden Zahl Verschnittener
umgeben; aber: das sind die rechten Mohren, die sich über die schwarzen Flecke in der Sonne freuen! (Alles Rezensenten ins Stammbuch).

Tierra del Fuego: Jung-Darwin reist nach Feuerland. – Muß schön sein: weite
dichte kalte Regenwälder. Wildes Licht aus endlosen Wolkenwerken.
Meer und harte Berghäupter. Keine Menschen und Schlangen: schön!
(Tropische Urwälder wären mir widerlich. Ich bin für kalte endloslichte
Forste. Die des nördlichen Kanada möcht ich mal sehen. Und eben die
von Feuerland. – »E-ssen-ist-fer-tich!«)

Eine rannte noch, Einsame, zwischen Bretterklüften: den Schuh drauf! (So will
ich auch mal sterben: finster rennend zwischen Baumkörpern, Kraut-
beschauer, Beerenhündlein: und den Zehnzentnermeteor drauf!: Stich
Flamme, preß Kopp. Sela (wohl hebräisch für 'that' s it')).

25

Braten und Sauerkraut (»Musik zu Tisch: vom Deutschlandsender«; und wieder der beliebte volkstümliche Melodienbuhurt, opus 0,5). – Katzen essen leidenschaftlich gern gedünstete Pilze, mit Zwiebeln, Pfeffer, Salz, Kümmel. – «Leg Dich n bißchen hin.»
Ich wartete geduldig das Aufwaschen ab.

Letzter Versuch: ich umfaßte mit der Hand die rechte Brust meiner Frau, und bat: »Komm, Du«. (Schlucken). »Laß uns, Du!« – –. »Aber Du bist doch noch so erkältet«, wich sie heuchlerisch besorgt aus (als wenn ich n daddy von 70 wär!), und sagte noch märtyrern beherrscht »Au.«, als ich das Busenfleisch nicht gleich los ließ. –: Also Schluß. –

Also Schluß!!: ent-güll-tich-Schluß! Ich ging in meine Stube, O., und legte mich etwas hin. (Nach einer guten Mahlzeit kann man in meinen Jahren nicht mehr denken. Arbeiten allenfalls noch. – Das Verläßlichste sind Naturschönheiten. Dann Bücher; dann Braten mit Sauerkraut. Alles andre wechselt und gaukelt).

»Ich geh n Stück. – ? – Richtung Benefeld.«. Kurzschrittiger Wind schlappte übermütig durch die blauen und grauen Pfützen, blies Ringe drauf und spritzte fast.

‹*Holzindustrie Cordingen*› stand das Schild über diskret weiß und blau geringelten Beinen; (waren früher scheinbar gelb und schwarz gewesen).

An einem Dorffenster: die typische geknüpfte Gardine der lüneburger Zentralheide, und dahinter die Asternvase: kaltes Weiß, kälteres Wackelviolett. Und der Wind rannte wieder in großen grauen Gruppen entlang. Die Welt, ein unverputzter Neubau, zugig, und allenfalls Koksbecken darin (damit sie austrocknet; öde und hallend, wie ein verlassener Tanzsaal).

»Komm: spielen wir WHW«: Sie wackelt mit der Büchse, und Er steckt was rein; ich gab den Groschen und erhielt einen grauen Fisch mit Knopfauge als Bescheinigung, daß ich meine Steuern bezahlt hatte; und sie standen an allen Ecken, die Sammler, Bauern und Bürger aus märkischem Geschlecht, braun verkleidet in blanken Ledersielen, Käppis wie französische Gendarmen, hübsch rotgefroren, und ich lächelte, und zeigte immer wieder auf meinen Fisch (aber der ist tüchtig: den behalt ich mir, mit dem blauen Auge!).

Die große Munitionsfabrik, die ‹Eibia›, mit ihren Eisenbahnen, Straßen, Riesenbunkern (oben mit Tarnwäldern bewachsen), und Tausenden von Arbeitern. Dazu unten an der Warnau die ganze kleine Neustadt von hundert hellen Häusern, und sehr hübsch gemacht. – Aber ältliches Licht malmte oben und wälzte sich übereinander, wurde grau und streng, langsam schob sichs schwarz heran. Schon klopften sich kahle Büsche mit Hexenknöcheln.

Skatredensarten (hatte ein Bier getrunken): sind die eigentlich mal gesammelt worden, von »Hosen runter« beim Null-ouvert, bis zum »Mann mit der langen Eichel«? Wär doch ne Doktorarbeit für n »Volkskundler«, die scheuen ja vor nichts zurück. (Aber worüber sonst auch nachdenken?! Tod? Gott?: ach, du lieber Gott! Selbst der schönste Abendhimmel überm Ostermoor bleibt nicht: wie sollte ich Stinkbombe denn ewig sein wollen?! Eingebildetes Christenvolk! – Also zurück).

Stück Landstraße. Mond. Ich.: Wir starrten einander an, bis es dem Steinernen oben zuviel wurde, er sich bläulich eingaukelte, mit Hilfe des Windes, Zwei gegen Ein', die Chaussee mit weißer Lichtpaste verschmierte (und gaffte noch lange aus Flören, Schleiern, Tüchern, Platten, Ballen, hinterher).

Die ‹Schnellbahn› am Bahnhof Cordingen: ein schiefes Riesenkarussel mit wechselnden Lampenkreisen und der wetzenden Sambamusik: »... und dann von vorn –: / es geht nicht! Es geht nicht!«. (Sofort anschließend »Maria von Bahia«, und auf dem flink fließenden Band die Wölfin mit breiten Waden und radschlagendem Mantel. Auch Paul sah begeistert hin).

Encore une fois: der schwammige Mond in geronnenem Gewölk. Links: Häuser grau und seifig; schwarz kanteten Türen hinein; runzlige Dächer bis oben hin. Rechts um: am fahlen Wiesentuch entlang, Wolle mit Seide, und von den Schatten versklavter halbverhungerter Bäume bewohnt.

Ahnenforschung: mein Sohn fragte mich gierig aus (wurde auch gleich wieder sportlich aufgefaßt: wer am weitesten zurück kann). Gottlob war schon bei meinem unehelichen Vater Schluß, und er notierte enttäuscht. Auch in den anderen Linien waren keinerlei Große Männer, Offiziere, Politiker, Künstler, aufzujagen: waren alles ganz einfache ehrliche Leute gewesen!

»Stell ma Nachrichten ein.«: Wetter; Ergebnisse der letzten Spenden; Fußball; immer noch Nachwehen des ‹Tages der Machtübernahme›. Krise in der Rest-Tschechei (wollen sie sicher auch besetzen : na, ich bin neugierig, wie lange das noch gut geht).

Im Bett: die Tage liefen ab, regelmäßig, wie man Kalenderblätter herunterzieht. Sofort erschien mir dabei das seriöse Antlitz »meines« Landrates, und ich kam auf den wütenden Einfall, ihm etwas auf die breite Stirn zu tätowieren, mit unauslöschlicher Tinte: so müßte der ewig rumlaufen müssen! Ich schwankte lange zwischen »Glück auf!« und »Wählt KPD!« (und seine Frau kriegt groß auf n Bauch, dicht überm Haaransatz, – –: »Herein!« ? Nee. – – »Bis« ? Nee. Ist Alles nichts. Aber dann fiel mir

»Welcome Stranger!« ein, in Bodoni-Antiqua, so sorgfältig gravierte ich; und ich kicherte mich gerächt in' Schlaf).

Leuchtzahlen: erst 3. Auf'n Topf, klein; und dann ans Fenster: Felsen der Luft mit geschliffenen Kanten; drüben, Felder und Straße vom Mondlicht eckig holzgeschnitten, bis zur Schwerkenntlichkeit.

Einfall: wenn wir Evangelien von Weibern hätten, Mathilde Marga Luzie Johanna, könnten Sie sich darauf verlassen, daß der Erlöser weiblichen Geschlechtes gewesen wäre. (Die Totenmaske des Mondes hing immer noch am steingrauen Himmel).

Silbergepanzertes mageres Gesicht (hinterm Haus): der Don Quijote unter den Sternen. (Und die Erde ist der dicke Sancho Pansa mit kotelettenem Herzen und wurstbunter Fantasie: war nicht gestern Abend »Neues vom Schallplattenmarkt« gewesen, und hatte begonnen: »Jadas Kliemaa: von Liemaa: ist priemaa«?! Was müssen das für gefühllose Automaten sein, die sowas

a) texten & musiken,

b) singen und platt schallen,

c) kaufen womöglich,

d) im Rundfunk bringen,

e) sich ruhig (oder gar angeregt) anhören!

(: Wer das Alles macht?!: der berühmte ‹Deutsche Mensch›! Von der Christlich-Abendländischen Kultur GmbH!)

Achillener Kerl, der Mond: schleppte eine steife Wolkenleiche hinter sich um unser irdenes Troja (windiges).

Ihre Freundin (im Zug): Sie trug eine jener dunklen Schneebrillen, mit deren Hilfe sich heutzutage jede Halbwüchsige den Zauber großäugigen Geheimnisses aufzusetzen meint (wenn sie wenigstens dazu den Mund hielten!). Die hier schlug stumm und zarahleandern ein Buch auf, mit grobfleischigem, betont volksnahem Einband: – ? –: Hans Friedrich Blunck! (Auch das noch!).

Die elende Schwarte! (Außerdem hielt sie sie so, daß mir der Goldschnitt andauernd in die Augen spiegelte! Auch das noch!).

Und die arme Wölfin!: ein schwarzer Füller (mit goldenem Gürtel) drehte sich im gelben Fingerhag, langsam und traurig glänzend; josephine baker, cul de Paris; ihre Stirn meuterte, ihr Mund lippte unwillig an lyzealen Wortgerüsten; die abgelatschten Schuhe standen mühsam einwärts. (Nachher wars was Inniges über »Altdeutsche Malerei«, wie sie der Andern rüde mitteilte, und die um ein paar Flicksilben bat. – Sah hübsch aus, wie die jungen Wilden da wütend an dem gespenstischen Zeug brauten: rebelliert nur immer tüchtig!)

»Ja, Herr Peters!«. Draußen stiegen weiße Wolkenbälle vom Horizont hoch; der elastische Wind federte vorbei, noch einmal, wie ein Springer. »Ham Sie gestern n Goebbels gehört?« (Und wie der spricht, Schnell & Lange, gewölbte Worte, eirunde, dabei war alles Mist, unbegründet und bodenlos): »Ja, ich hab n gehört.« (War gar nicht wahr! Ich bin meine Zeit ernsteren Dingen schuldig!). »Das iss n ganz Gewiefter!« (Peters vom Goebbels. = Gerissener. Von ‹Qui vive› natürlich.)

Auf dem Bahnsteig umsehen: im verarmten rotgefrorenen Himmel der feste freche Mond, grinse Schweige. Ein Traktor hämmerte, foppte Stank aus, platzte patzig: ‹Kohlenhandlung Pfeiffer›.

An der Buchhandlung vorbei: es ist immer merkwürdig genug: mein Vater schenkte mir Schul-Jungem einmal ein englisch Wörterbuch zu Weihnachten, und erwartete scheinbar Begeisterungsstürme. Heute steh ich ehrerbietig nickend vor dem großen Grieb-Schröer und möchte ihn haben.

Skandal, Skandal: Der Cousin vom Otte (der aus Berlin) hatte sich anläßlich seines Besuches eigenmächtig zum SA-Scharführer befördert, und sollte nun exkommuniziert werden.: Also genau wie die »Führer« oben, die sich gegenseitig auch immer wieder neue Titel ersinnen, neue Dienstgrade und Arabian-Nights-Uniformen. Das ganze Volk ist ergriffen vom Orden- und Abzeichenfimmel und webt begeistert an der Saga von der eigenen Größe mit!: Muß den Deutschen doch also genau auf den Leib passen!

Dann lieber noch die schmucken Sauereien Schönerts; »Ja?«, und man mußte drüber lachen: er zeigte mir heimlich Fräulein Knoops Wappen – das war die emsig-dicke und weißrosig Kalte – ein nacktes Mädchen mit einer Kerze in der Hand und der Legende »nosce te ipso« –. Gewetzter Geist der Schönert (kein geschliffener); aber er ist auch »dagegen«, as far as it goes, und schon gemeinsame Brechreize schaffen eine Art ausreichender Sympathie; und fast alle Menschen sind ja in demselben Grade unwissend, wie sie klug sind.

Das Musikinstrument ist mir am meisten verhaßt: die Zieharmonika des Volkes! Mit ihren gedunsenen, verwaschenen, knopfigen Tönen.

»HeilittlerSiewünschen?« (auch Bürger sein, gut, und das Land zusammenhalten; laß Deine Rechte nicht wissen. Also hob ich die leicht zum Deutschen Gruß, und ballte dafür die freie Linke: werd ich so mein Leben einteilen: in die offene staatserhaltende Hälfte. Und die geballte Linke).

(Ich behalte mir jede Handlung gegen den Staat vor!: das ist zu meiner Sicherheit als Mensch nötig! Denn der Staat vermag mich mit Gewalt zu allem

anzuhalten, was seinen verantwortlich-verantwortungslosen Leitern just auszuhecken beliebt: ich dagegen habe nicht die Macht, den Staat zur Besonnenheit oder Gerechtigkeit oder Erfüllung seiner Pflichten notfalls mit Gewalt zu zwingen. Also muß ich ständig – außer dem fundamentalen Recht, den Staat ungefährdet mit all meinem Eigentum verlassen zu dürfen – Front gegen die Staatswillkür machen. Und kommt mir ja nicht mit dem vornehmen Einwand: darüber hätte ich kleiner Angestellter ja gar keinen Überblick!! Und wenn all Eure Generäle und Politiker noch so ehern vom eben angebrochenen Goldenen Zeitalter dröhnen : in zehn Jahren habt ihr Deutschland restlos zugrunde gerichtet! Und dann werden wir sehen, wer recht hatte: der kleine Düring, oder all die großen Herren und 95% der Deutschen! Aber es empört sich Alles in mir dagegen, zum Mittanzen, wider mein besseres Wissen, gezwungen zu sein; und ich werde meine Handlungen dementsprechend einrichten!)

Ein Anruf: »Herr Landrat? – –. – –.«: »11 Uhr 30, jawohl. – Jawohl.« Klapp auflegen. – »Besprechung sämtlicher Abteilungsleiter beim Chef,« erläuterte ich zu Peters, »sicher wieder Großreinemachen: Gebrechen vorschmeißen.«

Beim Landrat und Stille. Natürlich ließ er uns impressiv warten; acht Mann und die Fürsorgerin mit dem Königin-Luise-Abzeichen vor der blauleinenen Walkürenbrust. Von mir aus: geht Alles von der Arbeitszeit ab! (Allerdings leider auch vom Leben). Zischen aus der Zentralheizung.

Über ihm an der Wand: von Seeckt, der »Begründer der neuen deutschen Wehrmacht«, Heil, mit überzeugendem Monokel: auf Wodan zurückgehender Brauch höherer Offiziere (vgl. Rudolf Herzogs Reportage von der Götterdämmerung: »... sein Einaug blitzte und funkelte«).

»Nein, Sie können gehen, Frau Woltermann.«; zurücklehnen (er sah aus, als ob er sehr scharf an nichts dächte). »Wer von Ihnen hat – ä –« geschickte Pause; er hob das Schriftstück noch einmal leicht zu sich (obwohl er den Inhalt bestimmt ganz genau kannte; gleich würde also der ortsübliche Anpfiff kommen) – »höhere Schulbildung?«, er sprach es mit vornehmem Bedauern aus: »– Abitur etwa«. (»Oder so« wäre noch besser gewesen. Dabei hat er mit einer Arbeit ‹Über die wirtschaftliche Entwicklung der Tischlerei im Fürstentum Leiningen, ihre jetzige Bedeutung und ihre Aussichten für die Zukunft› promoviert!). »Die anderen Herren können wieder an ihre Arbeit gehen –«, es war wie beim Fürsten Irenäus. Aber uns Drei sah er nun näher an. »Sie sind erst 26, Herr Schönert? – 27? – Mm. – Ja, das geht nicht, danke.« Er sah angestrengt zum Fenster und kniff sich lange unterm weißen Kinn: Gott, war das

30

schwer, sich mit Nur-Abiturienten zu verständigen! »Können Sie noch etwas von fremden Sprachen? – Latein oder Englisch oder Französisch? –« (Ganz zögernd, als wärs hoffnungslos; und ja nicht etwa »und«; und ich lächelte innerlich überheblich und mitleidig, giftig und gönnerhaft: o Gott, wie wir einander verachteten!!). »Ich nich mehr, Hä Londrot,« lehnte Nevers glaubwürdig entsetzt ab, und ließ uns ebenfalls allein. »Also: You do speak English?« fragte er nachsichtig und liebenswert lächelnd; und wir tauschten einige höckrige Floskeln, Frasenkoprolithen, wobei ich mich bemühte, seine mangelhafte Aussprache nachzuahmen. Ja. (Yes). »Schön,« sagte er ernüchtert und sachlicher: »nebenbei – wo haben Sies so – ä – leidlich – gelernt?« »Im ersten Weltkrieg, Herr Landrat. Beim Einsatz in Frankreich; und dann in englischer Kriegsgefangenschaft. Als Lagerdolmetscher; ich lese s auch noch ziemlich häufig.« »Ach, Sie waren Soldat!« tat er überrascht: »– ä – Dienstgrad?«. »Immer im Mannschaftsstand, Herr Landrat«, kess (d. h. das letzte Vierteljahr Unteroffizier, aber das sagte ich ihm nicht: immer möglichst viel Grenze und Abstand gegen Solche!)

Ach ja: Sie sind ja auch schon – ä –?«. »51, Herr Landrat«. Er nickte mit gepreßtem Mund: »Das paßt!« sagte er nachdrücklich; dann: »Sind Sie irgendwie besonders orientiert; oder konfessionell gebunden; bei der Kirche oder dergleichen?«. »Für mich als Beamten gibt es nur Kirchänn, Herr Landrat«, erklärte ich vorschriftsmäßig: »mir ists gleich, ob ich Einem ‹katholisch› oder ‹Türke› oder ‹glaubenslos› in' Paß schreibe. « Er lächelte schwach und anerkennend: »Also nicht,« resümierte er, nickte, entschloß sich: »wird ja auch langsam Zeit, daß der Unfug aufhört.« Zur Uhr hin, lebhafter: »Also schön, Herr Düring! – Es handelt sich um Folgendes: wir haben neuerdings Anweisung, eine Art Archiv für die Geschichte unseres Kreises hier beim Amt einzurichten – wir stellen unten ein, zwei Kellerräume dafür frei – ö – wir müssen dazu von den einzelnen Gemeinden die Materialien, Akten, undsoweiter, einsammeln, sichten und ordnen. Auch eventuell von Pfarrämtern; und – wenn soviel Zeit sein sollte – eventuell auch noch von Privaten. Das ist zum Teil eine sehr umfangreiche – und natürlich auch verantwortungsvolle Arbeit« schaltete er pflichtgemäß ein, »und setzt eben auch – einige – sprachliche Kenntnisse voraus. Latein, Französisch, Englisch wohl zumeist – ö – Sie müßten die Sachen zum Teil wohl an Ort und Stelle ansehen – in« er unterbrach sich, und sah nach der großen Kreiskarte an der Wand hinüber – »– in – ä: Ahlden und Rethem zum Beispiel: liegen bestimmt ganze Berge; Walsrode vielleicht auch; eventuell Stellichte, beim Herrn von Baer –« er winkte verdrießlich ab, als hätte ich einen zudringlichen Vorschlag gemacht: »– na, den kenn' ich persönlich, da könnte ich Ihnen – dann – Zutritt – – verschaffen. –« er hob leutselig offen den Kopf: »Wär doch ne ganz interessante Arbeit?! – Sie sind n intelligenter Mensch: –?« (So ein freches Schwein; aber ich gab sofort contra: ich lächelte so glücklich-blödsinnig und verneigte mich so läppisch-geschmeichelt, daß es ihm auffiel, und er todernst wurde; er biß sich langsam die grauen Lippenwürstchen. Pause). »Ich würde es ungern einem unserer Studienräte geben,« fuhr er leidenschaftslos fort, »die Herren machen ohnedies genug Ansprüche und Schwierigkeiten. – Würden Sie s übernehmen?:« und blickte gar hell und klar, wie Nietzsches Gebirge am Vormitttag. Ich runzelte kurz die Stirn; dann (zur Klärung) fragte ich nach der Dauer des Sonderauftrages. »Ja, natürlich,« sagte er nickend, »ich würde vorschlagen, daß Sie 3 Tage pro Woche dafür verwenden – ich würde dann noch einen älteren Lehrling mehr in Ihre Abteilung geben. – Wer könnte Sie an diesen 3 Tagen immer vertreten? Wen schlagen Sie vor? Peters, Schönert,: wer ist der Zuverlässigere?« (Auch wieder ne Gemeinheit, mir die Frage so hinzuschieben!). »Zuverlässiger ist Peters; intelligenter Schönert –« sagte ich kritisch und tat sorglich. »Also?« forderte er (insgeheim lächelnd und neugierig; aber ich verriet mich nicht). »Wenn ich vorschlagen dürfte,« zögerte ich tapfer, und dann ethisch: »Herr Peters!«. »Also schön,« nickte er mir zufrieden zu, »Sie müßten allerdings noch – verschiedene Anweisungen erhalten, und – ich möchte mich auch ganz von Ihrer Eignung überzeugen –: können Sie heut Abend auf eine Stunde in meine Wohnung kommen?« (‹Wohnung›, wie bescheiden: das war die 12-Zimmer-Villa auf der Walsroder Straße!) »Also sagen wir –: 18 Uhr –: einverstanden?!« (Wie albern, wo er der ‹Herr› ist, ich der Knecht bin!); abschließend, zwang sich ein cheese-Lächeln ab, und nickte gequält und überarbeitet ins Leere.

»*Na?!*« (neugierig), und ich erzählte s ihnen in Kürze. (Und Peters war stolz ob meiner Vertretung; und Schönert nicht etwa beleidigt: nee: erleichtert!: Geist von meinem Geiste! Deswegen hab ichs ja auch gemacht. Umgekehrt wärs ne Katastrophe geworden). – Wind kommt draußen auf und Wolken.

David Copperfield: Schönert schlug vor, den Namen des zweiten Helden, Steerforth, fonetisch mit ‹Stierfortz› zu übersetzen (ist gar nich mal so unzutreffend; er weiß immer was Neues). Dann Mittag; Stullen und Bummeln.

Wolkenschau (wie Urteil des Paris): eine schlanke Schnelle in ganz anliegendem Weiß; eine vornehme Dicke mit kurfürstlich gebogenem Popo, und erhabenem Busenfett, wie von den Römern erbaut. (Später noch die freche Dürre mit rotem Wildererkopf und schmalgehurtem bläulichem Rücken: also kriegt n Die!)

Vor einem Filmplakat: die Wölfin mit Schulmappe. Sie verglich Beine, Busen und Blondgelächter mit den ihren (und verlor nicht; wenn auch ihr Gesicht grob und dammwild war): »Eine Bitte, Fräulein Evers: –«. Sie drehte nur den dicken Kopf (war nicht zu überraschen): »Käthe« sagte sie lakonisch durch die Zähne, und ich lachte hölzern: »– Also schön –: Fräulein Käthe –«. »Käthe« sagte sie drohender, »– und?! –«. Ich schluckte verwirrt und taumelig: »Bitte, Käthe«, sagte ich (und unsere Brauen peitschten selig: Die kriegt n!): »Gehen Sie doch bei meiner Frau mit vorbei: ich käm heut Abend erst mit dem Spätzug. Und so weiter.« »Und so weiter.« wiederholte sie gleichmütig, nickte mir einverstanden zu, und versenkte sich kalt wieder in das Studium der Wadenlinie: setzte den Fuß vor (und schien zufrieden).

Blaue Himmelsseide und weiß bestickt (aber ein Muster, Hausfrauensprüche, bekam man doch nicht zusammen), und ich stakte weiter durch die ausgefrorenen Straßen, und inspizierte die uralten Schaufenster: sone Visolettlupe müßte man auch haben. 15 Zentimeter Durchmesser, für Karten und so; aber die waren auch schandbar teuer, bestimmt 20 Mark, und ich besah dann noch die exakt gereihten hohlen Brillengestelle.

Puh!: Beduinenstaub jagte fahl die brausende Straße hinunter, Sandmäntel geisterten, daß die Windpferde ütrecht schnoben.

Ganz kalt hannöversche Geschichte rekapitulieren: wie das so peu à peu zusammen geronnen war: die Fürstentümer Bremen und Verden; Lüneburg und Celle; die Grafschaften Hoya und Diepholz; mitten drin an der Weser, quittegelb umsäumt, die lustigkleine Enklave Thedinghausen. Die Verbindungen zum Hof von St. James; die französische und preußische Besetzung. (Gewiß: Schulkenntnisse).

Erinnerungen (Schulerinnerungen): Max Hannemann und Kurt Braunschweig: das waren zwei große literarische Begabungen gewesen; humoristisch-gesellschaftskritische Aufsätze. (Alle verschwunden!). – Eine Wolke begoß sorgsam die Schonung drüben (ließ mich aber in Frieden), und wehte dann beauftragt weiter.

Licht im Büro: die stillen fleißig geneigten Bubiköpfe der Tischlampen; die eckigen Formulare wurden unerträglich waldgrün und peinigten schön; an den Wänden klebten schiefe leere Lichtplakate und überschnitten sich wie expressionistische Bilder. »Fahren Sie heut nich, Herr Düring?«. »Ich muß noch zum Landrat. In die Wohnung.« Vorgeschobene anerkennende Unterlippen; bei Peters ehrerbietiger Neid. Auch Getümmel der Wolken, schwarz und rot hinter Kiefernspeeren.

Oktoberpibroch (dabei wars Februar): und ein ganzer Clan grauer Wolken, ladies from hell, marschierte heran; die Felder begannen heiser zu meutern; Buschgerippe griffen (faßten) sich verzweifelt an. Vor ihrem Schaufenster erschien ein schneidiges Ladenmädchen und rang das Eisengitter nieder. (Dann noch ein zweites, Überflüssiges, das ihr half: weniger Menschen! Mehr Fächer der kahlen Bäume, braune Spitzenfächer, riesenfein; mehr Bücher und Quadratmeter pro Kopf: also weniger Menschen!)

Der knappe Mond saß an der Kante des Kirchturms; die eine schwarze Glocke, im Schalloch, knurrte stumpf nach unten.

Liliputgewieher der Klingel: im Haus ging es um. Erst knallte es fern und bedeutsam, dann nahm es viel mehr Stufen, als die finstere Treppe fassen konnte, schallte höhlern und murrte, lindwurmte jetzt ganz türnah und lauerte schlüsselig:

Das Dienstmädchen: recht bachstelzig und proper und maniriert wie eine Docke (»Ein paar Lungenflügel!« hätte Schönert bewundert). »Ja, der Herr Landrat ist zu Hause«. »Ich weiß«, sagte ich nachdrücklich, »und er weiß auch. Sagen Sie ihm bitte: Düring wäre jetzt da. Dü-rrink.« (Ja, geh schon: gelbes Treppenhaus, gewölbtes; albernes Getue).

Aus dem kleinen Spiegel der Flurtoilette schrillte die Lichtfeile (Bilder von Schandau und Königstein, verschnörkelte Erde, als sei sie von irgendeinem Balthasar Pöppelmann erbaut: Hasse Deinen Nächsten wie Dich selbst!).

Die vornehmen Stühle lehnten sich leicht überlegen zurück; dem breiten Tischstumpf fehlten moosige Wurzeln (und blumengelbe Pilzgallerte an der Seite). – Ich kam herein, so kunstvoll linkisch, daß ich fast über die braunen Schlingen im Teppich stolperte: ei, das gefiel dem Chef als solchem (und überhaupt).

Er kam lächelnd an diesen runden Tisch: er erkannte mich an, o Glück! Die Tischlampe (der Schirm mit feinen Gräsern beklebt: sah ganz nett aus!); zuerst Richtlinien & Ratschläge, Arbeitshilfsmittel, »– meine Bibliothek steht Ihnen natürlich zur Verfügung –«, Allgemeine Deutsche Biographie (: kenn ich Alles besser als Du! Und wir wandten die brilligen Gesichter einander huldvoll – er – und böse – ich – zu).

»Die Urkunden werden bestenfalls nach dem Dreißigjährigen Kriege beginnen«. »Sie berichten mir jedenfalls laufend von interessanten Funden.« Und ich notierte so angespannt nickend auf meinen Block, ergriffen, schrieb auch wohl ‹Kalb Moses› zwischen die Zeilen, lächelte unterwürfig, und setzte die Striche auf ‹Blöhu›.

»Sie haben ein Fahrrad, ja?«: »Jawohl, Herr Landrat.«, und sah ihn mit ernsten Schüleraugen an, den geliebten Lehrer der Werktätigen: dann soll ich also damit Deinen ganzen Kreis abklappern?!. »Sie wohnen doch in – ä : –«, »Kolonie Hünzingen, Herr Landrat.« »Ach – ä«: »Jawohl. Dicht an der neuen Straße Benefeld–Ebbingen –«. »Ach, die wegen der Pulverbäckerei da ausgebaut worden ist!« nickte er ungnädig brauenziehend (war nämlich große Staatssache, top secret, und ihm durchaus nicht unterstellt, die Eibia!): »Na, da haben Sie ja ohnehin Ihre Monatskarte bis Fallingbostel, –« (ich dienerte wie ein Weichenhebel) »und sonst machen Sie eben möglichst wenig Spesen. Notwendige Auslagen dekken wir natürlich; aber: mit Maassen, ja?«. Geschmeidig ruhig: »Selbstverständlich, Herr Landrat.« (noch ein bißchen kleinbürgerliche Gekränktheit hineinmischen): »selbstverständlich!« »Gut.«

Er lehnte sich zurück (also Ende des offiziellen Teils; nun will sich der gelbe Herr Löwe noch was Weniges mit der Maus belustigen; und ich sah ihn so gespannt an, als solle ich ihn porträtieren –: –? –? –:)

Sie gab dem Schalter einen energisch zierlichen Klaps (seine Tochter) und der Lichttrichter stand im Zimmer um uns. Mich schnitten Schein und Schatten mitten entzwei, und ich fühlte das Unbehagen körperlich.

Ein weißes Gesicht: sehr hübsch, hochmütig, mit zwei roten Lippenbarren verriegelt; Augen kalt und chemisch, das junge Haar bewegte sich einmal auf ihr. (18 Jahre; also Lyzeum, also in Käthes Klasse. Und oben wars zu kalt zum Lernen).

(»Ja, Herr Löwe?«): »Sagen Sie – Düring –« (die Pause war wunderbar!) – »mm: haben Sie sich mal mit Filosofie beschäftigt? = Kant. Schopenhauer.« (munter): »und so weiter?«

(Du wirst Dich wundern!): »Früher ja, Herr Landrat; hab ich viel dergleichen gelesen; als junger Mensch.«

Er lächelte, überlegen und akademisch-heilig; sehr stark amüsiert, über formica sapiens: »Warum nur früher, Herr Düring?« (höhnischst): »Sie sind darüber hinaus?!«. (Und die Tochter, hinten im Sessel, mit hochgezogenen Seidenbeinen, ließ sehr langsam das Buch sinken).

Ich trank den Kognak aus (unaufgefordert; der Plebs hat keine Manieren); ich suchte auf dem Schrottplatz meines Gehirns nach etwas Passendem für den Nandu; und hier, die verrostete Gedankenspirale, lag mir gerade recht:

»Ich habe mal« (und jetzt den ersten Hammer!): »einen klugen Vorgesetzten gehabt« (dabei wars gar nicht wahr!), »der hat mir Folgendes erklärt: wenn es Wesen mit zweidimensionaler Raumanschauung gäbe – die also hier in einer Ebene behaust wären –« (ich strich sie mit der Hand in die

Luft, dicht über dem Tisch) »– und ich durchstieße jetzt deren Lebensraum mit den Fingern meiner Hand –« (ich ließ sie hängen wie die Fangarme einer Qualle) »– dann würden diese zweidimensionalen Wesen jetzt wahrnehmen –«: »5 Kreise«, sagte er stirnrunzelnd (hatte s bis jetzt also verstanden). »Ja. 5 Einzelwesen;« sagte ich finster, »Individuen. Ohne zu ahnen oder feststellen zu können, daß diese oben, im Dreidimensionalen, einer anderen Einheit – meiner Hand – untertan sind.«. »Oder: ich stoße zuerst meinen Daumen in ihre Weltebene –«' (ich tat es:) »– dann ziehe ich ihn heraus – d. h. er verschwindet für Diedaunten; und nach einiger Zeit führ ich woanders den Zeigefinger in ihre Welt ein. Also für die: 2 Einzelwesen, durch Ort und Zeit weit getrennt; aber dennoch in der höheren Einheit meiner dreidimensionalen Hand verknüpft.« (Er runzelte und überlegte; etwas beunruhigt; aber ich fuhr eisig fort: Tu l'as voulu, George Dandin!)

»Nun gab jener Herr« (ich war es selbst gewesen: der Herr! Triumph!) »mit genügenden Gründen unterstützt, zu verstehen, daß auch unsere dreidimensionale Welt von einer vierdimensionalen so überschattet würde. Die scheinbar von einer 5-dimensionalen; zur Darstellung der Elektronenbewegungen wählt man ja am besten einen 6-dimensionalen Raum, usw. – Ich bekäme die Argumentation wohl noch zusammen« (drohte ich unterwürfig; und fügte nachlässig hinzu): »Ich habe dann den Hilbert ‹Nichteuklidische Geometrie›, usw. auch selbst durchgearbeitet. –: Da wir also, mit völlig ungenügendem Intellekt ausgerüstet, (eine Gemeinheit des Demiurgen!), in einem Meer von Unbegreiflichkeiten plätschern: hab ich mir seitdem abgewöhnt, Metaphysik zu betreiben. Selten mehr Denkanfälle. Nun stehe ich nur noch und registriere, was die lächerlichen alten Damen (die Parzen) mit mir und der Welt so vorhaben.«

Er brachte die Zungenspitze heraus (wohl auch nicht ganz ladylike) und dachte lange lange (sicher wars wohl keine ‹Weltanschauung› für n preußischen Beamten; aber er schien von Naturwissenschaften die übliche Keine Ahnung der meisten ‹Akademiker› zu haben, der ‹Klassisch Gebildeten›; leicht verwirrt und beeindruckt: gelt: ich kann auch antiseptisch!: »Wählt KPD«, und ich schaute noch höfischer drein).

Die Tochter (sehr hübsches Gesicht – hatt ich wohl schon gesagt?!), mit weit nach oben sichtbaren, breit gedrückten, Schenkeln, drehte langsam einen Ring am Kleinfinger, und sah mich durch undurchdringliche lashes an. (Wie auf dem Bild).

Anderes Thema (nach Partherweis'): »Sie lesen viel, Herr Düring?« (Wie sich beim Militär manchmal der General erkundigte: Kinder? Sechs? Brav;

36

sehr brav: weiter so!! – Also wieder Distanz!): »Zuweilen. Sonntags. Herr Landrat.«

»*Was lesen Sie denn da?*« (‹da so› wäre noch besser gewesen). »Viel Prosa, Herr Landrat«. (vertrauensvoll): »So: Epos, Lyrik, Ballade: das ist nichts für mich«. »– Und was da so?« (endlich ‹so›! Jetzt kalt): »Wieland viel, Herr Landrat; Cooper, Holberg, Moritz, Schnabel, Tieck, Swift; auch Scott.« (‹Expressionisten› sagte ich nicht: Dir nicht;): »auch Romantiker –« fügte ich süß und selig versöhnend hinzu (weil die Brüder die Romantiker ja doch nicht kennen: nicht ihre großen bahnenden Formkünste, nicht ihr concerto grosso der Worte, nicht Wezel, nicht Fouqué, nicht Cramer, ihr Laffen!). Er nickte bei jedem Namen langsam und gewichtig (hatte also keine Ahnung davon, und ich gab ihm die Gute-Nacht-Spritze):

»*In Deutschland* haben wir ja ein ganz einfaches Mittel, einen intelligenten Menschen zu erkennen.« – »: ? –«. »Wenn er Wieland liebt.« – Aber er war doch auch stark; er sagte würdig: »Ich kenne ihn nicht«. »Oh: aber Herr Landrat wissen so vieles Andere,« sagte ich schnell, in der vornehmen dritten Person und so falsch, lächelte albernst und giftig und überließ ihn den Folgerungen (amüsant, wie wir uns verachteten; und dennoch beeindrucken wollten, Beide. Vielleicht sind wir zwei Fangarme derselben vierdimensionalen Qualle, langsam pendelnd, voller bunter Nesselgefäße, meerhaft; auch gut und böse ist uns ja nicht erkennbar: wenn ich mit der Hand die zweidimensionale Welt durchstoße, um unten ein miauendes Kätzel zu retten, sterben dazwischen vielleicht hundert transparente denkende Dreiecke! Ein Universum emaniert immer aus dem anderen: wir emanieren die Welt der technischen Gebilde. Bense). Dann Verneigung zum Fräulein Tochter: lange Beine!

Die Nacht hatte den Mond als rotes rundes Schlußlicht hinten dran. (Bloß das Nummernschild fehlte; sonst ganz nach Vorschrift).

Weichenhebel dienerten: ergebenst: Düring!; Signale ruckten beschwörenddürre Arme (mit fingerlosen Tellerhänden); Augenkraken starrten rot und grün aus kästigen Blechlidern; unten spannte sehniges Eisen Rechts und Links aneinander: kleiner Bahnhof.

Seltsam unruhig heut im Forst: ‹Die Nebel liegen tief. Das Wild hat Wittrung nicht, nicht freien Blick›. Oder: ‹In den Ästen rauschts. Der Schnee wallt auf und wirbelt; ohne Luftzug›. Oder: ‹Geheul im Walde›. (Also tiefer daran vorbei. Mit Geheul.)

Die Krähe beschrieb einen knarrenden schwarzen Strich in der echolosen Luft. Mond trat auf und betrachtete mich eisig aus gelbsilbernen Wolkenlidern. Die abgemagerten Sträucher drückten sich in dem schrecklichen Blaßlicht näher aneinander. So stand ich lange im hageren Gewebe des Gartens gefangen. Der Mond wurde schärfer, hell, wie ein Redner vor der Sternenzusammenrottung. Wind schärfte mir das Gesicht; und nach Zeit schossen einzelne Flocken von Osten her (dann wieder flache Kälte). Als ich ins Haus ging, tanzte mein Schritt dumpfe Rüpeltänze um mich rum, so gefroren polterte der runde Weg mit mir zur steifen Haustür.

»*Jetz kommstu ers? Alles iss kalt.*« (meine Frau), und sie schimpfte, die Worte ballten sich ihr im Munde zusammen, höhnte und atemloste (meine Frau). Erst langsam konnte ich sie beruhigen: die Ehre: beim Landrat!

Kesseltreiben gegens Memelgebiet (22-Uhr-Nachrichten): wie lange wirds noch gut gehen?!

Einer emaniert den Anderen: das n-Dimensionale das (n-1)-Dimensionale; der das (n-2)-Dimensionale: : wer aber ist N??!!

1. *Alles was da ist,* betrifft entweder das Unsichtbare oder die Gottheitsfülle, und was sich mit und außer derselbigen zugetragen, oder das, was die sichtbare Welt angeht.

2. Die Fülle der Gottheit hält in sich 30 Äones, deren 15 männlichen und 15 weiblichen Geschlechtes sind.

3. Aller dieser Äonum Haupt, Wurzel und Quelle ist der einzige, unsichtbare, ewige, unerzeugte und unbegreifliche Gott, (N!), der wegen dieser Eigenschaften Proarche, Propator und Bython, das ist: das erste Principium, der erste Vater, und die Tiefe heißet.

4. Dieser unerforschlich tiefe Gott hat ein Principium zur Gemahlin, und das heißt Ennoëa, der innerliche Gedanke, Sige das Stillschweigen, und Charis die Huld.

5. Wie diese Gemahlin von Bytho schwanger worden, hat sie ihm Nun, den Verstand, den Eingeborenen, den Vater, und das Principium oder Wurzel aller übrigen Dinge geboren.

6. Mit eben diesem Verstand ist auch Aletheia, die Wahrheit, geboren worden. Und diese erste Tetras oder Geviertes ist die Wurzel und Quelle aller Dinge.

7. Aus dieser Tetrade ist eine andere Tetras entstanden, nähmlich Logos das Wort, Zoë das Leben, Anthropos der Mensch, und Ecclesia die Kirche.

8. Aus beiden Tetradibus ist ein Ogdoas, das ist: ein achtfaches Principium worden, welches ebenfalls die Wurzel und Quelle aller Dinge ist.

9. Es hat nämlich Logos eine neue Decadem, das ist Zehendes, aus sich

hervorgebracht; nämlich Bythium den Tiefen, Mixin die Vermischung, Ageratum den Unsterblichen oder Nicht-Veraltenden, Henosin die Vereinigung, Autophyes den aus sich Geborenen, Hedonen die Wollust, Acinetum den Unbeweglichen, Syncrasin die Temperierung, Monogenes den Eingeborenen, und Macariam die Selige.

10. Anthropos zeugte mit Ecclesia eine Dodecadem oder gezwölfte Zahl der Äonem; nämlich Paracleten den Tröster, Pistin den Glauben, Patricon den Väterlichen, Elpida die Hoffnung, Metricon den Mütterlichen, Agapen die Liebe, Aënun den ewigen Verstand, Synesin die Wissenschaft, Ecclesiasticum den Kirchensohn, Macarioten die Seligkeit, Theleton den Begehrten, und Sophiam die Weisheit.

11. Aus dieser Ogdoade, Decade und Dodecade bestehet das ganze Heer der Äonum, von deren erstern Bythus und Sige, von der andern Logos und Zoë, von der dritten aber Homo und Ecclesia die Eltern sind.

12. Nicht alle Äones sind von gleicher Beschaffenheit, sondern allein Nun hat eine vollkommene Gemeinschaft mit dem Bytho oder unerforschlichen Gott.

13. Daher entstehet eine Begierde der Äonum, mit dem Bytho vereiniget zu werden, welches sonderlich die letzte der Äonum, die Sophiam, so erhitzt gemacht, daß sie über dieser Brunst schier in das allgemeine alles erfüllende Wesen wäre verschlungen worden, wann nicht Horus, die Grenze, das ist, die alles in seinem Wesen, Schranken und Natur erhaltende Kraft, welche Alles in seinem Circul bestimmt und einschließt, daß es nicht von dem Unendlichen verschlungen werde, dieselbige zurückgehalten, und dadurch wieder zu sich selbst, und in ihr Wesen, Circul und Grenze gebracht hätte.

14. Doch wurde Sophia durch diese erhitzte Brunst schwanger, und durch die so heftige Bewegung abortierte sie, und brachte ein ungestaltes Kind zur Welt, von welchem alle Furcht, Jammer, Schrecken und Betrübnis auf sie kam.

15. Es wurde aber doch Sophia durch Horum wieder gereinigt, und an ihre vorige Stelle unter den Äonibus in dem Pleromate gebracht; ihr Bastard aber, Enthymesis die Begierde, und dessen Anhang, Passio oder die Leidenschaft, wurden aus dem Pleromate verwiesen und ausgestoßen.

16. Enthymesis, als die unzeitige Geburt der Sophia Achamoth genannt, war nunmehro im Schatten, im Nichts, ohne Form, ohne Figur und Licht; daher der obere Christus sich derselben erbarmete, und ihr etwas von seinem Wesen eindrückte, sodann aber wieder von ihr wiche, und sie halb vollkommen und halb unvollkommen hinterließ.

17. Wie nun Achamoth dadurch eine Seele bekommen, hatte sie ein noch größeres Verlangen nach dem Licht, das ihr mangelte; da sie aber danach drang, hielt sie Horus zurücke, worüber sie in Betrübnis, Angst, Sorge und Traurigkeit geriet, und sich mit widrigen Gedanken quälte. Und daher kommt der Ursprung der Materie, der flüssigen aus ihren Tränen, der lichten aus ihrem Lachen, der dichten oder der körperlichen Elementen aus ihrem Trauren und Entsetzen .... (usw. bis 40.); wird zu viel).

Der Rappe der Nacht: mit der breiten Silberblesse, Tränen, Lachen und Entsetzen, schnob immer an meinem Fenster.

(Das Unbegreifliche in einzelne Begreiflichere zu zerlegen).

II
(Mai/August 39)

Das helle Dorf: es schlug erwachend alle blanken Fenster auf; jedes Haus
  krähte wie ein Hahn, und Gardinen wippten dazu mit den pastellenen
  Flügeln. (Eine hatte dicke rote Punkte drauf; hübsch, über gebläbtem
  Hellgelb).
Büsche in seegrünen Schuppencapes erschienen an allen Wegen, und winkten
  mich zitternd und sehnsüchtig tiefer die Straße entlang; standen als
  Zuschauer am Wiesenrand; machten schlanke Gymnastik; wischelten
  lüstern auf Chlorophyllzungen, oder pfiffen plötzlich laute Triller; die
  Büsche.
Die Magd im violetten Kittel stürzte den Eimer und gelbes glitzerndes
  Abwasser, daß ihre schwarzen Fliegen unten murmelten. Blaunarbiger
  Kohl und schlappe Zwiebelstacheln. Wieder kloppte die flinke Tür: und
  besiegelte die Stille. Gut. (Stille: gut!)
Windrüssel wühlten überall im Gras und schnarchten, blaue Frischlinge, ein
  bißchen, atemweise. Ein Hund sprang mit allen Vieren aus seinem
  Brettergiebel und boll hin und her, daß die Kette klapperschlangte und
  jappte: »Tach, Herr Vehnke!« (In Rethem).
»Kann ich gleich runter gehn?«: Kann ich gleich runter gehn.
Im Aktenkeller: weißgekalkte Mauern, und Mäuse in allen Kartons: schwarze
  Männchen, turnten sie neugierig um die Wände, sprangen Bogen,
  wohnten in rethemschen Labyrinthen, (morgen Brotkrümel mitbringen).
Mit einem guten Cellophanlineal (Teilung unten dünn eingeritzt) kann man
  tatsächlich noch Zehntel Millimeter verläßlich schätzen: wunderbar!
  Und ich schob und richtete die glasklaren zweidimensionalen Geräte hin
  und her: wunderbar!
Dazu die Lupe: und darunter die Hunderttausender Karte: die dünnen Berg-
  schraffen zeigten auf Höhenpunkte; Schneisen strichelten durch Wälder;
  jedes winzige Schwarzeck war ein Haus, in dem Kühe brummten,
  Fensterscheiben blitzten, grün war der Zaun ums Haus gestrichen; und
  ich knäulte die Finger in Sehnsucht und ballte das Kinn in energischer

41

Verzweiflung: ich muß jedes dieser Häuser sehen; jede Schindel am Dach will beschrieben sein: so kommt denn!

Und da gings gleich los im Jahre 1760, von »considerablen Progressen« und »denen österreichischen Conquêten«: also ein offizieller Bericht. Also aufheben – – also in Mappe ‹Politica›. (Hatte etwa hundert blaue Aktendeckel gefaltet, und alle Sachgebiete aufgeteilt. ‹Große› Geschichte ist nichts: kalt, unpersönlich, unüberzeugend, übersichten (falsch dazu): ich will nur die ‹Privataltertümer›; da ist Leben und Geheimnis.

Ich konstruierte mir alle die alten Dörfer mit ihren Pfarren und rührigen Vorstehern: Namen aus Kirchenbüchern, Akten, Gesetzessammlungen, Zeitungen, von Grabsteinen. (Heute Abend noch die Karteikästchen machen, für Zettel Din A8, d. h. etwa $74,5 \times 53$ Millimeter. Darauf Namen, Vornamen, Lebensdaten sofern erreichbar; außerdem kurz den Vorgang in Stichworten: wo gefunden etc.). Lesen, umwenden; Lesen, umwenden. Lesen. – Umwenden –

Der Karton »Franzosenzeit«, und ich zögerte, ehe ich die dicke dreckige Schnur durchschlitzte:

erst noch mal schnell die Geschichte des Kreises Fallingbostel in jenen Jahren:

1. Seit 1796 die Demarkationsarmee bis zum Frieden von Lüneville, 9. 2. 1801.

2. Am 4. 4. 1801 rückt der Preußengeneral Kleist ein mit 24 000 Mann; bleibt bis Ende Oktober.

3. Kurzes Interregnum.

4. Am 26. 5. 1803 Einmarsch der Franzosen unter Marschall Mortier (seit 19. 6. ist dann Bernadotte Oberbefehlshaber). – 3. 6. 03 die lächerliche, aber wahrscheinlich doch durchaus richtige, Konvention von Suhlingen (unten bei Hoya), wo die hannöversche Armee sich ergibt.

5. Im September 1805 marschiert die französische Besatzung (ausgenommen die 3000 Mann in der Festung Hameln –: ganz recht: wo dann Chamisso stand!) nach Österreich; – indessen wird das Land von Russen, Schweden und der deutsch-englischen Legion ‹befreit›.

6. 15. 12. 1805 Wiener Traktat durch Haugwitz, nach welchem Hannover (gegen Berg, Ansbach und Neufchâtel) an Preußen fällt. – Seit 27. 1. 1806 besetzen also preußische Truppen unter dem Grafen Schulenburg das Land.

7. Nach Jena-Auerstädt (14. 10. 1806) wird Hannover zunächst von den Franzosen okkupiert, »zur freien Disposition«, und schwer besteuert.

8. Am 14. 1. 1810 kommt unser Kreis zum neuen Königreich Westfalen des Morgen-wieder-lustik = Jérôme. Als Teil des Allerdepartements.

9. Am 13. 12. 1810 wird er durch organisches Senatuskonsult (so ein Wort, was?!) ins Kaiserreich Frankreich übernommen.

10. Im Herbst 1813 dann wieder »befreit«, und bis 1866, bis zur Auflösung, beim Königreich Hannover; seitdem bei Preußen. Aha . . . . . : –

Ahhhh!!!! – –

Die große alte Karte!!

Da rannen die gekräuselten Linien der Bäche um schwarze Häuserpunkte; durch eine liebliche Hügelzahl, die 6 und die 2; zergingen in winzige Mühlteiche; die Landstraßen kreuzten klug drüber weg: viele, für mein Herz zu viele, Bäche (und ich folgte jedem atemlos: bis zu seiner Quelle an einem Hang; oder wie er sorgsam aus bitterem Moor zusammen sickerte). Eckige Dörferzeichen; Kreise bekreuzten sich kirchlich; das Posthorn dabei verkündete Pferdewechsel. An dieser Stelle.

Aber die Wälder!: Laubbäume rundeten Schweigen; Nadelforst spitz und schweigend. Schlichen Jäger im Tann, zogen rote Hände aus düsteren Leichnamen; Rehe rasten geduckt (langes ‹a›); Kühe standen ergeben auf Weiden; Wind summte vor sich hin; Gras wischelte; mein Seelvogel verschwand im Unterholz (der Wälder von 1812).

Müssen gute Vorsätze gehalten werden, oder ist es ausreichend, daß man sie faßt?!

Ich faßte die Karte an einer Ecke: die herrliche Kartusche ‹Le Secrétaire général de la Préfecture de Halem, et le Ingénieur ordinaire des Ponts et des Chaussées Lasius›. Ich faltete sie wieder, mit neidischkrallen Augen, an einer Ecke. Dann tat ich sie in meine blaue Mappe (in meine; die unbeschriftete).

Mit Fingern trommeln: wie heißt die Mappe denn? – ‹Du mußt mit›?; oder ‹Düring: Privat›? – – Endlich fiel mir ein ‹Arbeitsunterlagen›, und ich kniff ein Auge zu und betrachtete das first-class-Wort: –

Das gehört mir! (Ganz kalt!) Ich!: ich bin der wahre Eigentümer, auf den diese Dinge seit hundert Jahren lauern! Bei Niemand außer mir ziehen sich die linden Grenzkolorite um mich. Niemand außer mir, sieht hier an jenem Punkthaus: die zwei jungen Stachelbeersträucher: machten einander zerflüsterte Liebeserklärungen, dehnten dünne grüne Arme, zusammen, in ihre runke Nacht (unterm Sternengestückel).

Also: in ‹Arbeitsunterlagen›: ganz kalt!

Die starkmaschige warme Luft umschlug mich gleich, und roch nach Kraut und schweren guten Suppen, und schmeckte salzig auf den Schmunzelwangen, und rötete die keulendicken Armschenkel der selbstbewußten Bäuerin. – »Nee, danke! Ich kann wirklich nich mehr!«

(Eine ‹Pulvermühle› ist tatsächlich schon 1812 drauf, wo jetzt die Eibia steht. Sicher noch früher).

A. C. Wedekind? Wedekindwedekind –: ach, das ist der Herausgeber des Almanachs / Geboren 1763, oben gleich in Visselhövede (und neben Pape »der« Sohn der Stadt). Interessanter Mann nebenbei: war Unterpräfekt des Arrondissements Lüneburg, wo er auch 45 starb; und ein unverächtlicher Historiker obendrein: aha: Wedekind! –

Mensch: Wedekind!!: war das etwa die berühmte Jugendliebe des Dichters Pape gewesen?! Friederike W. hatte sie geheißen, gestorben im November 1794. – Und ich machte mir schnell die Notiz zum Nachsehen in Visselhövede selbst. –

Was heißt eigentlich das »merde« immer am Rand? –, –, –,: achso. (Und weiter mit Balthasar Dennerscher Genauigkeit).

Bauernklo: und die Rattenschwanzlarven wimmelten im braunpapiernen Dreck. (Das werden dann recht lustige bunte Fliegen!: Aber man denke nur!)

Jedenfalls ist die Achse von des Landrats Drehstuhl nicht die der Erde. – – Wie oft sich so meine Handschrift verändert hat: von steifer kindlicher Fraktur, zur durch die Fremdsprachen geförderten Antiqua, dann ein wunderliches Gemisch von beiden. Mit griechischem δ für d. Heut kritzle ich wieder undeutliche deutsche Schrift: und meinen Namen unterschreibe ich lateinisch!)

O mei: Gesetzessammlungen!: 35 Quartanten, die ganze Reihe (und zum dritten Mal schon; erst in Schwarmstedt; dann in Buchholz; einen kompletten Satz hatte ich schon im Kreisarchiv). Tja. – Unschlüssig. –

(Dann nehm ich mir einfach die ganze Reihe mit: als Arbeitsunterlagen, ehe sie vernichtet wird! Schon der Namen wegen, die ständig vorkommen. Also ein großes Paket machen; ein Teil geht aufs Rad, sonst den Rest per Post: und wie werd ich drauf lauern!)

Es ist ja bestimmt nur gut, wenn all diese Dinge an zwei verschiedenen Orten vorhanden sind: in Fallingbostel; *und* bei mir! Wie? – »Heil, Herr Vehnke!«

Mit dem Rad an der Aller entlang (fuhr über Ahlden): dort war sie: ein blauer heller Strich, in dem die Pappeln standen; hier bog sie sich näher und schnalzte mit den Wiesengräsern; drüben zog ein Pflüger braune flache Schraffen schräg heran.

Preisfrage: hat Cooper zum "Mark's Reef" die »Insel Felsenburg« benützt oder nicht?! (Bzw. Öhlenschläger »Öyene i Sydhavet«, was ja auf eins hinausliefe). – Zuerst hab ich bestimmt gedacht: ja! Dann später wieder: Nein. Aber genau weiß ichs heute noch nicht!

Hodenhagen: Düshorn, Walsrode, Abzweigung:

Hellblau: die Pfützen wippten und rillten unterm Frühlingswind; Zitter-
wolken wischten umher; man lief, schob am Rad, und fuhr durch den
grünen federnden Reiserkäfig. (Und Bauern knarrten Jauche vorbei.
Kinder kreiselten um Häuser, Schweine knirschten, Autos summten.
Und uns Alle verband der klare kalte Wind).

Dunkelrot und windwendisch: der Rock. Ihre langen Beine hoben und senkten
die ruhigen Pedalen; und dazu ritt meine Wölfin freihändig und gleichmütig unter den Apfelzweigen voraus, daß es noch mehr himmel-
schwirrig wurde, als eben zuvor.

»Ordensburg Vogelsang«: mein Sohn Paul; sehnsüchtig, schwärmerisch
bekloppt: »Mach lieber Schularbeiten!«

Nachlesen: Spittler, Havemann, Kobbe, Wiedemann, Pratje, Hüne, Man-
necke, Pfannkuche, Reden, Ringklib, Guthe; dazu Thimme, natürlich
vor allem Thimme. Und Jansen. (immer ruhig: in 3.000 Jahren liest sichs
wie der Schiffskatalog beim Homer!).

Also jetzt die Karteikästchen: und ich kauerte zufrieden im Hof, und schnitt
die feinen Brettchen mit Laub- und Streichsägen, und rieb die Kanten
mit Sandpapier, und leimte, und klopfte die feinen Drahtstifte ein:
schöne nachdenkliche Arbeit; im hellgelben Abend! (Schöner Beruf:
Tischler!)

Himbeerbüsche, rotäugig und still: in Evers' Garten; und hinten fesselte die
Wölfin Ruten an schwärzliche Latten. Ihr karierter Rock kniete am
Beetrand; die gelbe breite Wade lauerte in Grasigem, boa constrictor,
geformt (bis ihr Vater kam, und wir altmännisch verkniffen über
irgendwas stänkerten – muß immer an »Limburger« denken, wenn ich
dergleichen seh oder tu – diesmal warens postalische Beratungen,
Abmessungen von Päckchen und so. Grenzgewichte. Denn er, obwohl
eigentlich Eisenbahner, hatte son Buch).

Halt!: die zwei kaputten Latten kann ich noch gleich am Zaun mit aufnageln!
– (Die Wolken reckten der Sonne noch lange spitze rote Schlangen-
zungen nach). – – –

»Morgen, Herr Peters.« »Heil, Herr Düring!: Sie sehen aber gut aus!« (neidisch;
jetzt war es an mir, kümmerlich zu tun und vorsichtig): »Na, da komm'
Sie mal mit runter in' Keller, und sehen Sie sich mal die Aktenstöße
unten an!« (unwilliger): »und ‹gut aussehen›?!: verdorrt, ja; und ab-
geledert: 16 Pfund hab ich schon abgenommen!« und: »fahren Sie
mal morgens mitm Rad die 25 Kilometer bis nach Rethem: *und*
abends wieder zurück: da geht man aber ganz schön am Stock!
Glaum Se ma!«

»*Ja: braun, ja!* Das werden Sie dabei, ob Sie wollen oder nicht!«

»*Seifert war wieder mal da.*«. »Welcher?: Seehund-Seifert oder Ypsilon-Seyf-
fert?«. Also der dicke Alte; und hatte wieder ein uneheliches Kind mit der
neuen Großmagd verfertigt, das fünfte, und war stolz wie ein Bronto-
saurus und so besoffen gewesen, daß er sogar Peters zur Taufe eingeladen
hatte, und entfernt werden mußte: »Dolle Hähne!«.

Stirngerunzel: er dachte feierlich in fetten Zügen, nickte hinterhältig, und
mißbilligte das blaugefleckte unruhige Vormittagslicht: »Jaja: ich hab mir
Ihren Betrieb unten mal angesehen,« (‹Betrieb›!): »Sie haben für jeden Ort
eine besondere Akte angelegt, und dann die allgemein-interessierenden
Ereignisse – –«. Ich hauchte kalt und ehrerbietig: »›wohl, Herr Landrat«.
»Was Besonderes gefunden?: –«. Knapp, doch nicht zu vorbereitet:
»Diese Woche – nicht, Herr Landrat. Das Meiste ist im Augenblick aus
der Zeit der napoleonischen Besetzung, 1810.« »jaaa«, sagte er langsam
und geschichtsphilosophisch, »wir haben ja auch mal zu Frankreich
gehört – tjaa –«. (‹Wie die Zeit doch so vergeht› fehlte noch). »Ä-
Fallingbostel selbst nicht, Herr Landrat,« berichtigte ich kleinlich-erfreut
(so lieben es die Herren ja, wenn kleine Angestellte so ganz typisch
»kleine Angestellte« sind, mit Seel' und Leib: da können sie nachsichtig
lächeln: also: lächle, mein Bajazzo! Ich tu Dir den Gefallen. Und weiter so
eifrig-ausgefüllt, Pflichtschönchen und Bleistiftspitz): »nur die nord-
westliche Kreishälfte bis zur Böhme: hier war ‹Königreich Westfalen›:?«
und sah ihn erwartungsvoll und blauäugig-primussen an: bist Du blöd!
(Und richtig: er zuckte unmerklich-merklich die Achseln, leckte sich
spöttisch die Oberlippe, sein Blick ging mit ihm davon: davon: bis kein
kleiner Angestellter ihn mehr erreichen konnte: »Jawohl, Herr Landrat!«)

»*Also Heil!*«: »Heil 'ittler, Herr Düring!«. – »Und: Fräulein Krämer: knöpfen
Sie die Bluse etwas höher zu: denken Sie daran, was Sie für Verheerungen
unter unsern männlichen Lehrlingen anrichten!«. – »Nee: n Ärgernis nich
grade; aber lassen Sie sich ma von Herrn Schönert die biologischen
Auswirkungen erklären.« – Noch einmal: »Also bis Montag. Und daß die
Listen zum Wehrmeldeamt rüberkommen!«. »›stimmt, Herr Düring.«

Aber draußen: Himmel aus Porzellan: weiße Bauchigkeiten, blaues Wischtuch;
und hier unten zog es durch die dünnen Sträucher, als ständen rundherum
Türen offen (daß das Hemd vor der Brust flatterte, und mein graues Haar
begeistert aufsprang). Dabei wars durchaus noch Beamtenland: Telefon-
masten eskortierten alle Straßen, machten steif die Kurven mit, sämtlich
tiefbraun, uniformiert und linealen: die ruhen nicht eher, als bis jeder
Quadratmeter oben mit Draht überspannt und unten mit Rohrleitungen
versehen ist!

Die Birkenfühler streiften an meiner windjackenen Flanke hin; ein sehr gelbes Blatt hielt mich auf im Lauf; meine Augen hatten süße Eile: Spiegel für Pflastersteine und Mädchenröcke, Häuser und schlanke Nylons, regsame Autos, gewandt hakenschlagende, und Blickgeflimmer aus Bauernfenstern. »Tach, Herr Vehnke. – Ja; heut wahrscheinlich zum letzten Mal. – Ja, ich geh gleich runter«, und die Treppe lief gestreift vor mir her, ein Stück ins Innere der Erde. (Nur ein Stück).

Die Truhe schnellte Holzmoder aus: moorig, schabig, widerlich –; – und ich wappnete mich mit viel Geduld und Pinzetten (Schere – Bleistifte – Block – Lupe – Langenscheidt – avanti!). Insektenlarven und Staubfäden.

Und Alles durcheinander: Die große Choleraepidemie von 1831 (richtig: daran waren doch damals Hegel, Gneisenau, usw. gestorben). – Dann prüfte ich aus Spaß ein paar alte Steuerrechnungen von 1824 nach, und hakte sie ab: soll sich später mal ruhig Einer den Kopf zerbrechen, was dieses »Genehmigt: Düring« am Rande bedeutet. (Aber durch solche Possen hatte ich auch all die verschollenen Münzsorten auswendig gelernt Taler, Gulden, Friedrichsdor, etcetera, bis zu Bremer Groten!).

Hübsch, hübsch: ein Gutachten des berühmten Baumeisters, Moorkolonisators und Dorfgründers Johann Christian Findorf († 1792) ...: Aha!: hatten also tatsächlich im Ostenholzer Moor auch son Projekt vorgehabt; mit Kartenskizze und Kostenanschlag. Interessantes Stück. (‹Arbeitsunterlagen›??).

Und hier: ein 16 Folioseiten langes Verzeichnis mit Preisen »der bey der am 26. July 1803 erfolgten Einnahme des Schlosses Ahlten daselbst verbliebenen und in frantzösische Hände gefallenen Effecten«; und das war prächtig: jeder Dreck war erwähnt: »1 Thee-Topf mit einem Horn-Henkel« ebenso wie »Baar-Geld und Pretiosis«; »Ächtes Porcellaine«; »Küchengeräthe«; »9 Stück bleumourant Livreetuch, sowie ein Rest von gelbem Tuch 2 Ellen: 162 Thaler«; »1 Canapee mit Petit-Point-Arbeit«; und tatsächlich »6 Chaises percées mit diversen Überzügen: 24 Thaler«.

Dann: Flinten, Pferde, Reitzeug, Fourage, »Holtz«: »Eyn Zier-Garten mit über 200 Piècen von Orangen-, Citronen- und Lorbeerbäumen, desgleichen an 100 Rosen- und Nelkenstöcke«; »1 Schrank mit historischén, auch amüsanten und coquetten Büchern« (Also wahrscheinlich Erotica, »Posizioni« und dergleichen).

Und der Keller: »1 Ohm Tokayer Wein von Thomagnini. 2 Eymer Ungar-Wein von Rebersdorff. 1 Ohm Rhein-Wein 1704er«, und so ging es fort. –: »3 Oxhoft Pontacq«? Qu'est ce que c'est que ça?! – –: Achso: Rotwein aus Pau.

Summa Summarum: 178278 Thaler 18 Groschen! Und das 1803!: Du kriegst die Tür nich zu! – Das waren ja – nach heutigem Gelde – ungefähr – in Reichsmark: na? –: rund zwei Millionen Mark gewesen!: das iss was fürn Landrat! (Und ich mach natürlich auch noch ne Abschrift für mich, daß ich die ganzen alten Details und Specialia lerne!) – Und weiter unermüdlich fleißig, Blatt um Blatt wenden; jedes überhuschen, manches lesen: 3 Kartons immer neben mir: »Wichtig«, »Fraglich«, »Abfall«. Der letzte wurde dreimal am Tage voll und leer. (Zum Einstampfen).

11 Uhr: also noch ne gute Stunde.

Wieder Franzosenzeit: Hünzingen gehörte damals verwaltungsmäßig (es sitzt doch tief drin bei mir, was?!); – damals –:

a) zum Departement der Wesermündungen, »Bouches du Weser«, (Präfekt der Graf Carl von Arberg; Generalsekretär von Halem: ach, der, der die große Karte von neulich mit entworfen hatte!);

b) zum Arrondissement Nienburg (Unterpräfekt Salomon);

c) Kanton Walsrode, und endlich

d) Mairie Walsrode.

Und hatte ganze 98 Einwohner gehabt. Walsrode 1441. Stellichte 311.

Ein Aufruf an die Bevölkerung: zum Einfangen entsprungener französischer Soldaten. Gezeichnet: Tourtelot, Leutnant der 34. Gendarmerie-Legion zu Nienburg. Mit Belohnung: 15 Thaler pro Kopf. Hatte 25 Gendarmen zu Pferde und 5 zu Fuß »unter sich« gehabt (»Nicomedes non triumphat/qui subegit Caesarem«; immer 5 waren eine ‹Brigade› gewesen). – Etwa 40 Namen auf der Liste der Deserteure; mit Personalbeschreibung, Alter, Größe, Truppenteil und allem Steckbrieflichem.

Hier wieder: Berichte der Dorfschulzen aus Bommelsen, Kroge; Förster Ruschenbusch aus Stellichte.

Hier wieder: Einbrüche in einsame Gehöfte, Diebereien von Lebensmitteln, Vernehmungen und Aussagen, Schinken und Dauerwurst (mit Unterschriften ‹Paul Wolters, for mich und meinen Bruder›). Und ich sah auf die Kreiskarte: war ganz in meiner Nähe gewesen, Ebbingen, Jarlingen, Ahrsen. Scheinbar immer derselbe, »klein und hager«.

Hier wieder: ein Bauernmädchen war am Herbstabend im Moor von einem Unbekannten in zerstückeltem Deutsch gefragt worden: ob er nicht mal. Und hinterher hatte er ihr noch n halben Sack Kartoffeln abgenommen. (Deswegen hatte sie s eigentlich nur gemeldet! – Und wieder war er »klein und hager« gewesen; das Gesicht hatte sie in der Dämmerung nicht mehr genau erkannt, »den Hut hatt er nich abgenommen«, aber ein älterer Mann: und ich überlegte lüstern, woran sie das wohl festgestellt haben mochte. Dann wurde ich aber wieder ernsthaft, und nahm mir noch einmal das Namensverzeichnis vor: klein und hager. Klein. Und hager).

Und älter: blieben eigentlich nur 2 Mann, die allenfalls dafür in Frage kommen könnten: Thierry, von den 21. Chasseurs à cheval; und Cattere, vom 16. Linienregiment. Thierry und Cattere.

Ein Werwolf: Zwei Bauern hatten den Schatten gesehen: immer dicht hinter ihrem Fuhrwerk. Und es hatte ständig »geklötert«: »wie mit Ketten«! Da hatten die Brüder in die Pferde gedroschen, und mit Schlotterstimme die betreffenden Formeln hergeschrien, à la »Phol ende Uodan«, und noch dicht am Hofe wäre ein großes und ganz unpassendes Rauschen in der »oberen Luft« entstanden; gezeichnet Witte und Lüderitz aus Kettenburg, samt dem dazugehörigen Maire und seinem roten Siegelbröckchen.

Und so ging es noch ein paar Briefwechsel hin und her, jahrelang. Aber ich wurde doch nachdenklich: der einsame Flüchtling im Moor! Und ich kniff die Stirne und sah auf meinen pferdeapfelfarbenen Windjackenärmel: war ganz einfach desertiert! Mit einem Satz aus Reih und Glied ins freie Moor gesprungen (und hatte scheinbar jahrelang dort versteckt gelebt, ‹und Dein nicht zu achten›: selbst im weißen öden Winter: man kann also so was machen!). – Dann vereinnahmte ich die sämtlichen Akten erst einmal (ist ja auch durchaus meine Abteilung, ‹Personelles›, oder?!).

»Gehen Sie man heut zu S-tegmeier essen: häi wäit all!«

Ein fernes rotes Ziegeldach in flirrenden verworrenen Wiesen; ein Falter stolperte verwirrt durch die Hitze hinter seinem Schatten her; Wind streckte heiße lange Glieder, wendete sich noch einmal wohlig, und schlief ein.

Verhältnismäßig neues Haus noch; und die Glut zog mich um die klar verputzte Sonnenecke bis zur breiten Dienstmagd am sausenden Teppichklopfer: »Jou: de Häa iss inn'«, und der Stiel bog sich wieder vor dem marmorierten Ringerarm: die Hand, die Samstags ihren Besen führt – –

Ein alter Bauer mit zahnloser stinkender Stimme: »Näi bie uns giff datt nix. Näi dor wäit wie nix von. Sowatt heff wie nie-mools-hatt.«; und er sah mich erwartungsvoll aus runden Augenpfützen an. (Dann kam aber bald der Sohn, und knurrte Alles in Ordnung).

Der Alte war 86, und wurde beim Essen wieder munter, und erzählte Läuschen vom Einmarsch der verhaßten Preußen, 1866: wie sie, als er, dreizehnjährig, seinen Hirtenhund ‹Bismarck› rief, ihn fragten, ob in Hannover alle Hunde so hießen; und er hatte geantwortet: »Näi; blout de Swienhunn!«. Und wie sie ihn auf seinem Felde verhauen hatten, und dafür dann abends in ihrem Quartier von den jungen Burschen umstellt worden waren und fürchterlich vertachtelt: die Gewehre hätten sie ihnen zerbrochen!, log er sich warm und jung; und wir freuten uns seiner und der dollen Berichte: »Danke schön! – Wiedersehn.«: »Iss all gout«.

Noch den Rest (aber dann ist auch Schluß; ich hör heut mal um 4 auf; will bei der Hitze noch baden gehn).

Baron de la Castine?: Wo hab ich den Namen schon mal gehört? Wo hab ich . . . . . (zu Hause nachsehen). – Zwei Bücher: Karl Gottlob Cramer »Hasper a Spada« (Schöne Stücke; fehlen mir noch in meine Sammlung!)

(Dann doch noch mal die Deserteur-Geschichte durchgeblättert: merkwürdig, merkwürdig!).

Die Lumpen elenden!: holzten sie nicht schon wieder ein ganzes Stück Wald ab? Die Automaten?! Und ich schob am Rad, knurrend vor Wut, hilflos vor Zorn, den weichen kleinen Weg entlang, krach, knirschte wieder ein alter Stamm schräg herunter, daß die Büsche erschreckt, blätterschlagend, zur Seite stürzten: also diese Bauern!

Diese Bauern!!: die Pfuscher!!: Bitte, hier der Beweis: in unserem Dorf sind 25 Höfe von je etwa 200 Morgen (aber Alles zusammengerechnet, Wald, Wiese, Feld): Jeder davon hat ne eigene Dreschmaschine; jeder Zweite n eigenen Traktor. Diese Dreschmaschine läuft bei ihm 10 Tage im Jahr, nicht mehr, dann steht sie im Schuppen: also genügten zweie fürs ganze Dorf!! Und son Ding kostet 2.000 Mark: 23 mal 2.000 sind also unnütz ausgegeben! Welche irrsinnige Verschwendung von Volksvermögen! Welche Vergeudung auf Kosten des zahlenden Verbrauchers! Wenn man die Betriebe alle zusammenlegte, zu kanadischen Riesenfarmen (oder meinetwegen den Kolchosen Rußlands!): und dann die Bauern als gut entlohnte 8-Stunden-Arbeiter darauf beschäftigt (sie barmen Einem ja doch ständig vor, wie sie sich schinden müßten, und angeblich für nichts: jeder Arbeiter hätte s besser: also los!): der Zentner Kartoffeln könnte mit einer Mark verkauft werden! (Und das ist nur ein Beispiel; den möcht ich sehen, der mir das ins Gesicht hinein »rationell« zu nennen wagt!).

Und unhygienisch sind die Säue meist: nischt wie Dreck und Speck! – Das müßte alles rationalisiert werden; Großraumwirtschaften. (Oder eben: Reduzierung der Menschenzahl. Dann könnte das alte System allenfalls noch beibehalten werden).

Genau wie das Handwerk!: Alles antediluvianische Methoden! Wie stände es um die Menschheit, wenn keine Schuhfabriken wären?: die Hälfte ginge barfuß, und n Paar Schuhe kostete 200 Mark, und jeder fünfte Laden wäre n Schuhmacher. Das Handwerk ist ein mittelalterlicher Versuch, mit noch kindlichen Techniken den Güterbedarf einer ganz dünnen Bevölkerung zu decken; metaphysisch sinnige Werte schreiben ihm nur Germanisten und Innungsmeister zu: leben ja davon! – Aber ich bin für Salamander-Schuh (oder Bata; ist mir egal!).

So fuhr ich durch die Stücke meines Lebens dahin: auf einem Rade pendelnd. (Ein Gott möchte ich gar nicht sein: viel zu langweilig, so zuerst. N Halbgott, das ja!).

Schwimmen, lange (im Grundlosen See): auf dem Rücken liegen, und nur wenig bewegen, fast Behaglichkeit. Schaukelnder Himmel mit müden weißen Flecken (wenn nur der alberne Paddler nicht wäre!).

Der abenteuerliche Strand (weißer schmaler Sand, mit feinen schwarzen Schlammustern): Mädchen in grünen und dunkelroten Trikots; braune Jungen, bunt halbiert von der Badehose, mit klaren schwermütigen Jünglingsaugen. Und das harte Gras, weißgrün gesträubt um blaugrüne Kiefernquirle.

Sonnenuntergang: die untergehende Sonne selbst ist nicht schön!: rot, fett, widerwärtig, blutig, blind. – Aber später der Himmel; aber die unbeweglichen Schlieren der Wolken!

Vorm Haus: der Wind schnob mongolisch aus seiner Ecke und drehte gelben Staub zu fasrigen Tauenden; saugte mir das Hemd von der Brust, und hob der Wölfin galant den Glockenrock (bis zum Bund, daß ihr zähniges Gesicht vor Lachen klaffte; und sie behielt die Hände an der Wäscheleine, bis er von selbst wieder sank; rief himbeeren mutterwärts und machte Stachelfinger).

Rad putzen und ölen (mit ner alten aufgezwungenen Schürze um): »Einen Mann rechnet man ungefähr wie 3 Kinder, Herr Weber,« erklärte meine Frau anzüglich und honigsüß. (Und Der lachte noch! – Rückspiegel losmachen und die ausgeleierte Mutter ersetzen. Das Einbauen der Satteltasche hinterher ist das Schlimmste; die sind so konstruiert, daß man grundsätzlich einen Schraubenschlüssel übrig behält!).

Wind kraulte die Zobel der Nacht, bis sie flüsterten und murrten; eine Eule schrie uns zu und lachte lasterhaft. (Oder wars Käthe drüben?).

Sirupjew Schokoladowitsch: mein Sohn!: »Also Du wirst noch ganz zu Zucker werden, Paul!«; denn er schaufelte den Pudding buchstäblich schüsselweise (und ich wettete mit ihm, daß er Sonntag n Waschbecken voll ißt: ich bring 10 Päckchen extra dafür aus Fallingbostel mit, ‹Mändelchen›, abgemacht? Und er schlägt ein!). Vorher, Sonntag Vormittag, haben sie ‹Vormilitärische Erziehung›, mit Zeltlager, Flaggenparade, und all dem scheinbar unvermeidlichen und schrecklich interessanten Opernzeremoniell. Mit 17 könne er sich freiwillig zu n Soldaten melden: Offizier werden : »Darf ich Pappa?! – Sonst kann ja der Gruppenführer ma mit Dir sprechen.« (Direkt als ruhige Drohung, unmißverständlich); und auch meine Frau machte geehrte Augen: »Wenn er doch Offizier wird, Heinrich! Mit seiner höheren Schule: denk ma, wie neidisch Alsfleths sein würden!«. »Das gibt natürlich den Ausschlag«, sagte ich bitter, und: »von mir aus!«. – »Im August hat er ja Geburtstag –: von mir aus! –« (Ehe ich mir die Parteibonzen von ihm auf den Hals hetzen lasse!: wen es derart zum Strammstehen hinzieht, den soll man nicht aufhalten: Gott, war ich ein anderer Kerl in dem Alter gewesen! Hatte eine solide demokratische Erziehung genossen! Und wo Menschen in Scharen auftraten, immer den Rücken gedreht! – Und ist meine Frau albern!)

»*Was hast Du denn da fürn Sender!?*«: »Wetterproknohse«; »Depeschen-agentur«; »Emissionsschluß heute vierund-zwanzick Uhr«: Deutscher, sprich Deutsch! – – (Ach so: n Bäbeli-Schwyzer, mit eidgenössischen Spezialitäten: »Dreh bloß weiter!«. Dann aber doch ein schöner Chor: »Vieux Léman / toujours le même«). – Und immer die Stänkereien gegen Polen! –

»*Heil, Herr Peters!*« (das ist der einzige Unterschied: er geht geduldig und sogar stolz im Joch: ich schlüpfe feixend aus und ein!): »Die Polen müssen druff kriegen!«; und die Zunge in seiner Maulschüssel rührte flink eine Räubergeschichte an, von zerhackten deutschen Siedlern, deutscher Treue, und vielen vergewaltigten Frauen: »Nee!: die müssen anständich uff de Hörner kriegen!«.

Das Zugfenster rebellierte knallend in seinem Rahmen; die Sonne eiterte am Wald; ein blauer Knecht pflügte in die schleimige Erde; eine Egge harfte (akustisch natürlich Unsinn!): »Wissen Sie auch, Herr Peters, daß das endlich einmal Krieg bedeuten kann?«. Aber er hatte den Weltkrieg nicht mitgemacht, kratzte sich aufsässig in den dicken Hinterkopf,: »Der Führer will keinen Krieg!«, und stank dann still vor sich hin. (Wie Einer, der mich in die Fresse haut, mirs Geld wegnimmt, und dazu schreit: »Ich verabscheue Gewalttätigkeiten!«. Scharmant. Und das verfängt also bei der SA!)

»*Wer issn der Grüne da?*« (leise zu Schönert, und mit dem Ohr zeigen, während der ihm eine Beförderung in n Ausweis eintrug: »Gröpel.: Der Förster aus Walsrode«. »Aha«.) Und ich machte mich leutselig mit dem roten mißtrauisch-kleinen Fuchsgesicht bekannt: die kennen immer alte Mei-lensteine, Schleichpfade, und so: »Gut! Komm ich mal vorbei, Herr Förster! – Ja, natürlich«, und täuschend ähnliches Lachen. (Sprichwör-ter: »Wer einmal lügt ...«: das hat ein verrückter Beamter erfunden, Personalabteilung. »Viele Hunde ...«: ein Förster. »Gemeinnutz ...«: ein

Großtyrann. – Hier noch zwei schöne: »Zum Tanzen gehören mehr als ein Paar neue Schuh«: für Autoren. Und »es sind nicht Alle Köche, die lange Messer tragen«: wenn eiserne Generäle in die Politik gehen!)

»Darf ich am Sonnabend nach Hamburg fahren, Herr Landrat?« – »?« –: »Es geschieht dienstlich – ä: halbdienstlich. – Ich möchte mir einige Hilfsmittel für meine Arbeit besorgen; und etwas im Staatsarchiv nachsehen. – – Ich hab da einen Bekannten, Dr. Teufel!«, log ich ungeduldig und abweisend, und er nickte überzeugt und argwöhnisch.–: »Hilfsmittel?« »Jawohl: n paar Bände Gothaer. N kleines Fachwörterbuch. – Die Kosten trage ich natürlich selbst«, strebsam und staatserhaltend: »aber mich interessiert die mir gestellte Aufgabe, und ich möchte sie gut erledigen. Herr Landrat«. (Peters hätt s nicht besser gekonnt: war gut gemacht!). – »Na ja. – – Wo sind Sie vorher, am Donnerstag / Freitag?«. »Pfarramt Kirchboitzen, und im Dorf. Herr Doktor« (ma n bißchen mit m Titel variieren; und da kam sein trockenes kleingestoßenes Lachen: »Na ja«).

Und wieder: schon die Morgensonne zerschmolz zu grauen Wolken; Wind lief, lief und entschlief, tief. Meine zwei Füße dusselten am Rad für mich weiter; da konnte ich Anderes sehn und registrieren: das Kohlfeld, die Kartoffelreihen, die Weizenstreifen; grün wellten Gerstenteiche; der Staub rollte feierlich um mein Vorderrad (und die Flasche im Gepäck gluckte).

Wälder sind nur dann schön, wenn man jederzeit die Wege verlassen und quer durchgehen, waten, ducken, kann (richtet sich also wieder gegen Berge). I give my vote: Flachland! (Ach, ich verurteilter Papiermensch: wenn ich doch bloß 10000 Mark hätte, fürn Blockhaus, irgendwo einsam in Moor und Wald gedommelt! Ich zerdrehte ein abgefallenes Hölzchen in den Fingern, Rinde, knack, dreh, dreh, wirfshochindieLuft: noch ein Blick ins Land: ganz fern zogen zwei Bauern tiefe Linien in ihre Kartoffeln; dann einen Ruck geben: zur Pfarrtür. – War zwar erst halb Neun).

Kirchengeräusche: das heißt Glocken, Gesang, Gemeinschaftsgemurmel: ich zog den Bogen weit (um die Gemeinschaft).

Mit schön geblähten Wangen und einer großen sanften Hakennase: die Pfarrerstochter (und ein hübscher zärtlicher Garten dahinter: die Hängebirken lehnten zurück in den Wind mit schräggekämmtem Laub, und er schob ganz anständig, blies ihnen hurtig das Haar von hinten her übern Kopf und auch den Rock nach vorn: wie meiner großen Pfarrerstochter hier: »Ja. Einen Augenblick bitte. Herr – –«. »Düring. Vom Landratsamt.« »Ach ja!«.

53

Kinder (zählen ab): »In – uns – Go – ren – iss – äin – Sout;: / 'Käin – do – rinn – fallt: Däi – iss: dout!!«; und sie stoben mit schrillen Schreien von dem einsamen rachedürstenden Toten in ihrer Mitte weg. (Und für mich ist die Sonne zwei Finger breit, oder der rülpsende Feuergolem: je nachdem ich sie brauche!).

Grün gemusterte Luft, brauner Boden, goldgrätiger. (»In denen christlichen Landen werden gewisse kleine Brodtgen oder Kuchen herum gezeigt, von welchen die Priester sagen, daß es Götter wären; und was das Allerwundersamste dabei ist, so schwören sogar die Becker selber darauf, daß diese Götter die ganze Welt erschaffen hätten, da sie dieselben doch aus Mehle verfertigt haben, davon sie Einem das Übrige noch zeigen«).

»Aber natürlich, Herr – ä«: »Düring, Herr Pastor«. »Ja, selbstverständlich!«; aber er ließ sich doch all meine Ausweise erst zeigen, ob ich der Bearbeitung kirchlichen Aktengutes auch würdig sei; dann wurde er allerdings recht handlich, brachte Aktenstöße, Kirchenbücher, klatschte und fluchte auf geistlich. Auch durfte ich seine Bibliothek bewundern; lobte den Ammianus Marcellinus (der meist unterschätzt wird! Hat viele merkwürdige Geschichten!). Und er freute sich; war nebenbei Alexander-Spezialist: »Aber Herr Pastor! Da haben wir doch nur ganz späte und unzuverlässige Quellen! Und auch die lediglich auf Berichten seiner eigenen Anhänger aufgebaut: die Drittelswahrheit!: das Andere muß aber auch dargestellt werden!«. »Aber nein, Herr Pastor!: denken Sie sich, wir hätten eine Geschichte unserer Zeit, nur auf Grund der Tagebücher von Goebbels und Göring: na?!«; und dieser Vergleich gefiel ihm doch außerordentlich.

»Nein, ich esse im Wirtshaus, Herr Pastor. – Ist schon bestellt. « – »Oh. –: aber nachher kommen Sie in den Garten, ja?!«. »Aber gern, Herr Pastor«.

Und jetzt endlich zur Sache: waren ein paar mächtige Stöße, und wieder zwei uralt vermuffte Kisten (uralt: also 1800; aber es stank wirklich maaßlos!). Erst mal den Überblick. Und ich biß mich mißmutig auf die Lippe, und ich wollte erst nicht, als ich doch wieder als Erstes die Papiere der Besatzungszeit vor mich nahm: ruhig. Ruhig!

Interessant (ist eine Wortschanze!): die berühmte Kontinentalsperre: Was da Alles verboten war, nämlich ganz modern wehrwirtschaftlich:

    a) die Ausfuhr von Erzen und Metallen, gleichviel ob verarbeitet oder nicht; Waffen und Munition, selbstverständlich; Leder und Spinnfasern, Holz; Lebensmittel aller Art; sogar Dünger.

    b) die Einfuhr von fertigen Textilien (natürlich Alles gegen England gerichtet!); aber auch englische Knöpfe, Spielkarten, Pferde, Tabak, Zucker, Seifen, Rum, usw. usw.

Alles genau beschrieben; und ich beschloß, den alten Aushang meinem Landrat mitzunehmen. Doll: könnte man sofort an jede Straßenecke kleben! (Und die Gründung dieser ‹Hanseatischen Departements› war durchaus nicht dem »frevlen Spiel des Korsen mit deutschen Thronen und Grenzen« zuzuschreiben, wies unsre bratenröckigen Historikerseelen und germanisierenden Shatterhands meist ausdrücken: sondern ganz einfach der bitteren Notwendigkeit, die Küsten wirksam gegen den britischen Großschmuggel und das Einsickern von Partisanentrupps abzuriegeln: die Deutschen sabotierten Napoleon ohnehin, wo sie konnten!: neenee: war sehr richtig so gewesen!)

»1 Stübchen Wein« hatte der getrunken?: wieviel ist das? (Ach so: ist auch noch verschieden, jedenfalls zwischen 3 und 3½ Liter: Donnerwetter! Und ich zog ehrerbietig und neidisch an den Mundwinkeln: das konnte Der saufen, ohne zweistimmig zu singen?!)

Halt!!: halthalthalt. (Wieder zwei Berichte: das war ja direkt eine cause célèbre gewesen, was?!)

Söder?: das ist doch der große Hof gleich hinter uns; der Schweinemäster! Und Meyer?: Ich lehnte mich zurück und spitzte die Zunge an den Lippen: Meyer, Meyer: ach klar!: der Großbauer gleich beim Wirtshaus Heins in Ebbingen! Und Ahrens der an der Chaussee oben, nach Visselhövede.

Zweimal hatten sie ihn gejagt: einmal bis ins Griemer Holz: da war er nach Söder verschwunden. Das andere Mal auf der Jarlinger Straße nach Westen; klein und hager. Und ich zog die Karte und maaß und verglich: demnach könnte man seinen Bau – doch aber ungefähr – – und ich drückte die Brauen und schabte die Lippen mit den Zähnen – ungefähr – – –

(Gewiß: auch die andern Sachen flüchtig: Verordnungen, unterschrieben vom Minister Grafen Kielmannsegg; Gesetze über Torfstich; Verpflichtungen zu Gespanndiensten, Landestrauer: dann aber wieder zu meinem Deserteur, Thierry oder Cattere.)

Thierry oder Cattere: Thierry, geboren 16. 7. 1771 zu Bressuire in Poitou; unverheiratet; von Beruf – ja, wie ist das zu übersetzen: also etwa ‹Feinmechaniker› würden wir heute sagen; 1,68 groß und schlank; besondere Kennzeichen: Säbelnarben auf Stirn und Schultern; spricht gebrochen Deutsch (das würde ihm ja bestimmt dabei geholfen haben! Vgl. auch die Bauernmagd neulich!). – – Und Cattere: geboren 18. 7. 1773 zu Lisieux – das ist in der – Normandieaha –; verheiratet, 3 Kinder (na, das ist eher ein Grund mehr: ich dachte an meine Familie und strich sie mit der Hand); Beruf Bäcker; 1,52 groß und schlank; keine Kennzeichen, dafür jähzornig und widerspenstig: hatte einen Corporal erstochen! Das wäre natürlich eine Grundlage, um ein plausibles Histörchen darauf zu bauen: Streit mit Vorgesetzten. – Aber das war mir doch zu einfach: so desertieren, und vor allem jahrelang dableiben, im fremden Land: ist gar nicht so simpel. Da gehört schon ne besondere Mentalität dazu!)

Und dann ist natürlich auch das ein Hindernis!: Unsere Norddeutschen sind im allgemeinen recht groß und stattlich: würden die einen Mann von 1 Meter 52 noch »klein« nennen?: Nee: das wäre »ein Zwerg« oder so. Oder? – Aber dann zweifelte ich doch auch wieder: und es blieb dabei: Thierry oder Cattere. (Aber ein äußerst interessanter Fall: jetzt lagen die Berichte schon über zwei Jahre auseinander: der mußte unbedingt einen festen Stützpunkt gehabt haben! Und zwar vermutlich ganz in der Nähe meines Wohnortes). (Und nicht etwa im Wald: den hätte ja jeder Förster sofort gefunden!! – Blieben eigentlich nur Sumpf und Moor; und ich zog wieder die Karte herüber drüber).

Im Liegestuhl im Pfarrersgarten: Verschlungenes aus Schaum und auf blauem Grund (während die Wiese mit mir drunter weg zog, warm pastoral: sch, nicht deswegen sind die alten Bücher wert, weil sie berichten: Verschlungenes aus Blut und Schleim, Fingerhaken und Zähngespreiz! Sondern weil solche Wolken und felsigen Lichter in ihnen festgehalten sind, kluge und dreckige Bemerkungen. – »Aber selbstverständlich, Herr Pfarrer: mit Vergnügen!«).

Die neue Skala: Windstärke 6: wirft Schachfiguren um. (Den hatten wir gottlob; also gemütliches Beisammensein).

Der Herr Pfarrer hatte solange Virgils Georgika gelesen, bis er nicht mehr Hafer und Roggen zu unterscheiden wußte. Aber dafür wars ein putziges enges Dasein (das muß ich sagen! Ich!): er hatte mit der Tochter sogar den einzelnen Obstbäumen Namen gegeben: »Der Anselmus trägt heuer gut!«. (aber s ist schon richtig, als großen Individuen, jeder Hund hat seinen: hat man s nicht auch bei den Sequoias in Kalifornien durchgeführt?: Also!) – »Aber denken Sie doch nur an die Witwe von Thekoa, Herr Düring!«. (nun wars Zeit, obwohl ich auch meine Bücher Samuelis kannte, einen Witz zu machen): »Von Thekoa:« sagte ich prüfend und wie betroffen: »von Thekoa. –: Ist das Briefadel? Oder wo im Gothaer?«, und er lachte recht erbaulich. »Sie entschuldigen mich für ein halbes Stündchen, Herr – ä«, er wehte breit und schwarz hinein zu irgendwelchen Konfirmanden, und ich blieb mit der schön geblähten Tochter allein.

Ein verdorbenes Geschöpf nebenbei!, und wir geilten uns vorsichtig mit allerlei

Zweideutigkeiten munter; natürlich kannte sie die Wölfin und ging sogar in dieselbe Oberprima mit ihr. Und der Wind mauschelte lüstern hinter unseren Rücken, und wuschelte mit linden Anzüglichkeiten; Lerchen verfingen sich schreiend in den Silberschlingen der Wolken; der klagende Baß eines Rindergespannes schwand die Hecke dahin; die rote Klippe des Abends, almaden alto, ragte überm Buchsbaum.

Pflaumen pflücken: ich stieg galant auf die Leiter, und warf sie ihr in den schönen breiten Weidenkorb; Bienen, Hummeln und Wespen summten um unsere geröteten Gesichter; und ich sah nicht untief

a) in ihren bunten Ausschnitt,

b) in den übervollen Himmel: mit Laub, Gewölk, Streifen und Farben: es war zuviel, oben und unten; auch das Mondmesser spickte schon in einem Ast. (I wo: den größten Teil des Lebens muß man ja ohnehin sein Gewissen parken!).

Lustige Heimfahrt (und ich dachte oft an die rot und gelbe Pastorentochter): vor der feinen Mondklammer stand ein dicker Punkt: alles mit Silberstift zwischen sanfte Schwarzwolken geschrieben und stille Baumglieder. (Etwa wie im Mathematiker-Rotwelsch: Wolke mal, Klammer auf, Lindenrippen).

»Ja, ich muß morgen nach Hamburg« (dienstliches Achselzucken): »vom Landrat aus.« (versöhnend): »Hast Du was Besondres mitzubringen?« Und es war Stopfwolle von raren Farben, die man in Walsrode nicht kriegte; »Ach Du: und viereckige Perlmutterknöpfe: wie der hier! Ich geb Dir am besten einen Strumpf mit.« (Dabei die schweißigen Sohlen waschen; und zwischen den Zehen stank es zooisch heraus: bloß schnell die scharfe Seife drüber!)

Mal im Freien übernachten müßte man!: der kurze Schauer prallte zierlich auf mich. (Käthe drüben hatte auch noch Licht); ab und zu lief ein Blatt über; Wind schnoperte; ein gejagter Stern erschien; ein Ast räusperte; hin und wieder. Wasserbejahung. Laub kraulte mich feucht und lodenjoppig im Genick, bis ich lachte und weiter stiefelte (noch zum Tischler: will mir einen festen sperrhölzernen Koffer machen lassen, verschließbar, mit Fächern und Einsatz; für die expropriierten Urkunden meiner Sammlung; Traumvorlagen). (Die blanke gebogene Mondschar pflügte sich immer tiefer in die fahlen triefenden Wolkenrasen, und auch ich erfand meinen unsichtbaren Weg zierlicher in die Wiesen rein). –

Fenster ohne Gardinen (meines!): ich kann nur in rechtwinkliger Helligkeit leben (und auf dem Tisch ein Bücherregal mit festem und fließendem Inhalt). Regen zotete faul und warm scheibenlang, wässrig und

womöglich fruchtbar: also noch schnell für morgen packen; rasieren
kann ich mich ganz früh, da reichts dann bestimmt, bis ich zurück-
komme. –

Und fertig heraustreten!: der Himmel wurde eben hellgelb und scharfblau, und
die bunte Luft war wie schwebendes Wasser: gut Zeichen für mich! Im
tulpigen roten Mund. Auf den Aderhänden.

Gut Zeichen für mich!!: drüben wusch sich Käthe im catch-as-catch-can-Stil:
sie ballte Wasser in schaumigen Fäusten und bestrich sich damit die
Bauchdecke; sprang wild herum, klappte die starken Arme verzwickt
über den Rücken; fing wieder die spiegelnden Hüften, die großäugigen
Brüste, und ließ sich dann von einem beneidenswerten Frotteehandtuch
trocken ringen; kam, nur in Schlüpfern, ans Fenster, zog den Bund nach
vorn und guckte hinein. Dann sah sie mich stehen, und verschwand
(jedoch ohne Eile; fing auch machtvoll an zu singen: »... die Woholken/
Klingen-die-Lie-derr/weit übers Meer ...«, zweite Stimme, pfiff dann
wieder ein Ende, und blitzte und knallte mit der Tür: war ja wohl nicht
mehr als recht und billig: hat mir in der Waschküche ja damals auch
zugesehen. – Und ich dachte mit wehmütig gespreizten Augen an meine
prüde Frau, die ich seit zehn Jahren nicht mehr hatte nackt sehen dürfen:
soll sie sich n Dreck behalten!).

Iss ja billich!: 204 km hin und zurück (und noch Sonntagsrückfahrt) macht
5 Mark 60; ich steckte die kleine amtlich braune Papptafel in mein
Uhrtäschchen in der Hose, und griff zu Wieland, »Clelia und Sinibald«.
(: So ewigrumreisen, wie n Reporter, das wär ja nun auch nichts für
mich: ein kleiner wilder Waldkreis: that's me!).

Visselhövede umsteigen (das erste Mal); und ich sah im Gehen zur alten
Kirchturmspitze hinüber, wo Samuel Christian Pape (1774–1817), der
liebenswürdige Dichter, seine Haidejugend verlebt hatte: auch so ein
armer Teufel, der sich zuviel um die Rezensionen seiner Gedichte
gegrämt hatte (anstatt sich, in souveräner Wurschtigkeit, wie Walter
Scott und Schmidt, um den ganzen Bettel überhaupt nicht zu scheren;
grundsätzlich das Zeug nicht zu lesen! – Ich hatte das schöne kleine
Biogramm Fouqués zu dem 1821 von ihm herausgegebenen Gedicht-
bändchen Papes gelesen, und auch auf meinen Archivstudien viele noch
lebende Verwandte angetroffen. Natürlich kenn ich auch den Nachtrag
dazu in Gubitz'ens »Gesellschafter«: wenn schonn, denn schonn!).

Wieland: unter uns Deutschen hat Keiner so tief über Prosaformen nach-
gedacht, Keiner so kühn damit experimentiert, Keiner so nachdenkliche
Muster aufgestellt, wie Christoph Martin Wieland: das war auch ganz
natürlich; denn nur diese Form konnte sowohl die Fülle seiner erdachten

und erfahrenen Gestalten, wie auch sein umfassendes historisches, lite-
rarisches etc. Wissen aufnehmen. – Der steifgliedrige didaktische »Aga-
thon« ist noch ganz alte Schule; danach aber beginnen gleich die großen
Formabenteuer; selbst der »Don Sylvio« und der »Danischmend« sind
schon temperamentvollster Stilkünste übervoll, von deren entzücken-
den Tempi alle Modernen lernen könnten. Auf einmal zerfällt Alles ins
anekdotisch Zersprochene: die unvergänglichen »Abderiten« wirbeln
über die Agora, und Schach Gebal setzt seine Wahrheit der Dichtung des
»Goldenen Spiegels« entgegen. Noch sind manche unhaltbaren Längen
und Härten; noch gelingt ihm die Entfesselung seines Göttermundes
nicht völlig; aber wieder die nächste Stufe bringt ganz bewußt und
logisch einen wichtigen Fortschritt: das Gespräch. Denn es ist nun
einmal eine grammatische Selbstverständlichkeit, daß auf den Leser
psychologisch viel eindringlicher das lebendige Präsens wirkt, als das
scheinbar verhaltene, in Wahrheit aber muhmenhaft gewäschige Plus-
quamperfekt. (Daher ja auch die Verzauberung der Lyrik, oder das gar
noch optisch überredende Bühnenspiel; die aber, ihrer wetterleuchtend
kurzen Wirkungszeit entsprechend, nicht fähig sind, umfangreichen
gewichtigen geistigen Gehalt aufzunehmen: das kann allein die Prosa!).
Und Wieland erprobt so hier die erste der technisch anwendbaren
Präsensmöglichkeiten: Apollonius von Tyana erzählt in kretischer Fel-
sengrotte; und der noch viel zu wenig gewürdigte »Peregrinus Proteus«
setzt sich mit Lucian in elysische Schatten. Und der Greis noch versucht
ein Zweites Neues: den Briefroman. Und es gelingt ihm (neben den
Handübungen des »Menander« und »Krates«) das trotz aller Schwächen
immer noch unnachahmliche Großmosaik vom »Aristipp«; denn jeden
Brief empfängt ja der Leser selbst in stets erneuerter Gegenwart; aus
allen Städten und Provinzen Großgriechenlands spricht es zu ihm;
schönste Menschlichkeiten erscheinen ins bedeutend Historische gewo-
ben; und organisch selbst, die nur dem Verjazzten langweiligen, in
Wahrheit unschätzbaren, Erörterungen über Anabasis und Symposion:
der »Aristipp« ist immer noch der einzige historische Roman, den wir
im Deutschen besitzen, d. h., der uns Leben und Wissen gibt; aurum
potabile. Wieland ist mein größtes formales Erlebnis neben August
Stramm! (Und was könnte man erst über seine Verserzählungen sagen,
tolle lege; aber da finge ein neuer Hymnus an: Nimm und lern!) – Dies
als Beispiel, wie sich ein großer Prosaschreiber lebenslang fleißig und
tiefsinnig um das eine seiner beiden Ausdrucksmittel bemüht hat. –
(Und gleich der Gegensatz: bei Goethe ist die Prosa keine Kunstform,
sondern eine Rumpelkiste – den »Werther« beiseite; und »Wahrheit und

Dichtung«, wo allerdings ja gar kein Problem einer Stofformung vor-
liegt –: gewaltsam aneinandergepappte divergente Handlungsfrag-
mente; grob an den Hauptfaden geknotete Novellen; Aforismensamm-
lungen; Waidsprüchlein aller Art – todsicher den ungeeignetsten Personen in den Mund gelegt: was läßt er das Kind Ottilie für onkelhaft
weltkundige »Maximen« in ihr Tagebuch schreiben! – Das demonstra-
tivste Beispiel ist der »Wilhelm Meister«, zumal die »Wanderjahre«: was
er sich hier, z. B. an Kapitelübergängen leistet, ist oft derart primitiv,
daß ein wohlgeratener Primaner, der n bißchen was auf sich hält, sich
ihrer schämen würde. Eine freche Formschlamperei; und ich mache
mich jederzeit anheischig, den Beweis anzutreten (wenn ich nicht meine
Arbeitskraft ernsthafteren Dingen schuldig wäre: Goethe, bleib bei
Deiner Lyrik! Und beim Schauspiel!). –

Vorm Hauptbahnhof (war erst 7 Uhr 52): ein Auto hojahnte; von fern tahütaho-
ten lustig Feuerwehren; die Luft schichtete sich zierlich von weiß nach
blau; und die rotgelbe U-Bahn stürmte mit gesenktem Kopf durch ihre
Kurve. (Die Antiquare sind auf der Königstraße drüben, oder Neuer
Wall; Hauswedell iss zu teuer, hat kein' Zweck. Oder erst mal zu
Woolworth rein).

Knöpfe und Stopfwolle: na, hoffentlich stimmts. – Grelle Lichter und dezentes
Gelärm. (Wie wars?: Bänder sprudeln, Gürtel nattern, Kiefer böttchern,
Augen stöbern – –? – –. Weiß nicht mehr!).

Oder doch! So wars: ‹Im Warenhaus›:

3. Stock: Hände kläffen bunte Stoffe Kiefer böttchern Augen stöbern
Ferne summen Bitte sagen Truhen dösen Sessel siedeln Kleiderdickicht
Mantelwälder Bänder sprudeln Arme drängeln Knöpfe äugen Socken
bergen Zeige fingern Dmarkstücke Schenkel stehen vom Popo.

Sekundenliebe wird versucht zum schwarzen Tituskopf, und während
sie dann, Tücher lungern um andere Hälse, listig, rauschend den Stoff
zerreißt, daß die mittelgroßen Brüste einmal aufspringen, ihr Gesicht
dreieckig oben im Keilspalt grinst, und die greise Abteilungsleiterin
schon beobachtet, warte ich, im Nylonröhricht massiver Frauenbeine.

2. Stock: Schmale preisen zeigen heben Teller scheiben Vasen kerzen
Dicke brummen hinter Wangen Ampeln kabeln bügeleisern Spiegel
wundern Gürtel nattern Bälle kauern sklavenbunt Münder stolpern
Wortprothesen Waden letzen Hüften schamen kasse Rufe Stummel-
augen Zähne gaffen schnappen gattern Nasen fortzen hirnig aus.

Rocksäume umschleichen Freundinnen (Primanerinnen); Teppich-
recken, stumm von hausen Frauen umbetet (wachstuchene Seelen, Leiber
wie Einkaufstaschen); Platten schallen sanft ·für uns Tonabnehmer,

weibliche Lehrlinge in Schwarzkitteln schleppen pappkartonene Felsen herum, Rolltreppe feierlich mit Statuen bestellt, und gleich daneben Schilder blocken auf kratzen Kokosmatten: Nur Eins Fünfzig! Du! Kunde! Und wieder Rindsledernes, Batterien, Rauchgaretten; sämisch geht die Welt zugrunde.

1. Stock und Erdgeschoß: Büchsen rohren Bambusschlangen Gläser zwitschern Kaffee dünen Lippen krümmen biegen glucken Worte traben wellen trollen Würstchen tupfen bronznen Senf Waagen tatzen Zeiger klügeln gelbe Kleine zeig Dich dicker Schmöker Buntschund Fotos starren Mäntel ehrbarn Treppen schweifen rosa knorpeln Ohren Nacken rückenwürdig Matriarchen Ernste tadeln Koffer boxen Türen prügeln hinten nach. – (Ist, glaub ich, von Schiller: »... Kinder jammern Mütter irren Tiere wimmern unter Trümmern Alles rennet rettet flüchtet ...«).

Aber harte Pferdewurst!: ich kann mir nicht helfen: ich ess sie gern! Bei uns in Neuenkirchen ist auch ein wackerer Künstler der Art: »Geben Sie mir bitte 10 ganze Stangen: das heißt: Sie können sie mir als Paket nach Hause schicken, ja?« –: »Ja!: ziehen Sie Porto und Verpackung gleich mit ab!« (Kann man ja auch im Sommer gut aufheben; trocken und luftig hängen, daß keine Fliegen ran kommen: da werden sie nur immer besser und härter!). »Geben Sie mir außerdem noch gleich zweie mit.«.

Beim Antiquar. »Ja bitte: – hier!«, und er führte mich vor die lange kleine Reihe der Gothaer: zartes Lindgrün »Briefadel«; Kalkblau »Uradel«; Dunkelviolett »Freiherrn«; Dunkelgrün »Grafen« (Hofkalender brauch ich nicht). »Der Preis richtet sich vor allem nach den Jahrgängen: bis 1918 2 Mark 50; danach 3 Mark 50«, und entfernte sich diskret wachsam seine Meter: »Ich such mir aus, ja?!«.

8 Bände im Ganzen (und nach den bekannten geraden und ungeraden Zahlen sortiert): 20 Mark. »Ich kann mich noch etwas umsehen –?«. »Ja, sicher!«. Und ich schritt behaglich zu den Regalen, blätterte in Droysens Geschichtsatlas (»Ein Gelegenheitskauf: nur 30 Mark!«; nee iss zu teuer). Las einmal wieder seitenlang im Galiani »Dialogues sur le commerce des blés«, eins der geistvollsten Bücher des damaligen Frankreich; die »Thessalischen Nächte« der Madame von Lussan. Dann kaufte ich doch noch die deutsche Gesamtausgabe Scotts, 1852 ff. Stuttgart, mit ihrer Unzahl entzückender bräunlicher Stockfleckchen (und Der entschuldigte sich noch deswegen, der Hanswurscht!): 25 Bände für 15 Mark: »Packen Sie s mit dazu«, und ich gab ihm meine Adresse für das Nachnahmepaket: »Nein!: 64! – Nummer 64.« (Und zahlte dann doch noch 20 Mark an: »Sie schreiben auf die Nachnahme dann nur 15 Mark!«: wegen meiner Frau!).

(Swift: »Gullivers Reisen«: ganz einfache Gliederung:

1. Buch: das Genie von den Termiten gequält; und ich erinnerte mich der unsäglichen Schilderung, oh oftmals beweint und knirschend belacht: wie die Elenden unter dem Triumphbogen seiner gespreizten Beine hindurch wimmeln, das ganze bißchen Liliput, Generäle und Politiker voran: und dabei nach oben sehen, und über den zerrissenen Hosenboden des Großen feixen! –

2. Buch: der Abscheu vorm Organischen : da werden die Hautporen groß wie Tassenköpfe; er reitet auf der eichenborkigen Brustknospe seiner riesigen Gönnerin: der Geruch bringt ihn fast um! Und die kälbergroßen Hautflügler summen motoren um sein Leben. – Gong!:

3. Buch: gegen die Filologen und Technokraten, gegen »reine« und »angewandte« Wissenschaften: nur die Zauberer wissen noch etwas; aber da muß man erschrecken, und s wäre auch besser nicht! Das Volk?: das front und plappert; und wenns nicht gehorcht, nimmt man ihm die Sonne weg (dabei kann man die Insel »Laputa« – die herrschende »Oberschicht« – gar nicht, wie man immer androht, zerschmetternd herabsinken lassen: sie ginge nämlich selbst dabei kaputa! Hoffentlich erfahren die unten das nicht mal, und emanzipieren sich dann von den »Oberen«: oh, das ist auch witzig!) –

4. Buch: der große Schlußekel vor allen Yahoos, immer inclusive Swift: und ich drückte die Reichsmark auf den Yahootisch, und steckte s Winzige ein, für meine eigenen travels into several remote nations of the world.)

Mittagessen in der Fischküche: und ich biß in die goldbraunen Filetscheiben, und gabelte den kühlen grünlichen Kartoffelsalat, und fraß noch eine Portion, und gulpte den halben eisigen Bierliter: lange müeze ich lebben darinne! (Wie Herr Walther in Tyskland).

Tja und denn?!: um 14 Uhr 50 ging der Zug, und wie sollte ich die anderthalb Stunden hinbringen? – Also: rin in die Kunsthalle: noch billiger gehts nicht. Ich gab Tasche und Hut unten ab, und stieg erst nach oben, ganz strategisch: solange ich noch bei Kräften bin: brauch ich dann nur noch bergab gehen!

Bieder und glatt hingen die Schinken des Dritten Reiches alle Wände herunter: getreidige Landschaften mit unerhört breithüftigen Garben straften den Verdacht geistiger Mißernte handgreiflich Lügen; Charaktermenschen sahen volksnah in ein unsichtbares Großdeutschland; Mädchen steckten in ihren Trachten wie in Urnen: ums gedrungene Bauernhaupt hatte der Pinsler ihnen die blonde Zopfanakonda gewickelt, daß man den armen Dingern gleich hätte Aspirin anbieten mögen. Bildhauer hatten stark

Nackte gemacht, mit straffen Parteikörpern und ewigen stolzen Profilen, alle frappant familienähnlich; auch der unwiderstehlich volkstümliche »Rossebändiger« fehlte nicht, der mit einer Hand einen Hengst stemmt (dabei hab ich bei der Bespannten gedient, und weiß genau wies zugeht!) – und Alles war so bedrückend eintönig und genormt ausdruckslos, und hunderttausendmal verschollen, und in hoffnungslos verständlichen Techniken hergestellt; und die Zufriedenheit mit der herrlichen Rasse lümmelte wie eine fette Sfinx in den Räumen.

Oh Gott!: schon wieder lugte irgendeine »Knieende« um die Ecke! Und ich ging bösartig auch da noch hinein, und gaffte ihr verzweifelt auf die peinlich maßstabsgerechten Hinterbacken; und dann die »Sinnende« daneben sah genau so aus, daß man ohne weiteres die Schilder hätte vertauschen können! (Ich unglücklich?: Ich?!: ich kann doch denken, was ich will!!: Hab mein Haus, leidlich stumpfsinnige Arbeit, und einen größeren Wortschatz als sämtliche PGs zusammengenommen; außerdem two separate sides to my head, während die Braunen nur eine haben. Unglücklich?!: Nee!!).

Aber hier: sieh da! (und ich machte der klugen Direktion unten doch mein kleines Kompliment!): ganz hinten und sehr beiläufig wurde es eckiger und weniger betäubend arisch, Menschen sahen unter ihren tierisch niedrigen Stirnen hervor in von ihnen emanierte unheimliche Dinge; eine Hand war wieder etwas weißes Spinniges, und vor einem Hinterhof konnte Einem grauen, und Otto Müller brachte Alles wieder ins Rechte:

»Otto Müller: Mädchen im Grünen«: und die zwei nackten Halbwüchsigen lugten finster unter ihren Haaren in den Beschauer, steckten die noch mageren Beine zwischen Gras und wilde flache Pflanzen, wandten sich unjungfräulich und lauerten weiter aufs sorglichdunkelgrüne Leben: und ich lächelte wild und triumphierend: und so wohnt häi noch jümmer in de Lammer-Lammerstroot: kann mooken, watt häi will: es lebe unser großer heiliger Expressionismus!!

Farbenblindheit ist selten; Kunstblindheit die Regel (aber soll ich mich etwa deswegen für pervers oder im Unrecht halten?!). Das ist ja schon ein Sanskritsprüchwort, daß die meisten Menschen nur noch Funken geben, wenn man sie mit der Faust ins Auge schlägt!: also male Maler, schreibe Dichter, mit der Faust! (Denn sie müssen ja irgendwie aufgeweckt werden, die Halbmenschen hinter dem Grenzpfahl: drum laß Dich getrost »Schläger« schelten von den Furchtsamen; »Brandstifter« von den Feuerwehrleuten; »Ein-Brecher« von den Schlafenden: möchten sie ihren betreffenden Göttern doch fürs endliche Aufwachen danken!).

Schnorr von Carolsfeld »Hochzeit zu Kana«; schöne Farben; aber sonst Magermilch.

Und ich saß und sah und zinkte die Finger ineinander, und verpaßte meinen Zug und wieder einen: Meister Franke »Frauengruppe aus einer Kreuzigung« (gleich unten, wenn man reinkommt links, zweites Kabinett).

Die Dame in Grün: saß da, und sah nur ab und zu über die schmale Schulter: seit 500 Jahren hatte sie auf mich gewartet! Sie breitete den Mantel raffinierter, hob die weiße gepuderte Nase und legte die kluge Stirn weiter zurück: die dünnen Finger zeigten ein listiges und erstauntes Spiel, verzweigten sich dekameronen (besonders die stengelkleinen), und die spitze Graszunge leckte sich lesbisch tiefer unter ihr Gewand:

Mensch: Die Frisur!!: die langen gelben Locken auf dem lindgrünen Sammetmantel und das weiße Kopftuch: das war gar kein Kopftuch mehr: das war ein cachenez! Ganz dezidiert! (Und wie schick ihr der Heiligenschein saß!: die Anderen trugen ihn gutbürgerlich arisch, wie Petroleumlampen. – Die könnte sich erheben und ohne weiteres übern Broadway gehen: würden sich die guys und dudes ganz schön die Hälse nach ihr verdrehen!)

An der Wand das Schema dieses »Thomasaltars«: na aber! – – Also wenn das stimmt! – –:

Erstens: die Behandlung des Vordergrundes: bei seinen anderen Tafeln ist der nur ein welliger Lehmwall; der Hintergrund die massive inlettrote Sterntapete. Aber hier: zierlichste Kräuter (wie bei Leonardos »Madonna in der Grotte«!), Löwenzahn (ach, wenns so gemalt ist, muß man das Zauberwort ‹Taraxacum› verwenden!), und geperlte nierenförmige Blätter von incognita franckii, Lauch und Wegerich. (Das heißt also: ein ungeheurer Fortschritt gegenüber der anderen – doch wohl früheren! – Manier).

Zweitens (das andere Format: das auch); und die Attitüde der Personen – gewiß, es heißt extrapolieren aus Indizien; aber es kann kaum anders sein! –: wenn hier offiziell angenommen wird, dies Fragment sei die linke untere Ecke eines Viererquadrats?: unmöglich!! Aus der Kopfhaltung und primitivsten Symmetriegründen muß man folgern, daß es die linke untere Ecke eines Neunerquadrates ist! Und gar nicht in die Reihe der anderen gehört: warum soll er nicht mehrere Kreuzigungen gemalt haben?! (Die heilige Maskerade war ja damals für Maler die einzige Möglichkeit!)

Ich erschien in dem weißgrauen vergitterten Fenster; der Aufseher büffelte blicklos entlang; mein Herz züngelte und schluckte. Unten pfiff sich ein endloser roter Güterzug aus dem Bahnhof in die staubige Sommerzeit:

15 Uhr 50 (und um 16 Uhr wurde geschlossen!). Also trat ich noch einmal verbissen vor die allzu anmutig Kauernde und versehrte sie süß mit meinen halbgreisenden Augen – – nein: jetzt raus; ganz unauffällig; da krieg ich vielleicht noch den Städteschnellverkehr nach Rotenburg. Aber n Foto davon; und die zwei Mädchen im Grünen: 4 Mark: da!)

Letzte Sonnenschräge den Glockengießerwall entlang, und die warme Luft drehte sich plötzlich, Strohholde, und legte mir die weichen Armgebinde um. Neben fließenden Straßenbahnwagen und trottenden Arbeitern. Auf offener Straße.

Im brikettschwarzen Eisen des Hauptbahnhofs: mein furchiges Gesicht neben gehörnten rasenden Lokomotiven; hinter grünstelzigen Mädchenhüften. Und der donnernde Dampf sackte uns beulig ein, mich Nebeltaster, und ihren runden goldbeschlagenen Koffer (und daneben die zarte braun umsponnene Wade).

»*Achtung!:* auf Bahnsteig 5 fährt sofort der Schnelltriebwagen nach Bremen ab: Bitte einsteigen und Türen schließen!«

Die Spitzhacke des Mondes arbeitete im reglosen Wolkengeröll: Rotenburg.

Ich will nicht nach Hause!: so blieb ich denn zur Nacht in Visselhövede: wär ohnedies Eins geworden, eh ich heimkam. – Die riesige Wirtin, ehemalige Masseuse: »Unter meiner Hand hat sich noch jeder Mann gekrümmt«; Bratkartoffeln und Bauernwurst (unds Übernachten nur 2 Mark 50!).

Das ewige Hotelzimmer: von nebenan kicherte es wie Reisender und Magd; und dann die dumpfe Rhythmik: Du, du, du ....

Ausbrechen in Raten (In Portionen. Halb ausbrechen). (Und oben unermüdlich die Tanzmusik: ich hab in meinem Leben noch nicht getanzt. Und auch jetzt belauschte ich neidlos das ungestalte Getümmel: Arbeiter im Staat, Fabrikmädchen und Bauerntrampel, verschwitzt in Saal und Garten. Dann trumpfte die kleine Musik wieder auf; dann drehten sich die Hanswürste in ihren gebügelten Stoffhülsen: ja, wenn man allein mit ihr auf einer langen Wiese laufen würde, Hand in Hand aufeinander losstürzen, mit der Wölfin, heulend, und sich wieder getrennt-nahe durch die Büsche reißen: das eher; ja). (Endlich was wie Schlafersatz).

Einmal draußen: wildes Wolkenwasser schwirrte mir insektenhaft böse um die Ohren, tränkte den Schlafanzugkragen, feucht am Gummizugbauch. –

Wasser trinken: ich bin sehr für Wasser! Zu Hause trink ichs literweise. (Und dann wieder 52prozentigen; zur Abwechslung; aber selten. Sind eben die Gegensätze: Beamter; und – ja, und was? –. Also heute mal etwas 52prozentigen!).

Rauchiger Morgen, warm; (und die 8 km sind ja ein bloßer Morgenspaziergang: nein: schwül eher! Und rauchig wie bei Bedloe, als er in die Rauhen Berge geriet: kann mir also noch allerlei bevorstehen heute!)

Die trockene Heide: ich ging försterhaft sicher hindurch, und mein langer gerader Knüppel schwang sich gewandt und herausfordernd neben mir her. Die Wacholderbeeren wurden schon schwarz, obwohl auch noch viel graugrüne da hingen: hübsche große Bengel die Büsche; 5 Fuß höher als ich –: noch mehr; also mindestens 400 Jahre alt: Lutherzeit. (Ach Scheiß Luther!).

Es lebe, was auf Erden stolziert in grüner Tracht (nämlich die Felder und die Wälder. Aber ich grüßte auch den Jäger Gröpel: wegen dem Anfang von Tiecks ‹Runenberg›: – also grüßte ich den Jäger, und sein steifer Gemsbart verschwand einundzwanzig zweiundzwanzig im Jungwuchs neben seinem Stutzenmaul: bist Du weck? –? – Jawoll: also können wir weiter stiefeln!).

Die braunen Wege mit den Wasserstriemen. Männer im Torf, traurig und langsam mit Schaufeln, und die großen fasrigen Ziegel (Quatsch: weiß ja Jeder, wies aussieht!). Weit drüben mühten sich dienende Bauernpunkte um wäßrige Kartoffeln: bitter sollen sie Euch schmecken (und tuns sowieso!). Wind knackte einmal in den Kiefernkonstruktionen, und segelfliegerte breit übers Ried herandavon, herandavon: Schluß: wieder ganz still. (Und rauchig; zwei Schafe stehen hinten).

Zwischen Jagen 123 und -24; dann den Weg am Waldrand hin: die wilden Farne; gelb die alten, grün die müßig Jungen, die mächtigen. Immer lauer und einsamer schlang und drehte sich mein Pfad, und hatte wohl auch längst aufgehört, wenn ich recht anhielt: Mensch!: hier war doch die Gegend, wo Thierry und Cattere immer verschwunden waren! (Das heißt: Thierry *oder* Cattere. – So steckte ich die Aktentasche hinter einen Busch zum Stock, und untersuchte das Terrain: –. –. – noch was tun, ehe die Finsternis mich schlingt; zum Trotz n bißchen sein: dem Dod!).

Und sie qualmten hoch!: 10.000 giftige weiche Grauwesen, mit perlig roten Augen, und schlangen mich ein, daß ich anfing dröhnend zu galoppieren, und brüllte wie ein panisches Rind, und hieb mich mit flachen Händen, selbst schon bremsenbesetzten, ins Genick und vom teuren Gesicht weg, und rannte immer, wetzte mich um einen Baum, stürmte seine Astleiter hoch:

Joi, joi, joi! –: noch waren sie da unten unruhig überm Weg und murrten grausam, und ich schlug immer noch nach dem punktförmigen Schmerz, wo er eben auftauchte, und jappte und blinzelte: Regenbremsen! – Och! – Aber so hoch kommen sie nicht!

10 Meter hoch (wie ich noch klettern kann, wenns sein muß!): also zehn Meter, und ich sah mich aufatmender um:

Die Schilffläche: doch recht groß, vielleicht 400 × 500 (und mein Hochbaum bestimmt eben so alt): die langen Assegaiklingen, gelb angelassen, standen reglos und dicht, 10 Fuß hoch, ein Pflanzenheer. (War die tiefste Stelle der Gegend, Treffpunkt für Abendnebel und braune Wasserbinden. – Ganz rechts drüben, nur am dunstigen Dach erkennbar: Hof Söder).

Und mein Blick wurde starr und stach:

Fast unter mir, so daß ichs bisher gar nicht beachtet hatte, ein graues beharrliches Ding: schärfer ducken, tiefer spähen::

Eine graue Bretterhütte! – –: ich tat den gewagten Schritt, einen Baum weiter; wickelte mich über den neuen Ast, griff wild in Holzverstrebungen, ließ mich am braunen Baum hängen, schlug mit den Schuhkanten nach Rindenstufen, nahm ein strammes Kiefernmädchen in die Arme (die stach jungfräulich wild, das andere Geschlecht, und zitterte, als ich sie rücksichtslos bestieg), angelte nach Boden und stand.

Ja, wo war sie jetzt?!: wild umblicken. Ich nahm den langen dürren Ast auf (nasse Unterseite, buh!), und teilte damit, aber vorsichtig, die Grassarissen nach links, Winkelried II: nichts. Nach rechts. Noch mehr: Aha! Ich watete ein paarmal nach der Richtung (war ganz trocken, nebenbei, der Boden), schob den Werkzeugarm spitz vor: –!

Ein altes Ding: klein; zwei Meter lang, zwei breit. Oder zwei'nhalb höchstens. Ich harrte lange davor, ehe ich den Holzriegel entkorkte, und die Brettertür mir langsam und feierlich in die Arme sank.

The Haunted Palace: Still! – –. (Ein kleines Fenster armlang und breit. Mein Kopf drehte sich über mir hin und her).

Die dicken Pfosten noch fest, massiv Eiche, und mit beiden Händen nicht zu umspannen; die Holzwände seidengrau und leicht gewellt.

Ich kniff die Augen fester, und balancierte zur Ecke: am schwarzrostigen Nagel ein verblichenes Uniformstück. Regte sich unter meinem Finger hundert Jahre Staub; riß das Gemorsch müde und erlöst; ich blies mit sehr spitzem zartem Mund den Dust von den Schultern: da rollte mir ein hartes Rund in die kleine Hohlhand, und ich rieb den Knopf auf meinem Ärmel blank. Messing vergoldet, geperlter Rand und mit fein gekörnter Wölbung; ich drehte die Schrift unter meinen Brillenaugen hin und her: 21 (groß). Und im Kreise herum »Chasseurs à Cheval«: also Jacques Thierry!! (Und sicher vergoldet; ich rieb noch einmal, blöd und eifrig: mein Erbstück!).

In der Ecke dahinter eine kurze tönerne Flasche, mit Stroh verschnürt:

schwärzlich eingedörrter Inhalt, lemurisch und opiumen: muß gelebt
haben wie ein Faun, launisch und spitzer Ohren voll. (Gewissermaßen
mein Präzedenzfall, wie?! – Nutzen des historischen Beispiels: man kann
so was machen! – Als Beamter braucht man ja immer die Vorlage!).

Draußen (am Türpfosten gelehnt): unsichtbar die Welt; oder nur der rauchige
Himmel. Und ab und zu der spießende Waldschrei eines Vogels.

Ich nahm ruhig und gedankenlos meine Aktentasche hoch (jetzt unangefochten
von den Bremsen) und ging den nächsten Weg.

»Also« (als nickender Gruß). »Bist Du jetz erst zurück?«. »Jaja,« (verdrieß-
lichst): »hab sogar übernachten müssen!« (Aber die Stopfwolle paßte als
Alibi).

Auf dem Meßtischblatt 1:25.000: ist die Hütte nicht eingezeichnet! Demnach
kennt sie Niemand!! (Aber doch erst noch mal vorsichtshalber beim
Katasteramt in Fallingbostel auf den 5.000er Blättern der Grundkarte
nachsehen. – Beinah wollte ich auch an die Flugschule in Luthe schreiben, daß sie mir eine Luftaufnahme des Gebietes macht; und mehrere
Tage zog der lüsterne Gedanke mit mir um mich rum, imp of the
perverse: nee, lieber nich. – Aber nach Bressuire kann ich mal schreiben,
nach den Urkunden; und ich tats gleich in wunderlichem Schul- und
Lektüre-Französisch; aber bestimmt ganz verständlich! Ach was!).

Hans Fritsche: »Sie stellen wie vom Himmel sich gesandt / und lispeln
Englisch, wenn sie lügen!«; und dann wandte er es eben gegen Great
Britain an: schon Goethe hatte die damals durchschaut! –: So ein
Ignorant!! Und das ist nun die rechte Hand von Goebbels! (wie der
Herr …). Anstatt zu wissen, daß damals, um 1800, ‹englisch› als Adjek-
tiv zu ‹Engel› gebraucht wurde; zehnmal stehts bei ETA Hoffmann
»englisches Fräulein«, und s handelt sich nicht um ne Miß! Aber das ist
typisch für die Viertelsbildung unserer Machthaber; und »das Volk«,
noch um einen Schein stumpfer, glaubts natürlich: nee!: aus meinen
Augen, Ihr Leghörner! – Aber ernsthaft: das sind schon gar keine
Vorbereitungen mehr: das sind Präparationen. Gegen England!

Die Dahlien schunkelten in der graugrünen Sonntagsdämmerung; die Nelken
bewegten unwillig die feingeschnittenen Köpfe (wahrscheinlich weil
meine Stinkfüße in geschmierten Lederhülsen daneben standen!): »Ich
geh noch n Stück spazieren, Berta«. »Aber sei nich zu lange; gibt
Gewitter!«

So groß wie ich (Käthe; im Waldrand; schwarzer Rock, weiße Bluse); den
Mond als Flamme hinterm Ohr; den einzigen Windstoß als warmen
Haarkamm: sie biß sich in die Lippe und erwartete mich: »Ja«.

Die schläfrige Wolke: wieder öffnete sie rötliche Schlitzaugen und schnurrte;

warm und still. (Soll »Wetterleuchten« heißen). Das graue trockene Gras war voll von unsern Händen und Atemzügen.

Da: sie zeigte zierlich eine kleine vergoldete Kralle und spann diesmal länger (die Wetterkatze). Ich regte mich hurtiger, von weißen Reifen umspannt. Einmal kam durchs Gebüsch eine ganze Schaar kleiner Lufthauche und fächelte mir dienstfertig den Rücken kalt. – »Du paßt auf, ja.« murmelte sie an mir entlang (und ich stieß mich dann zur Zeit eben diszipliniert ab, wie ein Silberhochzeiter).

Stirnrunzeln: »Mach kein Waschbrett« riet sie leise, faul und aufmerksam. (Dann noch einmal).

Sie kämmte sich und riß die Egge so rauh hindurch, daß sich ihr Gesicht vor Schmerz öffnete, unterließ es aber in ihrer Wildheit nicht: schön! (Geist von meinem Geist!).

Der schwarze Wind sprang vor, wie die Baßriesen der Ifigenienouvertüre; Wasser entstand überall in der Luft, und in Sekundenschnelle klebten wir in unsern Kleidern, vom Hals bis zu den harten Schenkeln.

Abschied vorm Haus: die Wölfin heulte etwas in die verworfene Nacht, und ich Brilleneule lachte wie im wilden Heer: Rochenaug und Haifischzahn bleibt uns ewig untertan!

»Mein Gott, wie siehst Du aus?« (»siehst« betont: meine Frau. – Nachher noch Durchfall; war doch etwas viel für mich gewesen: dreimal die Wölfin!).

23. 8. 1939: Pakt mit Sowjetrußland:?! –: jetzt dauerts nur noch Tage! Und ich überlegte: was war im vorigen Kriege so gut wie Geld gewesen?: Kaffee, Tee, Kakao; Tabakwaren. Also brachte ichs aus Fallingbostel mit, und den zugelöteten Kanister mit Feinschnitt. Zigaretten in Tropenpackungen. Rum und Hochprozentigen.

Noch 2.400 auf der Sparkasse: ich hob zwei Drittel davon ab, und kaufte weiter (Mißtrauensvotum gegen den Staat: Jawoll, mein Führer!!): Lederstücke für Schuhsohlen und Conti-Gummiabsätze. Eisenkleinwaren; auch einen neuen Axtkopf und zwei Blätter für die Bügelsäge. Schnürbänder, Streichhölzer: »Herr Pfeiffer selbst, ja?: Können Sie mir heut noch 80 Zentner Kohle liefern? Und 40 Briketts? – Jaja: 80 und 40. – – Nein, Nummer 64: ich komm in der Mittagspause vorbei und bezahls. – Jawoll!«

Öl, Zucker; Briefumschläge, Papier; Kernseife. – Halt: Fahrradbereifung. Taschenlampenbatterieen (aber die halten sich nicht, verdammt!). Glühbirnen: Radio muß immer in Ordnung sein, also ein paar Ersatzröhren! – – Revolver?: und ich schwankte lange; kam mir dann aber doch zu romantisch vor, und blieb lieber bei dem schweren Haumesser. Noch n massiver Ledergürtel mit Messingschnalle, recht breit (iss ja schon so gut wien Korsett fürn älteren Herrn, nich?!).

Halt: ein Paar Gummistiefel (und von der schwersten Sorte!). –: »Hab billig Winterkohle kaufen können, Berta: Gelegenheitskauf: Zentner ne Mark«, log ich ihr eins, zur Tarnung meiner Einkäufe; denn sie wurde schon nervös, »und morgen kommt auch noch ne Kiste Wein: iss doch besser, wenn man immer was im Haus hat –« (schmeichlerisch): »wenn Deine Brüder ma komm!« – Dann wieder ins Büro:

»*Na, Peters?!*«: »Also was diese Polen frech werden, Herr Düring!«, und auch Schönert (na, er war noch zu jung). Am entrüstetsten und geilsten die Weiber, die Krämer voran. Und die Augustsonne brannte.

When I was walking down the street (: Hurrah, the cotton down!) / a charming girl I chanced to meet: Hurrah: the cotton down! –: »Käthe!!«. Sie kam, stemmte den Wind lässig mit den Hüften beiseite, und versetzte ihrem Popo eins mit dem Handrücken:?

»*Käthe: einen Tip!:*«, und ich erläuterte ihr hastig wieso und warum. Sie runzelte sofort das Gesicht zusammen, dachte kurz drohend nach –: »Na und?« knurrte sie; und: »ich hab doch kein Geld.«. Ich knautschte ihr einen 50-Mark-Schein in die Hand, und riet: »Kauf Dir wenigstens gute Toilettenseife, Hautcreme, und was ne Frau am dringendsten braucht: gleich n paar Kartons.« »Ach was: steck sie in die Aktentasche, da sehens Deine Eltern nich; und zu Haus schließt Dus in' Schrank. – Und sags, wenns nich reicht.« Sie hatte noch immer das Geld in der Hand und maulte konzentriert; – »Na schön,« sagte sie endlich zögernd: »Seife meinst Du? Würde knapp?«. »Alles, Alles, Alles,« rief ich nervös: »Schuhe, Camelia, Zahnpasta: verlaß Dich drauf: in 14 Tagen gibts Alles nur noch auf Karten!«. »Ach, Du kennst das nicht, wie das war, Käthe!« (ungeduldig): »sei nicht dumm –« (sie hob nur eine Braue, und ich bat sofort ab: na gut. Erledigt). »Schön,« entschied sie, bedächtig nickend: »ich machs also. Schreib mir mal aufn Zettel, was Du alles meinst«. »Ja, bon«.

Nochmal zurück: »Versuchs auch Deinen Eltern hintenrum beizubringen: daß sie Lebensmittel und Kohle kaufen; je mehr desto besser!«. »Mm.«. sie drehte fest und lippenleckend den Kopf und suchte mit den Augen das nächste Geschäft: »Mm«. Bedrohend leise: »Du, aber wenns Unsinn iss . . . . .!«

Die Böhme bewegte sich schon unruhig in ihrem Wiesenfeucht, Acker dünstete Gold, graue weiche Bremsen stachen wohlbekannt; noch wanderten Lodenmäntel um Jünglinge, Schilf war noch nicht ausgestorben. – Halt: nochmal zur Eisenhandlung: »Ein Paar Türangeln, bitte. –. –. Nein, nein: für ne ganz einfache Schuppentür; aber recht kräftig«. »Und die Schrauben bitte auch dazu« (zwei als Reserve).

Drachen stehen schräg über Kolonie Hünzingen, im Oben: ich gab meiner Frau 200 Mark: »Kauf für Dich und die Kinder in Walsrode neue Schuhe und warme Unterwäsche. – Und wenn der Lieferwagen von Trempenau kommt, laß Dir erst die Rechnung geben und vergleich!«. »Ja aber,« sie war ganz ärgerlich! »Gib doch ja nicht das ganze Geld aus, Du!« und ihre Augen wurden zu Notgroschen. »Hier hast Dus Sparbuch –« sagte ich großartig (von meinem andern Geld braucht sie ja wirklich nischt zu wissen!): »sind noch 800 Mark drauf: wenn Du klug bist, kaufst Du die noch heute ab: Alles!« – »Du bist ja verrückt, mit Deinem Krieg,« sagte sie ruhig und jetzt sehr energisch (jetzt, wo sie das teure Glied der Geisterwelt vom Bösen gerettet hatte): »Bloß noch 800!!«, und sie sprang hoch und schritt klageweibern hin und her: »Mach bloß nich Alles wild, Du: Weber hat schon gefragt, was denn bei uns los wär!«. Ich folgte ihr auch noch in die Küche: »Berta,« näherte ich mich (pflichtbewußt und vergnügt): »Du weißt, was Du zu tun hast!«. »Jaja«, sagte sie schulterherüber, überlegen und verächtlich. (Also bitte: mein Gewissen ist rein!)

25. 8. 1939: dauernder englisch-polnischer Beistandspakt; und es malheurte sich Alles recht rund zusammen: »Na, Berta?!«. »Ach, Du hastn Knall!«, ärgerlich und abwehrend. (Jetzt dauerts nur noch Stunden!).

An sich müßte ich heute noch mal nach Kirchboitzen; aber ich werde lieber mein Museum ordnen: ist ja auch dienstlich!: muß ja mein Wissen dringend für meine Aufgabe stärken! Und ich besah pfeifend die schönen »gesammelten« Karten und durchgilbten Akten, und ordnete sie in die Kofferfächer, legte behutsam den in Seidenpapier gewickelten Knopf dazu. (Dann noch einmal stirnrunzelnd in den Schuppen: hinten an der Rückwand das Brett festnageln; bereit sein ist Alles!).

'Wandering Willie's Tale' aus "Redgauntlet": das ist eine prachtvolle Geschichte, und viel zu gut, als daß man heute nicht auf sie hinweisen sollte; heute, wo Alles kolbenheyert und thoraxt (oder präziser: mittelmäßigt!).

Unverletzliche Freistätten müßte man schaffen! und ich entwarf gleich während des Nagelns den Brief an den Völkerbund:

»Meine Herren!« (oder besser: Exzellenzen!: sonst machen sie gleich gar nischt!).

»Ewr. Exzellenz!

In Anbetracht der ungeheuren Zerstörungen, welche alle Kriege von jeher, zumal aber der letzte, in den Kunst- und Büchersammlungen der

Menschheit verursacht haben; und der noch weit größeren Gefahren, denen diese im unvermeidlichen nächsten und allen folgenden bewaffneten Konflikten ausgesetzt sein werden, erlaube ich mir – obwohl Deutscher – der hohen Versammlung folgende Anregung zu unterbreiten:

§ 1). An mehreren Stellen der Erde – jedoch mindestens 3 – unverletzliche von allen Staaten gemeinsam anzulegende, zu unterhaltende und zu verwaltende Kulturfreistätten zu errichten. Es werden hierfür kleine, von allen politischen und wirtschaftlichen Konflikträumen möglichst fern gelegene, sonst nutzlose Inseln – z. B. Tristan da Cunha, Südgeorgien, St. Helena, Osterinsel – vorgeschlagen, auf welchen, nach Errichtung geeigneter Räumlichkeiten, möglichst große Büchervorräte sowie die wertvollsten der unwiederholbaren künstlerischen Werke der Menschheit zu sammeln wären. – Keine Waffe irgendwelcher Art dürfte im Umkreise von ... Meilen angewandt werden.

§ 2). Ergebnisse oder Modelle der Technik oder sonst der angewandten Wissenschaften sollten, um jeden Mißbrauch dieser Freistätten unmöglich zu machen, und keiner Macht eine auch nur scheinbare Handhabe zu bieten, nicht aufgenommen werden.

§ 3). Zukünftig erscheinende Bücher sind von jedem Verlage in je einem Exemplar an jede der »Kulturinseln« einzusenden; ebenso von Bildwerken die Originale oder gleichwertige Wiederholungen, möglichst ihres Schöpfers selbst.

§ 4). Den größten der lebenden Künstler und Geisteswissenschaftler gewähre man hier nach ihrer Wahl (oder im Alter oder im Kriegsfalle) persönliche Sicherheit und ungestörte Arbeitsmöglichkeiten. – Die Entscheidung über Würdigkeit der Einzelnen könnte etwa ein noch zu schaffender Künstler-Völkerbund treffen (nicht etwa das Nobel-Komitee; man denke an Rilke, Däubler, oder Alfred Döblin – während ein Dreck wie Sienkiewicz preisgekrönter Dreck wurde!). – Auch könnten hier in Zukunft die Grabstätten aller bedeutenden Menschen zu Weltheiligtümern vereinigt werden.

§ 5). Jungen hoffnungsvollen Talenten, welche ihre Begabung dargetan haben, gebe man zur Förderung die Erlaubnis, für eine bestimmte Zeit sorgenfrei auf jenen Inseln zu leben, wo ihnen die Kulturgüter der Menschheit endlich so mühelos zugänglich wären, wie es der Künstler und Denker braucht.

§ 6). Als gelegentliche Besucher sind für einige Tage auch andere geistig Schaffende zur Belohnung zuzulassen: nicht aber Physiker, Chemiker, Techniker (aus den bereits angeführten Gründen); weiterhin niemals

Politiker, Berufssoldaten, Filmstars, Boxchampions aller Gewichts-
klassen, Verleger, reiche Gaffer, usw., oder Solche, die lediglich in
Kriegszeiten Zuflucht dort suchen wollten. – Die Erlaubnis zu solchen
Gelegenheitsvisiten erteilt die Inselverwaltung selbst. – –
Angesichts der großen zu leistenden Vorarbeiten (Einsetzung einer
Kommission, Wahl und Ankauf der Inseln, Errichtung der Gebäude-
komplexe, Auswahl des Personals, Transport der Kulturwerte, Versor-
gung mit Wirtschaftsgütern, etc), die, selbst bei mäßiger Veranschla-
gung, Jahre in Anspruch nehmen dürften, müßte mit dem Werke sofort
begonnen werden. – Ich bin überzeugt, daß sich gegen ein solches
Unternehmen kein Veto eines der hohen Versammelten erheben könnte:
die Menschheit würde Ihnen einst ehrfürchtig die Erhaltung ihrer
heiligsten Güter verdanken! –
Ich unterzeichne mit vorzüglicher Ergebenheit: Heinrich Düring.
P. S.: Unter Bezugnahme auf § 4). erlaube ich mir, zugleich einen
Antrag auf Gewährung eines lebenslänglichen Freiplatzes zu stellen: der
Hinweis auf meine epochemachenden Forschungsarbeiten im Kreise
Fallingbostel dürfte jede weitere Begründung überflüssig machen. Ich
bin Anfang 50, 1 Meter 85 groß, glaubenslos, frei von ansteckenden
Krankheiten, und zu keiner Zeit Mitglied der NSDAP oder ihr an-
gegliederter Organisationen gewesen.«
(Außer DAF: aber da mußte ja Jeder drin sein. – Na, ich schriebs vorsichtshalber noch dahinter: »*P. S. 2:* Außer DAF.«. – So.: Mein Gewissen ist
rein!: wieder mal!).
Die Sonne?!: ein Wahnsinniger fuhrwerkte da oben mit seinen brüllenden
Schmelzflüssen herum! (Und wir Anständigen nennens noch »Sterne«
und besingen wohlerzogen den Nebelglanz des Höllensamens!). Ich
spuckte dieser Sonne ins fleckige Gesicht, trat hackig-hastig die Erde,
und zerriß mir die Knopflöcher über der Brust, daß Schweiß und
kümmerliche Haare unter mir sichtbar wurden. Ich hackte die Hand-
kante in eine Astgabel: der verfluchte Lorbas da oben!: Sieht angeblich
Alles, hört und riecht Alles – herzliches Beileid nebenbei! – und läßt
wieder einen Krieg starten!: hat ihn folglich in seine vorgebliche Welt-
planung mit aufgenommen?!)
»Laa-täane: Laa-täane! / Sonnä, Mont unt Stään-ne!«: Kinder mit ihren
bunten flackernden Papiertüten wollen sich auch aus dem alltäglichen
Gelebe lösen: mit Lichtern, mit Worten. In der Dämmerung. Gaa nich
dumm!).
»Nanu, Berta?«: sie kam mir hastig entgegen: »Anruf vom Herrn Landrat
persönlich: Du sollst morgen unbedingt ins Büro kommen! Auf keinen

Fall wegfahren!«. Nach einer Pause aus der Küche: »Was iss denn los?«.
»Vielleicht iss Einer krank geworden –?« (hinterhältig pomadig und
achselzuckend). »Ach so« (plausibel und erleichtert: die wollen nicht
sehen!)

Nachts die Hand auf meiner Schulter: »Jawas?!«; denn meine Frau stand im
Hemd vorm Bett, und ein sehr bitterer und grober Witz kitzelte mich
auf der Zunge. --: »Hör doch mal Heinrich: die Motorräder!«

Richtig!!: richtig: da stand die ruckende Maschine, zyklopisch glotzend, bei
Hogrefe drüben am Zaun; dann zu Alsfleth. Dann – »Geh doch mal
runter, Heinrich: in allen Häusern iss Licht!«. – Also ne Jacke an. –

»Nanu, Herr Heitmann!« (Vom Wehrmeldeamt, aus Falling), und ich erkannte
sofort den Stoß brauner Karten: »Gestellungsbefehle, was?! – Geht los;
wie 14/18.« Und Jener stolz: »Na, diesmal dauerts nich so lange, Herr
Düring, wie damals bei Ihnen!«; und ich hob interessiert die Augen-
brauen: ?. – »Na, wir ham doch jetzn Führer!«, mitleidig und verächtlich
ob meiner so großen Verkalktheit. ‹Du Idiot› dachte ich sofort, über-
setzte aber bieder: »Jaja, freilich« (und wollte ihn überbieten): »in
4 Wochen ist Alles wieder vorbei!« (merkst Du noch nischt?!). Aber:
»Höch-stens!« bestätigte er nachdrücklich, und ritt wieder auf den Sattel
ein. »Na: Heil!!« (So braun möcht ich auch mal sein!).

Nichts grausiger und kläglicher: als zwei Völker, die nationalhymnend aufeinander losgehen. (Der Mensch, das »hurrahschreiende Tier«; als Definition).

»Was ist denn Heinrich?!: und ich wies mit stummem Kopf zu Spreckelsens
nebenan, wo die junge Frau, tränenüberströmt, ihrem blassen Mann das
Bündel schnürte; nachts um 3: sie rannte in offene Schränke und zerriß
ihre Wäschestapel (und anläßlich des Unterhosenwechsels machten sies
noch einmal; ohne an die offenen Fenster zu denken).

Nessun dorma!!

III

(August/September 1944)

Im Traum: wieder mal in Hamburg, mit Käthe (in Eisenbahnertracht, mit
Lampe und Hü–oh–Pfeife). Und wir zerfeilten die Fensterstäbe, schlugen
drinnen die Bilder in Decken, kanteten, zischteten, verknoteten; ließen
wie zufällig die Aktentasche mit (natürlich falschen!) Papieren liegen.
»Glasscheiben fürn Chef«, sagten wir, als wir im Hauptbahnhof verdrießlich unsere Ausweise (von Käthes Vater!) vorzeigten. Sie trug
kriegerisch den Schaffnerinnenmantel auf den mächtigen Schultern, den
schwarzen Kappenschnabel im Haar, der unzerplauderte Mund unter-
strich die strammen spöttischen Augen. Allein durch lampenöde Züge,
in der rumpelnden Nacht dritter Klasse, Reisende mit großen leichten
Traglasten, ‹Räder müssen rollen für den Sieg›, meist stumm, und meine
breite Kondorin stemmte die Beinrohre unter den Gegenübersitz, oh,
verschollene grünweiße Zahnpastareklamen um sich (und ange-
schraubte Fotos ‹Wasserburg› auch ‹Hainleite›); das Eisen rauschte um
uns dahin; wir erschlugen polnische streunende Ehepaare; ragten aus
halben Türen; transportierten auf Treppen; schlichen durch Schachbrett-
landschaften: Schwarz–Wald, Weiß–Wiese; ich zerbiß einen Rotstift,
schmiß in Bogen–Lampen, kämpfte in Schuhen, Käthe in Sesseln gelagert und ich auf Busensuche, im längsgestreiften Blusenteppich, flie-
gende Häuser und Zugvögel am Ernst–August–Platz.

(Die Bilder mußte man dann hinter Kommoden und Regalen in doppelter
Rückwand verbergen. Ich bestellte gleichmütig die richtigen Bretter-
maße beim Tischler. Sonntags zogen wir sie dann hinten hoch, und
besahen sie stumm; in einer Zeitung stands von unbekannten Dieben
und Kohlenklau).

Warm und neblig (morgens um 5 Uhr 30); also heute Abend: Chateau Thierry!
(Ich werde überflüssigerweise – und lediglich zur Komplettierung meines Wissens – die bekannten Fälle von Lykanthropie studieren: an sich
kann man ja nur kichern über solch verfinstertes Gehabe!).

Heutzutage kann man nur noch halb entkommen. Bei der dichten Besiede-
lung! (Oder, anders: man muß sich teilen; doppelt leben; verbrennt dann
schneller. Fern jeglichem Christenparadies).

Joachim von Wick: war Postmeister in Walsrode gewesen; und ich betrachtete liebevoll den Brief meiner Sammlung (* 26. 8. 1756, † Walsrode 23. 5. 1827. – Hab mirs zur Gewohnheit gemacht, jeden Morgen vorher in den ‹Arbeitsunterlagen› zu blättern!).

Chaussee: man ging zwischen diesen heißen Tagen wie zwischen hohen Säulen. (Goldenen, Grüngefleckten. Zur Bahn).

Kurze Belustigung: ich stellte mir vor, ich sei ein berühmter Toter, und Witwe Berta führe die Leute durchs ‹Düring-Museum› in Fallingbostel: da lagen in den Schaukästen unter Glas meine Manuskripte (z. B. die Aufforderung an Finteln, endlich mal den Daumenabdruck auf seinen Personalausweis zu setzen – »sein letzter Brief. Ja. « – neben der großen noch ungedruckten Biographie Fouqués). An der Wand mein Porträt von Oskar Kokoschka mit nur einem Ohr und höchst unchristlichem Inkarnat. Eine schallende Platte, ‹Celeste Aida›, von mir geschmettert; : »Hier der Zimmermannsbleistift, mit dem er grundsätzlich unterschrieb –« (der wurde oft von Verehrern gestohlen, und lag stets wieder da, das Dutzend Eins Dreißig bei der Westfalia Werkzeug Company). Auch vor dem Haus mit Turm (= der Kirche) draußen stand ich hoch im metallenen Frack, und reckte die Hand mit vornehmem Abscheu gegen das Landratsamt aus .... »Die Stiefel, in denen er gestorben ist ...«. – »Äwas waren denn seine letzten Worte, gnädige Frau?« (der ‹Spiegel›-Reporter mit rotem Saffianblock); –: »Ä – ‹Es lebe die Kunst – ä. –: Es lebe das Vaterland!›. Ä: Deutschland, also«. »Deutsch ... land ...: Ah; –: Danke!«. (Dabei hatte ich lediglich zehn Mal ‹Scheiße› gejappt!). Als Knalleffekt die schwefelblau beleuchtete Nische mit der schlanken Aschenurne (denn verbrannt will ich unbedingt sein; iss viel hygienischer!); die Marmortafel ganz schlicht: – na, was schnell? – ‹Hier ruht ...› (ach Quatsch: ruht gar nicht!) – also ‹Haltet mich nich auf›! (ohne ‹t›; das wirkt besonders gemein). Oder noch besser: ‹Haltet Euch nich auf!›. (Das paßte vor allem jetzt für mich, der ich zum Zug mußte!).

Die Lerchen zwitscherten das Ohr taub; (und stehen mußte ich auch wieder; da jetzt, im Kriege, ein Wagen weniger dran hing: es gibt zuviel Menschen!!).

Was würd ich mit 10.000 Mark machen?!: 8 Morgen Wald und Haide im Kreis Fallingbostel kaufen; und n soliden Stacheldrahtzaun rum, d. h. also 7 Morgen (denn solche Zäune sind teuer!). also dann ungefähr 100×170 Meter, besser wie nischt! – Oder Albert Ehrenstein neu drucken lassen. – Oder ne Wallfahrt nach Cooperstown; und ich stellte mirs gleich vor: den Hudson aufwärts bis Albany; von da zu Land weiter über Saratoga

Springs, bis ins County Otsego. Und natürlich müßte man zuerst –
»Heilittler, Herr Düring«: »Sagosago Paleface!« – den klassischen Blick
vom Mount Vision aufs Städtchen haben. Die Sonne kurvte durch die
dreckigen Abteilfenster, und ich stand noch mit abgezogenem Hut. (An
seinem Grabe).

(Wenn ich bloß die 'Autobiography of a Pocket-Handkerchief' noch kriegen
könnte; die Reisen und seine historischen Arbeiten über die Navy. Und
von der Tochter die 'Rural Hours': ich weiß noch viel zu wenig!).

Schönert war in Afrika gefangen, Peters in der Normandie, Runge 43 im
Osten gefallen: um den wars nicht schade! (Aber der kleine Otte, noch
nicht 18, lag auch bei Monte Cassino!).

Holzkothurne mit n paar schrägen Riemen (Lederschuhe gabs ja schon ewig
nicht mehr!); aber s stand schick zu langen Beinen, und die Krämer hatte
sich gar einen Sepiastrich auf die braune Wade gemalt: das sah tatsächlich aus, wie die eleganteste Seidenstrumpfnaht! Schön ist, Mutter
Natur, Deiner Erfindung Pracht!: »Wie weit geht der Strich denn rauf,
Fräulein Krämer?«. »Und wer zieht ihn immer nach!« Sie richtete
fromme grüne Taubenaugen auf Steinmetz, den speichelnden Aushilfs-
greis: »Abends. Meine kleine Schwester«, hauchte sie kirchenstill (»und
dennoch sagt Der viel, der ‹Abend› sagt«). Dann wurden noch erwähnt
die ‹Büchse der Pandora› und das ‹Ei des Kolumbus›; der Geist Schönerts war sichtlich unter uns).

Getreu der neuen Vorschrift, für jeden Brief das kleinstmögliche Vormat (wie
das aussieht, mit »V«, nich?) zu verwenden, schrieb ich fast nur noch
Postkarten, oder im internen Ferkehr DIN A6 (»F« zum Austauschen
oben; für Pedanten). : Schon ist Alles im Osten verloren, schon rennen
die Deutschen durch Frankreich zurück, und ich jauchzte innerlich:
Einer im endlich zerplatzenden Kerker!! Und wenn ich dann noch 5
Jahre von Wasser und Brot leben soll: aber daß die Lumpen weggefegt
sind, Nazis und Offiziere, wird mir alles vergolden! So rieb ich mir
sorgfältig die Hände, und war so vergnügt, daß die Krämer mich
erstaunt anlächelte (n Mann ist ja ne Delikatesse zur Zeit, und im Notfall
würdest Du wohl mit mir vorlieb nehmen, was?).

Eine unsinnig Dicke als Chefsekretärin: ‹Und sie bewegt sich doch›! Müßte auch
dehydriert werden.

Frühstückspause (40 Minuten heute, Sonnabend. Dafür gehts dann bis 15 Uhr).

Süßstofftabletten im Kaffee: und auch die waren längst Mangelware geworden,
bloß noch ‹unterm Ladentisch› zu tauschen. Die Pappknöpfe zerbrachen
beim ersten Annähen ans Hemd; und der alte Steinmetz hatte der
Krämer tatsächlich 4 Textilpunkte (= 1 Paar Strümpfe) für ein Aufhüp-

ferl geboten. Ich hatte ja vorher gut eingekauft, und war bei meiner geringen Eitelkeit ganz unabhängig, was Kleidung etcetera anbelangt; so konnte ich meine Punkte restlos einsetzen: für neue Brillengläser, Schuhe besohlen, ne Handvoll Nägel ohne Eisenschein, mal n Film als Käthe auf Urlaub war. (Auch schon über 16 Monate her; war Anfang Mai gewesen. Zwischeneiszeit).

Entsetzt, die Knoop: ‹Muschelsalat› hätte auf der Speisekarte gestanden, markenfrei, und sie hättens zuerst gegessen, bis Kardel dann die Schnek-kenhörner gefunden hatte: igittigitt! (Also Übergang zu Frosch-schenkeln, Austern, beche de mer, und allen möglichen andern exotischen Scheußlichkeiten, faule Eier und Haifischflossen). Auch Steinmetz kam, superfein lächelnd, herbei, strich sich einen imaginären Schnurrer, und erzählte von Paris, wie das Rote Buch von Hergest, lange, von damals: »M'sjö« hatten sie Alle beteuert: »Es schmeckt wie Kokosnuß«. Pikant-pikant. »Och«, die Knoop, ungläubig. »Beim Kopfkissen der Sieben-schläfer!«. (Na dann).

»*Drüben nach Bergen* kommt ne Offiziersschule hin«, wußte Fräulein Krämer; sich angeregt ihrer Verwendbarkeit als Edelnutte bewußt. (Wenn wir bloß mal wieder so weit kämen, wie im Mittelalter, wo jeder Soldat als ‹unehrlich› galt, ungefähr – und mit Recht: der »Gegner« hat ihm auch nie was getan! – wie ne Art Henker, und jeder anständige Bürger von ihm abrückte!). – Noch rasch n Stückchen laufen.

Sommersonne: Schatten: Peter Schlemihl!: Heute würd er in' Zirkus gehen und Unsummen verdienen! Wenn mir bloß mal son ‹Grauer Mann› erschiene, und mir was dafür böte, was Zeitgemäßes: ne Tabakspfeife, die nie leer wird; n Auto, das ohne Benzin fährt, ne Pferdewurst, die nicht abnimmt.

Kauend vor einem Buchladen: alpakanes Gereime ankerte durcheinander, Ver-quollenes: Blunk, Heribert Menzel, Kolbenheyer, ‹Chorische Dichtun-gen›, ‹Hitlerjunge Quex›, und all die andern Bänkelsänger des Dritten Reiches. Ne Illustrierte »Deutscher Glaube« mit ner SS-Hochzeit: ein maskierter Scharführer segnete als Odinspriester am Amboß das Paar mit *so'm* Vorschlaghammer: Fruchtbarkeitszauber. (Dann noch »Der blinde Torwart«; also wahrscheinlich wieder Balladen. Oder n Fußball-roman. Iss ja wurscht. Heutzutage).

Zu Eduard Vehses 48bändigem Werk »Geschichte der Deutschen Höfe, des Deutschen Adels und der Deutschen Diplomatie seit der Reformation« brauchten wir die Ergänzung bis 1950!: da würden scharmante Sachen dazu kommen: die Höfe der Wilhelme, Eberts, Hindenburgs, Hitlers und ihrer Komplicen und Nachfolger!

Oder: »Briefwechsel zweier berufener Persönlichkeiten« (nämlich Gott und
   Satan); und dann allein die Daten: Hölle, den 20. 4. ....; Himmel, den
   22. 4. .... (Und die Notiz: »Das sich Shakespeare nennende Individuum
   ist nunmehro hier eingetroffen ....«. Usw.).

Eine Katze näherte sich, sah mich unsicher an, lachte verlegen, und ich schnitt
   ihr eins von meinen drei Scheibchen Wurst klein, und legte ihrs auf ein
   Stück Butterbrotpapier: –. – Eine alte Frau, auf ein Fahrrad gestülpt,
   unsicherte durch Schulkinder.

Ein Kinderchörchen sagte brav auf: »Händä falltänn. Köpfchänn sänkänn: /
   Imma an dehn Führa dänkänn! / Dea uns giebt unsa Täglischbrot.: / Unt
   uns befrait: aus Allanoht!«; und ich konnte nicht anders, ich mußte hin zur
   Hecke, und besah mir die fünfjährigen Wesen, in bib and tucker, wie sie
   da auf den dünnen Holzbänkchen saßen. Die Schwester (die die verruch-
   ten Verse vorgesprochen hatte), gab eben Jedem einen kleinen gläsernen
   Bonbon ins blecherne Henkeltöpfchen, und da drehten sie ihn mit den
   Löffeln, und ‹kochten› ihn tüchtig: was ist das für ein Regime, das
   dergleichen aussinnt?! (Aber mir fiel sofort ein, daß ich damals ja auch als
   erstes Liedel gelernt hatte »Der Kaiser ist ein lieber Mann (sic!) / : er
   wohnet in Berlien«; und das ist dann also scheinbar überall die unver-
   meidliche Art, ‹Bürgerkunde› zu betreiben!: Oh, die Schweine Alle!! In
   die wehrlosen, zart-unwissenden Wesen solche Wortjauchen zu pumpen!
   Oder das gleich sinnlose Geleier von »Christi Blut«!: bis zu 17/18 Jahren
   müßten Kinder in vollkommener geistiger Neutralität aufwachsen, und
   dann ein paar tüchtige Lehrgänge! Könnt ihnen ja dann abwechselnd die
   Wunderwippchen von der »Heiligen Dreieinigkeit« und den Lieben
   Männern in Berlin vorlegen, und zum Vergleich Filosofie und Naturwissenschaften: da würdet Ihr Dunkelmänner Euch ganz schön umsehen!).

Dann schrie die Schwester auf, bläute einen der Wichte, und ich trat hinter mich.
   (Muß m Kirchenamt noch 10.– Mark hinschaffen; für zwei Schulkinder,
   die mir das Totenregister kopiert haben: grinsend: Geld iss ja nischt mehr
   wert!).

»Dir wolln wir treu-er-ge-bänn-sein: / getreu: bis ihihihinn den Tod. (Ja in den
   Tod!)«: Aber wieso denn?!

Staubgegürtete Rekruten: klatschten gedankenlos in die Füße, ruckzuckten die
   braungeschweißten Köpfe nach oben, und stießen die Heldenworte von
   sich weg: »Dir wolln wir unser Leben wa-hein ...«: Ja aber wieso denn?!!

Bei mir ist solcher Silbenfall völlig verschwendet!! Ehe Du für Dein Vaterland
   sterben willst, sieh dir s erst mal genauer an! (Und »Mein Leben für den
   Führer«?!: für n Politiker faß ich mich nich an' Hintern!!). –

Ein Brief von Schönert (eben gekommen; und die Krämer las ihn triumphierend vor): na, die kannten diesmal nicht den entsetzlichen Grabenkampf wie wir im ersten Weltkrieg. (Dafür war allerdings damals der Luftkrieg ein lächerliches Idyll gewesen, gegen heute! Und draußen brüllte schon die nächste Abteilung, von der Lore, von der Dore, von der Trude und Sophie. Und ich dachte an meine Lange, Ferne. Von der Lene und Irene: von der Annemarie. – »Geem Se ma die Kohlnkarten zum Stempeln rüber, Freuln Krämer«, und sie löste sich unwillig vom Fenster; das Gesicht ging ihr maulend aus den Fugen –).

Mittag vorbei und immer noch 3 Stunden!

Hitze im Büro, und Abwesenheit fuhr uns mit weichen leeren Händen um die Gesichter. Augen gähnten (ist ja unbedingt zu lange, ohne Pause!); Hände lümmelten um Amtlichkeiten; unter den Stühlen steckten schräge Beine; die Krämer zog langsam irgendeinen Reißverschluß durch die Stille, und tippte dann auf ihrem Metronom davon, tropfenfern, auf zierlichen Hufen, im Staubwald. (»Pan schläft«: das hat ein kaufmännischer Angestellter erfunden, Nachmittags gegen 15 Uhr).

»Du schmückst Dich ja wie ne Braut!«; denn sie machte sich verstohlen die Fingernägel sauber, die Knoop, und ihre schwarze Trauer (um den 2. Verlobten schon) sah apart genug aus zu dem weißen übervollen Gesicht; sie machte kastanienschwere Augen, rollte die Söckchen tiefer, und verschob atmend den Rock; dann tunkte sie am Federhebel und zeichnete lustlos und leise ihre Buchhalternasen. Der neue Lehrling besah furchtsam den fetten Rücken, wo das Band des Büstenhalters deutlich einschnitt, drehte den Rotkopf, und projizierte sich den Inhalt auf die Wand gegenüber. Der Alte schlief jetzt ganz unbefangen, aber hinter seiner grünen Brille unüberführbar (war auch n alter Bürofuchs, und durchaus noch brauchbar!).

Nach einer halben Stunde flüsterte Eine die Frage: »Obs heute noch n Gewitter gibt? – Ob man nachher noch baden gehen kann? –« Nach einer Viertelstunde antwortete ich ältlich und neidvoll: »Beides, Fräulein Krämer«. Eine Tür klappte resolut; der Alte erwachte beherrscht, und setzte überlegen einen Namen ein; Robin der Rothe stellte sich stöhnend die Krämer erst mit, dann sehr ohne Badeanzug vor; die Knoop ging mal neue Tinte holen; und ich stempelte schnell noch die 80 Kleiderkarten fertig.

»Schlechte Laune heut, der Scheff!«: und tatsächlich: er hatte viele und nichtswürdige Anmerkungen auf alle Gesuche geschrieben, so im Stil Friedrichs des gottlob Einzigen, und zum Schluß immer: »Abgelehnt«; »Ablehnen«; »Nein«; »Unmöglich!«; »Was denkt Der sich?!«. Einmal hatte er sogar verfügt: »In Zukunft nicht mehr bearbeiten«: desto besser für

uns! Und der letzte Aktendeckel . . . . . . : »Sie solln gleich ma zum Scheff
komm', Herr Düring!«

Zwei oder drei Windstöße, und Wolken von schlimmen Vorbedeutungen. (In Korri-
dorfenstern; beim Vorbeigehen).

»Sie haben mir doch mal – von dem Deserteur da, von 1813 erzählt –?«
(schotterndes Hüsteln): »Stell'n sich ma vor, Düring: da soll jetzt wieder
so Einer sein. In derselben Gegend. Jahrelang schon! Ich verfolg die
Sache längere Zeit«; er schob mir den Bericht des Försters in die Hand,
und besah mich amüsiert und lauernd.

Bollwerk mit Scharten: mein Gesicht. (Tatsächlich: Gröpel, der Hund, schien
mich morgens gesehen zu haben!). Und grauer breiter Lappen seins.
(Auch vier Meldungen von Bauern noch zusätzlich; Namen merken).
Der Lappen zerriß an einer Stelle; er hämschte neue Worte zusammen,
und ich debattierte wachsam darwider: von mir aus kann er bis zur
nächsten Eiszeit ekeln! (Der vielleicht regulärer Gebildete; aber sich
nicht bis in die Tat trauende).

»Ja, da wern wir mal ne Razzia auf den neuen ‹Faun› machen lassen,«
proponierte er heiter und herausfordernd. Er sah mich gespannt an:
»Ungefähr 50/60 soll er sein. Graues Haar; groß und hager«; und er
musterte mich gar unverschämt ab; und ich sah ihn fest und tückisch an:
an Dir ist doch heute auch was verändert?! –? – Ach, sieh da!!: er trug auf
einmal schon das Parteiabzeichen nicht mehr! (Genau wie bei uns der
Häusermann und die andern Kanalratten: guck an!). Ich ‹ergriff› ein paar
Worte; ich sagte kalt: »Eine persönliche Bitte – Herr Doktor –?« (und er
lehnte sich behaglicher an): »– Sie sind doch PG: können Sie mir bitte
die Anschrift von Herrn Kreisleiter mitteilen: n Gesuch wegen meiner
Tochter: Sie sind doch befreundet –« (Jaja: hatte ihm zu Weihnachten auf
unsere Kosten n Teppich geschenkt!). – Er saß ganz steif; er sagte höflich
und farblos: »Kirchplatz 3«. Sah auf seinen Terminkalender: »Also die
Razzia ist dann nächste Woche. Am 8. 9.«. »Jawohl, Herr Landrat.«

Also dann ist eben damit Schluß!! und ich pfiff trocken und bitter: aus!: Schluß!
Also!. (Also gleich heut Abend Alles ausräumen und anzünden! – Und
dem Förster versetz ich noch mal eins. Oder zwei. Können ja mal alle
seine Akten und Karten und Bezugsscheine verloren gehen: da hat er
allein n halbes Jahr neue Anträge zu stellen! – – Aber aus, aus, aus! –
Oh, Käthe!)

»Na sehen Sie: – da regnets ja schon, Freuln Krämer!«. Und »Heil!«. »Ja Heil!:
frohes Wochenende!«.

»13 Schiffe aus einem Geleitzug versenkt!«; der Lautsprecher sang und stampfte
im Menschenhag; Worte trafen streng und grau; und die faden Wasser-

81

toten wehten pathetisch durch unsere Menge. Regen erfingerte mich. Das Gerät brüllte bakeliten und siegte weiter: »Denn wir fah! ränn! Gegenn Engellannt!: Engellant!«; Herms Niel und Herm. Löns, die deutsche Schlägerfirma! (Aber die drüben haben Vansittart & Wells). Ich watete stumm durch den Matsch von Gemurmel und Zähnen; manche Köpfe waren wie mit Augentrümpfen bezogen; auch Lachen erschien, und zwei Frauen knatterten »Priema!«. Aus allen Fenstern fuhren sie immer noch, knapp und männlich; Keiner heulte oder ging steif mit verwebten Augen; aber der Regen wurde stärker, silbergraue Tropfen spritzten aus dem Pflaster, handhoch um meine gehenden Schuhe.

Ein Hund sprang im Beinverhau mit gedrehtem Kopf. Die Toten schwebten mit bläulichen Schlaffarmen voraus, hingen Augengirlanden um meinen Stehplatz, Einer aß mit mir, verlegen vom Teelöffel. (Und schön wars auf der Landstraße: man war ganz allein: fahren ja keine Autos mehr! Höchstens die witzigen Holzgaskutschen, mit denen Hitler seinen Krieg gewinnen will! – Altes Gras warf sich aufgeregt von einer Seite auf die andere; dann aber schon wieder rauchiges fliegendes Blau).

Die Musik toste und splitterte (auch hier): der alte Weber kam unter seinem Schild heraus: »Säi hefft all wedder – och: zichtusen Tonn' vesenkt!« Und stolz. Ich nickte so andächtig ich konnte, und wollte erst vorbei; dann sagte ich noch: »Schade um die ganzen Vorräte: ein son Frachter: da brauchten wir unser Lebenlang nich mehr zu arbeiten!«. »Hmmm«, und es bramarbasierte hinten weiter. (Dann wölbte ein Zitterbaß was vom Ra–ha–hein: das war eine köstliche Zeit, 1944!).

»*Na Berta!*« (immer noch in tiefster Trauer): unser Sohn war vor 14 Monaten an der Murmanfront gefallen; als O. A., auf der üblichen achtwöchigen Frontbewährung. Zuerst von der Schule stolz auf Urlaub, als bestaunter Wachtmeister und Fahnenjunker: »Na, Pappa?!«; als hätte ers nu geschafft! Wo das Schlimmste erst kam! Und ich hatte den Pfauen verkniffen lächelnd betrachtet, bis er sich gekränkt abwandte. Ihm auch erklärt warum, gewiß; aber er hatte zuviel vom Kampf als ‹Stahlbad für den Mann› gehört. »Außerdienstlich verkehr ich mit Mannschaftspersonen nich!« hatte er mir befremdet mitgeteilt, als ich ihm riet, sich da, wenn irgend möglich, von Zeit zu Zeit: gesunde Ansichten zu holen! Na bon! – Ja, als dann der Ortsgruppenleiter ankam, fiel meine Frau aus allen Wölkchen, schmiß die Kartoffelschüssel ins Führerbild, und kriegte Heulkrämpfe. (Ich: fühlte nichts! Man dürfte das ja eigentlich Niemandem sagen; aber Paul war mir ferner als ein Fremder; um Cooper kann ich heute noch weinen. Aber von ‹meinem Jungen› wußte ich die Hohlheit und schreckliche Mittelmäßigkeit: seiner Mutter!:

eigentlich hätte ich ihr sagen müssen: Du trägst Dein gerüttelt Maaß Schuld mit daran, eitles Weib! Hättest Du mit mir Vernunft gepredigt, anstatt über die Silberkordel um sein Spatzengehirn zu jauchzen!!).

(Dann die Grabschrift: »Was lassen wir denn in die Zeitung setzen, Heinrich?!« hatte die Schwarze Gebrochene gefleht. »‹Paul fiel›« sagte ich hart, »‹eines der vielen irregeleiteten Kinder›!«: ich hätts gemacht!! – Oh!: das wollte sie aber doch nicht; zumal ihr bißchen Gewissen sie vielleicht doch nicht ganz freisprach: denn wie hatte sie verächtlich auf die armen Obergefreiten-Knechte von nebenan herabgesehen. Wie hatte sie den Pfennigmund gespitzt, und war am Arm ihres Sohnes ausgeschwänzelt! Wie hatte ihre freche Schnauze ausgefordert, als ich ‹Den Offizier› als das verächtlichste unter allen Wesen bezeichnete: »Bist woll neidisch auf Deinen Sohn, eh?!«; und war lachend in die Speisekammer gegangen, ihm die letzten Vorräte zuzustecken! – Ja, und dann entschloß sie sich halt für das Originelle »Gefallen für Großdeutschland« – na, wenn Du meinst?! – Aber Gerda ließ sie doch nicht mehr freiwillig zur Flak gehen!).

Also: »Na, Berta?« (als Gruß). Jaja. Und Kinokarten hatte sie auch für 18 Uhr: »Komm doch ma mit!«. (Und ich stöhnte innerlich: ich geh sonst nie zu so was; für das Geld krieg ich schon n Meßtischblatt! – Na; einmal ist keinmal; und vielleicht schlief sie dann besser, und ich konnte leichter heut Nacht verschwinden). – »Zu Feddersen sollst Du auch ma komm'«; und ich faltete die Stirn tiefer.

»Heil, Herr Feddersen«. »Tach, Herr Dürink«. Und er kramte, Handwerker-Diktator, ohne Eile zwischen seinen Stoffen und Scheren. (Hatte mir einen Zeltbahnanzug bestellt, als Tarnkleidung für den Wald; war ja jetzt überflüssig. Oder doch nicht: denn zwischen Bäumen würde ich wohl immer gehen wollen; also gelassen anprobieren!). Und er strich mir mit seinen dicken grauen Händen das Zeug um die Glieder. (Ob ich unten Stege an die Hosen machen lasse? – Na, noch mal überlegen); aber mein Herz fluchte und flackerte in mir, und er versprach Lieferung in 4 Wochen. »3«, setzte er hinzu, nachdem wir noch etwas das Wetter beanstandet, und ich ihn mehrmals tief in die große ‹Haus-Neuerburg›-Büchse hatte greifen lassen. »Und vergessen Sie nich die grüne Schirm-kappe« (für den steifen Schädel): »und denken Sie an das doppelte Gesäß, bitte Meister!: Festigkeit ist die Hauptsache!«. »Ja; die Knöpfe natürlich mit Stoff überziehen. – Wiedersehn!«.

Vor Büchern (wieder zu Hause; noch ne Stunde Zeit bis zum Kientopp). Balzac, Balzac: kein Dichter; kein Verhältnis zur Natur (das wichtigste Kriterium!). Nur alle 20 Seiten einmal etwas wirklich Gutes, eine präzise

Formulierung, ein suggestives Bild, eine Initialzündung der Fantasie. Wie lächerlich z. B. seine ewigen, 2 unbeholfene Druckseiten langen, Beschreibungen von den Boudoirs der Haute Volée!: vermag Einer die Scherben solch unsinnigen Puzzle-Spiels zusammenzusetzen? Und so oft Gestalten, Motive, Situationen wiederholt, wie nur je ein Vielschreiber. Männer gelingen ihm nie; nur Incroyables, Geizhälse, Journalisten, giftmischende Portiers (wie wohltuend dagegen selbst Cooper und Scott). Seine Frauen: Kurtisanen oder Mauerblümchen. Psychologie!!: o mei!!: den einzigen ‹Anton Reiser› geb ich nicht für Balzac und Zola zusammen!

Allerdings die neuen BlutundBoden-Schmierer: dagegen ist B. ja nun auch ein Gott! Zum Beispiel hier die Anpreisungen im Umschlag:

»der bestrickende Scharm des Anspruchslosen« (wenn die totale Versimpelung nicht mehr geleugnet werden kann!),

»ein männliches und offenes Buch« (wenn der Autor mühsam und verlegen sein bißchen Unterleib vorschiebt!),

»das endlich eine lang vorhandene Lücke schließt« (wenn die Fabel zufällig mal nicht von Homer, sondern erst von Hesiod datiert!);

und ich streichelte liebevoll meine alte Pauly'sche »Realencyklopädie der klassischen Altertumswissenschaften«.

Von neuen Dichtern: es ist ja so selten, daß ein Mensch spitz kriegt, ob am Horizont ein Bürofenster glimmt, oder ob dort ein großes Gestirn aufgehen will. (Und wenns dann oben kreist, liegen sie in ihren verhangenen Alkoven, und röcheln, und träumen von eisbeinigem Sekretärinnenfett; oder daß sie s Abitur nicht bestanden hätten): für wen schreiben Dichter eigentlich? Für den Hunderttausendsten ihresgleichen? (Denn die Zehntausendsten, die ja allenfalls auch in Frage kämen, finden den Zeitgenossen ja nicht, und sind bestenfalls erst bei Stifter). – Nee!: Schriftsteller möcht ich nich sein! (Und ‹Nationaler Kitsch› ist weißer Schimmel: national ist immer Kitsch!).

Noch berechnen: wann, wo, und in welcher Gestalt der Mond heut aufgehen wird. (Ja: klar ist es; – ziemlich. Und gesegnet seien K. Schochs Planetentafeln; damit kanns auch der dümmste Düring. Und ist völlig genau).

(Früher, als Junge, hab ich immer stilisierte Karten auf große Bogen gekästelten Papiers gemalt, mit rechtwinkligen Inseln und unendlich verschachtelten Buchten und Kanälen: wahrscheinlich der ‹Labyrinth-Komplex› der Primitiven, in Bauten, Grabkammern, Bergwerken. Jetzt in Wäldern; und auf der 25.000er Karte. Gelockert also. Natürlicher. Behender).

Und heute Abend soll ich meine Hütte anzünden!!

»Hein – rich!«. –: »Heinrichdenkma: Fräulein Evers ist da! Auf Urlaub! – Da
drüben!« (Tatsächlich! Im Namen dessen, der einst mein Vorgesetzter
sein wird! »Soso«, und beherrscht staunen. Worte, ja. – Nochmal rauf:
und ans Fenster! –:).

»Ach – Fräulein Evers!«: harmlos, burschikos (und schrecklich zitternd); die
Hand übern Zaun sagte ‹Käthe!›. Mein Atem ging stark und maschinen
(so verkehrt Wind im Laub); meine Augen tuschelten (wie aus Pflanzi-
gem); mein Herz zerschlug sich am Jackett (: und heute Abend soll ich
unsre Hütte anzünden!!). »Komm' Sie mit ins Kino?« hastig heraus-
gewürgt (damit sie weiß, wo ich bin). »O. Heut nich,« und sie lachte
trocken und bestätigend: »erst ma sauber machen; von der Fahrt. Und n
bißchen hinlegen.« (Also war sie vielleicht später noch zu sprechen!).
»Wiedersehn!«: »Wiedersehn, Herr Düring«. (Also Wiedersehen! Gut!).

Kino: erst Wochenschau: siegende wiegende Schnellboote (mit der betreffenden Scharfmachermusik dazu), und strahlende ‹Blaue Jungens›: »Wenn
wir bloß ma n bißchen für Großdeutschland fallen könten!«. Panzerpro-
zessionen und Geschütze (die Franzosen sind die besten Artilleristen der
Welt gewesen!: Alles haben sie erfunden, Hohlladungen, Graphische
Schußtafeln; und ich dachte der alten Beschreibungen von Kettenkugeln
und Spiegelgranaten im Memoir des Generals von Brixen, seinerzeit
Adjutant Rüchels, das im Original in den Arbeitsunterlagen prangte:
schon 1795 hatten die Franzosen Schlachten mit Luftlenkung geschlagen! Zum Beispiel Fleurus!).

Dann der ‹Kulturfilm›: natürlich Alpen (und auch obligat heroisch instrumen-
tiert; die Wolken segelten ergreifend zu einer Variante der Freischützen-
ouvertüre); Seen und ach so schneeige Gipfel. Patinierte Felsen: 50 Fuß
hoch waren die Steinschliffel, in rostiger Buschklepperrüstung, Farn-
feder oben am Hut, Wackelstein als frecher Schädel. Ein milchweißes
Ochsengespann setzte über den Fluß (Bläser schwollen da hymnisch auf,
als strömende Begleitung). Und überall in der gefällig ausgefegten
Landschaft ‹Deutsche Menschen›, patentierte, voller Charakterköpfe
und Vertrauen auf den Endsieg. (»Ja, reizend, Berta!«).

Blöd und süß: der Hauptfilm. Man walzte dekorativ (»Nein, diese en-tzücken-
den Kleider, Heinrich!«); Willi dalberte um Lilian; und Hans Moser, der
liebe kleine Schelm: Kinderkinder, wenn auf Totschlag bloß nicht
immer gleich so hohe Strafen stünden!

Aufreizende Festtafeln, with someone blowing smoke right out of the screen,
and people drinking beer and smacking their lips (1944!! – Obwohl ich
nicht daran zweifle, daß ein Mensch mit einer hinreichenden Gabe
Punsch im Leibe es zu Allem bringen kann!).

Der Kaiser, der Kaiser, die ‹Liebe Majestät›, tanzte höchsteigenhändig mit ihr: und sie griff sich tief in den Falbelrock, mit knixenden Händen, glitt dichter heran: Riesenaufnahme (Oh Swift in Brobdignag!), schob lautlos den Mundhangar auf: lexikongroße Zahnplatten besetzten die Kieferbogen, unterm Nasenpilaster; die Wimpern starrten wie Kistennägel. Aus der Höhle begann es lockend zu walzen (und die seelenlosen Gaffer wiegten sich unmerklich im befohlenen Takt, wie das Lästrygonenhaupt oben hin und her schwankte).

Ja, und der Kaiser tanzte also mit ihr, paullinckisch, und s war eine große Ehr' (vielleicht hatte sie auch schon ‹unter› 3 Kaisern gedient); aber die ‹Standeskluft› war dann holt doch zu groß, und da akzeptierte sie den Honvedmusketier, den lustigen schneidigen, als erotisches Surrogat: und es war Alles so erstunken und absurd, so gemütvoll und deutsch: nee! Ich schloß vergnügt die Augen: da roch ich wenigstens bloß den Schweiß um mich, und hörte meine kleine Nachbarin gebrochen schluchzen (wahrscheinlich als der Kaiser – einsam und tragisch wie nur je ein Wiener – in die Hofburg zurückschritt). – Sie breitete sich dann noch dekorativ auf ein Prunkbett, und poussierte n bissel mit Morpheus; bis ihr Penis in Honveduniform sie erlösen kam: gottlob! (Und bloß raus! – – »Ach s war wieder mal schön, Heinrich!«: meine Frau. »Wunderbar, Berta.«; und wir bürgerten hauswärts. 20 Uhr und Sonnenuntergang).

Das ist das Irrsinnige auf dieser Welt, (und Sie müßten mal meinen Bleistift rauschen hören, wie ich schreibe!), daß man 500 Jahre Malerei in einer Hand halten kann: Frankes grüne Magdalena, und Müllers Mädchen im Grünen (scheint also ‹Grün› das tertium comparationis zu sein!). Und ich ging zur Karte des Weserdepartements von 1812: steindruckgrün war der Umriß des Arrondissements Nienburg: in dem wohnte ich. (Unter breiten Blättern; im Zaun trotzender Kiefernnadeln. Grün waren Käthes Strümpfe eben gewesen, ach, nur ein kleines Knöchelstück; grünlich der insektene Mond im Abendrosa; grünlich Kuhdreck und Briefumschläge, auch Bleistifte und manche Bücherrücken).

Schuhe anbehalten!

Wolkengezüngel über Kleingärtnern: wir rissen dünnen Erbsbusch und zerstörte Pflanzenglieder heraus (und unsere Popoballen, meiner hinter mir mit, standen albern hervor, und widerten). Drüben auf der Nacht schwamm ein Mondschnitzel; ein Wind kam und rief Ho! und Abend! aus; ein spätes Kind sprang und prallte immerfort von der Erde ab, bis zu uns, neben dem schwarzen Perpendikel der Einkaufstasche her. In Webers Augen erschienen Windtränen (und aus m bärtigen Maul ließ er ne fette

Aule schlüpfen, strich sich auch den Rest mit m Handrücken sorgfältig um die Kiefer: darf nischt umkommen!).

Es ist über alle Maaßen entsetzlich, ich zu sein!!

»*A – Herr Evers!?* – Haben Sie etwa noch n Stück Zündschnur? – Sie haben doch neulich die große Klamotte hinten auf Ihrem Feld gesprengt? – – Och; bloß n ganz kleines Ende: so –!« und ich zeigte: 30 Zentimeter (möcht ich s in Herrn Landrats Haut stecken!). – Der gelbe Chitinleib des Mondes kroch auf schwarzen Ästen. Ein Planet, hoffentlich Venus, stak im Bernstein).

Verdunkelung runterringen (und unauffällig zurechtmachen für die Hütte: zur Hölle fahren soll der Schuft mit der tätowierten Stirn! – Zum letzten Mal!). Ich ergriff zögernd den Knopf Thierry's und rieb ihn am Ärmel: böse funkelte er und brüderlich. (Und ich wurde finster, steinern, wie ein schweres Gewitter: zum letzten Mal??!! – Reiben –)

»*Kommt Ihr her aus der Luft,:* / Steigt Ihr aus tiefem Meer,: / Schlaft Ihr in dunkler Gruft,: / Stammt Ihr vom Feuer her –: / DÜRING ist Euer Herr und Meister! / Ihm sind gehorsam alle Geister!«.

Na?! — (Horchen: —?
— Nichts.: Fff).

Ich zuckte mit der linken nervöseren Braue und ging steif vorbei. – »Heinrich!«. »Denk ma: der Strom iss wieder ganz schwach: bring gleich die Lampe mit!« Und ich holte und trug die gute alte Petroleumfunzel: war doch gut, daß ich damals den Kanister gekauft hatte! (Weiser Düring, gelt!?).

Nachrichten (aber auch ganz trüb und leise): Alle Jäger waren zu ihren Stützpunkten zurückgekehrt; andrerseits hatte man die seit langem gewohnten ‹Frontbegradigungen› auch heute nicht vergessen (»Verläßlich wie ein OKW-Bericht« hatten sie früher immer geprahlt!). Der Papst litt schon wieder an schweren Marienerscheinungen (cf. Scheffels ‹Kastel Toblino›, pag. 398); und feindliche Bomberverbände waren in dem üblichen Anflug begriffen (also wahrscheinlich wieder Berlin).

Die Hierarchie der drei christlichen Großbekenntnisse (und der zahllosen kleinen dazu) zehrt immer noch borniert von jener unzureichenden Begründung, die vor 2.000 Jahren dem geistigen Mittelstande gerade noch angemessen war. Seitdem wird mit der wachsenden Erkenntnis in jedem Jahrhundert und jedem Einzelnen der Unwille immer größer, über den unheilvollen Riß zwischen der anerkannten Notwendigkeit gütiger Menschenliebe, und jener unentwegten schamanenhaften Begründung dafür: ein Dritteil der Schuld an unserer verzweifelten geistigen Gesamtsituation trägt dieser, die Meisten noch beunruhigende

87

Widerspruch, der edle Menschen sogar soweit gebracht hat, daß sie in gequältem Zorn dann selbst die Liebe verleumdeten. Es ist doch wirklich an der Zeit, die christliche Mythologie mit all ihren Göttern, Halbgöttern, Sehern, Himmeln und Höllen (und natürlich auch die irdischen Dekorationen, Maschinerien und kostümierten Statisten!) dahin abzustellen, wohin sie historisch und wertmäßig gehört, nämlich in die Nähe der römischen und griechischen, etc.: dann wird es ruhiger werden in und um uns. –

Die Petroleumlampe in meiner Hand machte mit mir einen Sprung, und schüttelte die Milchhaube ab. Der Schrank gab mir einen Stoß, den ich nur mühsam mit der Faust parierte, und seine Türen prügelten noch auf mich ein. Meine Frau schwankte hinter ihrem Schürzengitter und hielt einen Tisch in den Händen! Die Scheiben knurrtèn hell und wild in ihren Rahmen; eine Tasse sprang hoch und mir vor die spreizenden Füße; die Luft jumpte (bloß gut, daß die Fenster alle sommerlich offen standen!); ich stürzte mit schrägem Kopf durch Türen, tanzte auf der torkelnden Treppe herum, und fiel am Tor in Menschen.

»Sie greifen die Eibia an!!« der alte Evers gellte und zitterte wie ein schwarzer Mantel, ich griff in Käthenes und wir galoppierten schon, technische Nothilfe, hinter dem Wind in jene düstere Richtung, mit klatschenden Sohlen, über Zäune flankend; zwei Krähen rasselten entlang; eine wandte sich und schrie mich an: Kärrll! Kärrll!

Es ruckte und pochte wieder, und die Häuser fern lachten hell und irrsinnig aus allen zerklirrenden Gläsern. Die Nachtze klatschte in die donnernden Fäuste, Explosine, und unzählige Knalle haschten um den Horizont. (Die Blitze hackten heute von unten nach oben; und jeder donnerte jupitern genug, wie er in seiner entsetzten Wolke versc wand!).

Die lange Straße zuckte. Ein Baum wies mit mastigem Finger auf uns, taumelte mehr, und schloß den Zweigkäfig hinter uns. Wir kletterten über die rotkarierte Erde, durch flammengefütterte Ruinen, kauten mit Kiefern das rauchige Luftgelee, das Getümmel der Lichter stießen wir mit Handplatten beiseite, und unsere Füße taperten vor uns her, in quer geschnürten Schuhen, dicht umeinander. Die Lichthiebe zerkeilten unsere Fronten bis zur Unkenntlichkeit; der Donner kelterte Poren und Drüsen, und füllte den offenen Mund mit Knebellawinen: dann häckselten uns wieder die massigen Klingen.

Alle Bäume als Flammen verkleidet (am Sandberg): eine Hausfront stolperte drohend vor, mit seidenrotem Schaum vor dem Mauleck und flackernden Fensteraugen. Haushohe Eisenkugeln rollten Getöse um uns, schwärzliche, deren bloßer Schall schon tötet! Ich sprang mich an Käthe, wickelte sie mit zähen Armen ein, und zerrte meine Mächtige: von der Nacht riß die Hälfte ab, und wir fielen tot zu Boden ob des Donners (klommen aber noch trotzig wieder auf, und jappten ratlos in alle Vulkane).

Zwei Eisenbahnschienen hatten sich losgerissen und angelten krebsscherig nach; die Zange drehte und klang im Bogen einmal liebevoll über uns weg (und wir rannten und duckten uns unter der langsamen Eisenpeitsche). Von unten klopfte es herausfordernd an unsere Knochen; ein Röhrenmaul erschien und feuerte lässig Säuren.

Alle Mädchen mit roten Strümpfen; alle hatten Zinnober in den Eimern: ein langer Pulversilo skalpierte sich selbst, und ließ sein Blumengehirn übertrüffeln: unten beging er Harakiri, und wiegte oft den denkmaligen Leib über dem blutenden Schlitz, ehe er den Oberrumpf abwarf. Weiße Hände hantierten geschäftig im Überall; manche hatten zehn gliedlose Finger *und* einen aus lauter roten Knubben (und unter uns stampfte rhythmisch der große Holzschuhtanz!). HJ kroch werwölfisch umher. Feuerwehren irrten flink. Hunderte Arme spritzten aus der Grasnarbe und verteilten steinerne Flugblätter, auf jedem stand »Tod«, groß wie ein Tisch.

Betongeier mit glühenden Eisenkrallen flogen mißtönig schreiend über uns hinweg, in großen Scharen (bis sie drüben in der Siedlung ein Opfer erspäht hatten und niederstießen). Eine zackengelbe Kathedrale stand brüllend in der violettgefransten Nacht: so flog der Dicke Turm in die Luft! Büschel lieberoter Leuchtkugeln wiegten sich über Bommelsen, und wir hatten zweifarbige Gesichter: die rechte Hälfte grün, die linke wolkiges Braun; der Boden tanzte unter uns weg; wir warfen die langen Beine im Takt; ein Lichtseil loopte wahnsinnige Kurven am Himmel: rechts bonbonglas, links tiefes Taumelviolett.

Der Himmel erhielt die Gestalt einer Säge, die Erde ein roter lebhafter Teich.

Und schwarze zappelnde Menschenfische: ein Mädchen mit nacktem Oberkörper sprengte kekkernd heran, und die Haut hing ihr um die verschrumpften Brüste als Spitzenkrausen; aus den Achseln wehten ihr die Arme hinterher wie zwei weiße Leinenbänder. Die roten Wischlappen am Himmel schrubbten polternd Blut. Ein langer Plattenwagen voll gekochter und gebackener Menschen schwebte auf Gummirädern lautlos vorbei. Immer wieder erfaßten uns luftige Riesenhände, hoben uns an und warfen uns. Unsichtbare rempelten uns aneinander, bis wir vor Schweiß und Ermattung zitterten (mein schönes schwitzendes Stinkmädchen: komm doch weg!)

Ein vergrabener Spiritustank rüttelte sich frei, rollte sich auf wie Marienglas auf heißer Hand, und zerging in einen Halemaumau (aus dem Feuerbäche gossen: ein Polizist gebot bestürzt dem rechten davon Einhalt und verdampfte im Dienst). Eine fette Wolkige richtete sich am Magazin auf, blähte den Kugelbauch und rülpste einen Tortenkopf hoch, lachte kehlig: o wat!, und knotete kollernd Arme und Beine durcheinander, wandte sich steatopyg her, und fortzte ganze Garben von heißen Eisenrohren aus, endlos, die Könnerin, daß die Sträucher bei uns knixten und plapperten.

Eine glühende Leiche fiel schmachtend vor mir auf die Kniee, und brachte ihr qualmendes Ständchen; ein Arm flackerte noch und schmorte keck: mitten aus der Luft war sie gekommen, »Vom Himmel hoch«, die Marienerscheinung. (Die Welt war überhaupt voll davon: wenn wieder ein Dach hochklappte, schossen sie von den Simsen wie Taucher, gehelmt oder mit nacktem Haar, flogen ein bißchen, und platzten unten wie Tüten. In Gottes Bubenhand!).

Aus Rubinglas pulste eine Feueraktinie in döblinener Waldung, schwankte huldvoll mit hundert Armtrossen (an deren jeder ein nesselnder Fussel wallte), dann tauchte sie zögernd tiefer ins Nachtmeer, und plänkelte nur noch verstohlen. Ein dreistöckiger Bunker begann sich zu regen: er brummte verschlafen und bewegte Schulterblättriges; dann warf er gurgelnd Dach und Wände ab und die senkrechte Morgenröte machte uns gleich Kleider aus feuerfarbenem Taft und viele hitzige Rosengesichter (bis der schwarze Schlag die Erde unter uns wegzog wie ein Sprungtuch: Ein Auto mit Löschpersonal stürzte wirbelnd vom Himmel, krümmte sich ein paarmal und verreckte nickend im Kies; die Leichen lehnten animiert umeinander).

(Eine Zeit lang fielen breite stille Feuerflocken um uns, come di neve in Alpe senza vento: ich schlug sie mit Hand und Mütze von Käthes Göttin fort, und bat um sie herum: sie strich mir eine vom grauen glimmenden Haar, und sah weiter, wie sich die Schatten zischend kielholten).

Ein steifer Mann erschien am Himmel, in jeder Hand einen Hochofen: er prophezeite so Tod und Tod, daß ich an meiner Hand schob, und die Knochen dunkel durchs feurige Fleisch sah. Zwei lange Lichtschenkel steppten jene Mauern nieder; die Straße erbleichte davor und schmolz zum Teil. Auf Bahren trug man viel schwarze schmierige Koffer vorbei: die Arbeiter der dritten Schicht, erklärte der oberste Kondukteur, und setzte sich wieder mit wehender Zunge an die stumme Spitze. Meteore zogen hupend durch die obere Luft; Bauernhäuser schüttelten sich vor Lachen, daß die Schindeln heruntersprangen; Feuerkünste spielten überall gottvergessen und Funkenfontänen geyserten.

In der weinenden Schnattergruppe am Straßenrand wurde eine Frau verrückt: sie krampfte die Röcke in dicken Fäusten hoch bis zum Bauch, aufklemmte den Mund, sperrhölzern, und stürzte vor ihrem groben Geelhaar in die jazzenden Trümmer; auf einmal wurde der Boden vor uns glühend: eine dicke Ader schwoll auf, verzweigte sich heller, pulste und blubbte suppen, und zerriß seufzend (daß die weiße Luft uns fast erwürgte, und wir kotzend ins Rückendämmrige tasteten. Eine Tanne fing schreiend zu brennen an, Rock und Haare, Alles; aber das war nichts gegen die röhrigen Bässe, die aus den Lichtfudern befahlen und zaunhohe Flammenzähne knirschten).

Eben: ritt das dicke Weib von vorhin auf einem Roßbrocken dicht über uns durch die Luft, glomm und zunderte verzweifelt nach der Mamma! Von hinten hetzte uns immer Wind zwischen die Beine, schleppte Keucher und kondolierenden Staub dazu, und machte, wenn es ihm einfiel, schwankende Funkenzelte. Ein Lichtpenis, schornsteinlang, stieß zukkend der Nacht ins Zottige (knickte dann aber zu früh ab; und rechts schuhplattelte dafür schon jauchzend eine rotbärtige Flammensäule, daß der Grus unter uns murrte und aufschluckte).

Eine pfeifende Stimme lief vor einem Menschen her, der sich eins brannte; er wurde mit der Stirn an einen Stumpf geklebt und zappelte da noch lange. Die zackigen Schalle schlugen uns wie mit Morgensternen; das beizende Licht fraß die Haut um die Augen; neben uns brachen Schatten in die Kniee. Bunker B 1107 brüllte wie ein Stier, ehe er den verfilzten Betonschädel hochschüttelte: dann riß ihm der Wanst auf und Rotglut hieb uns den Atem ein. (Ich klebte Käthe mehr nasse Taschentücher vor den sperrenden Mund und die große bebende Nase).

Die schwarzgelben Fetzen der Nacht flogen! (Einmal trug die Harlekine lauter rote Schlipse!): vier Männer rannten hinter einer Riesenschlange her, die über den Bahndamm sprang und vorne zischte und geiferte; sie stemmten die Hacken ein und brüllten scheinbar (aber nur die Gesichter gafften auf; und die lächerlichen Helme der tapferen Idioten). Lichtplakate erschienen so schnell ringsum, daß man die Dröhnenden gar nicht alle lesen konnte (bloß die Augen wurden von den giftigen Farben verklebt, und schlitzten sich nur mühsam und automaten wieder: »Komm doch! Käthe!«. Schnalzende Flammenhuren, ganz in rot, mit spitzen schräggeschminkten Gesichtern, machten einen scharfen Ausflug bis vor uns, blähten die glatten Bäuche vor, Lachen knisterte, und kamen noch näher ins bordelle Luderlicht: »Komm doch, Käthe!«).

Die Nacht schmatzte wieder mit vielen blanken Lippen und Zungen, und zeigte ein paar reizvolle Entkleidungen, daß die bunten Klunkern umherrieselten: dann setzte schon endlos knatternder Beifall ein (und Trampeln, daß uns der Kopf klirrte). LKWs mit fuchtelnder SA fuhren etwas zu weit hinein: die Burschen sprangen ab, zischten wie Streichhölzer und verschwanden (während auch ihre Fuhrwerke hopsend zerliefen). Ein greinender Junge trug seine queren Arme zu uns her: das Fell zottelte ihm wie ein Handtuch von den Wagerechten; er zeigte kupferne Zähne, und wimmerte im Takt der Detonationen, wenn der Gorilla wieder seine Brust rumpelte.

Im Innern der Erde rollte es ständig wie U-Bahnen: das waren die Granatkeller!: Gut!: Besser, als wenn sie auf Schuldig-Unschuldige abgefeuert würden! Alle Stichflammen schlitzten BDM-Mädchen an. Und sie atmeten immer noch, als wir sie an den strammen Beinen übern Rasen fortkarrten.

»*Käthe!!*«

»*Runter!!!*«

Denn neben uns begann der Bunker zu krähen, und richtete so streng seinen roten Kamm, daß wir sehr niederfielen und uns anzitterten, als er wändeschlagend über uns hinwegflog. An seiner Stelle erschien erst

eine Feuermorchel (die 30 Mann unten nicht umspannen konnten),

dann die Giralda,

dann viel Apokalyptisches (und glitzernde Reisigberge).

Und dann erst walzte uns der Schall nahtlos ans Gras, daß die Siedlungen drüben die Mützenpfannen in die vivatne Luft warfen: »Käthe!!«.

»*Kää-tää!!!*«

Ich fuhr mit der Hand an ihren Beinen hoch, erklomm ihren jappenden Bauch, erspangte die Schultern: »Käthe!!«; der Kopf winselte aus Betäubung, ich bügelte entsetzt in ihrem Gesicht: »Au!«

Ein rauher Klotz, groß wie ein Büffett, biß meinen Handrücken: »Käthe!!«. – Sie warf die Beine hoch und rang wie eine Otter.: »Haare!« brüllte sie hemmungslos. Und ich fühlte rasend um sie, die Stirne, die hohlen Ohren, der fellne Hinterkopf. Und riß die Schreiende an den Schultern: »Mein Haar!!!«; und sie bewegte sich immer noch nicht oben!

Die Mähne: qualmte im heißen Steinmaul! – Ich warf mich auf die Seite, brach mit knickendem Nagel das Taschenmesser auf, und schnitt verwildert über ihr, daß sie gellte und mich herumschlug: »Jetzt?!!!« – »Nein: immer noch nich!!«.

»*Jetzt?!?*«: – »Au – ich,« sie riß den Medusenkopf ab, und kratzte mich Aufhebenden vor Schmerz. Rote Pinsel steckten aus der Erde und tünchten die kreischenden Wolken so purpurn; mehrmals brach der Himmel zusammen (und die rotschwarzen Stücke fielen unter den

Horizont). Käthe bellte und wedelte mit den Waden; wir bissen uns heulend in die unsichtbaren Gesichter, und krochen zwischen den Sternhaufen linksum, bis wir wieder in Schallschläuche gerieten, im Schwerterhag, bis es wieder finster wurde; bis ich

»Da: die Richtung!: aufn Schien'!«

Bahnentlang: wir wichen einer heranzischenden Lok aus, robbten auf immer dunkler werdenden Läufern: »Komm die Rainstraße runter«, und wieder der andere Bahnstrang Bomlitz-Cordingen –: jetzt wußte ich genau wo ich war, und führte rasch und zügig: »Kannst Du laufen, Käthe?!« »Ja. Geht. Bin glaub ich sonst in Ordnung!«.

In der Warnau: »Chhhhhh –«: »Schön.« »Das Wasser!«. Wir wischten uns mit Sand und Gras, und halfen uns gegenseitig, wenn sich die gedehnten Arme nicht mehr genügend nach hinten bogen. »Mensch, ich krieg den Schuh nich mehr an!«. – – »Doch. S geht noch mal.« (Aber sie humpelte schwerer in meinen Armen fort).

»Och! –: –«: ein Heer von Verrückten fuchtelte mit Lichtdegen über den Wäldern; die Klingen knickten und blökten (natürlich floß danach viel karminenes Blut durch Wolkenwadis). Die Wiese federte unter unserm Hornhuf (lederbezogenem); Schwärze stach rund unsere Hornhaut; von außen sah ich aus: fingerzahm, Bürgerheld, ein steifnasiger Angestellter: Ihr werdet Euch wundern!

Buchenfähnlein, Eichathleten, Kiefernschützen: das ist unsre Leibwache, wie dereinst in Sherwood Forest: "Such outlaws as he and his Kate"; und damit drangen wir tiefer in den Wald hinein: ich kannte die Attitüde jedes Grashalms; lag das Rindenstück noch wie vorjesmal?: hier war ein Fuchs übern Boden geklettert, dort ein Mensch, jetzt zwei Menschen. Begriffen Wacholder, zehten Moos und kalte Pilzkappen, Pilzhappen, die Ameise drohte klauig hinterm Contiabsatz her; im Hosenbein der Stich von harten Grasfloretten.

Wir liefen leicht und schleifend hinter unsern Gliedern her, über windstille Wiesenscheibchen, bis ich einer breithüftigen Jungtanne in die biegsamen Stachelarme geriet (weit gespreizte Astbeine, weidliches Stammbecken, meine Hand ertappte moosige feuchte Falten; und der Brustküraß federt und jechte: »Käthe –? –«. »Ja. Hier.« (gleich am Ärmel.))

Der Mond fummelte für Sekunden nebenher, im westlichen Unterholz, verzerrt, rot vor Wut. Um die Ecke: da stellt er sich klein und drohend, über Kieferknitteln, Wegelagerer in Wolkenlumpen, mitten vor uns: weg Du!

*»Ach, jetzt weiß ich.–*Aber: mein Fuß, Mensch!«. »Wart. N Augenblick!«. –

Petroleumlämpchen: die Flamme hatte die Größe einer Zirbelnuß; dicht drüber gelbes und blaues Feuerhaar, schweflig bewegt.: »Komm rein. Vorsicht mit der Tür!«. (Lautlos die geölten Scharniere.: »Fein!«).

»M: Fein!«: sie stand und sah sich befriedigt um (der Fensterladen schloß filzdicht), dann setzte sie sich auf die altbekannte Decke, und stöhnte ein bißchen über ihrem Fuß. »Wart, ich helf Dir.« Ganz weit aufschnüren; – milde die Hacke herausbiegen: »Gehts?«; und sie warf den Kopf an die Bretterwand und knirschte am ‹Ja›.

Der große rote Fuß!: 2 Zehen waren schon gebrochen und wurstig geschwollen (»Wart, ich mach heißes Wasser«; und auf dem zusammenlegbaren Hartspiritus-Kocher knackte die Konservenbüchse, eisenbraun voll: »Dauert 5 Minuten. Höchstens!«).

»Ochungechungechunge!«; um sich abzulenken sah sie umher: meine Einrichtung: »Noch wie früher.« Seife und halbes Handtuch; Nägel in der Wand, hier und da. Essenvorräte, 2 Decken, Streichhölzer, Machete und Kompaß. »Du hast Leukoplast und n Verband? – Priema!«. Das kleine Fernröhrchen, 15fache Vergrößerung, und man kanns sehr zusammenschieben: »Hat schon viel genützt? Was?«, und ich erzählte ihr die Anekdote, wie ich damals den Wagen vom Landrat, drüben auf der Chaussee, damit erkannt hätte; und sie besah es genau, zogs auseinander und drehte es.

Zwei Bücher: Ludwig Tieck »Reise ins Blaue hinein; und Vogelscheuche«. Fouqué »Zauberring«.

Zwei Bilder: Otto Müller: »Mm–« wieder- und wieder anerkennend. Franke »Frauengruppe«. »Das hier war sie, ja?« fragte sie, und wies mit dem Finger auf die Grüne Kurtisane (Himmlische und Irdische Liebe. Kein ‹Christus› oder sonst was Blutiges!). – (Unter den Bretterdielen die Geräte rausholen).

»Komm, ich wasch Dich. –«: Vollbad aus der Konservenbüchse. (Erst Fußpflege; und sie bewegte vergnügt den Knöchel im festen Verband: »Priema!«; Lob und Sicherheit). Die Brandflecken auf Hüfte und Rippen einkremen; und sie stemmte fröhlich den zottigen feuchten Bauch gegen mein Gesicht. (Dann untersuchte sie mich aber auch, stach mir drei Brandblasen auf, und prüfte Gesäß und Hoden. Und wir gerieten tiefer ineinander).

Die Cavatinen des Windes.

Ich fand mich überall im Gitter ihrer großen Finger, im Joch ihrer langen Arme, der breiten Schärpe ihrer Beine. Schwer. (Sie würde etwa sagen: ich trug ihn wie eine halbe Rüstung; sein Leib hackte nach mir; er erkniff sich überall Brüste).

(So mit hellgelbem Körper ist man schlecht getarnt! Ob die Kriegsbemalung

der Indianer – mal abgesehen von der Schockwirkung – nicht gleichzeitig den Zweck hatte, den auffälligen Menschenleib durch bunte und dunkle Muster und Banden optisch in naturähnliche Gebilde aufzulösen? Beim Schlich durch Baumschlag und Strauch? Braun aus Erdockern; Grün sind Pflanzensäfte; auch Pilze haben Farbstoffe; Beeren. Wie unsre modernen Zeltbàhnen: ist ganz dasselbe! – – –: »Ja; den Schilfgürtel hab ich draußen breiter gesät: mindestens 10 Meter, Du! Und 40 Kiefern gepflanzt: sind fast alle angewachsen! – – Na, jetzt ists auch egal: Nachher.« Dann RIF-Seife, Ruhe in Frieden, für mich: Alles aus einer Erbsenbüchse).

The Ladie's Supper: und sie grub stolz mit dem Taschenmesser die Leberwurst heraus: »Ochmensch!«. »So hab ich seit Jahren nich mehr gegessen!«; filled up. (Und fürn Tee der Beutel, zierlich am Faden: selbst Amerikaner verwenden ihn zweimal. Engländer viermal. Deutsche achtmal.: »Süßstoff?«. »Nee!: Bloß nich! Barbar!«. – – »Du lebst aber n Tag hier!«. »Nur heute, Käthe.« Und sie, gerührt und zufrieden: »mmm«). – Wie spät??: na –: Elf bestimmt durch: 23 Uhr 43 genau. Wir konnten aber noch längst nicht schlafen, nahmen die Decke, und setzten uns vor die Tür, halbnackt wie wir waren: »Das brennt noch tagelang!« (Der Eibia-Rummel): »Das Feuer frißt sich durch die endlosen Rohrleitungen – nach Lohheide; vielleicht bis zur Raubkammer nach Munster rüber – immer weiter durch alle Schächte: völlich aussich-tslos!«

Wir sahen mit platten Augen und umgestürzten Gesichtern an Schilf und Wald, über denen, fern, immerfort, das rote Meer wellte und rempelte. Ich war aller Worte müde: ausgewaschene Worte, abgelutscht von Milliarden Zungen, dietricheckartschen, abgetragen in Milliarden Maultaschen, fritschgoebbelsschen, schiefgelatschte auf allen Luftwegen, breitgequetschte mit allen Lippen, nasalierte, ausgespuckte, splittergebackne, durch Besen geschissne: Muttersprache! (Och, was n reizendes sinniges Wort, nich?!).

Aber wenn Einem die Sprache im Munde brennt: Mir! Wenn Einem Dickichte Häuser sind: Mir! Einem Wind die Glieder wischt: Uns, uns uns! (Hautumspannt, haarumschwirrt, Fußgeklopf, Rückenrausch: und jetzt vertrieb man mich aus meinem Paradies, vermittels Landräten und Förstern? Was?! – Sie rieb mir beruhigend den Unterarm: ist ja auch sinnlos).

»Ich hab noch ne Flasche Bier drin, Käthe.«: »Gib se her.«. Sie trank schlaff und endlos; konzentrierte dann die Nase, und stieß diskret und entzückend unkig auf. Ich küßte sie rasch auf die kalten Bierlippen; und

lauschte auf ein neues Rohrdommeln in ihrem Leibe – – aber diesmal
wurde nur ihre Brust voller und breiter.

»Hoffentlich sind die Häuser alle zerstört!«. Sie musterte mich, und nickte dann:
compris. Schüttelte dann den Kopf: »Glaubs nich«.

»Wo mußt Du Dich wieder melden?«. »In Nancy« (faul). Ich kalkulierte kurz
mit Brauen und Lippen; schüttelte den versengten Kopf: »Nee Käthe: da
brauchst Du nich mehr hin! – – In –: 14 Tagen! Sind sie am Rhein«.
Achselzucken: »Dann muß ich mich halt in Karlsruhe melden«. Nochmal Zucken. Aus dem Schilf floß feinster Nebel heran: wo ist seine
Quelle? (Schönes Bild: ein moosiger Findling, aus dem lautlos Nebel
sprudelt. Sinnlos natürlich. Weg!).

»Was machst Du da so bei den Nachrichtenhelferinnen?« »Hffff« (durch die Nase):
»Telefondienst viel. Auch Schreibstube«. Und ich nickte bitter: weiß
schon, was kommt. (Sie; kalt): »Die lassen ner Frau ja nich eher Ruhe,
bis sie sich hergegeben hat. Das ganze Offiziersgesindel. Und Zahl-
meisterpack. Kennst die Schweine ja. Warst ja auch lange genug Soldat«.
»Ja. Leider«. – »Hör auf davon«.

Der Nebel leckte uns die Zehen: nun noch den Boden weg, dann schwebte man
ab, Hände in den Hosentaschen, den Ekstatenkopf im Genick, neben
Käthe. (Aber das waren wieder nur Worte: weg mit dem Unendlich-
keitsfimmel! Lieber so sitzen!).

»Halbes Jahr noch. Höchstens dreiviertel!« (der Krieg): »aber dann geht das
Hungern erst richtig los! Da wern wir ganz schön schlank werden! –
Hast Du noch gute Seife und so, Käthe?«. »Mm« und Kopfschütteln;
aber sie schloß die Hand ein bißchen um mein Knie, und ich wußte, daß
das ‹Danke für den Tip damals› hieß. »Sobald Du wieder hier bist,
kriegst Du noch n paar Kartons.« Sie drehte mir ein Stück Profil hin, sie
fragte zähe: »Hat Deine Frau noch welche? Oder Gerda?«. Ein warmer
trockener Luftstrom hatte den Nebel aufgewischt; unsere Füße lehnten
wieder schief am Boden: »Nein.«

»Heirat bloß nich, Käthe!: Keinen Alten, keinen Kriegsversehrten, keinen
Frommen, keinen eitlen Anspruchsvollen. – Einen, der gut kann, und
bei dem Du Dich nich langweilst.«

»Am Ende« – ich tappte mit der Handfläche auf mich Beleg: »bleibt nur:
Kunstwerke; Naturschönheit; Reine Wissenschaften. In dieser heiligen
Trinität. – Und gut in Form bleiben.« (Bloß aufhören! Das Maul trottet
immer blödlings mit Einem – mir – davon: Schluß!).

Aber nun lachte ich doch wild auf: »Aber nur! Käthe!: Abbrennen! Sonst nichts!
– Morgen früh zünden wir das Ding an«; und als sie überreden wollte:
»Die kommen doch mit Polizeihunden, und nehmen Witterung. Und

Fingerabdrücke: da sind wir bald reif«. Kopfschüttelnd, abwehrend: »Neenee.« (Daß Einer im Leben nich gesessen hat, ist schließlich bloße Glückssache. Natürlich nich gleich wegen Raubmord oder so!).

»*So.*«; und ich wickelte sie drinnen in die Decke: ihre hellen Arme knieten ums sonnenblume Gesicht. »Noch n Stückchen Holz in' Ofen?«. »Zeigs erst her«; und sie nahm das unscheinbare Klötzchen lange in die Hand; Schlichtheit, Vergänglichkeit, Düsterheit, Starrheit; und reichte s stumm zurück. (Das gab dann Licht an die flackernde Decke, und murmelte mit sich selbst. Wie bei Thierry. Zum letzten Mal). (Dann tiefste Erschöpfung).

(Traumstück: ein Bild ‹Erinnerung›: Alter Mann auf der Parkbank. Hecken bilden einzelne Abteilungen, auch Lauben. Er sieht sich dort selbst in verschiedenen Altersstufen: als Kind. Im Schwimmbad allein unter vielen halben Mädchen. Über Büchern im Gehen, fern ein Landhaus. In der Mitte des Parkes die große Marmorstatue Käthes. Ohne Punkte).

Die Nacht im schwarzen Frack (mit nur einem liederlich angenähten Knopf); der Tag erst im rotgelben Morgenrock, dann in schlampigem Wolken-kittel. (Ich im Schilf: beim Stinken).

Ich stopfte die leeren Flaschen, die Blechbüchse, alles Unverbrennliche in den winzigen Blechofen, zog das armdünne Rohr heraus, und ging damit. »?«. »Alles hinten in' Teich versenken« (hart). Was brennt, auf den Dielen verteilen. (Rest in' Rucksack).

Wir sahen uns nur um, nicht an.

Also: das Streichholz an die Zündschnur! 5 Minuten war sie lang (und mündete in Hartspiritusbrocken, unterm restlichen Brennholz. – Halt: noch den Fensterladen drauf; und die lose Diele).

Ich half der Humpelkäthe die Astleitern empor, die Sprossen herab; der Schleichweg rann unverbindlich durch Farn und trockene Nadelstreu (und wir blickten uns nicht mehr um, als es – schon weit hinten – zu knacken und knattern begann: hatte wahrscheinlich irgendwas vom Brand heut Nacht gezündet!).

Neblicht und trocken also (Herbstnähe): und Anblick der Wälder als Morgen-gabe.: In 4 Wochen würde ich schon zwischen schwarzen nassen Stäm-men gehen. Auf blutigem Parkett. Allein. Im neuen Zeltbahnanzug).

Im Buschrand, und wir gingen noch sorgfältiger (zögernder). Der Sog der Wälder war so stark, daß unsre Haare nach hinten zeigten (wo jetzt nur noch ein dünnes Rauchseil aus den Wolken hing). Ein Vogelschwarm strudelte langsam am Himmel. – »Na komm«.

Was Andres bloß! (Und die Sonne trieb oben im trockenen Nebelrauch): Ansehen: ihr verschnittener Kopf: »Käthe: was tätst Du, wenn Du die

Sonne wärst?«. Sie verstand; sie lachte langsam unter steinernen Traueraugen: »Nu-u-u . . . .:« :

»*Manchmal* brummte ich wie ne Viermotorige am Himmel lang«. (Und wir hoben verlegen die Gesichter: ? –: Nein. Ansehen. Lippen. Weiterlächeln).

»*Manchmal* ging ich schwarz auf. Und viereckig. – *Und* knallend.«

»*Armen Leuten* kochte ich unentgeltlich Suppe. Und Künstlern.«

»*Manchmal* drehte ich mittags wieder um, mit wehendem Wolkenröckchen.« (»Wenn Du genug gesehn hast.«). »Manchmal schnürte ich mich sehr, und käm als Goldene Acht.«

»*Die Astronomen* müßten andauernd neue Bulletins über mich herausgeben: ‹Verläßliche Beobachter wollen sie auf einer Gemüsekarre in Hamburg zwischen den Apfelsinen haben liegen und blinzeln sehen›!« –

»*Manchmal* liefe ich verschleiert nur dem Mond nach«: ein komplimentierender Knix! – »Aha!« (resigniert). – »Manchmal käm ich tags ans Fenster, und beobachtete Dich und diese dürre Krämer!« (Sfinxblick).

»*Deine alte graue Hose* tät ich versengen!!« – – »Ist sie tatsächlich so scheußlich?!« erkundigte ich mich betroffen und wölbte die Unterlippe: dann allerdings weg damit!

Ein verschlafenes Rind machte kindlich linksum, und der alte Bauer klatschte mit den Zügeln und schnäbelte das betreffende Kommandowort. Seinem gefleckten Bassisten.

((*Käthe singt etwa:*

»Bäume in roten und gelben Joppen / stehen um ein Gehöft; / und sie stoßen sich flüsternd an, / wenn ich vorbei bin.

Auf grünen Geleisen rangiert mein Herz / (Blätter sträuben; sinken lassen); / achttausend Burschen in Lincolngrün / (Blätter Blätter sinken lassen).

Das Schwimmlicht des Mondes. Beeren beeren. / Flucht sich der Bauer weg, / vorm Abendpferd mit Novembergesicht, / unverständlich mauzt das Rad. Deine Hand regiert im flachsenen / Tauwerk meiner Haare; im / weißen Säulengewirr der Beine; im / düstern Gekraus meiner Winkel.«)).

»*Wie lange bist Du noch genau hier?*«. »Zehn Tage.«, und unsere Mienen entspannten sich herrlich: Wer denkt heute noch 10 Tage voraus?!

BRAND'S HAIDE

BLAKENHOF ODER DIE ÜBERLEBENDEN

21. 3. 1946: auf britischem Klopapier.

Glasgelb lag der gesprungene Mond, es stieß mich auf, unten im violen Dunst (später immer noch).

»*Kaninchen*«, sagte ich; »ganz einfach: wie die Kaninchen!«. Und sah ihnen nach, ein halbes Dutzend, schultaschenpendelnd durch die kalte Luft, mit Stöckelbeinen. Drei derbere hinterher; also Söhnchen der Ortsbauern. Eltern, die immer noch Kinder in diese Welt setzen, müßten bestraft werden (d. h. finanziell: fürs erste Kind müßten sie 20 Mark monatlich zahlen, fürs zweite 150, fürs dritte 800).

»*Wieso gerade 800?*« Ich sah ihn an: ein alter Mann (genauer: älterer). Rauhes Wollzeug, Stiefel, vor ihm ein Karren mit feinstem Herbstlaub, matt, rot und rötlich. Ich nahm vorsichtig ein Blatt herunter (Ahorn) und hielt das durchsichtige gegens Licht: meisterhaft, meisterhaft. (Und welche Verschwendung! Der muß es dicke haben!) »No«, sagte ich leutselig (wollte ja auch noch eine geographische Auskunft!), »also meinetwegen: 1000. – Meinen Sie nicht, daß es gut wäre?« »Hm«, schob er nachdenklich, »von mir aus schon. Es hat viel zu viel auf der Welt: Menschen.« »Na also«, resümierte ich (dies Thema): »auswandern lassen sie uns nicht. Bleibt also nur rigorose Geburtenbeschränkung; Pfaffengequätsch ist quantité négligeable –« (er nickte, zutiefst überzeugt) »– in 100 Jahren ist die Menschheit auf 10 Millionen runter, dann läßt sich wieder leben!« Ich hatte wenig Zeit; auch kam ein hundekalter Wind die schöne verwachsene Schneise herunter; ich fragte den Pelzgestiefelten (solide Arbeit: mir fiel unwillkürlich das Wort »Bärenfell« ein!): »Noch weit bis Blakenhof?« Er zeigte mit dem breiten Kopf: »Da!« pommte er kurz: »kleines Nest« und: »Sie kommwoll aus Gefangenschaft? – Vom Iwan??«. »Nee«, sagte ich bluffig, widrige Erinnerungen kürzend: »Brüssel. Vom Engländer.« »Und? Wie waan die?«. Ich winkte ab: »Einen genommen und den Andern damit geprügelt. Etwas besser als der Russe natürlich.« Aber: »14 Tage lang haben wir manchmal keinen Stuhlgang gehabt. Im Juli haben sie uns Stille Nacht, Heilige Nacht singen lassen: eher durften wir nicht wegtreten.« »Nee, nee: Persil bleibt Persil!« (d. h. Freiheit!) Aus seinen blauen Augen nahm ich weitere Fragen: »Der Landrat«, erläuterte ich überdrüssig brauendrückend:

»zum Schullehrer eingewiesen«. »Och: das iss Der drüben!« wies er mit
hohen Augen: »Da oben, wo die Kirche iss. – – Zum Lehrer??: iss doch
gar kein Platz mehr! – Auch Lehrer?« Ich schüttelte entschieden,
entschloß mich: »Schriftsteller«, sagte ich, »und ausgerechnet bei der
Kirche? Deus afflavit ...« (und winkte gähnend ab). Er grinste (gloobt
also ooch nischt: guter Kern hier in Niedersachsen!). Aber neugierig war
er auch: »Schriftsteller!« sagte er munter: »so für Zeitungen, was?!«.
»Nichts da«, entgegnete ich entrüstet (schätze Journalistenarbeit nicht):
»kurze Erzählungen; früher süß, jetzt rabiat. In den Zwischenräumen
Fouqué-Biographie: so als ewiges Lämpchen.« Er sann und faltete ein
Graumaul: »Fouqué –« sagte er bedeutsam: »frommer Mann das. – – n
Baron, nich?« »Und ein großer Dichter dazu«, sagte ich herb, »ich bin
nichts von alledem. Dennoch!« Dann fiel er mir auf: »Sie wissen von
Fouqué?!« fragte ich mit schwacher Teilnahme (derbe Hände, aber eine
Mordsnase. Und der Wind fing wieder an zu pfeifen, als käme er von
den Sigynnen: die mit den zottigen Hunden). »Die Undine kennt Jeder
von uns erementaschen hier«, versetzte er mit Würde; ich hatte das
vorletzte Wort nicht verstanden; wollte auch keine Zeit verlieren, denn
die Knochen taten mir weh vom Schleppen. Ich stand vom Schemel auf:
»Also da rum –« sagte ich müde; »Ja: hier –« er nahm einen Zweig und
kratzte in den Sand des Radfahrweges: »Den S-teig hoch; die Kirche
bleibt rechts; links wohnt der Supperndent –« (ich winkte ab: nur
Palafox und Sarpi waren ehrwürdig; vielleicht noch Muscovius; vielleicht noch mehr. Na, ist egal.): »– das Neue ist das Schulhaus: so rum!«
– »Danke.«, nahm die Munikiste hoch (ein Prachtstück: innen Zink-
wanne mit Gummidichtung, wie ne Tropenpackung): »Wiedersehn!«.
Er strich sich mit der Hand übers Gesicht und war weg (verschwinden
kann heutzutage Jedermann; ich hab mal Einen gesehen, neben dem ne
achtundzwanziger einschlug!)

Den Wasserschlauch: beim Pfarrer dehnte ihn Einer in feisten Händen: Lao-
koon oder über die Grenzen von Malerei und Dichtkunst. Oben ver-
wüsteter Himmel, trostlos wie ein leeres Kartoffelfeld, fehlen bloß
Treckerspuren und Igel, don't ask me, why. Stattliche Figur, nebenbei,
der Dicke, d. h. nach dem Tode gut seine anderthalb Düngerkarren wert.
Und neben der Kirche: mir bleibt auch nichts erspart! – Ich fühlte mich
auf dem freien Platze irgendwie exponiert: wenn mir jetzt eine Stern-
schnuppe auf den Hinterkopf fällt; und ging beleidigt um die Ecke. (Ein
Buchtitel fiel mir ein: »Hör mal!« = Gespräche mit Gott.)

»O Gott!« sagte sie, ältlich und dünn. Ich zuckte sämtliche Achseln: »Der
Landrat hat mich hierhergewiesen« sagte ich, als seis persönlich unter

lauter shake-hands geschehen, und blickte unerbittlich auf Stempel und Signum (in hoc signo vinces; hoffentlich). »Na ja; kommen Sie bitte rein«, kapitulierte sie. Ich stellte den Hocker in den Flur, hob die dicke Kiste am Seilgriff darauf, und folgte ihr in ein Wohnzimmer: komplett grün und mit Goldschnitt. Brandmalerei hing gegenüber; dies galt für vornehm und üppig damals (auch meine Eltern ...); ein Bücherschrank, vor den ich sogleich hintrat, nachdem ich mich kurz zu erkennen gegeben hatte; Bücher. 200 etwa. »Wir haben den ganzen Ganghofer«, stolz; und sie wies auf die jägergrüne Reihe. »Jaja, ich sehe« antwortete ich düster: also Brandmalerei und Ganghofer: ich würde mich wie bei Muttern fühlen. Ein greises Brockhauslexikon: ich griff kalt den Band F heraus; Fouqué; ... »nach den Freiheitskriegen lebte er abwechselnd in Nennhausen und Paris (sic!)«, las ich und lächelte eisig. Richtig: da war auch das Vertikow; mit Spiegelchen, Beulen, Zinnen; ein Borobudur von Mahagoni. Echtem. Aus Holz kann man Alles machen: sie fuhr einmal beherrscht und glücklich mit der Hand um ein drallgedrehtes Säulchen: so mochte Tristan die Isolde gestreichelt haben, oder Kara ben Nemsi den Rih.

»*Schorsch*« hieß ihr Lehrersohn. O. A. gewesen. Und ihre Augen stolzten unecht wie aus Gablonz. Oder Pforzheim. Dabei liefen alle Männer in gefärbten Tommyuniformen rum; alle Frauen trugen Hosen. Lächerliches Weib.

»*Schriftsteller –?*« machte sie neugierig, und ihr ward sichtlich wohler, standesgemäßer. »Ja, aber ....«; kurz: sie zeigte es mir:

Das Loch: hinten, um die Ecke; am Kirchplatz. 2,50 mal 3,00 Meter; aber erst mußte das Gerümpel raus; Spaten, Hacken, Werkzeug, und ich erbot mich, das selbst zu machen (ich brauchte ohnehin Hammer und Zange, Nägel: eigentlich Alles cosa rara, wie?)

»*Angenehm*« sagte er lässig. Ende Zwanzig und schon volle Glatze; dazu jenes fatale Benehmen, wie es stets die Offiziere aller Zeiten ausgezeichnet hat. Pfui Bock. Worte, Worte; blöd, blöd: außerdem Einer von Denen, die schon mit 20 Jahren »aus Gesundheitsrücksichten« nicht rauchen oder trinken (Viele davon wandern dann sonntags seppelhosig und halsfrei nicht unter 60 km, und schätzen Holzschalen und Bauernblumen in primitiven Vasen); der hier tanzte; »leidenschaftlich«, wie ihm zu sagen beliebte: Du hast ne Ahnung von Leidenschaft!

»*Drüben hats 2 Mädel*« zeigte er mit dem Kinn eines Mannes, der sie aus- und inwendig zum Überdruß kennt: dann war gottlob wieder Unterricht und er ging; vamoose plenty pronto. Schon sangen Schulkinder mit festen Stimmen ein Lied; ein Schwächling hätte gesagt: klaren; aber ich erkannte tödlich genau, wie diese erzenen Kehlen in den Pausen würden brüllen können. (Wußte damals noch nicht, daß Superintendent Schrader ihnen das Toben auf dem Kirchplatz verwiesen hatte, und sie dafür am Fußballfeld die Lüfte wahnsinnig machten). Vielleicht hielt man meine zerklüftete Kleidung auch für Originalstreiche eines Genies; unvermittelt fiel mir Dumont d'Urville ein und die Reise der Astrolabe. Wunderbare Illustrationen. Aber es war keine Zeit. Ich ging über den winzigen gekalkten Vorraum: ein Wasserhahn, der zum Zeichen des Funktionierens tropfte: das ist gut! (d.h. das Tropfen nicht; aber daß gleich Wasser dabei ist!)

Ich klopfte: »Entschuldigen Sie: – können Sie mir etwa Handfeger und Kehrschaufel leihen? Und einen Eimer mit Wischlappen: für ne halbe Stunde – ?« – – – Ein kleines stilles Mädchen, etwa 30, aber plain Jane, also eigentlich häßlich, stand am Tisch (ganz nette Einrichtung übrigens, obwohls auch nur eine Stube war. Aber ein großes Ding; lang; mindestens 8 Meter!); sie sah mich still und verlegen an: »Ja ....« sagte sie zögernd: »– wieso ....« und von hinten, wo hinter einer spanischen Wand wohl die Betten standen, kam eine scharfe blanke Stimme heraus: »Ja: wieso?! – Kommt gar nicht in Frage! –« Sie sprach noch mehr; aber ich zog schon die Tür zu: »Oh, Verzeihung –« hatte ich noch überhöflich gesagt: es war schön, zuerst etwas gekränkt zu werden; da hatten sie nachher gewisse Verpflichtungen; das war dann eine sichere Grundlage für weitere Anpumpungen. Aber erst mal stand ich da!

Wie heißt das: Eine Chaiselongue ohne Kopfteil und Federn, der auch der Bezugstoff fehlt? Die Lehrermutter verkaufte mirs, und ein paar Bretter, die ich barsch zurecht schnitt und auf den (ganz soliden, nebenbei) Holzrahmen nagelte. Blieb sogar noch was übrig; wenn ich mein Koppel zerschneide, kann ich n Paar Holzlatschen draus machen; brillianter Einfall. Große Bauern im Dorf, Einer soll 28 Rinder haben: Apel heißt er (wir wollen ihn den großen Kuhfürsten nennen). Natürlich lag jetzt alles voll Sägespäne und altem Dreck; Wände hübsch weiß gekalkt; Steinfußboden. Zuschließen ließ sichs auch nicht; nur ein eiserner Riegel mit Krampe: das setzte ein Vorhängeschloß voraus: dann eben nicht. Außerdem schienen »die Mädels« immer die Vordertür geschlossen zu halten, stets steckte der Schlüssel innen. Außen ein kleines handgeschriebenes Schild, allerdings unter vornehmem Cellophan (oder Transparit; damit Wolff & Co. nicht beleidigt ist); gelobt sei Mil Gov: man weiß immer gleich, wer da wohnt. Keine Frau kann mehr ihr Alter verschleiern (wie diese Albertine Tode: das ist ein ganz dolles Ding, denn Fouqué selbst hats nicht gewußt, wie alt seine Frau war. Äußerst merkwürdig.). »Lore Peters, 32 Jahre, Sekretärin«. »Grete Meyer, 32, Arbeiterin«: Dann hieß die mit dem großen Mund unweigerlich Peters (oder gerade nicht: Arbeiterinnen sind auch saftig frech und weltgewandt wie Fernfahrer; war jetzt nicht rauszukriegen). Ich nahm den Bleistiftrest aus der Tasche (das war im Lager ein Kleinod gewesen; vor allem auch Papier; ich hatte auf das seltene Klopapier gekritzelt und sigma und tau berechnet) und schriebs dazu: Name. Auch 32. Klein dahinter wegenm Platz: Schriftsteller: war so gut wie ne Vorstellung; denn ich wurde schon durch die koketten Scheibchengardinen (Fenster mit Tändelschürzchen) diskret beobachtet. Dann ging ich nach einem Handfeger übern Kirchplatz.

Ein runder Teich lebte seit 300 Jahren in der Sandgrube. Auch Frau Schrader schmiß mich mißtrauisch raus: liebe Deinen Nächsten wie Dich selbst: quod erat demonstrandum. Zu Frau Bauer (mein Gott: der Lehrerin!) ging ich nicht: ich hatte schon einen Ruf zu verlieren. Das Klo stand adrett, dreisitzig, allein draußen; hübsches Steinhäuschen, reinliche Kabinen; wohl für die Schulkinder erbaut; das Wasser lief; superb.

»Soll ich wegen einem Handfeger bis ins Dorf rennen?!« (und da krieg ich erst recht keinen!) So stand ich wieder auf der Landstraße, frierend und tückisch.

Rrumms stand der LKW; ein Tommy sprang ab, approchierte, und fragte kurz: "Dis way to Uelzen?!" Ich tat fremd in der Sprache (Dym Sassenach) – wußte auch wirklich nicht, ob er rechts oder links fahren müsse –; sann obediently und produzierte gefällig meinen Personalausweis, blau, AP Nr. 498109. Er faltete ergeben amüsiert den Mund und nickte: laß gut sein; noch einmal hob er die Finger: »Jül–zenn!« sagte er eindringlich: Nichts. Gar nichts. Schwang sich wieder hoch: wunderbare Schuhe, US-made mit dicken Gummisohlen: hat unser Barras nie mitgekonnt: by by. Wenn ich n Handfeger gehabt hätte, hätte ich wahrscheinlich etwas gedahlt, aber so nicht; schon überschlug ich im Gehen, was ich so Alles gesagt hätte, verscheuchte die müßigen Gedanken: komisch ist der Mensch, inclusive Schmidt .... Auch die Mädel würden jetzt oben vor der Tür stehen, d.h. eine davon Schmiere; die Andere, die Peters, sicher schon im Tadsch Mahal; würde die Grete reinrufen, sich übers Mobiliar, Pritschehockerkiste, mokieren: Mitleid, Scham, bessere Vorsätze: exzellent.

Stück Pappe: geht als Kehrblech, und n Zweig eventuell. Rutenbesen. Ich war wieder an der Schonung von vorhin: der Alte hatte auch solches Schanzzeug gehabt, als er die Waldwege abstaubte. Ich rief nochmal hallo; aber es war Niemand mehr zu sehen; er würde ja wahrscheinlich auch nicht seinen Lebensabend auf derselben Stelle verbringen. Ich ging unschlüssig ein Stück in die Schneise hinein: so Ästchen und Gesträuch abschneiden kann ich immer schlecht (bin Anti-Vegetarier in der Hinsicht); rausreißen schon gar nicht, und n Messer hatte ich nicht; so ein Mist. Schön hier. Nieseln tats auch; Brot mußt ich auch noch kaufen; in einer Stunde wars finster: das war das Wort: finster! In solcher Stimmung drehte ich wieder um: da stand der Bube unten am Eingang!

Ich sagte, atemlos: »Entschuldigen Sie, daß ich so gebrüllt habe. Ich wollte Sie nur mal fragen, ob Sie mir nicht für – – 40 Minuten – Ihr Gerät borgen können. Ich brings sofort wieder.« Und erzählte ganz kurz what's what. »Mm – Sie sind bes-timmt nich hier außer Gegend« lachte er befriedigt (das hatte er eigentlich vorhin schon gewußt; was sollte die Anmerkung: denn sie bloß so als Causeur zu machen, sah er viel zu schlau aus. Er mußte irgend was meinen. – Quien sabe; ich nicht). »Na ja«, sagte er mild; hob lauernd den Kopf: »Was wollten Sie denn da drinn?« Ich verschwigs ihm nicht; aber ich wäre halt ein Pflanzenfreund, Wälderfreund, und siehe da: es wäre ja auch gut gewesen! Er nickte, zuerst gerunzelt, dann einverstanden: »Brave Gesinnung!« brummte er gönnerhaft: »– sehr brav. – Also 40 Minuten sagten Sie. – –« Er kratzte sich die breiten gesunden Ohren: »Nachher stellen Sie die Sachen man – an den kleinen Wacholder da hin, nich?!« Ich merkte mir das Büschel: »Ja aber,« sagte ich zögernd: »Wenn Sie nun nicht da sind; – und es sieht Jemand die Sachen von der Straße: kommt rein und –«. Er schüttelte, völlig sicher, den Kopf: »Hier kommt Keiner rein«, wußte er ganz entschieden; und: »Ich bin auch immer in der Nähe . . . .«. Er reichte mir den Besen, und ich dankte herzlich: prima!

Rechts trug ich die Sachen: langsam und ausdrücklich an den Fenstern der Hartherzigen vorüber: »Lore und Grete«: oh, ihr Brüder! (Eigentlich Schwestern; ich weiß).

Am Holderstrauch: das Lied meint zwar Holunder, aber ist egal. Jetzt kratzte ich mich hinter den Löffeln; es war mir doch nicht recht, das Zeug so einfach in die freie Wildbahn zu stellen; vielleicht kam er gleich (aber unterdessen machen sie die Läden im Dorfe zu, großer Fuchs!). Ich stand wie ein gemalter Wüterich, parteilos und so weiter. Regenwind bog sich um die Ecke und zischelte mir feucht ins Ohr: kanns nicht verstehen; ich zog ein braunes Blättchen, four by six, aus der Tasche, strich auf der Rückseite zwei müßige Formeln (Konfirmation = Christenkörung; und »Gebet und Notdurft verrichtet man . . .«: warum sind Sie neugierig.); malte in Blockbuchstaben darauf »RECHT SCHÖNEN DANK« und knautschte es um den Schaufelgriff; döste weltblind: nein, es hatte

keinen Zweck. Ich ging, langsam, mit queren Querulantenaugen: war
das peinlich! Sah wieder zurück: klein lehnte es am zufriedenen Busch.
Auf der Straße. Schon war Licht in einem Haus drüben. Wieder den
Kopf rum: – weg war es! Da kann man fertig sein. –

So ein Wildwestkaufhaus: wo es einfach alles gibt, ein Konsumverein. Ich
wartete geduldig im gelben stickigen Lampenlicht; Schilder, Rekla-
men, Knorrs Suppenwürfel; Margarine wog man aufs halbe Gramm in
Achtelpfunden. »Ein Brot« sagte ich (hart wie Deutschlands Jugend;
na: da reichts länger); »Fett«: sie schnitt, klipp, Kreuzworträtselmuster
in die Marken; »Hab ich Fleisch dran?«. Sie schätzte flüchtig übers
grün getönte Holzpapier: »Normalverbraucher gibts den Monat
keins«, kurz und hastig, sah mich an: »Käse ist noch da« sagte sie
geschäftsmäßig: das machte 2 Harzer im Monat. »Haben Sie etwa
Messer und Gabel zu kaufen?« fiel mir ein; die im weißen Kittel griente
mir rund ins Gesicht: »Nee! Dat gifft dat noch nich wedder!« und
hinter mir lachte dumpf der Hausfrauenchor. Scham überfiel mich ob
meiner Weltfremdheit, zahlte 1,92 und wandelte »heim«. (Auch Papier
zum Einpacken müsse man immer bringen, hatte sie mir noch ein-
geschärft: die Lumpen warten Alle auf eine Währungsreform!). Beim
Superintendenten stand ein Riesenscheiterhaufen am Zaun; ich wollte
erst nicht, aber dann steckte ich doch 2 Stückchen ein: »Laß uns, die
wir Ritter der Nacht sind ...«

»Ob ich rüber gehe, nach einem Messer fragen?« Ich wußtes nicht. Ich räumte
meine Kiste aus: 3 Zeltbahnen (aus Luthe; würde sich apart auf den
Knöpfen schlafen, Prinzessin auf der Erbse, morgen trenn ich sie ab),
eine ganze Decke, ein winkliger rötlicher Rest. Dann richtete ich sie als
Speisekammer ein: in eine Ecke das Brot; pedantisch daneben die Käse,
die Margarine; auf die andere Seite der Brotbeutel am Strick, den
Aluminiumlöffel darauf: fermez la porte; wenn ich auf dem »Bett« saß,
war sie, auf den Schemel gestellt, ein Tisch. Handtuch hatte ich noch,
ein Stück Seife (Lux: in der Hinsicht waren die Engländer ganz groß zu
uns gewesen; auch wunderbare kanadische Zahnpaste und Rasierseife in
Tuben), Zahnbürste, Rasierapparat (mit 1 Klinge: das war auch noch so
ein Ding!). Morgen mußte ich irgendwie ein Wandbrettchen machen.
Und kalt wars in dem Stall; aber an einen Ofen war gar nicht zu denken;
ich holte die 2 Stücke Holz aus der Tasche, legte sie in die Stubenecke,
und projizierte mir wehmütig den dazugehörigen Ofen herum, mit
glimmendem Feuermäulchen. O mei.

Fast dunkel: Noch mal draußen rumgetrieben; die Kleine kam vorbei und
wollte eine Blechbüchse in die Aschengrube werfen. Ich überwand

einen Anstandsrest (ach, es ist grausam!), holte sie ein und bat: »Verzeihung – wollen Sie die tin etwa wegwerfen – –?« Sie blieb ganz still; dann
fragte sie: »– Ja, wollen Sie denn –.« »Nicht den Inhalt«, sagte ich
gutmütig, »ich brauch nur was zum Trinken und so.« (»Und so« war
gut! Aber warum soll gerade ich immer Bedeutendes äußern?). »O
Gott«, sagte sie; aber ich ließ ihr keine Zeit: »darf ich –!« fragte ich
nochmals (und ballte schon die Hand in der Tasche: hätt ich doch bloß
nichts gesagt!), und da hielt sie mir endlich das Ding hin: »Es sind
Fischgräten drin«, erklärte sie schüchtern: »es hat Zuteilung gegeben.«;
»Danke schön!« und weg war ich. (Mitsamt den Fischgräten; bin dann
nochmal rausgegangen und hab die weggeschüttet. – Ist so ne kleine 8
ozs can, hoch und schmal, die Aufschrift konnte ich nicht mehr lesen,
weils dunkel war. N bissel auswässern, wirds ohne weiteres ne Tasse!)

Licht von drüben: schön hell, wohl ne Hunderter (später erfuhr ich, daß Alle
hier oben auf der Warft, einschließlich der Kirche, nur einen Zähler
haben; da wird gebrannt, was bloß geht). Radio sang; ein feines hohes
Pfeifen dazwischen, wie aus kühlen traurigen Weltraumtiefen; sie waren
geschäftig dort oben in den Gestirnen; Zauberei. Ich widerstand der
Versuchung reinzukucken (sie verdunkelten auch gleich); zog die Kno-
belbecher aus und legte mich hin: in Mantel und Mütze, ohne Reue; ich
war nicht schuld dran; so ward aus Morgen und Abend der erste Tag.
(Aber die Knöpfe müssen unbedingt runter!)

Öreland: dies hab ich am 22. 3. gegen Morgen get- (bäh! wird grade
getrennt!) räumt; kein Wort verstellt! (Wie auch die andern Träume im
Leviathan! Bin ein Bardur in der Hinsicht.) Also:

Öreland: Es war einmal eine große Stadt; die war auf Pfählen, schweren
Pfählen, mitten in der rauhen See erbaut, es war weit im Nordmeer.
Aber die Leute wurden wild und böse, obwohl täglich vom Sturm
Seerauch durch die Gassen schwebte; sie soffen und prahlten, fast Alle;
und unten knurrte das graue Gewell. Der Meergeist Öreland, düster und
kalt, bekam den Auftrag, die Stadt zu vernichten; er legte sich um sie als
brauner und trüber Nebelwulst, dicht überm Wasser. Aber als er schon
mit schwerer Zunge an den ersten Bollwerken leckte, saß da ein
Kaninchen – wie das dort hinkam?! – Da entschied Öreland, daß von
Denen wohl Einige unschuldig sein mochten, und vielleicht auch von
den Menschen; er hüllte Alles in kreisendes, in greisendes Gewölk; man
hat von so einem Sturm nicht mehr erhört.

Als nun die Sicht wieder klarer wurde, war die schlimme Stadt verschwunden; nur scholliges Eis und etwa ein paar Bohlen trieben über-
hin. Und von den Planken aufs Eis, oder zurück, wies eben trug,

sprangen zweifelhaft ein paar Menschen, Bauern in grober Tracht; natürlich saßen auch die Kaninchen da und froren.

Es war aber eine Strömung aufgekommen, die führte dies reißend mit sich fort, in den heulenden Abend und die lange Nacht.

Als der Morgen anbrach, wolkig und wintergrau, sahen sie, schon ganz nahe, ein wildes Land in schwerem Schnee: da hinein schwemmte sie der Flutstrom, in eine lange und tiefe Bucht. Über die schwankenden Trümmer klommen sie zum Strand, und die Kaninchen fuhren sogleich unter die nächsten Kiefernwurzeln. Auch die Steilwände, welche den Fjord säumten, waren schneeweiß und voll Ödwald, nach hinten stieg und stieg es unabsehbar.

Als sie sich noch umsahen, trat drüben zwischen Baum und Fels ein riesiger Kerl heraus, der Wind schlug ihm im Schulterumhang; er war wohl zweimal so groß wie ein Mensch. Er schrie ihnen zu, daß Bergwand und See und Wildwuchs zitterte: »Öreland!«, wandte sich kurz und schritt weit landeinwärts, war auch schon im Hochwald verschwunden.

Da war unter den Geretteten ein junger derber Knecht, der sagte zögernd zu den Anderen: »Ja nun – man müßte doch eigentlich – – fragen, wie?!«, und da trugen ihn auch schon seine Füße den Steinstrand hinauf, dann an den Büschen vorbei, schon waren da die ersten Bäume, und immer der großen Spur nach; das waren Schritte, da konnte er zweimal springen.

Es ging stets hart bergan, weglos zwischen den Stämmen fort, stundenlang. Endlich blieb er stehen und sah sich um; war tiefer Schnee und Wildnis, und steile Berghäupter sahen von überall herein. Da schrie er einmal mit aller Macht, was ihm entgegengerufen war: »Öreland!«; aber von den Felsen und aus dem Holz fuhr ihm nur sogleich verworrener Widerhall entgegen, so daß er den Kopf schüttelte, und rüstig rascher weiterlief.

Der Schnee wurde immer tiefer, und lautlos stapfte er unter den schwer belegten Ästen; immer höher kam er, und wenn er es recht bedachte, hatte auch die Spur längst aufgehört. Die Stille, die Stille. Er reckte sich im niedrigen Tannendickicht und schrie wieder, lauter als zuvor: »Öreland!«. Wartete. Lange. Nach Stunden federte ein Zweig; aus nadelgrünem Eismund seufzte es zurück: »Öreland«. Weither kam das Echo. Er wandte sich unwillig und stieg weiter die kahler werdenden Hänge hinauf. Weißlich war der Himmel und so flach gewölbt, daß er manchmal daran zweifelte, zwischen ihm und den Bergkuppen hindurchzukommen.

Aber einmal begann das Bergland sich wieder zu senken; wieder kamen Wald und Täler, und als er um einen Felsen bog, sah er ganz dicht unter sich, in einem kleinen Grunde, ein Blockhaus aus dunklen Stämmen gefügt. Ein Kind lief gerade über den Hof, und er rief ihm eilig zu: »Wie heißt es hier?«. Die Kleine wartete verdutzt ein wenig, rief dann verwundert: »Öreland!« und verschwand im Schuppen.

Er lief weiter, immer dem nach, was ihm ein Weg däuchte, und kam nach langer Zeit an ein anderes Tal: ho, das war ja schon fast ein Dorf! Drei, vier Gehöfte standen da, und aus dem ersten trat just ein Knecht mit rotem gesundem Gesicht und einer Axt in der Hand. Der ging zu einem verschneiten Klotz, strich das dicke Schneekissen herunter, rollte Blöcke heran, und begann lustig zu hacken, daß die Späne flogen. Vom Weg rief unser Wanderer herab: »Wie heißt das Dorf?!« Der Andere blickte zuerst überrascht auf; aber der Frager war auch nicht größer, und die Axt hatte er. So lachte er, und sagte laut in seinem Dialekt: »Öreland«. So so. Und weiter gings.

Der Wald wurde lichter, das Land freier, und ehe er sichs versah, stand er vor den ersten Häusern einer großen Stadt. Blanke Läden; zuweilen rollte ein Wagen vorbei. Über den Platz kam flink ein junges Mädchen mit glatter Pelzmütze; er ging gleich auf sie zu und nahm die seine ab: »Öreland?« fragte er und wies ringsum. Sie sah den großen Burschen spöttisch und interessiert an: »Hm –« nickte sie und ging langsam vorüber; nach ein paar Schritten sah sie noch einmal lockend über die behende schmale Schulter. Er fühlte den kunstvollen winzigen Stich im Herzen, und lachte polternd: nein, dazu war jetzt keine Zeit.

Er sprang in seinen Klobenschuhen rüstig an der Stadt entlang und vorbei; die Felsen begannen sogleich, wurden rasch höher, und bald ging er in einer tiefen Schlucht, deren Boden leicht anstieg: die Wände wurden immer düsterer und steiler, bis sie endlich in unabsehbare Höhe aufragten und der Weg so schmal wie eine Gasse wurde. »Det er alt så mörke her«, sagte er verdrießlich zu einer ihm begegnenden Frau: »was ist das nun schon wieder –?« (im blauen Kopftuch). »Das ist die Schlucht des Berges Glimma«, antwortete sie bereitwillig und sah ihn im Weitergehen aufmerksam an. Zur Linken waren manchmal Häuser in die Felswand halb hineingebaut, vor denen auch Kinder spielten. Nach einiger Zeit öffnete sich die Schlucht wieder auf ein wüstes Hochland; schwarze glatte Klippen standen da, als könnten sie heidnisch strenge Gesichter zeigen. Sie wurden immer größer, und zwischen ihnen, von weither, vernahm er ein allmählich lauter werdendes Dröhnen, und Donner wie von einem nahen Meer. Und da lag es auch schon vor ihm; eisenfarben und schwer bewegt. Er klomm zum Strand hinab, setzte sich ins Gestein, und besah das Wasser. Es dröhnte an den Granit; wälzte Hügel heran und zerschlug sie an den Blöcken. Er saß und horchte: es zitterte nicht, das Ufer. Das war ein gutes und festes Ding, dieses Öreland.

Dann stand er auf; da wollte er nur gleich wieder zurück zu seinen Leuten und ihnen das Alles sagen. Ein paar Äxte hatten sie ja noch; da könnte man sogleich ein Haus zimmern. Eine Säge würde er sich in dem ersten Ödhof borgen. Fische standen genug im Fjord, und sicher kam auch einmal ein Bär. Vielleicht würden sie ihm gar ein paar Nägel schenken. Er sah sich schon mit dem Papp-Paket durch die Wälder springen – – (Nochmals: ist ein wörtlicher Traumbericht!)

Angebissen hab ich das Brot einfach; Wasser aus der Büchse (hatte heißes bei Madame Bauer geholt: zum Rasieren angeblich). Sobald das Metall warm wurde, kam der Heringsgeschmack wieder durch (nachher aber wirklich rasieren!). Käse war eingewickelt in »Befreite Kunst«, Ausstellung in Celle. Auf dem Titel eine Abbildung: Barlach: »Der Geistkämpfer«: also so ein Krampf! (Gekrille). Da lob ich mir Rodins Denker! (Obwohl da auch was nicht stimmt: selbst unbekleidet macht es Mühe, den rechten Ellenbogen so auf den linken Oberschenkel zu setzen, und noch dabei zu denken!). Dabei hatte Barlach oft was gekonnt! Aber das hier war blöd. War bei uns Allen wohl so. – Wenn man bloß das verdammte Kritisieren lassen könnte! – So war mir heute Nacht, als die Fenstertafeln gelbgrau schimmerten, stundenlang, Licht schlich wohl oben, eingefallen, einen literarischen Essay zu schreiben: »Die erste Seite«; wie sies angefangen haben, die Leser zu »ergreifen«: gibts so was eigentlich schon?

Kvinnen i mine drömmer: Drüben forderte es heraus: »In der Nacht ist der Mensch nicht gern allei–né!« (direkt tiefsinnig, nicht?!), und ich nickte trübe, dachte an das alte verbaute Schloß Akershus im Mondschein (ich als Unteroffizier Anführer der lautlosen Scharwache, spitzwegmäßig); Herrn Ludwig Holberg, bronzen vorm Theater: Du Blitzkerl, und der Nils Klim; längs die Karl Johans Gate, mischten sich Överaas, Romsdal, Framhus; ich werd lieber ein Schneidebrettel machen.

Dies getan (there is much gold – as I am told – on the banks of Sacramento; irgend was muß man ja dudeln. – Ein Schulknabe stürzte vorbei, die Hand am Gürtel: nach seinem Bilde schuf er ihn!) Aß flink und häßlich noch ein Stück Brot: hol der Teufel die Heringe! (Und den Käse.) Wie Junker Toby. Gab noch eins zu: »Hört die Musik / singet mit uns im Chore ...« (ein Kanon, mit dem uns das Nachbarzelt im Camp A schier wahnsinnig machte, bis wir Deputationen aussandten. Es gibt ja auch Leute, die Treitschke für einen Historiker halten).

Drei Buchruinen holte ich aus dem Mantel: Stettinius, Lend-lease; Smith: Topper und den armen Spielmann (der hatte in Luthe in einem Zelt gelegen, Morgensonne drum herum, ich stak im Uniformfutteral und bläkte die Augen: eingesteckt hab ichs. Und würds sofort nochmal tun; da sieht man, was Grillparzer konnte, dämonisch! Jedenfalls mehr als ich; est cui per mediam nolis occurrere noctem. Dostojewskis »Idiot« ist eigentlich dasselbe Thema, wie?)

»*Wokeen heddidadd geem?*« fragte er barsch. (Schorsch: heddidadd!), na dann. »Tjä: nu issadd twei«, erwiderte der Kleine nörgelig und hielt ihm das zerbrochene Gerät hin. – Wie die in "Lend-lease" die Russen verhimmeln: in zwei Jahren werden sie anders reden! (Aber wir sind politisch unreif, gelt?! – Amerikaner wissen nichts!)

Lore, Lorelorelore (bin drüben gewesen: also stimmts doch: sie heißt Lore!! –). Ganz sachlich: habe erklärt, daß sie, wenn sie die Tür immer abschließen: – ob ich am Fenster klopfen dürfte? Sie hatten noch Licht, und man sah Alles: Ich, lang, schwarz und wetterwendisch; die Grete von gestern Abend klein und ruhig (wollte gleich auf Halbtagsarbeit fahren, in die Fabrik nach Krumau). Lore größer, schulterbreit und geschmeidig; sie hätte gar nicht das Sportabzeichen an der Jacke gebraucht; blasser klarer Mund, spöttische kalte Augen: Lore expects every man to do his duty; ich sah sie an und funkelte, daß wir Beide die Brauen hoben. Grete schaltete das Licht aus, und im Morgendüstern sprachen wir kluge und dumme Sachen. (Bin neugierig, ob die Postkarten alle angekommen sind – müßten eigentlich –, daß ich sie mit Arbeit und Urkunden beeindrucken kann); Beide habens Abitur gemacht, in Görlitz. Kenn ich auch; und wir aßen ein Eis am Blockhaus (wo man bis zur Schneekoppe sehen kann), gingen durch den Jakobstunnel und standen in der Bahnhofshalle. Ein Messer und eine Tasse haben sie mir geborgt; Gretel ist gut: sie will mir einen Tisch von der Firma besorgen. Wir kennen also unsere Biogramme. Haben mich mütterlich gebieterisch eingeladen, abends rüberzukommen (weil ich doch kein Licht habe!); Kaffee gibts auf die Marken noch, Seife und etwas Zucker; Lore wolltes nachher mitbringen. Und Grete 100 Mark vom Krumauer Postamt (denn ich habe 1100 Mark auf dem Postsparbuch).

Holzschuppen: sie zeigten ihn mir: ums Haus; ein Raum, größer als meine Stube: eine Ecke bekam ich. Ich griff in die Manteltasche, zog die zwei Kirchenscheite heraus und dekorierte sie hinein, symbolisch. Lore sah mich von der Seite an, hob eins auf und prüfte die rötliche Faser: »Das ist doch ...«, meinte sie mißtrauisch; zögerte, lachte, flammte stolz auf, und zeigte eine Schicht in ihrer Ecke: »Ich nehm auch meist ein paar mit«, sagte sie stählern: oh, wir Schoßkinder Lunae unter den Horden des Tages! – Ich hätte sie anbeten mögen: ich bin dîn ... (aber ob du mîn bist ... which I am doubtful of!). Sägen und hacken darf ich bei Gelegenheit; ein ganzer Haufen Rundholz ist zu zerlegen: kann ich machen: dafür sitz ich ja abends drin!

Tieck möchte ich lesen: Vogelscheuche, Zerbino, Kater, Eckbert, Runenberg. – Oh: Das alte Buch oder die Reise ins Blaue hinein!! (Wenn ich an meine verlorenen Bücher denke, möchte ich am Handgriff ziehen: siehe »Alexander«: der Weltvernichtungsapparat!). – Die Misere verlesen.

Abends: Grete hat weiß Gott einen Tisch besorgt, für 60 Mark; morgen bringen sie ihn von K. in dem LKW mit, der täglich die Arbeiterinnen herumomnibusiert (Omnibus, omnibi, omnibo, omnibum etc.). Ich hatte neue Holzbrettchen an den Füßen und saß behaglich im warmen Zimmer (wenn man die Augen hätte schließen und schlafen können, wärs Frieden). Grete stopfte Wollenzeug; und wir erzählten von allem Möglichen, Gott und der Welt, besonders der letzteren. (Wenn ich tot bin, mir soll mal Einer mit Auferstehung oder so kommen: ich hau ihm Eine rein!)

Sie setzten mir hart zu: Vor allem Grete hatte die kleine Gelehrsamkeit rührend beisammen, und ich machte den tiefsten Eindruck (»Intellektueller« betrachte ich als Ehrentitel: es ist nun mal das Auszeichnende am Menschen! Wenns Alle wären, würden die Schlägereien wenigstens nur mit der Feder ausgetragen, oder mitm Mund. Wär wesentlich besser!). Aus dem Radio sang auch Rehkämpfer, mozartisch und unter Glöckchengeplapper (Hol der Teufel den Käse!). Dann: »Blende ihn mit Deinem Schein ...!« (Ist schon passiert!)

Wilhelm Elfers: ich erzählte von Wilhelm Elfers und dem Radio: hoho, es war 1924. Von der Volksschule Hammerweg aus gingen wir zu ihm, fröhlich, die Daumen in den Schultornistern, aus Vorstadt in noch mehr Gärtlichkeit: Gottseidank war die Mutter nicht da (Marie hieß sie; Schullehrerswitwe, abends Konzerte mit Kollegen ihres verstorbenen Mannes – oh, wo seid ihr Alle: Kurt Lindenberg, Albert Lodz, Lehrer Tonn; ich werde ihnen einmal das alte Bild zeigen, wo ich auf den Stufen stehe, weinrot und grau die Strickjacke). Nun, und da hatte er auf dem Tisch ein kleines technisches Gewirre: drahtumwickelte Spule, Detektor, ein Kupferdraht hing zur Antenne, Kopfhörer, mein Herz rannte, heut sitz ich hier in Blakenhof: ich nahm die Hörer unbeholfen um die Kleinohren – da sang eine grillenfeine Geige: heute noch seh ich den

Tisch und die blöde Decke darauf. Ganz leise zisterte die Musik aus der Norag (Wilhelm ging zum Klavier, konnte das Stück, wirbelte illustrierend laut in die Tasten: ich verachtete ihn unwillig, hörte nur, eine Stimme sprach Unverständliches; Musik zog fern – –). Ich nahm dann die Hörer ab; für 5 Mark 40 kauften Wirzuhause ein handgroßes braunes Kästchen, zogen Drähte, lauschten im Blaupunkt: wo ist die Zeit hin; Fluch der Vergänglichkeit! (Noch heute hab ich das Kästel, als Piggybank, 20 Mark sind drin.)

Warum kann man andere Menschen nicht an sein Gehirn anschließen, daß sie dieselben Bilder, Erinnerungsbilder, sehen, wie man selbst? (Es gibt aber auch Lumpen, die dann)

Kaffee: Ich wirbelte mit dem Löffel den saftigen Sud, Odhins Trost. Schaum lag netzig darauf, verdichtete sich beim Rühren, ich gab hohe Drehzahl, zog den Löffel durch die Trichtermitte heraus: zuerst rotierte da eine winzige Schaumscheibe, weißbraun und noch sinnlos; dann griff der Sog die fernen Teilchen: in S p i r a l f o r m ordneten sie sich an, standen einen Augenblick lang still, wurden von der immerwachsenden Scheibe eingeschluckt: eine Spiralnebelform! Also rotieren die Spiralnebel: bloß ihrer Form halber! – Ich zeigte das Beispiel; erläuterte es am Weltall; bewies am Analogon Rotation und Kontraktion: soff kalt das Ganze: »Kennen Sie James Fenimore Cooper?« Niemand kannte den großen Mann; also ging ich zu Bett; 22 Uhr 17 zeigte der Wecker: meine Uhr haben die Tommys mir Gefangenem wegenommen, daß ich des Kompasses ermangeln möge (und die Zeit kann man außerdem noch dran ablesen; Einer hatte etwa 200 solcher Kompasse; war 16. 4. 45 bei Vechta.)

Schlaf: mit Lore in Großstadtstraßen; wir gingen, zwängten uns durch verwickelte Kaufhäuser, Hand in Hand, Licht glitzerte in unendlichen Auslagen; Gesichter wirrten sich; ich ließ die Hand nicht los.

Kurz draußen: in der fleckigen Nacht war alles geschäftig, busy motion, unruhiges Gebäum, Wind in Wolken: Wind, kalt, hier unten.

Schorsch (ich saß vor der Tür auf dem Hocker im Sonnenschein). Las eben angekommene Fouquémanuskripte (arbeitete also), und er spann; so billiges Gerede, wie 222, rote Liste; tönernes Geschöpf: sagte »Gachten« für seine paar Hauspflanzen. Und die Zeit war wie angestemmt; wir dauerten zähe aus, eiris sazun idisi, wie ein Gemeinderat. Ein Bauer zog zum Superintendenten rein, mit tunkendem Gang, als schöbe er eine unsichtbare Mistkarre vor sich her: er wolle ein Kind anmelden, wußte Schorsch (also wie die Kaninchen!).

»Tag, Lore!« sagte das Schwein! Ich hätte ihm alles Mögliche rausreißen

können; hielt mich am Bleistiftstumpen fest: der verfluchte Hund; wurde ganz kalt, dachte an die verwickeltsten Preuves de noblesse: es half Alles nichts.

Als Köder: ich drehte das Blatt, den Brief König Friedrich Wilhelms IV. (1837 allerdings noch Kronprinz), so daß das Mordssiegel sichtbar wurde, zog eine zerkratzte Linse aus der Brusttasche und betrachtete es – (: also wenn Das nicht wirkt! Heute war das Paket vom Baron Fouqué gekommen, mit 10000 Mark versichert: der Briefträger hatte sowas noch nicht gehabt, sagte er. You can't have driven very far. Wenn ich bloß mal n Schnaps hätte; Apel soll welchen brauen. Apel: der große Kuhfürst).

Resolut holte sie sich einen Stuhl in das blitzende Licht. Setzte sich: neben mich! »Hier will ich arbeiten!« sagte sie (wie Undine: neben mich!!)

Ich zitierte: »Leben ist ein Hauch nur . . .« »Was ist Das?« fragte Schorsch nach einer Weile träumerisch bestürzt. Ich feixte nachlässig und schüttelte: »Nichts für Sie; oder einen Schlagerrefrain: ist bereits anderweitiges geistiges Eigentum.« Aber er sah mich starr an, und flüsterte dabei schon abwesend: probierend. (Später hörte ich ihn elastisch im Flur gehen – Vorbereitung zum Dorfbummel – und trällern: »Leben ist ein Hauch nur – da da da dada. Sum sum sum – sumsumsum –«, er kauerte vorm Schrank, wühlte nach Schuhwerk, tauchte wieder auf: »Ja, und es währt nicht –«. »Ja und es währt nicht – –!« –: »Ja und es währt nicht: la-a-ang!« – Und ich nickte registrierend: Tja, c'est ca. Und armer Fouqué; ach, weg mit dem Affen. Schorsch ist natürlich gemeint. N Fußball-fan ist er auch noch!)

Ich sah hoch: flammte meine Augen in ihr Gesicht: »Uralter französischer Boden« erwiderte ich, und bewies ihr, daß 1810–13 das französische Kaiserreich hier gewesen wäre; die Böhme war die Grenze: vive l'empereur! (Was hätte jetzt Alles geschehen müssen; ich kann doch mit einer Garnitur Wäsche nicht sagen: ich liebe Dich!). »Sobald mein Buch erscheint, werden Sies sehen«; ich zeigte ihr vorsichtshalber den Vertrag; sie las aufmerksam: gelt, ich war keine Mesalliance?!

Eine geschiedene Frau! Ich war fertig; ich schluckte; ich bat verstört: »Darf ich aber Fräulein Peters sagen?« Sie erlaubte es mir nach erstauntem Zögern; auch der Tisch kam, gottlob; man hörte das Auto auf der Chaussee schurren und puten (Holzgaswagen: damit haben wir den Krieg gewinnen wollen!), und ich ging hinunter: warum hab ich sie nicht früher kennen gelernt!! (Und n Schubfach hatte er auch nicht; aber sonst stabil.)

Ich kam von hinten: da hörte ich sie sprechen: »Warum will er wohl durchaus

Fräulein sagen?«, fragte sie listig (dabei wußte sies ganz genau!). Grete
erklärte trübe: »Er ist halt ein Dichter, und wird die Einbildung brauchen, daß er noch der Erste bei Dir sein könnte. – Du hast immer
Glück.«; sie seufzte resigniert (neidisch). Stille. Ich ging durch die Stille
vorbei.

Auf Abschnitt L solltes 100 Gramm Backpflaumen pro Kopf geben; Grete
wurde ganz aufgeregt und entwarf, und selbst Lore zeigte lüsternes
Interesse. »Geben Sie Ihre Karte!«; ich gab den krausen Rest; sie suchte:
gut! Wir hatten aber Mühe, Grete von einer verzweifelten Radfahrt
zurückzuhalten: sie wüßte in Westensen einen Laden ...

Wieder vor der Tür, lustig alle Drei: das Wetter war aber auch zu verlockend.
Von drüben kam Schrader, würdig erregt: setzte sich: der Ölberg war
das erste Mal in der Geschichte des neuen Bundes als Skigelände benutzt
worden! Erst dann machte er meine Bekanntschaft; wartete auf unsere
Mißbilligung, die ihm aber nur Grete aufrichtig bekümmert spendete.
Lore war mehr neugierig, was ich sagen würde: das merkte ich wohl,
kopierte aber schweigend den alten Text (: eine Handschrift hat die
Marianne von Hessen-Homburg gehabt: das war der Gipfel der Un-
leserlichkeit; bloß Wellenlinien und weite Schwünge); was geht mich
Schrader an: de tribus impostoribus; einzig Gautama war von Denen ein
großer Mann, gebildet. Nun, allmählich entrunzelte sich auch die Seele
von Hochmerkwürden; ja: ein schöner Tag; hm (so wahr ich Leben
atme: und zu was Besserem gemacht, als sich zu ennuyieren, mon vieux!
Wann wird er mich wohl entern?). Er verbindlichte sein Gesicht; fragte
mit der Sicherheit des zu Allem Berechtigten: »Oh?: Alte Auto-
graphen!«. Ich nickte mechanisch und stumm; sah ihn unwillkürlich im
Geist mit drallen Beffchen und sonnigem Talar auf Bretteln am Ölberg
lang machen: dolle Welt (Un Holland gifft dat ook noch!); »Fouqué«,
sagte ich kurz um des lieben Friedens willen (obwohls ihn nicht
anging!). »Ah!« leuchtete er gönnerhaft auf: »Undine: Ozean, Du
Ungeheuer ...« und nickte beruhigt; ich sah ihn von der Seite an, sagte
aber höflich: »Lortzings Text und Musik hat mit Fouqué persönlich
allerdings nichts mehr zu tun.« »Ist es denn öfter komponiert worden?!«
wunderte er sich majestätisch: »davon weiß ich ja gar nichts ...!« Nun
langte es mir; er schien sich für allwissend nicht nur gehalten zu haben:
nein: zu halten! »Doch!« erwiderte ich sparsam und arbeitete weiter, und
schon kam mir Lores Rock beifällig ein Stück näher, zitternd (Diesem
Lehrerjungen könnt ich Eine knallen!)

»Große wissenschaftliche Ausgabe?« (Oh, ich weiß schon, was die Brüder so
nennen: wenn sie uns zu dem Kind noch die placenta servieren! Frau

Wirtin hatt auch einen Knecht). »Eruieren« und »exzerpieren« und »Palimpsest« fing er an; Grete replizierte, und so gebrauchten wir all solch erstklassige Worte, längere Zeit. (Ein Bekannter, früher, konnte »Parerga und Paralipomena« aussprechen, daß es wie die größte Sauerei klang; war nicht dumm gewesen, der Amandus!)

Ja doch! Jetzt fiel mirs ein: »Darf ich auch einmal in Ihren alten Kirchenbüchern etwas nachsehen?« bat ich höflich: »auch zu diesem Orte hatte Fouqué Beziehungen.« Alle spitzten Augen und Ohren, und ich erklärte knapp aber präzise: über Fricke, den ersten Hauslehrer (behielt aber Einiges für mich). »Ja natürlich« sagte er mit Nachdruck; aber auch: »Falls Sie Nichts der Kirche Nachteiliges daraus eruieren wollen –«. Ich mußte fast grienen (hat er mich doch schon im Verdacht?); »Nein, nein« erläuterte ich kalt: »lediglich ein paar genealogische Daten, Geburt und Grab.« »Ein ewiges Meer –!« sagte Grete andächtig auf, und auch Schradern hatte die grobe Anspielung ungemein gefallen: so gewinnt man in Tyskland die Gebildeten.

Flüchtlinge!: ich sah mich fest im Kreise um, lachte grell: »Da kann ich Ihnen ein feines Beispiel geben, Ladies and Gents« (Bauer war auch wieder noch angekrochen gekommen); ich nahm die altgelben rieselnden Blätter heraus, bellte die Stimme: »1687« sagte ich und hob wütend die Oberlippe: »Austreibung der Hugenotten –« und las:

Kurtze Nachricht von meiner Flucht aus Frankreich: um in diese fremden Länder zu kommen, meine Gewissensfreiheit zu suchen, und unsere geheyligte Religion ausüben zu können:

Es geschah zu Rochelle, der Haupt-Stadt des Landes Denis, bey der ein Meer-Hafen war, Anno 1687.

Ich war von meinen Brüdern und Schwestern die Älteste, und in Abwesenheit meiner Ältern die Erste im Hause; da noch fünf jüngere von meinen Geschwistern, wovon das älteste zehn und das kleinste nur zwey Jahr alt waren. Die Erlaubnis hatte ich von meinen lieben Eltern erhalten: keine Gelegenheit, wann sich eine ereignete, vorbey gehen zu lassen, wo nicht mit Allen, doch mit einem Theil unserer Familie aus dem Königreich zu fliehen.

Den 24. Aprill desselben Jahres 1687 kam ein guter und getreuer Freund, welcher wegen der üblen Folgen und harter Strafen, die desfalls gesetzt waren, nicht genennet zu werden verlangte, mich zu benachrichtigen, daß ein kleines Schiff oder Fahrzeug nach Engelland abgehen würde, und er, auf sein Bitten, den Captain des Schiffes bewogen hätte, vier oder fünf Persohnen mit zu nehmen; und daß in diesem Schiff nicht mehr Platz übrig sey, als vor fünf Persohnen: er müßte zu dem Ende ein

Faß Wein ins Meer werfen, und uns in den Platz zwischen Saltz verstecken; denn er liefe Gefahr, wann es entdeckt würde, Alles zu verliehren, und verlangte daher zur Schadloshaltung eine große Summe Geldes. Alles dieses hinderte mein Vorhaben und unseren Accord nicht. Ich bat unseren ungenannten Freund, daß er den Schiffs-Capitain mit sich, früh morgens drey Viertel auf Vier, zu mir bringen möchte, damit niemand von unsern Nachbahrn etwas mutmaßete, und ich mich unseres Freunds zugleich als eines Dolmetschers und Zeugen unseres Accordes bedienen wollte.

Der Accord ward gemacht; ich versprach dem Capitain vor jeden Kopf derer fünf Persohnen 200 Thaler, die er mitnehmen würde; das war also eine Summa von 1000 Thalern frantzösischen Geldes. Die Helfte sollte er, ehe wir abgingen, empfangen, und den Rest alsdann erhalten, sobald er uns in Engelland in Chichester (einer Stadt daselbst) ausgesetzt hätte, wohin er uns zu bringen versprach.

Da ich nun in Beyseyn unseres Zeugen den Accord gemacht, so nahmen wir Abrede, daß die Einschiffung den 27. Aprill, des Abends um 8 Uhr seyn sollte. – An diesem Tage zogen ich, zwey von meinen Brüdern und zwey von meinen Schwestern, uns aufs sauberste an (und was uns möglich war, mit zu nehmen; die Umstände erlaubten es nicht, uns anders zu kleiden); ich nahm die Hofmeisterin der Kinder mit, uns zu begleiten, weil diese von dem Geheimnisse wußte.

Wir stellten uns, als wenn wir uns nach dem Schloß-Platze, einem Ohrte wo täglich des Abends vornehme Leute sich einfanden, spatzieren gehen wollten. Gegen 10 Uhr, da die Gesellschaft anfing auseinander zu gehen, schlich ich mich von denen Bekannten weg; und anstatt nach Haus zu gehen, nahmen wir einen ganz anderen Weg, nehmlich nach dem Ohrte hin, den man mir angezeiget hatte, ohnweit des Teiches. Hinter demselben fanden wir eine offene Tür; wir gingen hinein; wir stiegen Treppen ohne Licht und ohne einen Laut von uns zu geben in die Höhe; wir blieben daselbst bis 1 Uhr hinter Mitternacht, da unser Freund mit dem Capitain erschien. Ich sagte zu dem Capitain, daß mich nichts mehr schmertze, als meine kleinste Schwester zurück zu lassen; sie wäre noch dazu mein Pahte; sie läge mir sehr am Herzen, ich hielte mich daher noch mehr verbunden, sie von der Abgötterey abzuziehen, als alle Anderen. Dieses konnte ich nicht ohne große Hertzens-Betrübnis und Ströhme von Tränen vorbringen: ich versprach dem Capitain Alles was er haben wollte, und vielen Segen vom Himmel, wenn er dieses gute Werk verrichtete. Meine Rede und Thränen rührten ihn dermaßen, daß er sich anheischig machte, sie auch mitzunehmen, wenn ich ihm dagegen versprechen könnte, daß sie kein Geschrey machte, wenn die Visitasters daß Schiff zu durchsuchen kämen, welches an zwey oder drey Ohrten mit denen Degen geschehen würde. Ich versprach es ihm in der Hoffnung, daß Gott meine Hülfe seyn und mir diese Gnade angedeihen lassen würde.

Sogleich eilte mein Freund und unsere Hofmeisterin, sie zu holen, aus dem anderen Theile der Stadt, wo wir wohnten. Sie nahmen das Kind aus dem Bette, wickelten es nebst den Kleidern in eine Decke, und trugen es in der Schürtze hierher; Gott wollte es also, daß Niemand das Geringste davon gewahr wurde. Das kleine Kind, welches mich ausnehmend lieb hatte, freute sich sehr, mich wieder zu sehen, versprach mir auch, recht fromm und stille zu seyn, und nichts zu thun, als was ich ihr sagte. Ich zog sie an und wickelte sie in das Übrige ein.

In eben der Nacht, um zwey Uhr, kamen vier Bohts-Knechte von dem Ufer, trugen uns Alle auf ihren Schultern (ich meine kleinste Schwester im Arme) auf das Schiff, und an den Ohrt, den man vor uns zurecht gemacht hatte: der Eingang dessen war so klein, daß Jemand darin sein mußte, uns nach sich zu ziehen; da wir denn so eingetheilt waren, daß wir zwischen dem Saltze saßen, und keine andre Stellung nehmen konnten; so machte man die Öffnung hinter uns zu, so wie es gewesen war, so daß man nicht das Geringste sehen konnte. Es war so niedrig, daß unsere Köpfe oben anstießen; dennoch bemüheten wir uns Alle, den Kopf gerade unter den Balken zu haben, damit bey dem Durchsuchen nach der schönen Gewohnheit uns die Degens nicht treffen könnten.

Sobald man uns also eingeschifft, ging das Fahrzeug unter Segel; des Königs Leute kamen und durchsuchten es: wir hatten das Glück, weder den 28. als auch die zwey andern Mahl entdeckt noch gefunden zu werden. Der Wind war uns günstig, und brachte uns gegen 11 oder 12 Uhr aus dem Gesicht aller unserer Feinde der Wahrheit ...

»Atemlos lauschend« –?: das kommt nur in Romanen vor; die hier hatten Alle derbe Bronchien; sogar Grete nieste mitten rein. Ich brach ab: es wurde zu viel auf einmal; um die Spannung wieder herzustellen, sagte ich kurz: »Nächstens mehr; s geht noch weiter: 17 Jahre war sie damals. – Die hat dann auch hier ganz in der Nähe lange Jahre gelebt; ist auch da gestorben.« Schon war die Neugierde da: »Und sie steht auch zu Fouqué in Beziehung?« fragte man; »Ja«, erwiderte ich, noch der Geschichte nachsinnend: »es war seine – Urgroßmutter.« Suzanne de Robillard aus dem Hause Champagné. »Ein tapferes Mädchen«, und Grete würdigte das (war dieselbe Sorte). Also klaubte sich Jeder das heraus, was ihm besonders zusagte; Schrader die Glaubenstreue (la Faridondäne, la Fari-

dondon; Dondäne dondäne, dondäne, dondon); um ihn endlich zum Schweigen zu bringen, erwähnte ich kurz den anderen Verwandten, der dann sogar zum Islam übergetreten war: Marquis de Bonneval – mein Allah! Sie finden ihn in jeder Weltgeschichte – und seinen Harem avec des belles Grecques: »Ist das interessant!!« sagte Lore angeregt: »oh: Sie müssen uns Alles erzählen ...« (Alles: verlaß Dich drauf!)

Rest des Nachmittags: faul und bösartig. (Wie Gott vor der Schöpfung).

Kurzgeschichte: Nachtdunkel; Mondfinsternis. Einer hockt geschäftlich am Wegrand. 2 kurzsichtige Mathematiker bleiben davor stehen und debattieren, obs ein Baumstumpf, Stein oder Mensch sei. Man will zur Probe mit dem Stock drauf schlagen. Gefühle des Dasitzenden.

Vorher Zähneputzen: so, Gebräch wär wieder ausgekratzt. Nun noch mal raus, und dann zur Soiree.

Im Klo: Eine plärre Kinderstimme kam heran, herein: sang dabei: Schön Annchen von der Mü-hüle / saß eines Abends kü-hüle / auf einem weißen Stein: / auf einem weißen Stein. – Wasser; verhallend: ... in Samt und Seide schwe-heben ...: der Verfasser wußte auch, was zieht!

»*Lore ist tanzen!*« Ich saß stumm und kopierte; 19 Briefe und Brieffetzen des Generals Fouqué an seinen Bruder, à mon très cher frère, Henry Charles Frederic Baron de St. Surin in Celle: war das manchmal schwer, mit den zerfallenen Rändern und dem altmodischen Französisch! Grete half, wie sie konnte; abers war nicht viel; außerdem hatte sie ja auch andere Arbeit (Stopfen und Flicken).

»Ich möchte furchtbar gern auch etwas für die Wissenschaft tun«, sagte sie still: »aber wie soll man das machen. Ich meine: – man hat ja keine Anleitung, und nachher ist Alles Unfug gewesen.« Sie sah mich an, und wir ventilierten kurz dies wichtige Thema: Stellen Sie sich vor: da liegen in den Großbibliotheken tausende von Manuskripten; Dichterhandschriften, Urkunden, was Sie wollen: Wichtigste Dinge; und nur in diesem einen einzigen, also höchst gefährdeten Exemplar vorhanden. Denken Sie nur an die Bombenangriffe! (Sie nickte gespannt): Wie wichtig wäre es, wenn von jedem wenigstens noch eine Abschrift – oder gar mehrere: mit der Schreibmaschine! – existierten, an einige Stellen verteilt: und das kann Jeder machen. Jeder höhere Schüler. Jeder Erwachsene; auch mit »nur« Volksschulbildung. (Ja!) Dann: Material sammeln für biographische Arbeiten: Daten aus den alten Kirchenbüchern holen. Oder: Wer macht uns ein vollständiges Namensregister zu den 200 Bänden des »Gothaer«: es gibt unendlich viel Arbeit für jeden Willigen, auch den einfachsten Mann; und wie dankbar wären die Wissenschaftler für solche Unterstützung! Sie saß mit spähenden Augen:

»Ja«, meinte sie: »das müßte man dann aber auch überall sagen und lehren, schon die Lehrer in den Schulen. – Das möchte ich auch machen –« und sie wies ehrerbietig und schüchtern.

Cellophan kann ich Ihnen mitbringen«, sagte sie ganz eifrig und saß näher: »wir machen doch drüben welches im Werk. Und da sind ganz viel Abfälle. – So wie hier!« Sie schlüpfte in eine Ecke und trug eine perlmuttern spiegelnde Rolle heran: »Ja: nehmen Sie«, sie legte Alles neben mich: »und wenns nicht reicht, bring ich Neues.« Sie brachte auch eine große Schere, und ich zeigte ihr, wie man die morschen Blätter ganz genau und fein verpackt: nun konnte man sie wieder bequem handhaben. Sie atmete tief und rührend begeistert; ». . . Wir packen Alle ein«, bestimmte sie: »dann halten sie wieder ein paar hundert Jahre.« Ich sagte verbissen: »Sehen Sie: das ist auch schon eine gute Tat; Sie wären eine Mitarbeiterin. – Das ist viel besser, als das elende Frou-frou in der Literatur zu machen, wozu ich leider verurteilt sein werde.« Wir schnitten und falteten.

»Tüt. – Tüt. – Tüt: tüt: tüt«: 22 Uhr: Wir übermitteln Ihnen das hamburger Zeitzeichen. »Übermitteln« und »hamburger«; noch gedunsener gings nicht. Wir schnitten und falteten.

»Geht Fräulein«, sagte ich: »– Peters –; eigentlich oft tanzen?« Schnitt und faltete. »Ja«, sagte sie trübe: »fast immer sonnabends und sonntags.«

(Als ich später ging): »Warten Sie nur noch«, lud sie ein: »ich muß ja ohnehin wach bleiben, bis Lore kommt.« Aber ich ging; sie will ja auch mal allein sein; sich waschen oder so.

Ist Mitternacht und Guldmond drin: Platzeinsamkeit mit starrem leichtem Wind. Klo dunkel. Zurück im blauen Raume soff ich vom steinkalten gepreßten Strahlwasser, bis ich den Bauch prall am Koppel fühlte. Drinnen schrieb ich auf rauhes Mondpapier:

Dichter: erhältst Du den Beifall des Volkes, so frage Dich: was habe ich schlecht gemacht?! Erhält ihn auch Dein zweites Buch, so wirf die Feder fort: Du kannst nie ein Großer werden. Denn das Volk kennt Kunst nur in Verbindung mit -dünger und -honig (Keine Mißverständnisse: sonst mögens Wackermänner sein, aber schlechte Musikanten!) – Kunst dem Volke?!: das jault vor Rührung, wenn es Zarewitschens Wolgalied hört, und bleibt eiskalt gelangweilt beim Orpheus des Ritter Gluck. Kunst dem Volke?!: den slogan lasse man Nazis und Kommunisten: umgekehrt ists: das Volk (Jeder!) hat sich gefälligst zur Kunst hin zu bemühen! –

Anzüglichkeiten treppten und steppten mir noch lustig weiter im Gehirn; aber ich zog mirn Mantel an, zum Schlafen.

Hoho!: Stimmen, Schritte, flottes Gelächter. Ich trat breit ins Fenster und sah zu. Die Tänzer kamen nach Hause: 3 Mädel, 2 Kerle; schmusten, dalberten, klatschten sich zum Abschied auf die Schultern (und Lore immer dazwischen mit Gang und Wortschatz eines gefallenen Engels). Samba, Samba: noch von fern näselte Einer süß aus den Hüften und im Boptakt: Allerdings / sprach die Sphinx / dreh das Dings / mehr nach links /: und da gings /: oh, Deutschland, mein Vaterland!

Kam, sah, stand: Der Mond mochte nicht gut auf uns zu sprechen sein, denn er gab bares wildes Licht in die trennende Glaswand: wir standen einander gegenüber wie zwei Gewitter: Lore und ich. Meines mochte weiß sein; ihr dunkles Gesicht entgrenzte windiges milchiges Haar. Zu reden war nichts; deshalb lachte sie nur einmal kurz, und kam dann ins Haus. Schloß langsam ab. Raffiniert langsam. (Dann ging schon drüben die Tür; Grete gab Licht). –

»Mein Lehrer und Gönner, Bischof Theophil Wurm.« Ich erschrak so, daß ers merkte und erläuternd mit der Hand wandwärts wies, zum gerahmten Foto: weiß Gott: Theophil, Wurm, und Bischof; Manchen triffts hart! Er hielt mich Niedergeschlagenen für ergriffen, und murkste weiter in seinen Erinnerungen. (Schrader nämlich; er war heut Vormittag frei, da der Krumauer Primarius Konfirmanden und Kandidaten exerzierte, und ihn nicht leiden konnte: beatus qui solus. – Er hatte promeniert und gesehen, daß wir auch nicht in die Kirche gingen: Grete hatte Arbeit, Lore tat so, und ich gab mich als Ungläubigen zu erkennen: und irgendwie kamen wir aufs Schach.)

Also spielen wir: Er war der typische alte Remis-Fuchs, hatte leidliche Theoriekenntnis (ich kann ja nischt mehr!); wir trennten uns ½ : ½. Dennoch war er überrascht und proponierte zukünftige matches (hat mich wohl heimlich primsigniert, daß er mit mir verkehren kann. – Also dieser Wurm: ich erinnerte mich an Bilder, die ich in meiner Kindheit gierig aus billigen Illustrierten gesammelt hatte: Johann Jakob Dorner: Wasserfall im Hochlande; Joseph Anton Koch: Heroische Landschaft; Franz Sedlacek; Dier. Aber kein Wurm.)

Morphys Armen entrissen: jetzt kamen Bücher dran. Na ja. Ich erinnerte mich, daß ich bei einem Theologen war und schwieg.

»Sie müssen ihn mal waschen«: ein alter heller Schweinslederband: Luther (oder die Guyon, was weeß ich), aber scheußlich speckig; und in sein gefaltetes Gesicht erläuterte ich wohlwollend: »Mit Salmiak. – Der Einband ist noch ganz fest: der wird wie Elfenbein! – Machen Sies mal –«, und gab ihm den alten Schinken wieder. Er hatte vielleicht gedacht, daß ich mirs ausborgen würde; aber so weit war ich mit meinen Nerven noch nicht;

wenns noch Scheibles Kloster gewesen wäre. Um ihn loszuwerden, sah ich lange und leer vor mich hin, während er noch pikiert in dem Ding blätterte (bf: nee, dann lieber noch uffm blanken Zementboden; immerhin wollte er mir die Kirchenbücher »demnächst« rauslegen: dafür dankte ich ihm herzlich und aufrichtig, und entwischte, sobald ich konnte. Außerdem heißt »demnächst« bei Denen bestenfalls in 4 Wochen!)

Unentschieden« erklärte ich zu Lore: »er stochert fürchterlich langsam in den Figuren«. »Na, immerhin« nickte sie befriedigt: »damit schneidet er nämlich immer auf.«

Gerührt: sie haben mir sogar ein Schüsselchen Kartoffeln zu Mittag gegeben, und ich habe den letzten halben Harzer dazu gegessen (der für den ganzen Monat reichen sollte: da entfällt halt das Abendbrot; après moi ...)

714 Menschenhandel: Fürst Leopold (der alte liebe Dessauer) schließt mit dem Landgrafen Dingsda von Hessen-Kassel einen Vertrag, daß er für jeden demselben übersandten Biber einen langen Rekruten eintauscht: so leem wir alle Tage! (Na, im Massenbach kriegen sie ihr Fett!)

»Eljen« sagte Schorsch und kam vornehm längsseits; »Banzai, banzai« erwiderte ich verwundert, doch rasch gefaßt: was will der Muff?

Politisch: wir trommelten unsere Brüste: ahumm, ahumm, und ließen Ideal um Ideal raus. »Sie sind ja Alle zu Hakenkreuze gekrochen!« – »Weil sie mußten!« behauptete er. »Nee, nee« erklärte ich ihm verächtlich: »die fühlten gar zu heldisch beim Badenweiler oder Egerländer: 95 Prozent der Deutschen sind – auch heut noch – echte Nazis!« Schloß die Augen; sah – Callot: Les misères et les malheurs de la guerre – die Bäume voller Generäle: da hingen sie samt unsern politischen Invertebraten, Franz neben Hjalmar; und pfiff gellend ein Gemisch von Völker hört die Signale und allons enfants (aber mehr allons!)

Dann: »Die Russen tun immer dicke, daß ihre unvergleichliche rote Armee den Krieg gewonnen habe; allerdings erwähnen sie nie dabei, daß Deutschland bloß mit einem Arm gegen sie kämpfte, und Amerika lieferte.« »Ein Single: Deutschland – UdSSR wäre für die Letztere genau so ausgegangen wie für Frankreich.« Meinetwegen. »Den Krieg hat nur Amerika gewonnen!« Meinetwegen.

Recht hat er! Die Regierungen sind nie viel besser und nie viel schlechter, als das Volk, das ihnen gehorcht. – Wie lange wirds dauern, und sie werden Millionen Reisläufer bei uns suchen; und finden.

Wanzen-Hoffmann: angenehm: Schmidt. »Früher (33–45 sic!) ist Alles besser gewesen!« »Alles?!« fragte ich ironisch (dachte an Kz, Aufmärsche,

Bombenstädte, etc, etc,) »Alles!!« antwortete er scharf (hat wahrscheinlich unter Hitler ne feine Stelle in der Muni-Industrie gehabt. Nu, laß
ihn; er war mir zu blöd. – Später erfuhr ich, daß er tatsächlich in der
Eibia, Krumau, Bomben gemixt hatte; projizierte ihn wiederum an
Callots Bäume).

Die Tiere!: Das Gespenst der Freiheit erhob sich vor ihnen, und sie rieben sich
ratlose Hände! (d. h. ich mußte auch immer noch einen Anlauf nehmen;
aber ich erinnerte mich doch stets wieder blitzschnell der seligen Jüng-
lingszeit, wo man vor keinem Menschen hatte stramm stehen brauchen,
es kein »Ehrenkleid« gab: hei! Wie war ich durch die Nachtfunkelei
gelaufen, auf dem Fahrrad über die Hohwaldchaussee gebraust, hatte
hastig vom starken dunklen Biere getrunken, augenweit und haar-
umwallt. Noch kamen die Bilder in meine Träume, that on their restless
front bore stars, auf meine ruhelose Stirn. Oh, ich war bereit zu jeder
Rebellion gegen vieles Geehrte! Ich!)

»Ja: ich bin scha nur ein Rei – taun die Sehnsuch treibmich weitanach
Konschie – ta.« trällerte er düster. – »Polvo di bacco« (Backpulver) sagte
er und lachte boshaft ob des Kalauers (dann kann man ihn auch al fresco
schlagen, quelqu'un avec quelquechose!)

Exzellent (der Pokal!): nun, davon später!

Blakenhofs Tagesgespräch: Ein Radfahrer stieß am Sportplatz mit einem Mädchen im Trainingsanzug zusammen ... »Er erlitt eine schwere Erektion
und mußte ins Krankenhaus eingeliefert werden« ergänzte ich mechanisch: Gelächter. – Sport; viel vom Sport (»Autoren boxen gegen Verleger« fiel mir ein: ich atmete tief und begeistert, und stellte mirs vor)
Schorsch und Sport: er war von jener Sorte, die Hans Albers und Max
Schmeling für Hamburgs größte Söhne halten, und lud mich ein, dem
Fußball zuzusehen. (Ich hab kein Interesse für Sport: schwimmen kann
ich fischmäßig; radfahren; mit jeder Hand einen Zentner heben – d. h.
heute auch nicht mehr: früher). Also schön: gingen wir zum Sportplatz.
Er im hellgrauen schneidigen Anzug, schlug den Weg durchs Dorf vor;
ich ging den kürzesten, gleich hinten runter (siehe Plan).

Mädchen; viele Mädchen: mit Verführerschein Klasse II–IV. Aber die Meisten
in so ärmlichen Fähnchen, daß Gott erbarm; die Mäntel aus Tommy-
decken, hellgrau und steif, nichtsnutzige Futterale. (– Na, nichts für
mich. – Die Welt als Vaudeville, mit mir in der männlichen Hauptrolle:
so konnte ich mirs schon als Knabe nie vorstellen; eher wie ein finsterer
schrankbestandener Korridor, durch den man mit gesenktem Kopfe
hinschoß: nichts für mich!)

TSV Blakenhof – Germania Westensen: sie sprangen tödlich umeinander

herum; aber der Kleine war flinker: es gelang ihm, mit einer hyänisch
kriechenden Bewegung an dem Anderen vorbei zu kommen, und mein
Begleiter schrie auf: »Tulle!: Tulle!!« ... Da war ein Dritter da, trat wie
zufällig den Kleinen mit dem rehfarbenen harten Schuh gegen den
Bauch, daß der jaulte, sein Unterleib ging los wie eine Kanone, und das
klang widerlich zum zarten klaren Schiedsrichterpfiff.

»Na?!«: (Gott, sah der blöd aus mit der Glatze über dem OA-Gesicht!) Ich
blickte ihn mitleidig an: »Wäre es nicht besser« sagte ich vorsichtig (wie
zu'm Kranken) »wenn man diese 22 – nee: 23, und die Zuschauer –
während der anderthalb Stunden irgendwo in Hannover oder Hamburg
Trümmer räumen ließe? Wenn die mit ihren Markknochen da eben so
ran gingen ...« Er verstand nur kindlich langsam: wurde wutrot: ein
Ideal war angegriffen; so Vieles hätte jetzt gesagt werden müssen: er
schwang den Hut; er drang mit gefälltem Hut auf meine Richtung ein –
da rettete uns das Aufbranden der Menge: –:

Er pedipulierte mit solcher Geschicklichkeit, daß er förmlich auf dem Balle zu
schweben schien, eine haarige schwitzende Fortuna, eine wollsockne: so
wehte er strafraumwärts, bis der feindliche düstere Verteidiger ihn mit
einer Hüftbewegung umwarf: loin du bal. – Mitten in der allgemeinen
Ekstase dauerte es mir zu lange; ich ging mit einem verächtlichen Blick:
Affen ringsum. (Wie überall.)

Winziger Spaziergang im Dorf: Fachwerkhäuser; Kleinbauern, Großbauern:
alle mit Pferdeköpfen (nicht weise Houynims, sondern oben am Giebel).
Aber es war so kalt, daß man bis in die letzten Zipfel fror (auch schon
Mürrisch-Gewölk und der Wind hallte Brands-Haide herüber); man hat
halt nichts in den Knochen. – Die Flüchtlinge mit ihren verfluchten
Schuppen und Gärtchen und sinnlosen krummen Zäunchen machen die
aparteste Landschaft zur Sau! (Ich bin selber Einer, aber Alles hat seine
Grenzen!)

Lange gedankenlos gestanden: ist ja beim Militär exerziermäßig geübt worden:
die Mädchen würden auch froh sein, daß sie mich mal n paar Stunden
los sind. (Morgen früh kann ich überhaupt Holz hacken!). Dämmerung
schlich mit schweren Körben über die Felder; dreimal spähte das hagere
Sbirrenantlitz des Mondes aus den Wolkengassen: dann senkte ich den
Kopf (war zu faul zum Zurücktreten).

Besoffene (gibts also auch noch; na, die brauen selber); sie traten sehr stark.
Der Eine lüsterte: »Du, die müßten mal ne Atombombe in'n feuer-
speienden Berg werfen: das würde spritzen: Mann!« und sie lachten
kehlig und unbestimmt genital. Zwei Menschen, blieben sie auf der
Straße vor mir stehen, studierten mich Schwarzen und den schwarzen

Hintergrund. Mir zu lange. Ich sagte höflich: »Alau tahalaui fugau«, aber Keiner rührte sich (hilft also auch nichts). Sie horchten kurz; dann sagte der Eine flink: »Duder: – kommta raus ...« und sie wackelten eiliger weiter.

»*Ach so: Sie sind das* –« sagte der Alte beruhigt. Er war aus dem Walde gekommen, über den kleinen Graben gestampft, und stand nun breit neben mir, einen Knüttel in der Hand, daß es eine Pracht war. »Ischa zu unsicher jetz« erklärte er wohlgefällig und ließ das Ding besichtigen und loben. »Na: und wie sind Sie da so unnergekomm?!« ich erzählte ihm sparsam von der Misere; vom Zupperndenten, und daß ich demnächst an die Kirchenbücher ranginge. »Wie komm Sie denn da auf?« fragte er scharf, und ich erläuterte ihm milde (in Anbetracht seiner Verdienste: Schaufel und Handfeger): Fouqué – sein erster Hauslehrer Wilhelm Heinrich Albrecht Fricke – dessen Mutter – deren Vater. »Ähä!« machte er zu Dritteln nörgelig, überrascht und gedankenvoll: »Na dann. –« Er raspelte sich mit der linken Hand den Hinterkopf: »Na, dann s-teen Ihn ja sicher noch allerhand Überraschungen bevor. – Ich komm noch n Stück mit. Bis zum Kirchweg.« – »Wohnen Sie eigentlich dort drin?« fragte ich müde waldwärts; es brummte neben mir (war schon ganz dunkel): »Richtung Ödern« gab er ungefähr an, lenkte aber sofort wieder auf mich um: »Und in Celle waren auch viele von den Brüdern?« meinte er neugierig: »iss gaa nich weit von hier, nich?! Ich hab da auch wohl n Bekannten. – Schöne S-tadt. – Hm«

Hände im Dunkeln: wir schüttelten sie uns, wie es Kräftigen ziemt. »Na dann.« »Aber son S-tock müssen Sie auch haben« mahnte er: »Sie könnten da wohl mit umgehn.« »Ja: woher« fragte ich gleichgültig: »Soll man denn andauernd klauen?! – Schön wärs schon.« »Na, – ich werd ma zusehn« sagte er, etwas ärgerlich anscheinend (aber warum?) und: »Na, dann viel S-paß noch für den Herrn Auen!« »Schön Dank: Gut Nacht!« – »Wiedersehn!«

Und blieb betroffen stehen: Ich hätte nie gedacht, daß zwei schutzlose Mädchen derart schnarchen könnten. Ich neigte den Poller; – horchte; – schüttelte ihn: großer Fuchs!!

Oder war ein Kerl drin?! – ! – Ich klaubte die Faust aus der Tasche, weiß und knotig beim Mondspan: ich freß Dich ohne Senf!! –

Doch wohl nicht. Ich klopfte schüchtern; Grete war sofort da: »Ja? Ach so« schloß von drinnen auf; floh jungfräulich hinein: »Sie schließen wieder zu, ja?!« Lore fragte schläfrig: »Wie spät ist denn? – Neun?: Gott: ein solider junger Mann!« (Ein freches Geschöpf!)

Zum Frühstück geschlafen: Vom Sport fiel mir noch ein: Byzanz, die Blauen und Grünen im Hippodrom: genau wie bei uns an der Avus. Und wenn Schanghai fällt oder Berlin wackelt: das Wichtigste für die New-Yorker ist, daß Leo Durocher angeklagt wurde (wohl der Trainer der "Giants" oder so) – Lebendige Geschichte: ich könnte ihnen den »Kosmas« schon mundgerecht machen!

Ostwind: eiskalt aber klar. Ich ging hinüber und wollte den Schuppenschlüssel. –: »Ja, das ist recht« sagte Lore: »Wir haben nämlich morgen usw. Wäsche – Waschküchenbenutzung ist genau geregelt – und brauchen Holz. – Zum Feuern ohnehin auch.« Grete kam (ausm Dorf, einholen): »Denk mal,: der Lebke unten soll 537 Mark im Toto gewonnen haben ..« Das neue Golkonda.

Flüstern. Lore rief mich zurück; sie fragte streng: »Was haben S i e eigentlich für Wäsche?!«. »Die können wir gleich mit waschen!« Ich senkte den Kopf: ich war doch keine gute Partie. »Ziehn Sie mal den Mantel aus!« bestimmte sie wissend; Besichtigung;: »Kommt ganz am Schluß mit rein.« »Hemden und Unterhosen geben Sie jetzt gleich rein; Strümpfe und Pullover« (richtig; sie war verheiratet gewesen und kannte Alles schamlos genau). »Je ein Stück« sagte ich dumpf; sie waren einen Augenblick still; dann meinte Lore resolut: »Ja: also was Sie anhaben. Und sonst Nichts ...?« Nichts. »Ja, was ziehen Sie dann in der Zeit an ..?« Nichts. Sie mußten lachen; aber es war ja auch doll. »Na ja. Hm« räusperte sie sich: »dann ists desto schneller fertig.« – »Ich helf natürlich mit« sagte ich fest: »ein großer Teil ist ja eigentlich Männerarbeit: Auswinden vor allem wohl.« Sie pfiff anerkennend und hob das klare kalte Gesicht: »Erstaunlich! –« sagte sie: »Bon! Wird angenommen. – Du: da werden wir vielleicht endlich mal an einem Tage fertig!« Aber Grete hatte Bedenken; sie wisperte bekümmert hinter dem Wandschirm, und wurde erst durch Lores hochfahrendes »Ph« gestoppt: »Herr Schmidt wird schon andere Sachen im Leben gesehen haben, als ein Paar Mädchenschlüpfer.« Das kann man wohl sagen: Unteroffizier bei der schweren Artillerie, mon enfant.

Entkleidet: ich betrachtete voll Grauen und Scham meine Wäsche: bloß gut, daß es nur fünf Stücke waren. Ich verkroch mich blitzschnell in die rohe Uniform; das kratzte wie die Pest; und abfärben würde das billige Schwarz auch noch: der Neger schlägt, man glaubt es kaum. Ich legte mit geschlossenen Augen die dreckigen und zerrissenen Hülsen auf die Diele, und bat angeekelt: »Möglichst nicht ansehen!« »Ach du lieber Gott« sagte Grete mitleidig: gute Grete. Aber ich mußte noch einmal zurück, Lebensmittelkarte vorzeigen: »Prima: hier ist auch noch ein Waschmittel dran«: das war eine Freude. »Aber taugen tuts Alles nichts«

sagte Lore düster: »na, ich geh heut Nachmittag noch mal runter.« – »Eine Säge?« – »Bei Frau Bauer! Ich sprech aber nicht mit ihr.« »Ich geh schon«.

»*Guten Morgen, Herr!*« Sie strahlte mich mißtrauisch an (war das Anpumpen wohl schon gewöhnt); auch ich umfassend verbindlich (soll ich mal die Jacke aufmachen?): »Die Säge hat der Herr Schrader drüben.« Wir knixten und lächelten noch ein bißchen: ja, auch das Wetter war sehr frisch: fahr zur Hölle.

Am Holzstoß lehnte sie, eine Bügelsäge; ich nahm sie gleich mit: nicht Roß nicht Reisigee / schützen die steile Höh / : wo Fürsten stehn! (Was sich Willem damals immer so dabei gedacht haben muß! Wies in solchen Köpfen aussieht, wird unsereins nie begreifen!)

Säche, liebe Säche: und stumpf wie ein greiser Dorfpfarrer (Die müßte Lang mal in die Kur nehmen). Dafür war die Axt ein Bihänder wie aus dem Rolandslied (»Lagestu in thes meres grunt« .. wär mir auch lieber gewesen!)

»*Ist die Post schon durch?!*« Lore hatte nichts gesehen: »Ich klopf an die Wand« – Richtig; es trennten uns ja nur zwanzig Zentimeter. Eine Zeit, in der die Menschen so auf Post lauern, kann nicht gut sein! Nach einer Zeit kam sie herum, Kontrollkommission, und war sichtlich betroffen: ein Drittel der Wand war mit aufgeschichteten Scheiten verkleidet: doppelt sogar. Selbst auf dem Holzklotz sah sie aus wie meine Göttin.

»*Denn er hat ja keine Heimat mehr . . .*«: Zwei näselnde Stromer auf dem Platz draußen (wir und uns sahen sie gottlob gar nicht. Für arbeitsscheue Hofsänger müßte man stets Lorbeerkränze, kinstliche Blumänn und ähnliche nichtswürdige Präsente bereithalten; stellen Sie sich das Gesicht vor, wenn man damit applaudierend herausstürzte: dem Künstler eine gleich göttlich unnütze Gabe.) »Singen ist immer noch einfacher als Arbeiten« bestätigte sie heiter: ging das auch gegen mich?! »Viel einfacher!« sagte ich beleidigt. Sie ließ erst die Monarchen vorbei, und glitt dann hinaus; eine Kaaba war der Hackklotz geworden; na, einen Stamm nehm ich noch. – –

Wie zu einem Nachtwandler sprach sie: so vorsichtig: »Sie müssen unterschreiben« sagte sie tonlos: »Kommen Sie«. Ich ließ die Säge stecken: nein, ich zog sie in lustvoller Selbstquälerei heraus, legte die Axt pedantisch auf einen Balken, Heautontimorumenos, haspelte an der Tür, und kam.

»*Na also*« sagte lütt Grete, treuherzig und seifenhändig. Und Stille. Wir standen um einen Tisch herum, und das Paket lag drauf: violette Marken, weinrote: eine größere weiße: ein Dollar.

»*Ich* hab auch schon an meinen Vetter in Südamerika geschrieben« sagte

Lore, sehnsuchtneidisch. – »Na: hoffentlich ist was Feines drin«, und sie
wollten sich drücken; aber ich faßte an Jeder eine Hand, ich ließ sie nicht
fort. Stumm. Und sie blieben; d. h. Grete holte Werkzeug, zumal eine
Stopfnadel, und polkte die Knoten auf: »Prima Schnur«. Wir hatten uns
auf mein Bett gesetzt und sahen untätig und geschäftig zu; Lore bewegte
die Schultern (saß wohl auf einem Zeltbahnknopf); dann untersuchte sie
wirklich die Bestandteile meines Bettes: Bretter, zwei Zeltbahnen, eine
graue Decke, ein Deckenrest (rötlich: hatt ich wohl schon gesagt!) Sagte
nichts. Grete machte vier Bindfadenringel und sah mich an; ich nahm
ihr das Messer ab, durchschnitt den breiten Klebestreifen, und wir
falteten das doppelte feste braune Papier ab: Alles daran war unschätzbar. Aber nochmal war der große Karton umbunden: also: Grete. Lore
hatte schon die Adresse vor der Nase, und fragte von der Kaaba her: »Ist
das Ihre Schwester?! Lucy Kiesler?!« »Tjawoll« sagte ich großspurig;
"thats her" (jetzt wird nur noch amerikanisch gesprochen). Wieder drei
Ringel. Und ich atmete tief, zögerte noch einmal und begann: obenauf
eine Lage Zeitungen: New-York-Post. »Vorsicht!« schrie Grete auf: »Es
ist Zucker drin!« Richtig: es knisterte weiß: ganz vorsichtig; (sie holten
schon ein Schüsselchen)

Ah!«: Bunte Büchschen, weißblechne tin-Köpfe, geheimnisvolle Zeitungs-
ziegel: es roch nach – – »Bohnenkaffee« sagte Lore ungläubig: 1 Pfund
Bohnenkaffee.

2 Schachteln Camel: »Was denken Sie, was das heißt für Sie!« »Dafür
kriegen Sie alles Mögliche!« – Dexo: »Was ist das?« las ich aus den
Fragestirnen, und überflog den emailleglatten Text. »Backfett« sagte
ich: »kenns aber auch nicht weiter.« In einem milden Seidenpapier:
blütengelb und elfenweiß: 2 Stücke complexion soap: sie senkten wehmütig die Gesichter und schnupperten so enthaltsam, daß es mir im
Herzen weh tat; ich füllte Jeder eine Hand (Grete weiß, Lore gelb; rote
war keine dabei, daher nahm ich die zunächstliegende Farbe): prompt
legten sie die Knollen wieder auf den Tisch. Ich wollte auch noch weiter
auspacken; ich sagte unmutig: »Also hören Sie: ich sitz alle Abende
drüben bei Ihnen, in Licht und Wärme, und darf Sie stundenlang
ennuyieren:« Sah von Einer zur Andern: sie schwiegen verstockt; ich
machte die Kiste auf und sagte: »Hier: ich hab auch Eins.« Richtig, es
war das Brüsseler Stück Lux; sie sahen stumpf hin, aber es wirkte doch
etwas; sie atmeten und schwiegen. Also: ich legte ihnen noch einmal die
Stücke hinein (Sie hatte wunderbare Hände, und bei Grete gings
wesentlich schneller). Ich zog sie blitzschnell weiter von Gegenstand zu
Gegenstand: 2 Pfund Rohrzucker, Jack Frost, granulated. Tee: 16 feder-

leichte Papierbeutel am Faden: »Der wird Euch schmecken« dachte ich (Dachte; mußte ja vorsichtig sein mit den Bälgern). Mor-pork: Schweinefleisch. »Das ist mehr als ne Monatszuteilung. Doppelt so viel« sagte Grete; aber hielt das Fäustchen brav geschlossen.

Zerbröckelt: eine dünne silberne Tafel Schokolade: ich riß das Papier so geschickt und schnell auf, daß sie nicht widersprechen konnten; griff ein paar Dreiecke, schob sie durch abwehrende Hände und beteuernde Lippen hinein. (Mir auch!) Sie bliesen: durch die Stumpfnase, durch die Rassenase: sprechen konnten sie ja nicht, und auch ich lutschte, wehrte mit der Hand weiteren Unsinn ab. (Machte die Grete nicht schon wieder die Hand auf? Ich drehte die Augen blitzschnell einmal herum, daß sie erschrak und wieder zumachte. So was!)

»Eine Rolle Garn«: Grete griff danach: »Noch Eine« sagte sie andächtig. »Aber Lila«, warf ich ein, auf die unmögliche Farbe blickend. Sie schüttelte stark den Kopf: »Das ist egal!«; Tränen traten ihr in die Augen: »Seit vier Monaten haben wir keine Zuteilung mehr gekriegt. Und das waren 50 Meter weiß, damals!« Ich schlug vor (scheinbar nachdenklich die Hand am Kinn): »Wenn Sie mir meine Sachen mit nähen, können Sie eine behalten.« Ich wurde grob: »Ja denken Sie denn, ich will mir was draus weben?! Ich hab doch nich mal ne Nadel!« (Richtig: auch mein Nähschächtelchen hatte einem Tommy gefallen, konnte wahrscheinlich auch als Kompaß gebraucht werden: armes England.) »Ich näh Ihnen Alles!« Sie schluckte weich und schwor zehnmal durch Kopfnicken. »Und wenn mir mal n Knopf fehlt, können Sie den auch noch zugeben!«: »Ach ja!«

Dann kamen Pfeffer. Zimt. Kakao. Wir rochen und trampten durch Urhaine. Dann –

Ja, ich mußte mich setzen: »Schaffen Sie erst mal die Seife und das Garn rüber, und dann kommen Sie« sagte ich klanglos. 5 Sekunden; dann waren sie wieder da. »Soll man da nun lachen oder weinen?« forderte ich ein Urteil heraus; Grete griff hinein und hob 2, dann Lore und hob die letzten Beiden: 4 seidene Schlipse (und vor Jedem von uns Dreien stieg das Bild meines Wäschehäufchens auf: is this a dagger which I see before me?)

»Ja, die können sich halt gar keine Vorstellung drüben machen, wies bei uns aussieht!« schlug ich vor. »Wunderbar –« sagte Lore: »Zwei sind mit Seide gefüttert: kuck mal die Farben!« Aber Grete war jetzt entschlossen: »Die werden umgetauscht« rechnete sie ruhig (ich nickte sofort): »Sie brauchen ja – ja, Sie brauchen ja Alles.«

Ein Wickelkind: ich rollte weißlichen weichen Stoff ab, ab; ab: innen ein

Marmeladenglas, damson plum. Aber der Stoff war merkwürdig; die Fachmädchen drehten ihn murmelnd. »Rund gewebt« (Grete); »Das ist Trikot« (Grete); zwei straffe Arme dehnten ihn messend: »Fast zwei Meter« (Lore). Verlegenes Schweigen; also noch eine Lage Zeitungen. Ich lachte wild und verstört auf: »Ja, ist das wirklich an mich?!«; es waren nämlich ein karierter Rock und eine quittegelbe Bluse. Auch kariert. Leicht getragen. Noch mal Zeitungen. Schluß. Ff: Blaß-violette Streifen drin und schwarze (in der Bluse). – Ich sah hoch; auch sie besichtigten es stumm: nickten still: feine Sachen.

Überblick (wir sortierten und beschlossen). Kaffee, Zigaretten, Schlipse, Kakao –: umgetauscht. »Das hier verbrauchen wir!« sagte ich hart. Zeitungen werden studiert (viel Frauenmoden drin: da werdet ihr ganz schön drüber sitzen; ich weiß!). Blieben Rock und Bluse, und 2 yards Ringelstoff.

Ich stellte mich vorsichtshalber vor die Tür: ich hob die Hand wie der Arringa-tore, runzelte die Stirn und dozierte: »Sie kennen alle Leute hier in der Gegend.« Sie konntens nicht abstreiten. »Wogegen ich durchaus fremd und verdächtig bin!« »Nein! Verdächtig nicht!« sagte Grete bieder;: »Nein!«; schüttelte noch einmal; atmete. »Außerdem k a n n ich sowas schlecht« nervös: »also: wenn Sie den Umtausch übernehmen wollen – Sie tun mir w i r k l i c h einen großen Gefallen!« Ich sah bittend umher: »Wir machen das ganz sachlich: Sie bekommen für Ihre Arbeit das Zeug hier (d. h. Rock und Bluse): w i e Sie sich einigen, ist allerdings Ihre Sache.« Ich hings Lore über den Unterarm; aber Grete meuterte: »Das kostet doch ein paar hundert Mark heute. – Und so was Gutes kriegen Sie nicht mal!« – »Schöner Wollstoff« sagte Lore, die langen festen Finger tief im Rocksaum: »und ganz weit umgeschlagen .... «

Aber jetzt drängte Grete wild zur Tür: denn ich wiegte den Ringelstoff lang über den Armen, raffiniert wie ein orientalischer Shawl-Verkäufer, lächelte schwelgerisch und vieltausendnächtig. – Ich sang aus: »Ich brauche – als Eigentum! – das Eßbesteck; Tasse, Untertasse, Teller; eine Schüssel. Dazu den Blechkanister, der im Stall liegt.« (als Waschschüssel nebenbei –).: »Nun? –Ein solides Geschäft?!« – »Es ist der Teufel persönlich« murmelte Lore ehrerbietig; was ich als Einwilligung auf-faßte und ihr das Gewinde über die Schulter legte. Dann warf ich sie raus.

5 Minuten wartete ich: dann ging ich mit dem restlichen Zeug hinüber. Nur die Zeitungen behielt ich erstmal.

»*Hemdchen!*« hörte ich vor ihrer Tür Lore sagen: »einfach abgeschnitten; oben und unten ganz leicht gesäumt: Trägerband für die Achseln haben wir noch! – – Mensch: das ist die Rettung für Uns. Das werden 3 Stück! Ohne weiteres!« »Nein; zwei.« sagte Grete fest. »Drei!« (Lore). Pause. Pause. »Zwei.« sagte Grete ruhig, aber so, daß die Große sofort nachgab. Ich trat ein (zur Ablenkung).

»*Natürlich!*« ich durfte die Sachen in den Schrank stellen.

Ganz schnelle Beratung: »Als Wichtigstes brauch ich« zählte ich an den Fingern: »einen Spind – ganz einfachen Soldatenschrank. Einen Stuhl.« – »Ein Oberhemd, und –« Grete überwand vor Dankbarkeit die Scham: »eine Unterhose. – Und Strümpfe.« sagte sie. »Eine Glühbirne.« Da fiel mir etwas ein; ich wurde kunstvoll bedrückt; stockend begann ich: »Ich habe noch eine Bitte! –: Sie wissen ja, ich hab keinen Ofen, kein Holz, keine Töpfe. –« Kurz: »Wieviel Kartoffeln kriegt man für ein Pfund Kaffee?! – Sie müssen aber mitessen: dafür machen Sie mir dann jeden Tag mein Mittagessen zurecht.« Ich sah flehend in die dünnen Gesichter (es war ja auch wirklich abscheulich für mich, wo ich nicht kochen konnte; und ja auch Anderes zu tun hatte.) »3 bis 4 Zentner« sagte Lore vorlaut. »Wir brauchen ja auch jeden Monat n Zentner« meinte ich stirngerunzelt: »März, April, Mai, Juni – paßt gerade – nicht?!« Und wir sahen unsicher zum Hausmütterchen Grete hin: die fing unvermittelt an zu weinen, little Dorrit: »Wir sind spottschlechtes Volk« sagte sie: »Beide. Und Sie sind auch schuld, weil Sie uns sowas anbieten! –«. »Aber ich machs«, schloß sie dumpf, und machte ein düsteres Fäustchen: »Wir sind so verhungert! – –: Ich machs« – Jetzt spielte ich meinen letzten Trumpf aus: »Was ist eigentlich mit der Wäsche?« fragte ich wie erwachend: sie schrieen auf und stürzten zum Einweichmittel.

Die heizbare Steppdecke: ich sah noch immer auf das verführerisch bunte Bild, wo eine amerikanische Schöne soeben lächelnd ihr Mittelstück vorwärmte. Kopfschütteln. Nochmal. Unwillkürlich mußte ich auf mein Lager gucken: ein dreifach Heil dem Sanitätsgefreiten Neumann.

»*Und ich* hab ihm damals nicht mal n Handfeger geborgt« erinnerte sich Lore reuevoll in der Waschküche. (Exzellent: siehst Du!!)

Um 1 mußte Grete in Krumau sein; sie nahm auf dem alten Herrenfahrrad Platz und klapperte los. Wir entwarfen noch rasch den Feldzugsplan: Nachmittags schlafen gehen; ich steh um 23 Uhr auf, auch Lore. Sie beschickt den Kessel; während ich heize, geht sie rüber, und macht Essen für uns Drei (Hier raunte ich ihr ins Ohr, und sie lächelte: spöttisches Geistergestrahle: ich geb den Rest meines Lebens für 8 Tage: das sagte ich aber noch nicht!). Um halb Eins essen; um Eins fangen wir, mitten in der Nacht, an zu waschen: dann hängt um – na 8 oder 9 alles auf der Leine. (Und Frau Bauer ärgert sich grün!) Muy bien.

»Rührkartoffeln!« rief ich ihr noch nach! – Wetter kühl; sehr kühl: aber klar. (Rührkartoffeln: großer Gott, seit wieviel Jahren das erste Mal wieder?! Magnus nascitur ordo.). Holz muß ich auch noch in die Waschküche schaffen; wie gut, daß jetzt Papier und Pappe zum Anfeuern da sind.

Wie mit Fäusten raste der Wecker, besinnungslos, übern Romsdalsfjord, über delphinische Wasserklippen; ich zog mit leerem Kopf die Schuhe an, schaudernd in dem kratzigen Zeug.

Poch, Poch? – »Ja: sofort!« (das war Lore; hatte also auch den leichten nervösen Schlaf): »Ich warte draußen!«

Draußen: Mond buckelte still hinter stillen gelben Wolkenfronten. Wer weiß, ob Herrschaften in der vierten Dimension nicht alle 10000 Jahre ne Zeitraffer-Aufnahme von unserem Weltall machen: da ist die Erde nur ein Plattenfehler!

Mit hartem Schritt auf den Platz; weiter vor zwischen Kirche und Haus Schrader (Wurm: also so was!). Weit im Norden bewegte sich ein Licht: wars ein nächtlicher Güterzug?: Gott, welche Bilder drängen bei jedem solchen Wort auf einen Soldatenmenschen ein! »Nächtliche Güterzüge!«: ich senkte den Kopf, fluchte, und knarrte zurück: da prellte breites Licht aus einem Mädchenfenster.

Sie kam mit Glühbirne: »Tag, Herr Interlokuteur« knixte sie (wunderbar!); der Schlüssel ging von Hand zu Hand wie ein stählerner Kuß: »Sie sind groß: Sie können so rauf langen«; kann ich, Lore, kann ich. »Wenn sie drin bliebe, würde sie sofort geklaut werden.« Ich nickte, zutiefst überzeugt (würde auch keinen Augenblick anstehn; hab selbst keine) Sie hatte ein Tuch um den Kopf gewunden; breite weiße Stirne, schmales listiges Kinn.

Ich wandte mich roh: ich sagte scharf: »Wie alt ist der eigentlich?!« –? –: »Der Vetter aus Dingsda!« Sie lachte geschmeichelt: »Och: – reich und unverheiratet (kokett!). – So: 55!« Da wird zufrieden gebrummt. Weiter Wäsche einseifen und in den Kessel hinüberschwenken.

»So!« Ich hatte schon 5 Minuten sinnvoll im Feuerloch hantiert. »Also Sie machen jetzt Feuer; wenns kocht, klopfen Sie ans Fenster – ach Quatsch: an die Tür natürlich. – Das wird vielleicht anderthalb Stunden dauern. Ich mach Essen –« Wir lächelten, Gourmands, und atmeten tief: gesegnet sei Mrs. Kiesler! »Anschließend trinken wir Jeder Tee« sagte ich: »mit Rohrzucker!« Les mille et une nuits. (Galland war ein großer Mann; nicht der Flieger, sondern der alte Literat 1646–1715). – Gut.

Allein: Der Ofen zieht gut; oder: es brennt superb: ist dasselbe. Viel Zeit zwischen jedem Anlegen, immer so 5 Minuten, zum Spinnen. (Aber kalt ist es ohne Mantel und Wäsche: grausam!)

Zartes Gestirn zittert im Ruhegewölk: Viermal schrie es ums Haus: Wish-ton-wish. Wish-ton-wish: Käuzchen. Großer Mann, der Cooper. Das ist der Fluch der Soldaten: nie allein sein können; hier war ich allein: endlich! Kalt, ja: aber endlich allein. Nur drüben hantierten und schliefen die beiden; das ging noch an.

Mit einem eisernen Haken: vorm Ofenloch kauernd: da glüht Alles fremd und edelsteinern, aber so klar, daß man hinein möchte. Salamander sind keine so dumme Hypothese. Not so bad, not quite so bad. Und natürlich fielen mir Hoffmann ein, und Fouqué: mein Fouqué: den möchte ich sehen, der davon nur halb so viel weiß, wie ich! Wenn jetzt die Fee Radiante vor mich hin träte, und mir drei Wünsche frei gäbe ... ich spreizte die Hand und kniff den Stoppelmund ... drei Wünsche ... (ich werd Euch was pfeifen; denn am Wünschen erkennt man die Menschen, und ich bin nicht Sir Epikur Mammon!)

Blakenhof: ein Licht. Die junge Frau Müller soll ein Kind bekommen. – »Kinder binden« (Sollen sich lieber n Tandem anschaffen: da sind sie noch mehr aufeinander angewiesen!)

»Es kocht!« Jetzt war sie frisch und sachlich zurechtgemacht. »Gut« sagte sie: »in 15 Minuten komm ich wieder; das Essen ist auch soweit: soll ich die Büchse aufmachen? ...«

Ich machte 6 Scheiben daraus: dicke! Und Grete briet sie selbst. Sauce aus irgendwas mit einem Eßlöffel Dexo dazu: sie hatten vor Entzücken aufgeschrieen, als sie das schneeweiße Fett sahen! – Oh! (Apel will 4 Zentner für den Kaffee geben, sagte Grete) – Ach, ist das wunderbar: man kann nur den Kopf bewegen. Essen, Essen: Oh: Essen!! – Und schon kochte das Teewasser; sie hingen die Beutel in die Gläser mit den silbernen Henkeln (ich kriegte meine große Steinguttasse; schildert Mohammed nicht so die Wonnen des Paradieses?), und auch der Rohrzucker wurde nicht geschont: »Das war was« sagte selbst Grete.

Waschen, Auswinden; Waschen, Auswinden: wir arbeiteten wie die Diesel. Und sie waren begeistert, wie schnell's ging (Wäsche auswinden ist keine Frauenarbeit, s kann Einer sagen, was er will!). Und nun weiter: 140 Stücke sinds, glaub ich.

Heiliger Antropoff: tat mir der Rücken weh! (»Mitternacht ist vorüber: das Kreuz beginnt sich zu neigen.« hatten Humboldts Gauchos immer gesagt: demnach wärs also bestimmt 12. – Tembladores fielen mir ein, mit allen Geschichten und Widerlegungen, und die ganze voyage équinoxiale prozessionierte heran, so daß ich entrüstet an was anderes dachte: ein gußeisernes Gedächtnis ist eine Strafe!!)

Die starke schwarze Morgenluft, in der ein Endchen Mond flackerte.

Zinnern zog der Tag über den Sportplatz heran: zähe; auch Bauers rührten sich. »Der Schorsch ist ein großer Affe« sagte Lore verächtlich. So ausdrucksvoll, daß es auch Einen von der Mon-Khmer Gruppe überzeugt hätte.

Jetzt wurde es rosa: aber auch gleich so gemein rosa, wie in einem Mädchenpensionat um 1900; als sei nichts passiert; schamlos. Und ich trug die nächste Wanne mit auf den Wäscheplan hinterm Haus, wo Grete verfroren im weißen Geflatter kämpfte. »Die Klammern reichen nicht!« krähte sie durch Festons diskreter Dinge: selbst mein Gelumpe war sauber geworden.

7 Uhr 30: Fertig! »So zeitig hats noch nie geklappt!« gestanden sie. Und besahen mich stolz. »Jetzt schlafen wir wieder bis Mittag, wenn Grete gehen muß.« Auch ich war wie Stein und Holz; wir trennten uns gähnend (aber das Essen war gut gewesen!: man hatte tatsächlich noch keinen Hunger; God bless her.)

Ich trat hinein: mädchenhafte Vasen standen straff auf Konsolen, blauer Schmelz und Linien der Jugend; Pokale in Schränken; metallene Schreinlein; Petrus mit dem Schlüssel, Terminus in Greisenlocken (laut Stägemann). Im nächsten Raum Bilder: Trinkende Frauen; Landschaft im Odenwald; Muscovius stand da, im Predigerhabit, mit der Amsel auf der lächelnden Hand: dunkelbrauner Rahmen: das war gut. Eine alte Truhe: 1702 ... Eisleben ... Henry Cha ... (schwer zu lesen!). Ich ging langsam weiter durch das Museum: auf umglasten Tischen viele Abdrücke babylonischer Siegelzylinder; die hatte ich als junger Mensch stundenlang und gierig besehen: Greiffe in Perücken standen wie ihresgleichen inmitten der Menschen, Stilbäume bogen sich blättersimpel über Einhörner: Vollbärte waren auch damals Mode. Hinter mir an der Wand lehnten zwei Mumienschreine: einer noch geschlossen; das andere dicke braune Gesicht beobachtete mich überlegen, göttingisch, ägyptisch. Moderne Malerei: »Rote Form«, und: »Zwei Menschen«, Plastik, als altes Fahrrad. Ohne mich. Rüstungen gafften aus hohlen Visieren; Fouqué pflegte so was mit Rührung zu betrachten: »... darin einst ein kühner Leib gewaltet hatte ...«; ich ging kühler an den Konservenbüchsen vorbei, und trat in die letzte stille Halle: groß, groß.

Aus der Seitentür trat ein Alter, händegepflegt, mit fremdenführergroßem Maulwerk, weißes geschäftiges Haar; alt, groß und klapprig: watch out for flying parts. Ich nahm ihm das Messer mit einer Gebärde, die etwa den Wert einer mittleren Ohrfeige hatte, und schnitt stirnrunzelnd die dicke Papierschnur durch, die die Flügel des Triptychons geschlossen hielt. Sie schwangen leicht und weit aus. Ich ergriff meine Oberarme

mit beiden Händen und stand. Und. Sah. (Und andauernd stänkerte der
blecherne Alte hinten vorm Eckgetäfel).

Links: Erster Akt: ein Zimmer. Am riesenbreiten Schreibtisch der Werni-
geroder Herr, recht rotentrüstet und hoffärtig: nannten sich die Buben
nicht Hoheit? Der nasenfeixende Sekretär daneben, geschwungener
antiker Frack, schlank und billiger Jesuitentyp (als wenns einen teuren
auch gäbe!). Der Mann im Vordergrund hob soeben schweigend die
Bücher auf, die man nach ihm geworfen hatte; mittelgroß; in lang-
getragener Demut blieb der Rücken; die Hände mit den vernachlässigten
Nägeln faßten still um die alten Formate. »Das ist der Bibliothekar
Schnabel« schrotete der Alte mir im Genick »und der Herr sind ungehalten – oh!«; ich hieb ihn mit dem Hinterkopf in seine Ecke und ballte
die Backenmuskeln: da sah ich, wie Schnabels Gesicht unter dem Arm
hervorkam; ich hatte ein verschlossenes, verschossenes, erwartet; aber
nie, auch beim trocken-genialen Hogarth nicht, sah ich so wildes
boshaftes Grinsen, solch erhabenen Hohn über sich und die Welt (auch
den Fürsten; auch Gott, natürlich). Hier war nichts zu tun, als wegzu-
gehen; ich neigte mich wie im Tressenrock (und das Altmaul plapperte!)

Rechts: eine ärmliche Dachstube; auf einer Art Chaiselongue stirbt er. Ein
sachlicher Mann in schwarz und weiß als Arzt; Pfeffer und Salz. Eine
reife Haushälterin ringt, besorgt um sich, die Hände. Aber das lappige
graue Gesicht blickte im herzstockenden Gemisch von Todesangst und
Lächeln, oh Schweiß und Übelkeit, übers Fußende zur Tür, wo geister-
haft durchsichtig, und nur für ihn die lange Reihe hereintrat: Albertus
Julius und Cornelia (Bergmann); Litzberg, Jünglinge, Mädchenkinder;
und dem schandharten Bett, wie aus Zeltbahn lags über Brettern, nahte
sich heiter und ehrerbietig-kühn Wolfgang der Seefahrer: er hatte die
Hand des Meisters gefunden und zog ihn leicht, hoch aus dem Erden-
gestank: denn es mochte ein Boot draußen warten: dann zum Schiff:
und dann fort: ach, fort! (Und hinten kommentierte der alte Fant wie
ein Germanist)

Dahin: Dahin!: Aus der Tafelmitte strahlte, gewaltig groß, die Insel: weiße
Wände über dröhnendem Meer: o du mein Exil! Ich konntes nicht
ertragen; ich drückte den Kopf auf die Fäuste, und heulte und fluchte
quer durcheinander (Aber mehr fluchen: you may lie to it!) – Ich habs ja
auch schon anderswo beschrieben.

Halbwach: ich klaubte die Glieder vom »Bett« hoch und schludderte mit
sandsteinernen Füßen zum Tisch. Ich schrieb einen flehentlichen Brief
an Johann Gottfried Schnabel, esquire,: er solle wieder einmal ein Schiff
von Felsenburg schicken, botenbemannt: die würden durch die Straßen

gehen zu Tag und Nacht in weiten rauschenden Mänteln, und in alle
Gesichter spähen, ob wieder welche reif wären, Gequälte, wild nach
Ruhe, den Inseln der Seligen. Sofort müßte man aufbrechen, nach einer
Hafenstadt: in Amsterdam hatte Kapitän Wolfgang immer angelegt; ich
wußtes wohl und fluchte mit verbissenen Augen nach dem Entschluß.

Lore sah herein: da sprang ich mit ihr zur Wäsche (sie trocknete sehr schlecht;
aber es ist ja noch 3 Stunden hell, und der Wind geht recht munter: never
say die. – Das Bügeleisen borgt Grete immer bei Frau Schrader)

Müssen morgen noch mal raushängen. Die Hälfte ist – tja, ich würdes ja auch
noch feucht nennen – aber man belehrte mich in gewichtigem Tone, daß
dies »bügelfertig« sei.

Wie Hackelnberg, der wilde Jäger, kam Grete auf der alten Arcona an; das
klapperte so erbärmlich (ich seh morgen mal alle Schrauben durch; die
Handbremse funktioniert auch seit Jahren nicht mehr). Sie billigte
unsere Behandlung der Wäsche: »Ich geh gleich noch mal rüber zu Frau
Schrader: da kann ich dann morgen ganz früh mit plätten anfangen«. Ich
winkte Lore gebieterisch und fürstlich und sie eilte zum Tee: aus so
einem Beutelchen kann man 4–5 mal Tee machen: »Und dann tun wir
sie zusammen; und ich kochs nochmal!« sagte Grete glücklich: »einen
Schrank hab ich auch schon!«. Und sie erzählte, daß früher bei der
Fabrik – im Kriege – viel Fremdarbeiter gewesen wären, in Baracken-
lagern, auch Alle soldatenmäßig eingerichtet. Und da wär jetzt noch
Einiges da: alte Tische, Feldbetten, Schränke. Und der Geräteverwalter
wäre ein Lump und rauchte; diese Verbindung erschien mir bedenklich:
ich erklärte gekränkt, daß auch ich bis vor zwei Jahren … sie lachten
artig, und weiter gings: für 10 amerikanische hätte er sich bestechen
lassen, einen Einmann-Spind für 60 Mark offiziell zu verkaufen: und da
nun die Zigarette schwarz 6 Mark kostete … »Also für eine Schachtel –«
sagte ich verblüfft; und Grete nickte tapfer und pfiffig: »Er ist noch ganz
fest; allerdings so grob gestrichen: blaugrau und zerkratzt. Aber ganz
fest noch!« –: »Na also!«

»Was eulst du denn immer draußen rum?!« fragte Lore gereizt, als sie das zweite
Mal ihr Teeglas verließ (vornehme Gläser, das: sah hübsch aus, die
Mädchen mit den Gläsern; aber ich lob mir mein Steinkrückchen), und in
die flache Dämmerung irrte. »Apel kommt doch noch« erklärte sie
verwundert: »heute Abend mit den Kartoffeln: er fährt hinten am
Sportplatz lang, und –« sie sah mich unsicher an: »– dann müssen wirs
in'n Schuppen schaffen«.

Lore hatte das Vorhängeschloß in der Hand und zählte (auch!) die Säcke:
»Drei!«. Ich schnob wie ein Wind; war doch nicht so leicht, immer die

hundert Meter den Hang hoch mit einem Zentnersack im Genick! Und die Kiste füllte sich: Grandios: »Ssaotgut« hatte Apel kurz gesagt: waren auch schön; rote und gelbe. Als ich mit dem letzten Leeren runter kam, plauderte Grete noch ein bißchen, bereitete schüchtern weitere Konsumationen vor (wenn noch Eins kommt, könnten wir ja schon ein paar Pfund Speck erhandeln! Welch ein Gedanke!!) – Ich nahm den kleinen Breitschultrigen kurz beiseite (war ihm schon als der eigentliche Eigentümer der Sachen vorgestellt worden); er zögerte, grinste, na endlich: auch Schnaps machte er. Wir schüttelten uns fest die Ehrenhände: Mann hatte den Mann erkannt; außerdem konnte ich als Hamburger sein Platt fast täuschend nachahmen; wir schieden als Komplizen.

Mit einem Licht an der gefüllten Kiste: Grete, notgelehrt die Tür mit der Hand schattend, sah rührend aus: was ist eine Madonna mit dem Kinde gegen dieses Bild der kleinen Flüchtlingsfrau mit den Kartoffeln! (Und die Lichteffekte waren frappant, wie in der »Abendschule«, oder bei Schalcken).

Morgen Abend werd ich wieder n Hemd anhaben.

LORE ODER DAS SPIELENDE LICHT

26. 7. 1946.

Ein Klavier plimmte schüchtern, und Gretes biederes Sopranstimmchen
beteuerte, daß ihr nie der Schlummer nahe, bevor sie nicht »ihn«
gesehen hätte; und ich widmete einige Augenblicke ruchlosen Betrachtungen (draußen strahlte und funkelte Alles: also ein Strahl- und Funkel-
tag!).

»Haarig ist die Kokosnuß« pfiffen zwei Tippelbrüder auf der Landstraße.

Und aus Brand's Haide: »Du Schtruhkupp – Du, Du!« lockte die Wildtaube.
(»Lore! – Sind Sie soweit?!«)

»5 Minuten!« rief sie: »5 deutsche Reichsminuten!« Und sie kam lange vorher:
ein rotes Kopftuch aus Fallschirmstoff, eine Tasche baumelte: so gingen
wir in die Wälder nach Beeren und Wurzeln; vor allem nach Pilzen.
(Grete wollte uns am Abend abholen).

Drüben saß Pfarrer Schrader in der Laube, erhitzt und ältlich (kann Jedem
passieren), wohl über der Predigt; er gähnte, wie ein Unbeobachteter
pflegt, unter einem Barett von unglaublicher Flachheit; kratzte sich
unterm Arm; wieder. Endlich brach er einen breiten Zweig vom Jasmin
und wedelte sich langsam (in seinen Amtsferien nahm er sich, gleich
Epikurs Göttern, keines Dinges an, sondern saß in der Laube, trank
Fruchtwasser, und las im Luther – oder der Guyon, was weeß ich:
jedenfalls in den schon erwähnten speckigen Bänden, die er immer noch
nicht gewaschen hatte). »Sehen Sie? –« sagte ich düster und neidvoll
angeregt: »Das tun viele Primaten . . .« und zitierte flink aus dem Brehm:
Bruce, Hornemann, Pechuel-Loesche – es verfing alles nichts: ich mußte
mit! (Aber ein belohnendes Lächeln war mir geworden: was wollte ich
mehr!)

Ebbes Heiliges: Von der Seite hatte sein Gesicht einen superhimmlischen
Ausdruck; das Klo hinterm Haus, halbrund, wie eine Apsis.

Beim Hinuntersteigen: (und der Sonnenpfau prahlte am Himmel) die weiten
Horizonte, waldumkränzt, meilenfern: Menschen im Fernrohr: ein
Ideal: man sieht sie wohl, aber hört, riecht, fühlt sie nicht. (Die Laut-
losen, Bungelosen, Stillen.)

Dürftiges Fenster: die örtliche Tauschzentrale: Bügeleisen, alte Kleider und
Schuhe, Automobil gegen Litfaßsäule; vorbei, vorbei.

»Sie müßten eine Sichel tragen« sagte ich gebannt; sie öffnete fragende Augen, oh Nasemundundwangen (Lalla Rukh heißt Tulpenwange!), und ich erzählte ihr von Pschipolniza, der Mittagsgöttin im wendischen Ried. Dann: pfeifen: »das Mädchen aus dem goldnen Westen« (Puccini und der Abbé Prévost; verflucht, daß alles sterben muß; der liederkundigste Mund, und wenns Richard Tauber ist; gläserne Süßigkeit und Leidenschaft).

Nach einem Wege gefragt: Er antwortete, daß es selbst mir, dem der Landessprache leidlich Kundigen, wie »Bärentraubenblättertee« klang; aber es gelang mir, sofort geistesgewandt: »Ah! – Danke! –« zu erwidern. Lore sah mich gespannt an: »Hat keinen Zweck« sagte ich verächtlich: »so lange können wir nicht mehr laufen – –. – Am Besten: wir gehen hier in'n Wald! –« Und sie nickte zufrieden.

Kremplinge: hats zwei Sorten: beide lederbraun, am Rande eingerollt, flache oder meist gar konkave Kappe; die eine mit kaffeedunklem Samtstiel. Die düstere Fichtenschonung; Stämme starrten, braunschwarzstille Säulen, fruchtbare Wesen, in furchtbarer Ordnung; stumme Schnecken fraßen still im pilzigen Fleisch, und die drallen Bitterlinge derbten braunrosa im Genädel. : »Stellen Sie sich vor, diese Säulenschlangen könnten sich, wenn auch langsam, bewegen; von 10000 Schmarotzern, tief im Holz, gepeinigt: könnte man bloß die Insekten aus der Welt schaffen!«

Hoffentlich gibts Wasser heute Abend! (Durch die Demontagesprengungen gehen ständig die Kabel kaputt; vorher und nachher Sirenengeheul.) – Gelobt: Hans Watzlik »die Krönungsoper«: ist gut! Auch Jonathan Swift: ein großer Mann: dies wurde gerühmt, mitten in 200 roten Täublingen (und unsere grünen Mückenschleier, die wir statt der Säckchen in den Händen schlenkerten, füllten sich rapide!). Lautlos brennts im Moos.

Vorsicht vor Schlangen! Ich kannte mal Einen, der erzählte mir: jedes Jahr, in denselben Tagen, wo er gebissen wurde, ging ihm der Nagel am Fuß ab, und ein paar kleine Geschwüre bildeten sich: ist noch ganz geheimnisvoll. Also: precaución!

Grünes Glimmen überm Nadelboden; die Goldhitze umfing uns wie im Traum; es war ja eigentlich meine erste Liebe!

Ein Fremder (wenn er auch schweigend schritt): was wollte der Gringo in unserer lieblichen Zweiöde?! (Zweitönigkeit: oh Wald und Glasluft!)

Ein Baum im Wald: wer ihn mit einem dürren Ast auf 15 Meter trifft, wird glücklich sein: Lore traf ihn; ich traf ihn beim zweiten Mal: so sind wir Beide glücklich! Bon.

Über Krumau donnerte es wichtigtuerisch, und dann fielen so 5 Tropfen (das sanfte Gesetz): wenn ich wegen jeder Gießkanne son Radau machen wollte! (Und mal ganz abgesehen von der His-Master's-voice-Theorie!).

Sie sah mich Kauernden an: ich sagte flehend: »Elfen soll man an dem spielenden Licht aus ihren Augen erkennen!«; ich hob die Brauen, ich bat in ihr Gesicht: –

Waldrand: ein Waldrand. – »Lore!! –«

»Ich bin jetzt soweit –« sagte sie zwischen den Zähnen; ich antwortete überm Herzgehämmer: »Ich auch. – Schon seit dem halben Jahr!« Wir lachten nicht (brauchten unsre Energie zum vernünftig Dastehen); ich forderte rauh: »Gib die Decke. Ich muß mich an was festhalten.«

Ein roter Fleck Quendel.

Ich konnte nicht anders: ich umfaßte mit der Hand ihren kräftigen Knöchel und sie lächelte mokant und gütig: auch in der Hinsicht würde ich zufrieden sein. – (Hat sich neue Strümpfe gepumpt). – Ich sah sie an, lange, mußte den Kopf niedernehmen, und fügte meine linke Hand um die ihre. So atmete ich schwer und langsam, bis sie ihren Kopf zu meinem legte, und unsere langen Haare der Wind eine gute Weile mischte, braun und fahl; und sie wieder wob: fahl und braun.

Sie sang: leise und spöttisch: »Leben ist ein Hauch nur ...« – – »Ein verhallnder Sang! –« Und ich nickte glücklich und ehrerbietig. Glücklich. Ehrerbietig. Denn also ist der Unterschied, ob die Geliebte, ob Lehrer Bauer solchen Mist summt.

»Ich kann nicht tanzen.« – »Du wirst es lernen!« sagte sie drohend (hat wohl den Steppenwolf gelesen). »Nein« sagte ich gutmütig: »das nun eben nicht; – aber Dir stehen die apartesten Sachen bevor!«

Liebe ach, ich schwöre es dir bei der Nova im Perseus; und ich mußte ihr vom großen Madrider Meteor vom 10. Februar 1896 erzählen.

Schneckennamen (zum auf die Häuschen malen): nur 4 Buchstaben, (weils ja nur kleine Häuschen sind!), und originell: »Eine heißt LELE«. Pause. Sie überlegte, runzelte, flammte mich an: »Eine heißt GLOP« sagte sie kurz, und ich spitzte anerkennend den Mund: GLOP war gut! Pause; neidisch: »GLOP ist sehr gut!!« – »Eine heißt TOSE. MINK, ÜTL, XALL, HILM.« – »Eine einfach MAX«. – »Dann kann ich ja auch eine KURT nennen« sagte ich gekränkt: »Nein, nein: Originalität ist ja auch eine der Bedingungen!«; aber sie bewies mir, daß es MAKS zu schreiben sei, und fügte sofort hinzu: »URR, PHEB, KÜPL, ARAO, SIME, LAAR« –: ach, waren wir glücklich (indes die Schnecke weiter zog).

»Wo hast Du Deine glücklichste Stunde verlebt?!« Ich erwiderte schamhaft

141

»Beim Lesen der Dichter. Bei Erkenntnissen. –« Sagte nach einer schlimmen Pause: »Jetzt . . . .« – Nickte: in ihre Augen; Haar zu Haar. –

Da!: Cumuli!: Ich blickte hinauf: hohe gerunzelte Wolkenstirnen ringsum: ernsthaft, mißbilligend, bejahrt, der gerenische reisige Nestor, alles Synonyma (also wahrscheinlich Regen & Hagel gemixt!) – »Lore?« aber auch sie wußte kein Sprüchlein dagegen; früher hatten die Frauen immer solche Sachen gekonnt! – »Wieso?« sagte sie spitzfindig: »Ich habe eigentlich immer nur von Wettermachern gehört?! –?«. »Vernunfte nicht unziemlich« sagte ich streng: »es handelt sich nicht um machen, sondern um zerstreuen: das ist Frauenarbeit, ganz decidedly. –« und mußte sie schon wieder mit den Augen küssen, was die vâlandinne natürlich sofort merkte, und malitiös den blassen Mund bog und dehnte, daß ich nicht mehr wegsehen konnte (Selbst die Einsiedler der thebaischen Wüsten unterhielten sich oft stundenlang mit dem Teufel. Oder gar mit sich selbst.)

Erst die Bimmelbahn (Von Visselhövede, diabolus ex machina); dann kam klappernd Grete zum Treffpunkt: »Zwanzig Pfund Pilze!!« staunte sie. (Nahm resigniert zur Kenntnis, daß wir »Du« sagten). So saßen wir auf dem winzigen Haidlein am Waldrand; die Damen putzten Pilze.

»So! Und was hat der Film aus Storms IMMENSEE gemacht?!« – »Ist es nicht eine Schande, wie aus der zarten Legende unter den Händen rühriger Farbregisseure ein derbes Anderes wurde!?« Ich rollte mich beleidigt auf Lores Seite.

Klopstocks Messias: insania iuvenili, perversitate saeculi, verbositate senili liber laborat. Sie (Lore) klaubte sich den Sinn zusammen, »Was heißt verbositate« fragte sie; ich sagte es ihr, und sie nickte verächtlich: ». . . toller Mist . . .« sagte sie. C'est ca. Wen der Herr züchtigen will, schickt er zum . . . (soll Jeder beliebig einsetzen)

Grete hatte müde tuchene Braunaugen: das verfluchte Cellophanmachen! Sie sammelte die Quendelstäudchen; Feldthymian. – – »Noch'n bißchen ausruhen!« – –

Warm und still versteckte sich der endlose Abend bei Rauchrot und Ackergrau; nahte Alles aus fernen Kiefernsäumen, lächelnd und verdeckt; dörflich glomm die Butzenscheibe des Mondes hinterm Wacholder, warm und still.

Indian file über Nadeln und Wurzelschwellen; selbst Grete wischelte voll Schmugglerlust an der Dämmerung. Eine weite Wiese tat sich rechts auf; ich flüsterte verdutzt: »Hier sind wir vorhin nicht vorbei gekommen – –«; aber schön sahs aus: das graue (unverstümmelte) Hochgras, selbst die Halme vom vorigen Jahre bewegten sich noch mit; viel lose

Stille. Aber die schärfsten Augen hatte mein Falkenmädchen, sie zischte: »eine Laterne – ! – Kommt bloß raus!«; und wir wanden uns instinktiv nach Links, fluchten im Laufen halblaut und ehrlich auf die ewigen Waldwärter, die doch weißgott den Flüchtlingen das bissel Zeug gönnen könnten: »Aber lieber lassen sies so verfaulen!« sagte Grete bitterlich: »eh sie Einem nicht 5 Mark fürn Schein rausgeleiert haben . . . . .« Wieder nach links, ein kurzes breites Stück: ach, da ist ja die Chaussee! Wir sprangen auf die Teerdecke: jetzt sollte mal Einer kommen, und ich setzte den Eichenstock des Alten dicker auf: bei soviel Strolchen und Banden war der wirklich unschätzbar; jede Nacht wurden ja ein paar Gehöfte überfallen und das Vieh geraubt! So kamen wir zwanglos auf Polen im allgemeinen; dann die Oder-Neiße-Linie, und das Thema reichte ja bis zu Hause.

Die Abendlampe: ich war willkommen und trat ein. »Sind sie das?!« fragte Lore sofort und nahm eins der schwarzen schmalen Dinger in die Hand (Schrader hatte heut nämlich endlich die Kirchenbücher rausgerückt; »demnächst«). »Och – schalt aus!«, denn »Buli Bulan« oder sonst ein Verantwortungsloser sang sacharinen: Fräulein Loni / ist mein Ideal /: denn sie kocht mir jedesmal /: Makkaroni . . . . . also gesendet im Bremer Werbefunk, süß sog und sandete die Musik (bloß, falls mich wieder mal Einer n Misanthropen nennt: ich hab meine Grind!)

»*Also schön*« sagte ich sachlich (sah Eine dabei unsachlich an) – »helfen würde mirs freilich sehr, denn er will sie schon morgen wieder haben. Was zu tun ist, wissen Sie: Maria Agnese Auen. Eventuell deren Geschwister, Eltern, und so fort: also wo der Name Auen vorkommt wird geschrieen. Wir werden – durch die Heiraten – zwar dann auch auf andere Familien kommen, so daß wir die Bücher zweimal durchgehen müssen, aber sie sind ja dünn genug. – Jeder nimmt Eins – : –«. »Ich will die Heiraten« sagte Lore nachdrücklich und boshaft: »das ist immer so interessant – –«; sie bekams; Grete die Geburten; ich den Tod. »Wo fangen wir an?« Ich formte überlegend den Mund: »No – wollen ganz vorsichtig sein –: 1800!«

Ein Blatt. Dort ein Blatt: der Wecker trippelte in stählernen Schühchen im Kreise. Ich hob die Augen ohne den Kopf zu bewegen: sie hatte darauf gewartet und senkte die ihren. Hier ein Blatt. Wind ging atmend ums Haus und nestelte an den Scheiben. »Wo sind Sie?«; Murmeln: »1780«; – »Du?!«; »60«. – »Dann Vorsicht.«

Nonchalant sagt es von drüben: »Hier ist was. – Du!« und wir steckten Köpfe und Hände zusammen: also:

1752 am 17. 10. heiratete Maria Agnese Auen! – gut, gut! – den hildesheimer

Schuster Johann Konrad Fricke: das ist also die in den Briefen vorkommende Mutter. Ihr Vater: Johann Wilhelm Auen, Gärtner zu Amt Coldingen – »Das ist gleich drüben, hinter Brands-Haide –« rief Grete aufgeregt: »ich kenns; Eine von da arbeitet neben mir!«, und ich hörte sie so interessiert an, als nütze mir auch diese Nachricht. »Johann Wilhelm!« sagte ich dann assimilierend: »Johann – Wilhelm: das ist neu: das ist der Großvater, der immer im Scherz behauptete, keinen Geburtstag zu haben. – Gärtner also. – Na, mal weiter!«

1731: Grete hatte ihren Geburtstag gefunden: 4. 3. 1731. Leider war wieder deren Mutter nicht mit erwähnt. – Übrigens gut in Ordnung die Dinger; auch wichtige Bemerkungen ab und zu: besondere Vorkommnisse, Krieg, Naturereignisse, selbst Aberglauben aller Art (das wär was für Bergers gewesen!). So war bei mir, und ich las es vor, daß Lore mitstenografieren konnte: der Bericht des Predigers Overbeck vom 11. 10. 1742: ».... Unterschiedliche Bauern instruiereten mich, daß man am heutigen Abend in Brands-Haide viele Lichter sehe, auch Stimmen hören könne, so daß gar das liebe Vieh in den Ställen unruhig sey und sich Kinder und Mägdgen nicht aus den Häusern traueten. Ich verfügte mich in Begleitung des adjuncti, Hrn. von Bock, sogleich auf den Kirchturm, wohin mir auch besagte Bauern mit Laternen und Dusacken folgeten, um den casum zu untersuchen. Die Nacht war ungemein windstill, kühl, und, zumal über Brands-haide voll einiger Nebel, so aber die Sicht nicht sonderlich störeten: so observiereten wir in Richtung Krumau viele schweifende Lichter im Forst, deren Anzahl wir auf circa Fünf-Hundert ästimieren mußten; doch konnte selbst der v. Bock, so sich mit einem guten Dollond versehen hatte, nichts Näheres eruieren. Diese Lufterscheinung dauerte geraume Weile an, doch concentrierte sich immer mehr in einen dunstigen Fleck von hochbedenklichem diameter. Nachdem wir denselben eine Zeitlang consideriret, verließen wir das Gotteshaus wiederum, und persuadirete ich Jene in einer kleinen Ansprachen, daß wir eine bloße, wenn auch gar rare Naturerscheinung gesehen, so ohne Zweifel dem bekannten ignis fatuus oder Irr-Lichtern gleichzusetzen; wiewohl nicht geleugnet werden könne, daß der Fürst der Finsternis auch Gewalt über die Rüstkammern der Luft habe, und selbst soviel Antheil an der Chymie nehme, daß er sogar aurum fulminans bereite, wie einer der instruirtesten Gelehrten neuerer Zeit behauptet, und daß folglich die wirksamste Waffe ...«, und dann hatte er das Gebet »recommendieret«. Wir lasens noch mal und freuten uns der Erzählung. »Was sind Dusacken?« fragte Lore: »sone Art Hellebarden?? – Oder –?«. »Halbe Stangen!« sagte ich wichtig; sie zuckte die Achseln: »Wird nicht klarer dadurch: sags nur immer frei heraus!«. Auch diese Wendung war von mir, und ich hielt einen winzigen Vortrag über die alte Kunst des Klopffechtens, oder die Technik, einen Knüttel zu handhaben: das will nämlich auch gelernt sein; der Könner legt Einen um, wie ein Meister im Säbelfechten einen Anfänger; das waren also die Dusacken. – Sie machten Glanzaugen und leckten sich die Lippen: Gott, sind die Wissenschaften aufregend! –

Hier: Grete hatte wieder was: ein Knecht, der einem Zweig am Straßenrande spöttisch die Hand reicht, und von dem daumesdicken festgehalten wird; schon schwenken drohend stattlichere Äste herüber: da haut er sich in panischer Verzweiflung mit dem Messer die Hand ab und flieht blutend ins Dorf. – Am 29. 10. 1729. – »Direkt unheimlich –« sagte Lore keß und sah sich drahtig um: ich nickte abwesend.

»Was ist eine Pochette –« fragte Grete verlegen, als könne es sich um was Ungutes handeln; ich sah hoch, und sie las den Passus: ein benachbarter Graf hatte Geburtstag gehabt; große Feier, Tanz und Musik: »Ach so!« sagte ich, und zeichnete ihnen die winzigen Tanzmeistergeiglein auf: »so ungefähr. ... So: –«. Nochmal: »La poche: die Tasche; Taschengeigen; also die kleinsten Violenformen.« Und da sie mich so unglücklich betrachteten, gingen wir schnell die ganze Familie durch: Gamben; Viola d'amore, ihre Kraft und Eigenschaft, aber rasch, denn es wollte Nacht werden, und Schrader war unerbittlich: der Fels, auf dem man Kirchen baut.

Ich hob die plumpe Hand: sie schwiegen im gelbschwarzen Licht, und ich las das Atemlose:

»Heute, am Tage invocavit, hat sich folgendes ereugnet: eine Schaar von funfzehn geputzten Knechten und Mägdgen, so das Wort Gottes zu hören gewillt waren, observireten unterwegens am Straßenrande ein hell gekleidetes Wesen, von bleichem süßem Gesicht und schlanken proportiones, so ihnen aber nicht auf Anrufen geantwortet, sondern nur aus denen kalten klugen Augen auf die Bauren hingestaunet, und, da es mit Gewalt in den Kreis gezogen worden, gar wunderlich abwehrende gesti ausgeführet, auch sich stets ängstlich in den Schatten derer verrufenen Wälder gehalten habe, so Brands-Haide geheißen. Auf wiederholtes christliches Bedenken, sich doch dem Gang zum Tische des Herren anzuschließen, habe obbesagte Creatur nur mit einem gar klingenden Lachen geantwortet, auch nach Kräften gesuchet, aus dem Kreise zu entkommen, so aber zween derbe Bedienstete allweil verhindert; da es nunmehr böse geworden, in unterschiedlichen Gebärden gedreuet, und endlich eine enorme rotbehaarte Zungen aus denen angenehmen Zügen herausgebläket, dergestalt, daß sämtliche Anwesenden zurückgefahren, worauf besagtes Wesen noch einmal spitzfündig im Kreise gelächelt, sodann aber in seyn Bereich zurück gesprungen sey unter vielmaligem Ausrufen des Wortes cannae, wobei es zwischendurch, nach des anwesenden Verwalters Bericht, den Namen Caroli Magni (?) zwiefach habe hören lassen. Item ein junger Knecht, so ohnedies wegen frühklugen und ausschweifenden Gehabens bekannt, hat es unternommen, Jener in den Wald nachzusetzen, und ist bis dato keine Spur mehr von ihm zu bemerken gewesen ...« Ich starrte Lore an: das bleiche wilde Gesicht: ich flüsterte: »Zeig Deine Zunge; – ja?« und sie kam hervor als ein Rosenblatt, spitz und von hochbedenklicher Beweglichkeit.

Ich sah die Beiden an; ich sagte: »Also deswegen versicherte der Alte, daß Keiner dort hinein käme!« Und Grete, unwillkürlich gähnend, versprach, sich bei ihren Kolleginnen darüber zu erkundigen. Gähnte wieder: das arme Ding mußte ganz früh auf Arbeit! Ich erhob mich steif und raffte die Bücher zusammen: »Ich erledige den Rest drüben: gehen Sie schlafen! – Und schönen Dank! –« Lächelte. (Denn sie warteten auf unsern neuen Abendgruß); ich hob die Seele: »Mögen alle Wesen von Schmerzen frei sein!«; und sie antworteten still und überzeugt: »Mögen alle Wesen von Schmerzen frei sein ...«

Zahnpulver: garantiert unschädlich: so die Aufschrift! (Witzig war unsre 46er Welt, was: nicht etwa wohlschmeckend, oder hochreinigend, oder mit Radium G – nee, nee: man bloß unschädlich!). Und ich feixte, daß mir die Backen wehtaten: n Suppenteller kriegte man nicht zu kaufen, aber wenn man die Totenmaske der inconnue de la Seine, 38 Mark 50, umdrehte, konnte man sie als solchen verwenden. »Und siehe: es war Alles gut!« (Ach, weg mit dem Mist!).

Nacht (wenn man bloß was zu trinken hätte). Ich saß bei mir drüben im grellen Licht der hunderter Birne, über den alten Zeichen: ob meine Schrift 200 Jahre dauert? Lore war bei mir, ob sie gleich schlief: die Nymphe cannae! Cannae; cannae: Halt hier: Kinder, die mutwillig Steine und Unrat in den Wald werfen, werden geschreckt: durch Laute, durch Bewegtes (vast forms, that move phantastically; großer Bruder Poe). Mit dem Bächlein treiben Rätseldinge aus dem Walde, wie Spielzeug; grüne hölzerne Pfeiflein von hohen Tönen; geflügelte Pferdchen mit gestickten samtnen Schabracken; der Bäcker in Krumau, der Stadt, hat den Auftrag bekommen, Kuchen zu bereiten, und um Mitternacht am Waldrand abzuliefern, wo ihn ein alter Herr mit spitzem feuerrotem Hut bezahlet und sogleich vermummter Dienerschaft gewinkt habe: schön! Prokopius von Cäsarea fiel mir ein: Bell. Goth. IV, 20, und

Konrad Mannert: ich danke dir, ich verdanke dir viele Kenntnisse: warum haben die Wilhelmsaffen Denkmäler und nicht Konrad Mannert?!

Ein Pfeil (haben Sie schon mal Bücher gestohlen?): ich möchte ein Pfeil sein, im Fliegen, ins Irgendwohin, Littrow, die Wunder des Himmels. (Nämlich draußen).

Ich stand im Dunkeln wie ein einfältiger Pfahl; aus Brand's Haide kam Wind formlos und unerläßlich, zog ewig über mich Pfahl, ins Dunkel gepflanzt. Aus meiner Stube eintönte das Kunstlicht: also: hinein!

Die Blanken: Wieder kleine bunte Kinder am Wegrande, die schelmisch mitfahren wollen: also berichtet Bauer Nieber am 24. 6. 1727: und wie die lachten! Daß dem Klütenpedder unheimlich wurde, er in die wehrlosen Gäule drosch, und nach Westensen (siehe map) gallopierte. – Oh, auch ein Bericht vom Innern: die Feierlichkeit der säuligen Wälder, nebeldurchhangen (Flüchtlinge müßten, fluchend auf die Ortsansässigen, Beck, Felsch, in die Bäume gehen!).

Die Eingangswege verlegten sich ständig: ich überdachte, gerunzelt, geodätisch-kalt: gut, ich würde die Distanzen abschreiten, und das ganze Gebiet aufnehmen; einen Diopter herstellen. – Wind schlug ans Fenster und sprach ein: gut: also keinen Diopter! – Und weiter lesen (Denn Schrader will morgen die Bücher zurück! Unerbittlich wie die Inquisition: lesen Sie Maximilian Klinger: Geschichte Raphaels de Aquillas: das ist ein Buch! Nicht wie Sartres Gelumpe!).

Der Gärtner Auen: ich sprang von meinem härtegefolterten Gesäß hoch, vom Schemel: ich hob die zerkratzte Linse aus der Brusttasche: wenn das wahr ist, dann stimmt meine Jugend bis jetzt! – Ich ging in den Vorraum und trank zwei Züge unterm Hahngetropf: schliefen wohl drüben: Lore!

Draußen: Löwen und Drachen am Himmel.

Ich folgte meinem Finger, der hölzern die Zeilen strich: In Lauferschurz und Blumenhut: so war er am 24. November 1720 aus dem Walde geflohen, als wenn der Wind ihn triebe. Hatte sich zur Pfarre geflüchtet, ein Auge blutunterlaufen. Nach vielfachen Beschwörungen und Vorsichtsmaßnahmen, auch Berichten ans Konsistorium, hatte Overbeck wenig Zusammenhängendes herausbekommen: aber es reichte nicht hin, viel weniger her, da er (wie alle Theologen) nicht genug wußte. Bloß gut, daß ers notiert hatte: von der Nuß der Prinzessin Babiole war viel erzählt worden, das hatte O. besonders mit Fragezeichen versehen, ...

Es ist aber dies: Etwa um ... zehnhundert hatte die Prinzessin Babiole, auf der Flucht vor dem Könige Magot und einer ihren Neigungen so wenig angemessenen Heirat, die geschenkte Haselnuß geknackt: »Es purzelte eine Menge von kleinen Baumeistern, Zimmerleuten, Maurern, Tischlern, Tapezierern, Malern, Bildhauern, Gärtnern (jawohl: Gärtnern, Herr Overbeck! Das ists!) usw. heraus, welche ihr in wenig Augenblicken einen prächtigen Palast mit den schönsten Gärten (sic!) von der Welt aufbaueten. Allenthalben schimmerte Gold und Azur. Man trug eine herrliche Mahlzeit auf; 60 Prinzessinnen, schöner geputzt als Königinnen, von ihren Cavalieren geführt und mit einem Gefolge von ihren Edelknaben, empfingen die schöne Babiole mit großen Complimenten und führten sie in den Speisesaal. Nach der Tafel brachten ihr ihre Schatzmeister 15000 Kisten voll Gold und Diamanten, wovon sie die Werkleute und Künstler, die ihr einen so schönen Palast gebauet hatten, bezahlte, unter der Bedingung, daß sie ihr geschwind eine Stadt bauen und sich darin häuslich niederlassen sollten. Dies geschah auch alsofort, und die Stadt wurde in Drei Viertelstunden fertig, ungeachtet sie fünfmal größer als Rom war ...« (Das ist natürlich übertrieben!)

Ich stemmte die Hände auf den Tisch (den hatte Grete besorgt: Gutte Grete!): ein Ausgestoßener aus Brands-Haide also war der Auen gewesen, ein Pflanzengeist, ein Elfenkind: deshalb hatte er immer seinen Geburtstag geschickt verschwiegen! (Er stammte ja auch aus der Nuß: wie lange war er darinnen gewesen: wie kam er hinein?! – Denn daran zu zweifeln fiel mir ebenso wenig ein, als sei ich Don Sylvio!: Bitte: es war ja Alles urkundlich belegt: ich besaß selber 5 Dutzend unter Cellophan!)

Ein Elfenkind: ach, wär ich doch eins, und nicht Rumpffsweg 27, II. geboren, von konkreten Eltern (heißt »concrete« nicht Zement?) –

Ich blätterte lange aber unaufmerksamer: was sollte nun noch kommen; auch glitt Schlaf im Raume um: »Elfenbein« war eigentlich ein scheußliches Wort; »Bein«; erinnerte so an beinern, knöchern, kimmerisches Geratter, ich knappte mit dem beinernen Gebiß.

Heerdrauch: war viel Heerdrauch gewesen damals, ich sah schläfrig ins Jahr. Das war ein Wort meiner Kindheit; schweigend waren von Norden, Nordwesten, Nordosten her die grauen oktobernen Weben über mich Knaben gekommen; ich wußte, wie man auf leeren Kartoffelfeldern, bruchäckernen, steht und friert: stets erwartete ich solche Phänomene vom Leben, und nickte nur, wenn sie aus den alten Büchern herzogen. Ich schritt zum Lager, zerwarf die rauhen Decken, kyss meg i reva. –

Sie kam aus der Tür und sagte wie überrascht: »Guten Morgen –«; »Und das ist Alles?!« erwiderte ich kummervoll, so daß sie behend für eine Minute hereinschlüpfte.

Schrader: wie so viele Leute hatte er die Marotte, daß seine Post besonders eilig sei (dabei lief Alles, mit Bruckers geistreicher Sprechweise, auf einen bloßen enthusiasmum hinaus!); denn er ließ bei jedem Dreck ein armes Luder von Konfirmanden auf seinem uralten Damenrade nach Krumau klattern: – Ich ging hinüber: er war nicht da (Schön, kriegt er seine Akten also erst morgen wieder!)

»Wie gehts Ihnen denn?« mit mütterlichem Stimmklang (dabei horchte sie immer mit einem Ohr nach dem brodelnden Mokkatopf); nun, ich kann auch stur sein: »Gut!« beteuerte ich der Lumpin, und schmeichelte höhnisch: »Der Herr Sohn wohlauf?!«: und sah ihn dabei in der Küche beim Radio frühstücken: glückliches Vieh! Das konnte sich mühelos der Tränen enthalten, wenn es die Musik des Ritters Gluck hörte: was gab es für Götter (und ich Affe!). Sie glaubte, ich atme so nach einer ihrer Bliemchentassen, und offerierte säuerlich: da hob ich aber doch die Sohlen!! –

Auch drüben: Lore besah mich Wolkigen, rätselte an meinem Gesicht; endlich fragte sie behutsam und teilnahmsvoll: »Nimmt Dich Musik so mit?« Ich bat flehentlich: »Du: –« brach ab;: »ja« sagte ich bitter: »Kunst überhaupt! – Weißt Du, für mich ist das keine Verzierung des Lebens, son Feierabendschnörkel, den man wohlwollend begrüßt, wenn man von der soliden Tagesarbeit ausruht; ich bin da invertiert: für mich ist das Atemluft, das einzig Nötige, und alles Andere Klo und Notdurft. Als junger Mensch: 16 war ich, bin ich aus Euerm Verein ausgetreten. Was Euch langweilig ist: Schopenhauer, Wieland, das Campanerthal, Orpheus: ist mir selbstverständliches Glück; was Euch rasend interessiert: Swing, Film, Hemingway, Politik: stinkt mich an. – Du kannst Dirs gar nicht vorstellen; aber Du siehst ja, daß ich nicht etwa »blutleerer« oder papierener bin, als Ihr: ich reg mich genau so auf und begeistere mich, und kenne Ungeheuer, und hasse.« Pause: anderes Thema: »... und liebe ...!« schloß ich galant. »Du lügst!« sagte sie entrüstet: »entweder liebst Du Wieland oder mich ...«; ich bewies ihr manuell, daß man Beides vereinen könne, bis sies erschöpft glaubte: »... und das will ein Intellektueller sein ...!« sagte sie boshaft: »außerdem darfst Du Dich rasieren.« – »Das ist der Dank!!«

Post: Lore hielts mir hin: tolle, lege, und ich »erbrach« den braunen Brief: alles Mist! – Dann kam Grete und wir konnten essen; aus Krumau hatte sie Pferdegehacktes mitgebracht: davon kriegte man das Doppelte auf die Marken. Kunstvolle Zubereitung; noch schärfer würzen (»Das ist die letzte Zwiebel, Mann!«): da saßen sie und kosteten mißtrauisch; aber allmählich heiterten sich die Argwöhnischen auf, die Knusprigen knackten, und ich sah mich herausfordernd um: »–? –«. »Hätt ich nich gedacht!« sagte Lore stramm, und auch die Kleine nickte: »Das machen wir öfter – ach, man müßte mal – –«; um sie auf nutzvollere Gedanken-

gänge zu bringen, fragte ich (was ich schon längst hatte tun wollen) nach
einer Schreibmaschine. »Hast Du was fertig?!« und sie war neugierig,
aber ich winkte ab: erst die Maschine: dann sollt Ihrs als die Ersten lesen!
– Tja, die Maschine! Cordingen, Westensen, Rodegrund. Krumau:
»Höchstens im Werk, und die sind so ...« »Hier ist nur aufm Gemeindeamt eine«; und dem stand theoretisch Apel vor, Apel, der große
Kuhfürst: »Na, der müßte doch ...!« (Ich werds mal versuchen).

Gegen Abend: »Komms mit tanzen, Lore!« (Bauer, wie lackiert; auch Grete
fädelte unauffällig eine Nadel ein); sie antwortete klar aus dem billigen
Holzseßlein: »Nö – Wir gehn nachher spazieren.« und sah mich gedankenvoll an; er hob ehrerbietig die »feingezeichneten« Brauen (was
zur Glatze besonders aussah) und verneigte sich verwirrt viele Male: ja,
hau schon ab!

Fußball: »Alte Herren« spielten ihn. Ein kleiner Igel ritt auf einem Rade
vorbei und rief den local boys verächtlich anfeuernd zu: »Haut druff!
Tormann iss Krampe!« Und das galt dem hageren 45jährigen Krumauer
Veteranen. – Wir feixten und gingen unter dem lachsfarbenen, dem
seidengelben, kaltgrünen, friereblauen Himmel entlang, bis die glatten
Straßen öde wurden, und hallten. Und hatten viel erzählt: wie wir klein
waren; daß ein Mä 10 für mich gut wäre (und wenns ein Mä 5 wäre);
daß wir im Winter Schlafkünstler sein wollten: nur alle 4 Wochen einmal
führe ein unwirsches Gesichtchen aus dem Fenster; ein bißchen in
Brands-Haide gesetzt: »Davon schreibst Du eine Geschichte: aber süß!
Keine aus der rabiaten Kiste!« (Denn sie hatte den Leviathan gelesen).
Also eine Süße; und ich war gutmütig und versprachs.

»Findest Du das schönste Lied der Welt/: Bring es mit!: Bring es mit!«: ein
summendes Mädchen an der Hand. – –

Sonntag früh: »Ich hab die gefährlichste Konkurrentin bekommen, die es
gibt« sagte sie: »–: eine von ihm idealisierte Lore, mit viel wildem Geist.
Fleisch auch, ja.« – »Das machen wohl nur seltene Männer« murmelte
Grete verschämt: »wollen sie meistens nicht nur das Letztere..?« Seufzte.
– Ich suchte mir ihre Hand aus den Schalen (der seltenen Bohnen und
Mohrrüben) heraus, und küßte ihr das Gelenk. – Graugeflickter Him-
mel. – »Du mußt noch zu Schrader!«; »Geh mir bloß aus den Ohren!«
sagte ich betroffen: das hätte ich fast vergessen!

Unwillkürlich sah ich Apels verdrossenen Braunen an: einmal satt essen!!:
Rührkartoffeln, Knorrs Soßenwürfel, ne saure Gurke, und dazu gebra-
ten: Pferdegehacktes satt (d. h. mindestens ein Pfund! – Ach was: Zwei!)
Ich schluckte: na, das erlebe ich nicht mehr! Tiefe Schwermut ergriff
mich, und ich ging ins

Haus: sofort rochs nach Herrnhuter Losung! Ein Harmonium dehnte einen
Choral (Christenschlager: irgend einer ihrer musical hits: einem Gott
wurde Schlimmes nachgesagt: daß er nämlich die Welt geschaffen hätte.
Und wir ergo aufdanken müßten; – oder niederbeten, was weeß ich!)
No, ich schlug mein Gesicht in militärene Falten, und stellte mich
stumpf an den Strom der Zeit: gelernt ist gelernt; von mir aus kanns
jüngste Gericht mitsamt dem jüngsten Gerichtsvollzieher kommen: bei
mir ist nichts zu holen!
»*Wollen Sie nicht* hereinkommen?!« Wir lächelten gar kunstvoll, oh so kunstvoll. Hm, Hm. – Ein Schachbrett aus Feuersteinen, geschliffenen: das
war allerdings schön! : »Sehr schön, Herr Schrader!« –
Den alten Kügelgen rühmen: seine Freude war direkt rührend, daß wir
mal harmonierten.
Die Kirchenbücher retour: er lächelte sauer: »Jaja –: das glauben meine lieben
Pfarrkinder heute noch s-teif und fest. – Erst neulich hat Einer gesehen –
ach, mein bester Kirchgänger sonst! – wie sein abgestelltes Fahrrad allein
ein Stück die Schneise hinauffuhr und wieder zurück kam . . . .« (Ich
nickte anerkennend: das hätt ich mal sehen wollen!) Dennoch gelang es
ihm (wie auch mir immer) nicht, mich davon zu überzeugen, daß ich
unsterblich sei.
Valentinianer: oh, ich konnte ihm mit unangenehmen Einzelheiten aufwarten:
Emanationssysteme (wozu hab ich schließlich den Brucker, der als
Erster die Zusammenhänge erkannte, »wacker« nannte ihn selbst der
geizige Schopenhauer, besessen?!) – »Wollen Sie nicht mal das Wort
Gottes lesen?« – »Haben Sie das?!« fragte ich so neugierig und kunst-
reich eifrig, daß er sich zu einem verkniffenen Lächeln entschloß: er
hatte meinen Typus erkannt: »Nun ja«, sagte er ablenkend: »Sie sind ja
noch jung: es führen viele – und wunderliche – Wege zu Gott . .« Und
wir quatschten: es fehlten nur noch ein SS-Mann und ne Stigmatisierte;
ne Hure, ne Kreuzotter und n Rechtsanwalt: dann war die Gesellschaft
komplett (9,22: oh ihr Zeiger, unermüdliche Diener: wenn ich bloß ne
Uhr hätte!) Luther: »der Narr will die ganze Kunst Sodomiä verkehren . .« Selbst Schrader lachte dumpf. – Eine Frau befreite mich: sie
weinte geübt, ich möchte sagen: fließend (wenn der Pleonasmus nicht
zu doll wäre). Na, man hat ja auch genügend Gelegenheit im Leben, s
Heulen zu lernen. – Exit (Immer bei Shakespeare: enter three murde-
rers . .) Also: Exit.
Freiheit und Frechheit: ein Buchstabe Unterschied. – Wieder graugeflickt: der
Himmel.
»*Es gibt* hartgummine Seelen, die sich bei Betrachtung einer Hyperbel der

Tränen enthalten können ...:« Selbst Grete stutzte: »Sie können auch
Unendlichkeit sagen« erläuterte ich finster: Oh, Christian von Massenbach! (Weils nämlich keine Unendlichkeit gibt: wohler wäre Uns
dann ...)

Bauer hatte Ferien: Gott sei mir armem Sünder gnädig!!

adversus mathematicos: (obwohl ich selbst einer bin!); ich hatte gesagt: in 900
von 1000 Fällen ... »Also 9:10« vereinfachte ers: ich hieb die Augen auf
den Klotz: »900 von 1000 ist n i c h t dasselbe!!« sagte ich scharf. »Und
wieso?« fragte er, nasenhaft lächelnd. »Na, da denken Sie mal drüber
nach –« erwiderte ich klobig: »schlimm genug, wenn Sie Ihren Kindern
so was beibringen. – Und 9000 von 10000 ist noch besser.« (So konnte
nur Einer kucken, der als den wichtigsten Faktor im Leben noch nicht
das Glück erkannt hat!): »Wenn jeden Tag ein Schuß auf Sie abgefeuert
würde, wären Sie bei 9:10 garantiert am 10. Tage in den ewigen
Jagdgründen: aber bei 1000 Fällen könnten Sie möglicherweise 2½
Jahre alt werden: das setzt nämlich voraus, daß 1000 Fälle da sind!«
»Ähä« machte er betroffen: »das Kürzen ist also eine reine Fiktion ...«
»Nu, nich direkt ne Fiktion –« sagte ich wohlwollend: »man muß bloß
wissen ....«; er hatte Offenbarungen erwartet und saß mit gespannten
Augen, wagte aber andererseits auch nicht, mich kunstvoll Träume-
rischen anzutreiben: so wurde eben aus der Offenbarung nichts: bäh!

This may last long: er kam ins »bedeutend Allgemeine« (wie Goethe's
formulieren wollte: der hätte in seinem Alter auch allmählich wissen
können, daß nur das bedeutend Einzelne bedeutend ist!) – und ich
begann unauffällig den Rand meines Schmökers zu guillochieren: man
fühlte mit den Spiralen die Zeit sich fortringeln (konnte dabei auch
unwillkürlich an Wertpapiere und andere angenehme Dinge denken: ne
alte Schreibmaschine asdf jklö; auch verdammt mulmig wurde der
Himmel, und die Bremsen riskierten Anflug auf Anflug: Gewitter kam).

»Nanu?!« rief ich! »Ich will Ihnen was sagen, Herr Bauer: hoffentlich bleibt
die Besatzung 50 Jahre! – Erzählen Sie mir doch nicht, daß Hitlers stets
98%ige Wahlerfolge gefälscht gewesen wären: das hatte er gar nicht
nötig! Wie sie doch alle Gefallen an Achselstücken und fein ersonnenen
Dienstgraden fanden, am dröhnenden Marschtritt und zackigem Gehor-
chen. (Führer befiehl: wir folgen!: Gibt es etwas widerlicheres als diese
Bitte um einen Befehl?! Pfui Deubel, Deutsche: Nee!! –). Und jeder HJ-
Anwärter, jeder SA-Schwengel oder OA (er zuckte!) hielt sich doch für
durchaus führerverdächtig! –«

»Hätten ja nichts Anderes gehört, die Armen?!«: »Erstens: doch!!« – Und dann:
»Predigen Sie ihnen doch einmal das Ideal des stillen Menschen, des

arbeitsamen Gelehrten! Daß es ihnen voll genug sein soll, wenn sie die
großen Werte deutscher Kultur erhalten können und weitergeben: die
werden Ihnen was erzählen!« (Nietzsche hats genau gewußt: und
gebilligt und mitempfunden! So gehört er zum rohesten Pöbel!: wie sagt
er geschliffen: frage einen derben kleinen Igel auf der Straße, ob er etwas
besser oder klüger werden wolle, und er wird ironisch lächeln; aber raune
verheißend: willst Du mehr Macht?!!!: hei, wie da die Äuglein leuchten!!)
»Leider, Herr Bauer!: auch für die (die Alliierten) sind wir nur Objekt; wenn sie
uns in 5 oder 10 Jahren gegen Rußland brauchen wollen, ziehen sie uns
doch wieder Uniformen an, setzen uns die jetzt ausrangierten Berufs-
totschläger vor die Nase, und: auf gehts! »Üb immer Treu und Redlich-
keit . . .!« −
»Ja: es ist wahr −« zischte ich, »daß der große Friedrich auch Nachts einen
Filzhut aufgehabt hat!!«; er ging sofort, denn er hatte gefragt, ob »Lore«
schon wach sei. −
Der Tag ballte sich oben zusammen; Eisernes rumpte: hellgraue Lappen hingen
fliegend vorweg; Böen fielen mit heulendem Laubhaar (die Blutbuche
drüben in Schraders Garten sah finster aus wie gekochter Rotkohl − ein
homerisch Bild).
Die Büsche bewegten sich geduckt am Boden, schlugen geschmeidig mit
den Ästen auf; sprangen gierig hoch und nieder; ich ging gebogen ums
Haus auf den Wäscheplan: da spielten sie unten Fußball im nackten
rosigblauen Blitzgezucke: pikant, eh?! Dann dröhnte der Regen auf den
schwarzhallenden Grus (und die Ferne verschwand): bis zum Gürtel
sprangen mir die abprallenden Tropfen!
Wäscheplan (wir Drei, denn es war vorübergezogen): die Nähe lag in klaren
Gewitterfarben: seltsam verstelltes bewegtes Hellgrün, tropfenflink: und
unten spielten sie wieder Fußball; hübsch leuchteten die bunten Jerseys:
rosa und weiß; und kobaltblau und gelb. (Vielleicht hat Fußball doch
einen Sinn: als Belebung der Landschaft? − Aber die Städte liegen in
Trümmern!!) − »Abends tanzen und saufen sie dann bei Willi Kopp: ist ein
Geschenk der Götter, sone Psyche!« − »Sollen sie denn immer grämeln
und lamentieren?!« fragte sie spöttisch aufsässig:
»Nein!« − »Aber sie sollten ernster sein!«
Drinnen: der Wettermacher spielte Islandtief und Azorenhoch geschickt
gegeneinander; »westverlagernd«; »auf Ost drehende Winde . .« −:
»Quatsch Dich bloß aus . .!« sagte Lore drohend; schließlich kam es
heraus, daß für die nächsten beiden Tage schönes Wetter zu vermuten sei;
»gewittrige Schauer« allerdings: »bim . .« kam das hamburger Zeitzeichen.

»*Ich* stell den Wecker« bestimmte sie: »um 2 stehn wir auf und gehn sofort los, da sind wir um 5 schon wieder zurück, und kein Mensch sieht was.« »Hast Du den Sack –?«: es war ein doller Fetzen, geflickt, ohne festen Saum: großer Fuchs! »Nehmt den guten Bindfaden!« »So, und jetzt raus: schlafen!«

»*Das Messer* –« hörte ich Grete noch drinnen nervös sagen: »hast Du das kleine Messer zum Abschneiden ..?« »Wenn Euch bloß nichts passiert!!«

Fest schlafen ist schwer, wenn man soviel erlebt hat, Sorgen hat, kein Fußballer ist: wenn meine Schwester nicht wäre .... : und dann dachte ich viel an unsere gemeinsame Kindheit: gesegnet sei Sie: gesegnet sei Mrs. Kiesler: gesegnet sei Sie! – Gute Taten heute: einem Fremden den Weg richtig gezeigt – (ich habe eigentlich nie öfter gelogen, oder mein Wort gebrochen, als unbedingt nötig war; selten aus Lust am Betrug.: wenn das Einer von sich sagen kann, so ist das, zumal im Hinblick auf den sonstigen Zustand dieser meilleurs des mondes völlig genügend: mach mir auch gar keine Skrupel weiter!) Schlafen soll ich auch noch!!

»*Kruzi* ....: ach so. – Ja: sofort, Lore!«

Voilà: ein ungekämmter Morgenmensch der gähnt: das Meisterstück des Demiurgen angeblich – na, ich bins nicht!

»*Hast Du Alles?!* –« »Ja« aus geküßtem Flüstermund: wir zehenspitzten aus dem winzigen Flur.

Am Silberkraal des Mondes kauerte ein löwengelbes Gestern, buschmännig, im Gehöft. Unsere erbärmlichen Flüchtlingskleider flogen, göttlich gefaltet vom Wind; den schwarzen Kirchsteig hinab, alle Christen lagen betäubt in ihren verhangenen Kammern: Freiheit, Freiheit: wir sprangen händegekettet auf der Straße nach Blakenhof. – »Lore –«: sie legte sofort die Unterarme auf meine Schultern, oh Nymphe Cannae, wir stammelten und sahen uns tiefer in die reinen Gesichter, tief in der Nacht. Wir Augengelichter.

»*Kinder* –, oh Lore: leben in ¾ Sklaverei. Eltern haben kein Recht: die wollten nur den Koitus, und wir waren das Allerunwillkommenste, mit Flüchen begleitet ..«; es schüttelte mich vor Wut, und meine Lore: meine: Lore antwortete zwischen den Zähnen: »Du!: denkst Du, ich wäre keine mißlungene Abtreibung?! – Lieber hätten meine Eltern einen Wolf im Zimmer gesehen, als mich Lore!!« Du meine Wölfin! Unsere Zähne stießen aneinander, reinliche Elfenbeintäfelchen, ihr Haar strömte in meinen Händen, und Geräusch trat aus dem Walde zur Rechten: Du mein Geräusch! – Wir sprangen und glitten auf dem Apfelbaumweg.

»*St!*« – »Leiser ...« – »Iss nich bald voll? –« – »Ich liebe Dich: Du!« – »Du!« – – »Genug, was:?« – Ich griff nach noch ein paar Rotbackigen, Druwäp-

154

pel wie Mining und Lining: »Mein lieber Freund, das ist: – Mensch: ich
krieg den nicht hoch!! –« Ich kriegte ihn hoch, meine Knochen hätten
einen Berg gehoben (bildete ich): so flog der Zentner: »..und ab
jetzt! ...« Unter Kichern in den Stolperwald.

Der weißlebrigte Galsworthy!: "The Patrician": nee sowas von selbstgemachten
Problemen (als wenn die englische society eins wäre! – Und wir standen
wacholdergleich in Brandshaide!! – Ph!) – »Typhusimpfungen nächsten
Monat: dreimal!« – »Wir gehen zusammen, Lore: zusammen« sie legte
sofort die Unterarme um meinen armen Hals, und unsre Augen brann-
ten ineinander, blau in grau: warum war kein Wind, der unser Haar
mischte?

Frigidität der Frauen: »Lore: jeder-Mann kommt mit einer Frau aus: es muß
allerdings die Richtige sein. – (Und sie muß wissen, daß sie nicht bei
jedem Mal ein Kind angehängt bekommt: Lore, meine Lore!)« – Die
Pilze quollen feuerrot aus dem moosigen Grunde: wir schnitten sie mit
feinen Messerchen aus, kaum sah man sie im Dunkel.

Der Wald: »Kennst Du – Lore: wo bist Du?!: ach da: – kennst Du Hiller's
‹Jagd›? – Oh, dann weißt Du vom Freischütz nichts!« Hiller, Johann
Adam, † 1804: – »Mensch, Dein Gedächtnis möcht ich haben!« – »Ist
nichts, Lore, ist nichts: ich bin gestraft damit: denk an die Träume!«
(Habe ihr erzählt, daß ich jeden Traum der Nacht weiß, Alles, zwei 40-
stellige Zahlen im Kopf miteinander multiplizieren kann: das ist ein
Fluch; ich bin ein Verfluchter: Olé!)

Wie schön leuchtet der Morgenstern (das hielt Schrader für einen alten deutschen
bzw. lateinischen Choral! – Und ich bleibe dabei: die Menschen wissen
nichts, weil sie nicht 40 Jahre lernen anstatt zu quatschen). Die Bäume
schatteten starr; Lore im Tiefschatten: »Bist Du noch da?« – »Ja:
Liebster!« – Du tiefe Stimme: »Ho ohn, ho ehn, hos erchetai / Theos
hehmohn eulogetai / nai amehn hallehluja! / Theos monos tris hagistos /
patehr ho epuranios / ho hyios kai to pneuma ..« (klang gut, griechisch,
obwohl der Inhalt wahrscheinlich Mist war, please turn over!)

Mond (noch über der Pilzstelle) ein feines Zeichen im frühesten Morgenhim-
mel (wie eine Kerze in Wasser: – schön aber sinnlos, das Bild. Dennoch:
wie eine Kerze in Wasser!) Und der Sack war schwer, daß ich stöhnte
(aber verhalten) und der Schweiß mir übers rotfleckige Gesicht lief.:
»Hätten wir bloß nicht soviel genommen!« (besorgt). Ich lächelte sie an:
da ging eine Nymphe umschallt vom Wind.

»Es gibt Menschen – moralische Abnormitäten, und ihre Anzahl ist größer, als
man annimmt – die man nur beschreiben, nicht mehr verstehen kann: so
sah ich einmal Einen, der las bei seinem Wiener Schnitzel und mashed

potatoes, mit Einlaufsuppe vor- und Flammeri hinterher, eine ganze
Stunde lang in Dostojewskis Totenhaus, und nachdenklich: – freilich
war es ein leitender Angestellter der Textilbranche ...«

Vom Chorizonten mischte sich klarstes Gelb ein (ich wollte, ich röche nach
Heu, und nicht nach Mensch, Bock. –) Sie erstarrte im Blaubeerkraut:
ich im Getänn: da kam schon Einer durch den Forst – »Ssssssssst –«
(scharf): da kam Einer – –

Ach: der Alte: Ich hob die Schulter, spannte die 115 Brustumfang, schwenkte
das Erkennungszeichen: den geschenkten Eichenstock –: »Och – Sie
sind es –« sagte er jovial, und Lore hob sich verführerisch aus den blauen
Beeren; er lächelte und nickte: »Na dann – – ach: Herr Gaza –« stellte er
den dünnen Grauen an seiner Seite vor: wir drückten feuchte Hände und
lächelten verworren und mißtrauisch. »Beeren und Pilze –?« fragte er
autoritativ –: »na schön: aber immer vorsichtig schneiden, und nichts
zertreten: nich?!« Ein paar Regentropfen fielen um uns Morgenliche; er
musterte mit den großen reifigen Augen mich und die Lore, meine Lore,
mich und mich; er sagte recht leise: er schüttelte dabei den mächtigen
Kopf: es gefiel ihm nicht: »Oktober: Oktober ...« er hob die spitze
Hand; ich drückte die Hand.

Ich möchte wie der Himmel sein: early in the morning (aber wirklich early; also
nicht erst um 5, wenn die Bauern aufstehen!) – Ich keuchte und mußte
sechsmal absetzen; trotz gebissenster Zähne und Lores Gegenwart: und
eisige rosige Luft: ich bin fertig!!

Seladonene Hausfronten, schwärzlichgeäugte (und der soll gegen mich aufstehen, der die Astrée gelesen und genossen hat: war auch mal ein
bestseller!)

Sang mit näselnder Stimme Marienlieder (ist keine Bosheit von mir: es klang
wirklich abscheulich: ein Flüchtling in Blakenhof). Und da wir schon
bei ollen Kamellen sind: Perserkriege in moderner Aufmachung, jour-
nalistischer:
»Wir stehen hier unten am Hellespont: seit heute früh, 4 Uhr, marschiert
das Heer des großen Königs über die Schiffsbrücke, deren Erbauer hier
neben uns steht: »Darf ich fragen, Herr Megasthenes, wie lange die
Arbeit eigentlich gedauert hat ...?« (Und Gott strafe die Journalisten,
ich bleibe dabei: wenn wir Menschen uns betrüben: schon wieder ein
Krieg, wieder Verstümmelte und Flüchtlinge! Da krähen und lüsteln
die: »Schüsse am 38. Breitengrad!«; allein für die Formulierung gebührt
ihnen Entmannung! – Pfui Deubel!)

Im Schuppen: 1 Zentner geklaute Äpfel (und mir wackelten die Wanten. Aber
lütt Grete lachte: gutte Grete –), und schob uns ins Bett.

Hastiger Schlaf: vielspältiger; einmal fuhr ich in einem Zuge mit ihr zwischen
Görlitz und Dresden; bei einer verlorenen Station sprangen wir auf den
fäustigen Kies des Bahndammes, und huschten drüben in die glänzenden langnadligen Wälder; tauchten die Füße ins feste Gras, spannten ein
Zelt unter eine Kiefer; zwischen Görlitz und Dresden.

Wasser stürzen: rechtes Ohr und Halsseite schmerzen beim Schlucken; sind
auch dicker (und den Kopfschützer ummachen und so schlafen).

Bauernwege über Hügel: der Sand war mattgelb aber fest, und die zwei tiefen
Geleise störten noch nicht; auch war ich bald oben und sah, wie die
schweren Waldwellen nach allen Seiten hin sanken, sanft wölbten: war
nur Glanz und Grün in vielen Stärken, rips und mild. Auch trieb die
Sonne ein dunkles Spiel mit mir; als ich bergan kam, stand sie kalt und
abendgleich fast hinter fernen blaugegossenen Wolken: nun wieder
erschien sie oder eine andere vormittagshoch hinter mir, und heiß dazu;
da ging ich leicht weiter (einen schwellfeinen Schmerz im Ohr), eine
Senke hinein, hinan. Und die Wagenspur verbog sich in rechte Belang-
losigkeit: allein gelaufen ist immer besser, als mit Vielen gefahren; auch
war der klare dünnvergraste Weg so schöner; die Kiefern bogen oben
rote gesunde Ringerarme, grünbehaarte; ich wehte langsam im gold-
gestreiften Schweigen, das schöner ist, als viele Vernunft. Als der Weg
völlig verrieselt war, bannte ich mich in die Lichtung: oben blaues
Geglüh mit goldenem Unerträglich; so heiß wartete die Luft um mich,
daß ich gedankenlos sanft anschwebte, durch neue Büsche, um braun-
häutige Baumschönen: rauh und keusch und heiß flossen die Fein-
gliedrigen herum, nach hinten, rückwärts. Lange war ich so, lichter
Schatten, verwaldet, da wuchs ein freier raumer Hügel, dessen Rand ich
leicht emporstieg: und auf der weiten Terrasse eines alten Schlosses
stand. Hier und da sah ich Steinfiguren, puttenklein und derb, auf den
schweren Balustraden; die Platten des Hofes waren mit feinen Moos-
linien zusammengefügt, Sommeröde und alternde Stille; ich schritt
hinüber zum sehr hohen gewölbten, umwappten Tor, sah die mächtigen
vielfenstrigen Fronten entlang (und ein scharfer Halsschmerz trennte
Kopf und Rumpf); dann ging ich leichtfüßig hinein . . . .

Naiver blauäugiger Himmel: »Mensch, werd bloß nicht krank!« warnte sie
bestürzt, und auch Grete zerschrak: »Ach. – – Sie sind doch in keiner
Kasse!«, und in ihren Augen stand schwermütig-deutlich die ewige
Angst der Armen vor Ausgaben und lebenfressender Arbeit. Sie legten
Hände an mich: Fieber! Aber obwohl mir wirklich leicht benaut war,
schüttelte ich leichtfertig die Backen: »N Wunder wärs nicht –« sagte
ich zuvorkommend: »– nach all der Schinderei; aber so wild is es noch

nich.« Ich schluckte schmerzhaft, und sie merktens, und Grete sagte nach etwas Zögern: »Sie haben doch noch Zigaretten ...« »Zwei Schachteln.« Pause; gewiß, wir brauchten sie nötig. »Trinken Sie vielleicht mal Etwas« proponierte Grete hilflos: »bei Männern soll das helfen ...«; und auch Lore nickte, alte Routinieuse: »Geh mal zu Apel nachher; eine Schachtel kann draufgehen, und dann legst Du Dich gleich hin, schwitzen. – Das war ja auch ein Ding –« wandte sie sich zur Andern: »Denk mal: übern Zentner 6 Kilometer weit asten! Bei unserm Essen!« Ich gab nach, obwohls eine Gemeinheit war, denn es ging ja auch den armen Dingern vom Essen ab; man ist ein verdammter Exmensch!) »Aber jetzt sind sie Alle auf den Feldern –« rief Grete eifrig (hatte sich wohl reuig alle meine Verdienste zurückgerufen): »Sie nehmen dann mein Rad!« O. K. »Und setz Dich jetzt in die Sonne!« O. K.

Ein Böhm: mit einer Geige, eine Pauke auf dem Rücken (die mit Hackenzug bedient wurde), und auf dem Kopf ein Schellenbäumchen: so musizierte er »kinstlich« und kam gar immer näher, daß mir bei jedem Bums der Hals schmerzte. Natürlich war er aus Jablonetz/Nissa (»ahnfangen« fing er an) aß Tomaten, die er »Paradeiser« nannte, und unterhielt mich ein bißchen: »Spielleute kommen weit rum!« bestätigte ich gequält, und erzählte ihm langsam vom Trompeter Vermann, der gar in der großen Pagode zu Lin-Sing begraben liegt. Bis es ihm zu blöd wurde. (Wie er mir schon lange); und ich schrieb wieder weiter in der Eilikrineia.

Dann kam Bauer: immer Einer nach dem Anderen; lächelte überlegen, als er das Stück Grüntrikot um meine Backe sah (und der Hals wurde immer schlimmer; ich kann kaum noch schlingen und sprechen!); und er säuselte im Wind:

»Kein Wort gegen Jean Paul, Mensch!« sagte ich mühsam; er sah mich pikiert an: »Warum nennen Sie mich Mensch –?!« und erzwang ein vornehmes Lachen. »Weil ich Sie erinnern muß, daß wir von Geistern sprechen: er gehört einer andern Größenordnung an, als – Sie« (ich war hundsgrob: ich sagte absichtlich nicht »wir«: soll er doch bloß abhauen, und mich bei den Erinnerungen an Titan und Palingenesien allein lassen! – Aber nichts da: er wars wohl schon gewohnt.)

Zeigte sein neues Oberhemd, weiß Gott! und ich besah dem Blödling den zart gemusterten Ärmel: »Als wenn Aristoteles selbst es gearbeitet hätte«, mühsamte ich lobend; er erschrak des Todes: aus seinen Augen fragte es: Aristoteles? aber ich ging erschöpft darüber hinweg. – »Wer nicht besser ist, als sein Vorgesetzter, ist kein Untergebener«. – »Zum Vorgesetzten muß man also schlecht genug sein –?« meinte er ironisch; ich nickte so unbeteiligt, daß er ganz wütend wurde (dabei war mir heute wirklich jedes Thema wurscht!). – Große Männer: »Nur was tatkräftig ins Leben eingreift, die Welt gestaltend verändert: kann wahrhaft groß sein!« behauptete er (sah also im tätlich werden das Kriterium). »Alexander!« ausfordernd; »Ludwig Tieck« sagte ich verschwollen; »Bismarck!!« rief er mutig; (und mein Ohr quälte mich); »Fritz Viereck« flüsterte ich: er horchte mit geriegelter gerunzelter Stirn; ging bald, kam wieder. Pause (schön!)

»Wer war dieser« (betont): » Vier eck!«. »Haben Sie im Lexikon nachgesehen?« fragte ich neugierig und kränklich neidisch; er nickte kalt und beherrscht, verbissen und fürstlich;: »Jaja – Viereck – –« sann ich, schüttelte den Kopf, abwesend, schlug unsichtbaren Mantelkragen hoch (er merkte es und ging endgültig ab): das war der exzellenteste Rum gewesen, den ich je gekannt habe; fast göttliche Verehrung hatte der Mann unter uns genossen: Fritz Viereck, Stettin . . . . . . :

»Es war einmal am Hofe zu Eisenach –«: Les contes de Hoffmann (und wars nicht Herbert Ernst Groh?!). »Na, wie gehts?!« rief Lore mir Besonntem zu: »Besser??« Ich schüttelte den Kopf, daß sie sofort zu mir altem kopftuchenen Weib herauskam, und sich neben mich hin kauerte: so sahen wir einander an, bis ich bat: »Nicht ankucken, Lore: ich seh so dämlich aus!« »Ach du Muff!« sagte sie entrüstet, wandte aber das Gesicht doch: es stimmte schon! Ich stand auf, schlenkerte das Tuch ab, und sagte laut und zuckend: »Ich versuchs jetzt beim Kuhfürsten.«; sie holte mir das Rad still heraus, und ich flog elegant den Hügel hinunter (bis ich außer Sicht war: dann zog mir der Fahrtwind im Ohr, daß die Tränen liefen, Pest und Tod!)

Sie brauten und kosteten: s war eine ganze Gesellschaft, alles wohlhäbige Hausbesitzersköpfe: und Apel empfing mich lärmend: »Jou!« – »Amerikanische« brauchten sie jetzt und immerfort! »Krix ne Bierflasche voll! –? – Dauert ne Viertels-tunde: wir blasen grade!« (also mit hinein)

V2-Sprit: (in Krumau, wo Grete war, hatten sie im Kriege auch das hergestellt); da brauchte man das Benzol nur durch ein paar Stunden Luftdurchblasen und Kohlefiltern zu entfernen, und fertig war das schönste Feuerwasser! (D.h. es schmiß Einen immer noch in den Schultern beim Trinken, aber wirken sollte es: grandios!) Sie saßen und glotzten. Wurde vorgestellt, vielen klaffenden Mäulern, aus deren jedem ein dampfender weißpapierener Stift stak: Gott strafe England und Euch Unabkömmliche (denn wieder schöpften diese Landwirte das Fett ab: im Kriege waren sie mehr zu Hause als bei uns draußen, und jetzt fressen sie sich auch wieder als Einzige satt, und nehmen im Tausch der restlichen Bevölkerung das Letzte weg. Neulich hat einer zu Grete gesagt, als sie mit einer Kaffeebüchse ging: ihm fehlte nur noch n Teppich fürn Kuhstall! Krepieren müßten die Schweine! Alle Bauern! – Villân hieß es bei den Mittelhochdeutschen: die wußten noch offiziell, daß Bauer und villain eins ist!)

Türlich: alles »alte Soldaten!«: Einer, schon besoffen, machte für eine Zigarette den Parademarsch von 1914: Da buffa buffa buffa-buff!: die Gesichter dröhnten vor Lachen, gespitzte Hände zeigten auf den alten Trottel, oh ihr abdominales Pack: gelogen wurde aus verstepptter Seele; männlich gesaut; unds dauerte immer länger. Jeder gab »erhöhte« Geschichten, schreiend, und Vollgas, daß die Hölle auch noch stank: solche Kondensstreifen könnte Unsereiner gar nicht hinstellen: von was auch! Apel fuhr, halb fett, noch einmal aufs Feld, und sein Freund murkste weiter: »43 Prozent« sagte er stolz zu mir, Gelehrte unter sich eh, und im Topf bobbte das Aräometer: »Na: dor hessemm!«: auf die Schulter schlug er mich auch noch, gönnerhaft und wohlwollend: die Hand soll Dir abfaulen!

Auf einem weißen Stein: auf einem weißen Stein (mit einer heiteren Zahl drauf; also ein Kilometerstein vor Brand's Haide). Noch ein Schluck: s schmeckte fürchterlich; aber vom Magen her geisterte es heiß und verwildert auf, und der Hals tat schon nicht mehr so: weh: das heißt: ich pfiff jetzt drauf! Im letzten Abendlicht! Noch Einen?: Klar: noch Einen! (Dann war sie erst halb leer, unds reichte noch für einmal. – Aber ich wackelte schon ganz schön, schwingend: na, ist egal!) – Da lehnte das Rad am Baum mit sehr runden Rädern, alle Speichen hatte ich blankgeputzt: konnte ich noch stehen? Hinter mir sagte man bärbeißig: »Nanu –!«; ich sah mich gar nicht erst um; ich erklärte eifrig: »Es muß sein, liebe Freunde: ich bin nämlich irgendwie defekt. – Ich geh auch sofort wieder!« und schritt auf das runde Rad zu (kein Gefühl mehr im Gesicht: also vollfett!) Er kam, sich altklug umsehend, zu mir herüber und besah mein Gesicht; die dicke Seite, die Zunge: nichts gefiel ihm heute. »Da seien Sie man vorsichtig mit« sagte er vorwurfsvoll: »fahn Sie schetz man nach Haus und s-tecken Sie sich ins Bett: da is in der heutigen Zeit nicht mit zu spaßen!« (Mit meinem Bett nicht: da hast Du recht!) Aber er meinte es gut; die Sterne zogen ihre Runde: rund–herum, und die alte Kognakpumpe in mir schlug mich wie mit Fäusten: ich reichte ihm stramm die Hand: !: nickte und führte das Rad auf Straßenmitte: kein flacher Kopf, der Schmidt, was?!

Riding on a bike: sssst! – Das war ein Stein, ein Steinchen, ein Kieselchen; röhrig schob ich blitzschnelle Beine: und fett wie ne Axt! Juckjuckjuckjuckjuck: Apel, dem großen Kuhfürsten, schnitt ich ein so flämisches

Gesicht in den Ochsenkarren, daß er kerlig aufsprang und in die pausende Luft schnappte: o Du Kalb Moses!!

Der kantige Mond: sägte im schnarchenden Gewölk, daß es milchig stäubte: sagflis hieß es in Norge: da war ich auch gewesen; ich blies verächtlich aus hartem Spitzmund: Alles lange her. (Nochmal 17, 18 müßte man sein) ich schwenkte den Körper, linkes Bein als Achse (Das rechte taugt nicht mehr viel, vom Kriege her!) und fuderte über den Platz.

Da stand doch dieser Bauer am Fenster!: ich setzte das Rad klirrend auf, und ging auf die beiden zu: ihn fertigte ich mit einem Dolchblick ab, und einem versoffenen »Noamd!«, dem ich den Klang einer schweren Beleidigung zu geben suchte. Ich kehrte mich zu ihr; ich sagte: »Ich liebe Dich!« (Als Gruß, ohne weiteres!); sie antwortete nicht; also drehte ich wieder um: gekränkt: weiß Gott, man sollte nur Fouqué-Material sammeln! Jetzt rief sie: »Herr Schmidt ...«; ich fuhr herum: Grete war das gewesen! Und Schorsch lachte doppelbödig und unbändig: wir rechnen auch noch mal ab, Messer Agricola! »Ach so« sagte ich bieder: »bitte um Entschuldigung ...«; ging hinein und lehnte mich ein Viertelstündchen flüsternd an die Wand. Dann zog ich Alles an (denn ich begann doch wohl wieder zu frieren) und rollte mich ein (Hoffentlich hat die Dusche geholfen!)

Erst Mittags aufgestanden: dafür nicht gewaschen. »Ja, mir ist besser!« (war aber gar nicht nennenswert!) – Mit der Post wieder lange Bücherprospekte: drucken jetzt bloß 20–30 Jahre alte anerkannte Schlager. Manche davon leidlich (dennoch ist seit Stifter und Storm unsere Literatur tot); meistens aber nur Zuhälter der Poesie. Hamsuns »Mysterien« eins der leidlichen; und ich erinnerte mich: hat aber, was man technisch »überentwickelte« Charaktere nennen könnte – nicht weil ihm etwa übermenschlich große Individualitäten gelängen, Gott bewahre! – aber zu lang ist das Alles: man weiß von den Personen nach 300 Seiten nicht mehr, als man schon nach 100 wußte; das nenne ich überentwickelt, oder einfacher gesprochen: zu viel planloses Gequätsch. Idji! (Ich lobe mir den Gordon Pym: wo solche Kraken auftauchen, ist Tiefsee; beim Nazi Hamsun nicht. – Ich seh ihn immer noch, wie er, stöckchenschwingend, schon 80 und immer noch nicht gescheut, die deutsche Besatzung hofiert, ihre U-Boote besichtigt, und für die »blonde Bestie« schwärmt. Auch als Dichter kann er wenig: Vielleicht begründe ichs später ausführlich; jetzt bin ich krank: also nochmals: idji!)

Bei ihnen: »Na –?« Ich richtete mich hoch auf, die Hände in den Taschen: »Geht schon wieder«; dann setzte ich mich doch lieber auf den bretternen Fensterstuhl; das Buch auf dem Tisch: Mathilde Erhards Kochbuch.

(Grete hatte sichs von der Schradern geholt: warum wohl!) Lange und geil in den Rezepten gelesen: man nehme einen 4-pfündigen Rehrücken; zum Baumkuchen 70 (sic!) Eier; Seife kocht man bequem aus den reichlichen Fettabfällen unserer Küchen: wir hätten sie blank verschlungen; mit Abbildungen der gut bürgerlichen Küche um 1900; Pflege des Weinkellers: und ich hatte meine Flasche so einfach in die Kiste gestellt; so also sah ein gedeckter Tisch für 32 Personen aus, und ich las gierig die Gänge, bis mir schlecht wurde: »Iss Essen schonn so weit?!« Kam sofort: Rührkartoffeln, und ohne Fett gebratene Äpfel: mir fielen unsere Vorräte ein, und dies würdes dann also für die nächsten 4 Wochen geben. (Doller Geschmack!)

Bißchen draußen: rundrückiges Wolkenvieh mästete sich am Horizont, im Norden. (Nö: eigentlich rundum). »Können wir heut Abend etwa losgehen –?« fragte Gretel neben mir, zaghaft, schamvoll (aber wir hatten kein Gramm Holz mehr!): »In der Dämmerung, ja?«

Dämmerung, ja: Heuernte in den Mooren; ein draller ländlicher Mond dicht über dem Bauernvolk: »Die sind doch immer dabei!« – Zapfen und Holztrümmer hochheben (mein düsterer Kopf schwankte im mantelgrauen harten Spinnengezweig, Spenstergezweig); lange Stücke, von gebückten Mädchen gebracht, schlug ich gegen den gespannten Oberschenkel, bis etwas brach. Schon am andern Ende der Holzung: Gesicht durchs Gebüsch: Wind büffelte faul in noch Ungemähtem; ein altes flaches Goldstück lag, zerbrochen oder zugestaubt, im Himmelsdunst, ganz da drüben. (Och, zum Sterben wars nicht, aber ich fror und schwitzte wie ein panisches Vieh) Zupfen; Streicheln: – »Ich komm schon.«

Jede hat einen Rucksack, ich den großen, die verfluchten Wurzeln. Absetzen. Schon ganz finster; und dicht am Schienenstrang: »Wir gehen auf den Schwellen lang, ja?« – »Der letzte Zug nach Walsrode ist längst durch.« »Klar!« Tappen, tappen: »Ist Dir nicht gut?« »Nee« sagte ich (ehrlich sein ist keine Tugend, aber s geht meistens schneller; zum Lügen braucht man viel zu viel Zeit und Aufwand) also: »Nee!« – »Wir sind gleich da, – unten is schon die Holzindustrie.« »Und dann is erst mal n paar Tage Ruhe!« entschied Lore.

Frau Bauer, die Alte: mit Löckchen: »Ach, könnten Sie mir wohl endlich die Eimer zurückgeben!!« (Hier haste den Dreck!)

Mit Löckchen: Schon bei Individuen ist es ein peinliches Schauspiel, wenn sie nicht mit Anstand alt werden können: wie viel mehr noch bei Völkern! Solch würdelosen Anblick bot bereits Hitlers Deutschland; bietet zur Zeit wiederum, erhöht und grotesk genug, seine Sowjetzone: bietet letzten Endes Europa. Es gebe doch endlich den schon seit 100 Jahren fragwürdigen, seit 50 aber recht lächerlichen Anspruch auf Führung der Welt auf, und begnüge sich damit, seine Sprachen und alten Kulturwerte den Nachfolgern aus Ost und West so intakt wie noch möglich auszuhändigen; dann aber Industrie und Bevölkerung durch radikalste Geburtenbeschränkung auf 200 Millionen abzubauen. Europa als Hellas-Schweiz der Erde: ist Alles, wonach man billigerweise noch streben sollte; ich fürchte, wir werden nicht einmal das mehr erreichen, oder ein ruhiges Aussterben: in 20 Jahren wird mans wissen. −: »Eher geh ich noch zum heiligen Rock nach Triere, als ins Russische!«, und sie neigten betroffen die Mundwinkel: das hieß bei mir allerhand. (Stimmt aber eher umgekehrt!)

»*Du hast Fieber:* geh schlafen!« kommandierte die Herrin; hat recht: »Gut Nacht −« bat ich (und sie kam mit hinaus: Du!) − »Wir sind roh« sagte Grete ärgerlich drinnen: »daß wir ihn heute so haben schleppen lassen. − Aber er wär ja doch mitgegangen! − − Er ist wundervoll!!« (Wer hörte das nicht gerne!? Aber muß raus, erst mal nach mir sehen!)

Draußen: laufende Lichter fern im Walde (vielleicht auch mehr vor meinen Augen); ich fing so unvermittelt an mit den Zähnen zu schnattern, und das so laut im Dunkeln, daß ich sofort reinrannte. Als Vomitivgabe einen großen V2-Häger: ich nahm einen kleinen Zettel, ich schrieb mit dem besten Stift: »An Lore / (1a) in meinem Herzen /: Liebste! /« und Unterschrift; und dazu: d.L.B. (das hieß bei uns: der Liebe Beflissener). − Ich lief an ihre Tür, tupfte leise, und steckte den Zettel in eine Mädchenhand, machte die Türe selbst zu (das Licht war mir zu dick). Stand: −? −: ein leises tiefes Lachen.

KRUMAU ODER WILLST DU MICH
NOCH EINMAL SEHEN

Der Wind, der Wind: pflügte heran, den sausenden Büffelkopf tief, über Brands-Haide, über die befahrene Straße, hügelhoch über Blattloses: dann rannte er auf dem freien Platz, daß der Kies stob, an uns; aber wir standen fest, die dünnen Arme ineinandergeschränkt, Lore, ich, Grete. (Drei Häuser um uns: Schrader, unsere Bruchbude, des Gottes Haus: aber das half nichts bei solchem Wind; nur unsere Arme).

Eine Zeit lang lehnte das spitze hippokratische Gesicht des Mondes schräg da oben, in fleckigen leinenen Tüchern, daß wir erst schwankten, erschraken: seltsam: so bleiches Licht und Wind: und dabei Mensch zu sein! Nur gut, daß wir durch den dünnsten Stoff unsere Glieder fühlten, fest aneinander gedrängt (Gott, was hatte Grete für magere Arme: Frauen dürften nicht »arbeiten«! Aber immer robota, robota: das ist der Refrainfluch!)

Es rollte über den schwarzen Wäldern, mondbestarrt;: »Gleich kommt er«, zischte Lore (meine Lore!) und preßte mich, wie einen Kuß; wir senkten die zähen Stirnen, und die Bö zerschellte um uns und über uns: husch war auch der Makabrehochoben weg: wer widersteht Uns?!

Grete zuckte; sie schlug die rechte (freie) Hand in meinen Kragen; sie sagte atemlos: »Du!«, und Lore schnurrte wie eine Göttin nebenan: Alles Du! (Drei Fahrräder müßten wir haben und nebeneinander daherbrausen, mit unbewußt rastlosen Beinen!) Ich zog die flache Flasche aus dem Mantel: Gesegnet sei Mrs. Kiesler! und sie sprachen es langsam und feierlich, hallend, nach: God bless her! Wir nahmen so den letzten Schluck.

Und Wind: Es stampfte oben in den Wolken, daß unsere Beine ausfielen, in alle Richtungen. Fechten mit dem Überall: das heißt Menschsein!

»Mensch: Gib mir die Unendlichkeit zurück!« stöhnte Lore (meine Lore!) neben mir. Ich schwenkte (Grete im Arme) zu ihr; ich sagte: »Du!« Pause. »Nein!« sagte ich: »das kann ich nicht, Lore!« (Meine Lore! Grete wurde nur so mitgenommen.) – »Wer weiß, was aus Uns wird –« (Sehr richtig, Lore: quien sabe! Ich nicht!) Wind; Wind: wir neigten uns und federten hoch: Wir uns neigen?! Vor Wem!? »Bedecke Deinen Himmel, Zeus, mit Wolkendunst«: Tjawoll!

Oktoberregen: aber ohne Uns! Wir stolperten, verächtlich lachend, hinein: »Ohne Uns!«

164

»*Und nun lies was!*« ausforderte Lore; ich sah ihr ins brausende Gesicht, über
das Wolken zogen, Schatten zogen, und doch Zügeklarheit: Du wirst
mir bis ans Ende des bißchen Lebens vorangehen, Lore!: Sie kam um
den leuchtenden Tisch herum, den mit der weißen Decke, und nahm
mich in die Arme (daß Grete weinte). Und der Wind ritt hunnisch über
Brands-Haide, wie der Himmel tränte, und unsere kleinen Scheiben
schwirrten: ruhig; ruhig! Wir halten die Stellung! 6 Jahre Soldat und bei
der schweren: da muß es schon verdammt knallen, eh wir erschrecken,
eh?!

Ein Bleistift (: wenn man den selbst herstellen sollte! Stellt Euch vor, die
Menschheit ist weg: und Ihr solltet einen Bleistift machen!! – Zauberei!)
und Papierenes in der Hand: ich fuhr mit den Augen im Kreise. Lore;
Lore; Grete: ich setzte die Spitze des Dinges auf, und las:

»*Nach einigen Stunden etwa* fühlte er sich von einem seltsamen Geräusch
erweckt. Wie ein ferner Donner aus tiefer Bergeskluft drang es an sein
Ohr. Anfänglich, noch halb schlummernd, wollte er sich überreden, es
sei das Unwetter im Gebirge, aber stets vernehmlicher drang der Ton
von der andern Seite, wo er bei Tage die verschlossene Tür bemerkt
hatte, herauf. / Das nächtliche Erwachen an fremdem Ort, immer von
wunderlichen Schauern begleitet, ergriff Alethes Gemüt unter diesen
Umgebungen mit zwiefacher Gewalt. Der wahnsinnige Alte
schnarchte, und sprach einzelne wehklagende Worte im Traume; ein
unruhiges Geflatter, wohl von Fledermäusen, streifte hoch an dem
Felsengewölbe hin, und bedrohend stieg das Brausen und Zischen und
Brüllen aus der Tiefe herauf. Alethes, von Dunkelheit und Grauen
bezwungen, rief nach dem Alten. Der fragte ächzend, was es gebe.
»Hörst Du nicht« rief Alethes, »das zornige Getöse von dorten, wie aus
unermeßlichen Abgründen her? –« »Ho, ho« sagte der Alte hohn-
lachend: »ist es nur Das? Ich will Dirs vernehmlicher zu hören geben! –«
Damit war er schon an der Tür, die in den Felsen hineinging, riegelte sie
auf, und zugleich mit einem schneidend kalten Zugwind drang das
furchtbare Tosen fast betäubend empor. – »Was ist es denn? Was will es
denn? Böser Zaubrer, sags an!« so rief Alethes, ganz irr in diesem
Tumult. Der Alte, dicht neben ihm stehend, denn die Tür war nah bei
des Gastes Lager, sprach mit vernehmlicher Stimme durch das
Gebrause: »Dieses Felsloch führt tief in den Berg, unbekannte Schlünde
hinab, in ein Eisgewölbe, da drinn es einen grundlosen See gibt. Er ist
meistens still; aber wenn der Sturm so wild aus den Wolken fährt wie
Heute, dringt er auch wohl durch unbekannte Zugänge bis auf das
heimliche Gewässer, und dann zischt es und heult, wie Du es eben

vernimmst. Man kann auf dem glatten Eise ein wenig in das Gewölbe hineingleiten, aber in Acht muß man sich nehmen, denn drei Schritte zu weit, und Grundlos hat Dich in seinem Gewahrsam bis zum jüngsten Gericht. Ich habe mir deswegen den Zugang mit Riegeln verwahrt: man weiß nicht, es kommen den Menschen bisweilen tolle Dinge an. – Ein wenig schildern will ich doch eben jetzt –« Er sagte diese Worte mit einem heisern Lachen schon außerhalb der Tür, und Alethes hörte, wie er gleitend auf dem Eise umher fuhr. Ihn selbst, den auf dem Lager Liegenden, kam darüber ein Schwindel an, und es war, als raschle ein böser Geist in dem Moose, und flüstre ihm zu: sperre den Alten aus, Freundchen, sperr ihn hübsch aus: so bist Du seiner häßlichen Nähe quitt! – So entfernt auch Alethes war, dem bösen Gedanken zu folgen, so besorgt war er dennoch, der Alte könne von selbst die Eishalle hinunter gleiten, und in seinem eignen Gemüte müsse es sich dann wie ein Wahnsinn festsetzen, er habe seinen tollen Wirt hinuntergestoßen: er könne ja nie im Leben darüber zur Gewißheit gelangen, und müsse vor dem ängstigenden Zweifel vergehn, da es nachher Niemanden gebe, der ihm ein tröstliches Zeugnis darüber abzulegen vermöchte. Der Alte kam endlich zurück, verriegelte sorgsam die Tür, legte sich auf sein Lager und schlief ein. Alethes aber konnte keine Ruhe mehr gewinnen; schloß er ja auf kurze Zeit die Augenlider, so kam es ihm vor, bald, als liege er selbst, von dem Alten hineingeschleudert, in dem grundlosen See unter dem Eisgewölbe, auf ewig weitab von allem Leben; bald wieder, als heule der Greis aus der Tiefe durch das wilde Getöse herauf, und klage ihn als seinen Mörder an. / Der Morgen warf endlich durch das umgitterte Luftloch an der vordern Tür seine ersten Lichter in die Höhle. Alethes eilte hinaus, ohne sich nach dem schlafenden Alten umzusehn; ein klarer Himmel, eine stille Luft, und der feste, knarrende Schnee unter seinen Füßen, versprachen ihm glückliche Fahrt, so, daß er auch im Vorwärtsschreiten das Grausen dieser Nacht immer freudiger abzuschütteln im Stande war. Plötzlich aber stand er an einem Abhange, der, mit hohem Schnee überdeckt, keine Spur für den Fortschreitenden mehr darbot. Man konnte eben so gut unter der blendenden Hülle in senkrechte Tiefe hinabtreten, als irgend einen schützenden Stein erfassen. Es wäre Raserei gewesen, hier auch nur einen Versuch zum Hinabklimmen zu wagen, daher Alethes den Berg nach der andern Seite hin zu erspähen begann. Aber von kaltem Entsetzen fühlte er sich ergriffen, und von immer wachsender Angst, als er an allen Gegenden der Höhe dasselbe Hindernis antraf, und sich endlich überzeugen mußte, er habe den Umkreis, in welchen er gebannt sei, vielleicht schon zweibis dreimal vergeblich durchlaufen. Schon blitzte die Sonne hell auf den Schnee, als er endlich erschöpft und in gänzlicher Hoffnungslosigkeit den Rückweg nach der Höhle antrat. Der Alte sonnte sich vor der Tür und lachte ihm entgegen: »Du wolltest davon laufen«, sagte er »aber wir sind hier eingeschneit für den Winter. Ich merkte es gleich in der Nacht, als der Schnee so wütig gegen den Berg trieb. Find Dich drein: Du sollst es nicht übel haben. Mein Verwandter bist Du ja ohnehin; bist Organtin, mein Neffe, sonsten der Teufel geheißen, dieweil Du einen Teufel im Panner führst: siehst Du, wie gut ich Alles weiß?! Du hast Dich auch selbst mit dem Liede verraten, das Niemand wissen kann, als meine nächsten Anverwandten. Gräme Dich nicht: mit Anbruch des Sommers kannst Du weiter ziehn, oder wenn es gut Wetter gibt, schon mit Anfang des Frühlings. Bis dahin bist Du Reinalds von Montalban Gast! Tu nur, als ob Du zu Hause wärest, und fürchte Dich nicht vor mir. Meine Gäste, mußt Du wissen, hab ich immerdar gut verpflegt, und mich aller Neckerei gegen sie enthalten: tritt in die Höhle, Organtin!« –

Wen einmal erst ihr Arm umflicht, / wem ihres Mantels dunkle Falten / das jugendliche Haupt umwallten: / Den läßt die Eumenide nicht!:

Sehr furchtbar und drückend waren die ersten Tage vergangen, welche Alethes bei dem Alten in der Höhle verlebte. Der Wirt konnte sich in seinen Gast, der Gast in seinen Wirt nicht finden, und das Entsetzen des Einen steckte immer den Andern unwiderstehlich an. Vorzüglich grausig aber kamen sie einander vor, wenn sie aus dem Schlafe erwachten, und sich anstarrten, wie ein Wandrer das Untier anstarrt, das während seines Schlummers die gleiche Lagerstätte mit ihm erwählt hat. Alethes jedoch fand sich zuerst in die einengende Notwendigkeit; er fing sogar an, auf den ihm vom Alten beigelegten Ritternamen Organtin zu hören, als heiße er in der Tat so, und wie sich in ihm die Scheu legte, zähmte sich auch des Alten verwildertes Gemüt mehr und mehr. Er ward des menschlichen Umganges froh, und empfand nur seltene Anfälle seiner gefährlichen und Abscheu erweckenden Launen. Am schlimmsten und unaufhaltbarsten tobten diese, wenn die unterirdische Flut im Verein mit ihnen aus dem Eisschlunde heraufbrüllte. Dann tanzte er rasend in der Höhle umher, ja auch oftmals, wie in der ersten Nacht, jenseits der aufgerissenen Tür auf dem schlüpfrig abhängenden Boden hin, von wo er seinen Gast zu sich zu winken pflegte, und zwar in so gebietrischer Stellung, daß dieser bisweilen kaum dem seltsamen Geheiß widerstehen konnte. Auch gehörte es dann zu seinen Ergetzungen, Steine in den glatten Abgrund hineinzuschleudern, die, gleitend und abprallend, und endlich in das unterirdische Gewässer stürzend, furchtbare Töne weckten. / Eines Tages war er auch aus der Höhle gegangen, um große Kiesel zu suchen für dieses Spiel; da beschloß Alethes, den grausigen Abgrund auf immer zu versperren, was auch aus einem solchen Beginnen herkommen möge. Rasch riß er den Schlüssel aus dem Schloß, schleuderte ihn tief in das Eisgewölbe hinab, und warf hinterdrein mit angestrengten Kräften die Türe zu, daß sie krachend ins Schloß fuhr, und die ehrnen Riegel darüber zusammen schlugen. / Auf das Geräusch eilte der Alte nach der Höhle zurück; mit einem Blick übersah er das Geschehne, und ließ die gesammelten Steine aus seinem Gewande fallen, während er mit der andern Hand sehr ernsthaft nach Alethes herüber drohte. Dieser hielt sich auf seiner Hut, aber der Greis legte sich, schweigend und ohne weitern Unwillen zu äußern, auf sein Lager, sich gänzlich mit Moos zudeckend, so, daß er verhüllt war, wie am Abend, wo Alethes zum erstenmale die Felshalle betrat. / Es blieb so, bis zum andern Morgen, wo der Alte, sich aufrichtend, sagte: »Organtin: lieber Neffe; es ist wohl gut, daß wir einander anverwandt sind, und Bewohner derselben Burg. Aber soviel, als Du Dir Gestern herausnahmst, mußt Du nie wieder wagen. Hausherr, mein lieber Organtin, bleibe ich doch nun ein- für allemal, hier in der Höhle, wie ehemals auf Montalban. Meine lieben Gäste aus dem Eisgewölbe sind mein: dermaßen mein, daß der Teufel Jedermann holen soll, der sie von mir wegzureißen gedenkt. Ich hätte Dir auch schon lange den Hals umgedreht, Organtin; aber es ist ein Glück für uns Beide, daß Dein Türzuschlagen eben gar nichts geschadet hat: denn Geister, Neffe mein, kehren sich nicht an Tore von Eichenholz und Riegel von Erz: wo sie hin wollen, gelangen sie ohne Widerrede hin. Unten über dem tiefen See rauschet ihr Flug, Fittig hoch, Fittig tief, bald oben streifend das glimmende Eisgewölb, bald wieder sich tauchend in des schweigenden Gewässers Rund. Seit lang vor Carol Magnus Zeit her wohnen sie dorten. Ariovist redet von seiner Römerschlacht, und Marbod und Hermann vom deutschen Bürgerkrieg. Da spiegeln sich uralte Waffen, seltsam geformt, in den Wassern und von unerhörten Dingen flüstern bärtige Lippen an bärtige Wangen. Sieh einmal, Organtin, Du bildetest Dir ein, die grausigen Richter von mir ausgesperrt zu haben: jedoch nach wie vor ergeht ihre unaufhaltsame Reise, wesfalls sie auch Heute Nacht bei mir gewesen sind: danke Gott dafür, Organtin; denn sonst – –« Er verstellte sein Gesicht aufs Häßlichste, die Zähne gegeneinander schlagend, und die Augen wild umherrollend . . . . «

Sie saß finster und verhärtet; sie sagte düster und rätselhaft: »Du tust mir leid.

Mein Junge. −« Das heißt: ich verstand gleich etwas; ich horchte einem neuen bösen Klang und sah ihr unheimlich in die Augen, lauschte. Langsam. Grete schluckte; sie fragte weich: »Wollen Wirs ihm nicht sagen ...«, aber Lore fuhr mit der starken Hand hoch; ich fing die in der Luft, ich bat: »Jamascuna!«; aber sie schwiegen sanft.

»Es war sehr schön« (Grete, dumpf); sie kramte im Gestrümpf: »Z u schön −« kam es still. Ich zwang mich zu Gleichmut und Trotz: »Also eine Überraschung −« stellte ich sachlich fest, von Einer zur Andern, und nur die Kleine nickte·schwer: eine Überraschung! Dann sagte sie zu Lore: »Gib Deinen Rock noch her. Den Du aufm Rad zerrissen hast −« (Lore war wieder allein in Krumau gewesen; einmal auch mit der Bahn.) − »Ach laß −« und sententiös: »Es ist Nichts so eilig, daß es nicht durch Liegenlassen noch eiliger würde!«

»*Gute Nacht.*«: »Mögen alle Wesen ...«, und ich spannte deshalb noch einmal die Hand nach ihr aus: »Lore! − Jamascuna −?« (Sie kam sofort mit heraus; sagte es aber nicht).

Im Traum zerbröckelte der gestrenge Grauhimmel und grobes blaues Craquelee erschien: schlecht gemacht! Viel Sonne (und natürlich bin ich wieder Soldat, wieder eben aus dem Lazarett, mit wackelndem Bein, bei 20 Mann in der Stube: verflucht sei das Militär! Geblöke und Stumpfheit!) Wie ein sonnegefüllter Rauch schwebe ich in den hellen Kasernenkorridoren, treppab, immer »grüßend«, über den kahlkörnigen erbarmungslosen Hof, oh, mit zusammengefalteten Zügen immer weiter. Auf dem Damm durch den Ratzeburger See, im langen wiesenfarbigen Mantel: schmutzige Wiese! Aus der ersten Tür rechts in einem mittleren Haus kommt Grete: »Wie geht es denn, Herr Schmidt ...?«: da kann man nur die Hand an die steifgeschirmte Mütze legen, und sie ernst hineinwinken: zu gut ist sie (auch am Markt noch nicken: zu gut!). Aber es singt in der Weidenallee, blödstampfend und tiefsinnig: Willst Du mich − noch − einmal se-e-hen: / mußt Du auf den Bahnhof gehn!: / in dem gro-hoßen Warte-Sa-a-l / siehst Du mich zum allerle-hetzten Mal .....: Das nenn ich noch sachlich und bodenlos. (Und ich summtes noch, mürrisch, als ich aufstand!)

Freiheit: Ein deutscher Schriftsteller am 31. Oktober 1946 ist frei: das Arbeitsamt ist froh, wenn sie wieder Einen los sind; Finanzamt Soltau ist völlig machtlos, denn er verdient ja grundsätzlich unter 600 im Jahr: Nur gesund möcht Einer halt sein, und bedürfnislos: dann ist man frei. (Glücklich ist allerdings noch was Anderes! − Und behaarte Kiefer hat man, scheußlich und tierisch.)

Belegter Himmel (wie ne Zunge); dann auch:

Regen verglaste das Fenster; die Bäume bei der Kirche bewegten ratlos die
Äste, bogen sich ratlos um die Ecken, schlugen ratlos in die Restblätter:
naß, schwarz, unerbittlichzäh war die Rinde über das vertrackte Wesen
gezogen: nackte Eichen sind etwas Furchtbares, man braucht sie nicht
erst bei Friedrich gemalt zu sehen. Der Himmel wälzte sich grau von
Westen heran, immer drüber.

Ein Gebüsch sträubte entsetzt weißgrüne Blätter vor mir; auch die Post
brachte nichts. Aber Lore kriegte wieder einen festen gelben Einge-
schriebenen, mit schönen Marken drauf: ein Vulkan dampfte energisch
über der Hochebene; und irgendein Bolivar zeigte sein erzenes Profil.
(British North Borneo hatte früher schöne Marken gehabt, und
Moçambique; müßten auch mal ne astronomische Serie rausgeben:
Mars ganz in seinem Rot, mit den Polkappen etc; Saturn schwebt im
Ring. Oder Zinnien wie sie Schrader diesen Sommer im Garten hatte: so
seltsame Farben hab ich bei Blumen überhaupt noch nicht gesehen!).
Und dick war das Ding: sie ging damit ans Fenster, erschlitzte ihn, und
nahm viel Zeug raus, Geschriebenes und Gestempeltes. Unterdessen
kochten die Kartoffeln, und ich war schwach genug, selbst danach zu
sehen.

Flatterte Grete herein, atemlos, zitterte im Stuhl, die Hände nervös im Schoß:
die Russen waren über die Grenze; bei Helmstedt; seit heute früh.
(Stirnrunzeln!): ja, sie sagtens in der Fabrik: bei Helmstedt! »Natürlich«
sagte ich höhnisch und kränklich: »Hitler lebt ja auch noch: ist als
Fremdenführer im Gebirgsmassiv des Popocatepetl gesehen worden:
Bildbericht in der Illustrierten.« Sie flog immer noch; denn unten in
Blakenhof wußte sie 2 Flüchtlingsfrauen, die waren von den Russen
vergewaltigt worden, und hatten unter Flüchen die Kinder geboren
(Das wäre kein schlechtes Kriterium für die diversen Besatzungsmächte:
wer sich da am gemeinsten benommen hat! Totschlagen müßte man
solche Bestien!).

Ich schwichtigte sie mühsam; redete ihr die Tartarennachrichten aus:
»Dann würden unten auf der Straße die englischen Panzer schon rollen,
Little-One! Oben Flieger. – Ruhig. Ruhig!«, ich streichelte sie ein
bißchen, und sie ging, gefaßter, zum Ofen und legte nach. Lore kam mit
vorgeschobenem Unterkiefer an den Tisch und fluchte auf: »Bloß raus!«
schwor sie: »Mensch, wenn man aus dem Affenkasten raus könnte –! –
Na –« und sie wisperte mit der gekauerten Kleinen (da geht ein
Gentleman für 5 Minuten raus; ich blieb vorsichtshalber und tückisch
20!)

»Doch! Die ganze Chaussee liegt voll«, beteuerte Grete: »Da hats Zentner!

Noch vom Wind gestern.« Und wir gingen in den Nachmittag, mit Säcken, Eicheln sammeln. (Das hatten wir gelernt: schälen, in Spänchen schneiden, und auf einem breiten Tiegel ohne Fett braten: da schmeckten sie nicht mehr bitter! Man zermalmte sie zufrieden, und schluckte das Mehlartige: macht auch n Loch zu!). – Auf allen Feldern trieben sich die Bauern herum, (eine Egge harfte die Erde), gruben Mieten auf (oder zu; ich versteh nichts davon); gafften über Schaufelstiele; pfiffen argwöhnisch auf den breiten Fingern nach hypothetischen Hunden: weiß Gott, man müßte die Buben ausrotten!

Räuberwind zog im Wald, schleifte Schritte ins Laub, viel Schmugglersilbiges kam slavenweich: trat rauschend durchs Gebüsch und bewegte vorsichtig s Ästchengitter: »‹Isch Disch lieben› sagt er«, behauptete ich dämmerungskühn in die blanken Augen meines Oktobermädchens: wie bog sich ihr Haar an der mooskrausen Rinde vom Eichenstumpf.

Der Alte: er schob in der Schneise einen Karren mit erlesenstem gelbem Herbstlaub; Lore erstarrte: sie flüsterte: »Ich werd verrückt ... Kuck mal!« Tatsache: er harkte das Zeug nicht zusammen, sondern v e r t e i l t e es sorgfältig auf Rainlein, um Bäumchen; ein Prachtahornblatt hing er einem strammen Tännchen in den Wipfel und betrachtete wohlgefällig sein Werk. (Sah uns wohl nicht!)

Abendliche Dunkelei / und die Kuhmagd brummt ihr Lied. / Dreimal klafft ein Krähenschrei / wo der Tagrest westwärts zieht. / Über Apels Schonung wird es helle: / der Mond ... (Improvisierte ich; denn Lore hatte mich gereizt, ob ichs nicht könnte: Du wirst Dich umsehen! Wenns sein muß, entwickle ich die Suada eines Buffo, eines Advokaten: was ist eigentlich der Unterschied?)

»Aber die Eicheln!!« Schrader war am Zaun und klopfte entzückt auf die Latten, als er die hellgrüne und braunbunte Fruchtfülle erblickte: »Sie wollen ein Schwein fett machen –?!«, und sah strahlend herum. – »Oh, ein Schweinchen –« dröhnte ich ungarisch-gerührt: »Jo: dos Schräiben und dos Läsänn ...« und nickte ihm bitterlich zu: die Diät würde Dir auch mal nichts schaden, mein Heiliger! (Und der Horizont, neben der Kirche, trieb aus schwammigem Graufleisch eine Brandblase: eine Abendsonne; und die Bäume sahen ratlos darauf zu!)

Heilsarmee: »Kommt zu Jesus: Bumm!« – »Ihm entgegen: Bumm!« – »Das Christentum, in der Form, wie es seit den 2000 Jahren unter uns besteht, das heißt, ein Trübes von Hierarchie und Dunkelmännerei, ist ein schlimmer Hemmschuh für die Menschheit!« – »Sei froh!« meinte sie: »haste immer Deine Motion ...« (Auch richtig!)

»Es ziehn der Sonnen Blicke / mit ihrem hellen Strich / sich nach und nach zurücke, / die Luft verfinstert sich; / der dunkle Mond erleuchtet / uns

mit erborgtem Schein; / der Tau, der alles feuchtet, / dringt in die Erden ein. –« (Sie horchten kühl gespannt und kritisch zu).

»*Das Wild in wüsten Wäldern* / geht hungrig auf den Raub; / das Vieh in stillen Feldern / sucht Ruh in Busch und Laub; / der Mensch, von schweren Lasten / der Arbeit unterdrückt, / begehret auszurasten, / steht schläfrig und gebückt.« – (Grete nickte langsam: sie hätte wohl auch gerne geschlafen. »Mmm« machte Lore, nicht mißbilligend; ich hob die Hand und las):

»*Der Winde Ungeheuer* / stürmt auf die Häuser an, / wo ein verschloßnes Feuer / sich kaum erhalten kann. / Wenn sich die Nebel senken, / verliert man alle Spur; / der Regen Ström ertränken / der flachen Felder Spur.« – Grete öffnete den weichen Mund: »Zweimal Spur –« fragte sie zaghaft, sichtlich von lyzealen Skrupeln bestürzt; aber Lore sprang unruhig auf: »Das ist groß –!« sagte sie, wiegte die sternweiße Stirn; fluchte leise, mit einem scharfen Blick auf mich, und halböffnete den wilden Wünschelmund; schloß ihn verbissen und trommelte auf der versimpelten Kommode. Wieder zog sie den Brief von heute Mittag aus dem verschlossenen Fach, und ich schob mich steif hoch: »Ich muß noch mal ins Dorf« sagte ich schlaff.

Draußen: was soll ich draußen?! – Ich holte den Mantel, zog ihn im Gehen an, und latschte los.

An der Ecke: Drei Wege gingen von mir aus (und jeder war falsch!): No: Brüder, laßt uns fröhlich sein ... (das heißt also nach rechts: ist ja auch vollkommen wurscht!) –

Schritte: auch das noch! –

Bauer: (auch das noch!) »Nabend, Herr Schmidt!«: »Nabend, Herr Bauer.« »Na: ein Ständchen bringen –?« Ich feixte wehmütig durch die Nase und zeigte nach oben: »das ist serenadisch genug für Heute!« (Richtig: der Wind haspelte oben im Gewipf, ashen and sober).

»*Kommen sie mit übern Sportplatz? Hinten rum?! –*«: ich nickte gefällig: komm ich mit. Auch von hinten. (War Heute reif für schlechte Gesellschaft: Konditor, Konditor!: Was ist der Mensch und was kann aus ihm werden!)

»*Ist Euch auch wohl, Vater?!:* Ihr seht so blaß!« (Nämlich der Mond); auch Nebelvolk bewegte sich flink und selbstbewußt, sogar im Strafraum. Wir lehnten uns an den Zaun und sahen ins Spielfeld, wie da die Geistermannschaft still trainierte. »Die toten Fußballer Blakenhofs – wie?« raunte ich zu seinem Kopf, suggestiv im kalten Windstoß (da fuhren die drüben hurtiger durcheinander); »Soll ich –« zischte ich lüstern; wartete auch nicht erst, und pfiff einmal einförmig und schieds- richterlich: gleich: ein Nebelwisch rollte auf der Elfmetermarke, blieb federnd liegen: ein kecker heller Nebelkern –. Bauer rollte am Kragen; es war nicht heimlich: »Na – gehen Wir –« sagte er mannhaft und mürrisch; dann hörte ich noch, später, etwas von »Heftedurchsehen«: gut, gut; sieh sie durch, Boy, und danke Gott: Du hast einen ehrlichen gradlinigen Beruf (wenn allerdings dann die Russen da sind, mußt Du wieder umschulen; aber wir sind ja noch jung und wendig.) »Kommen Sie mit rein?« (Kurz!). Ich schlenkerte energisch den Kopf: »Muß noch arbeiten, Herr Bauer: bete und arbeete, und arbeete ... Sie wissen ja selber!« »Wann erscheint Ihr Buch denn?« »So es dem Herrn gefällt: Anfang November« sagte ich wahrheitsgemäß. Aber auch: »Freuen Sie sich nicht zu sehr drauf: rabiate Sachen, und düster dazu. – Mich wundert bloß, daß es überhaupt erscheint.« Zwang mich zu lächeln: »Also: –«; da ging die Tür die klipp die klapp, da kam die Katz die tripp die trapp; und ich sah gedankenlos auf das schwarze nasse Holzrechteck: eine Tür, eine Tür; wer doch eine Tür hätte; und das Bild und das Wort kamen mit mir ums Haus, um den winzigen Rasenfleck, durch die Sohlen spürte man den scharfen Kies, die Verdunkelung rechts war gut, und wieder eine »Tür«; ich ging in meine Tür, hakte am selbstgemachten Drahtriegel, und wieder auf, und setzte mich an meinen Tisch: wenn ich will, kann ich ihm ein »L« ins rechte Hinterbein schnitzen, ni Dieu, ni maitre (aber es würde ihm wohl weh tun; lieber schnitz ich mirs selbst ins rechte Hinterbein).

Schraders Haustochter: (denn er hielt auch so ne arme Lowood-Waise von 15): »Ein Telegramm für Sie: kommen Sie doch bitte an Apperat!« Stühle schurrten hastig; Sprünge gingen; und ich saß steif und dünn am flachen Tisch. –

Lange: Sie kam lange nicht wieder (würde drüben noch fahrig plaudern, straff und small talk, verarbeiten und Zeit gewinnen; nun, ich würde ihr Alles leicht machen); endlich hörte man ihre Schritte draußen. Sie sprach halblaut mit Grete (die also auch mit drüben gewesen war), man zögerte; dann kam sie herein zu mir, setzte sich auf meinen Schoß und legte mir Arme und Gesicht über die Schulter.

Sie sagte: »Du bist der Letzte gewesen. –: Du warst aber auch Alles: Alles!« Wir hielten uns und schwiegen.

Sie sagte: »Ich hab nie geglaubt – nie gehofft – daß ein Mann so sein könnte, wie Du: ich bin nie so glücklich gewesen: – – –. – Eigentlich warst Du auch der Erste!« Wir zitterten und schwiegen.

Sie sagte: »Am Sonnabend; übermorgen; fahr ich. – Ich fahr nach Mexiko: ich hab alle Papiere. Von Frankfurt aus mit dem Flugzeug; eben kams, daß die Fahrkarten da sind. –«

Sie sagte: »Er ist 61 und reich; wir haben unsre Bilder.« Sie zuckte und nahm mich fester in die Hände. »Ich werde ganz sorglos leben können; er hat allein über 10000 Dollar hinterlegen müssen. Und noch die Fahrt bezahlen!« Wir hielten die avernischen Gesichter aneinander und bissen hinein.

Sie sagte: »Du!! – – Erster und Letzter!« Und die Stimme zerbrach hinter meinem Halse. – –

Allein: ich schob auf den Platz, und ein verbeulter Goldeimer hing in Wolkenklüfte; am Hange flüsterten zwei: alrunisches Schwarzwasser und der Wind dieser Nacht: ich schrie: kein Teufel kam und holte mich! (Schreien ist auch Quatsch; schon wegen ihr.) Aber ich wollte noch ein paar Stunden hinüber ins Licht.

Radio und Unordnung tief in der Nacht: Sie krampfte meine Jacke in beiden Fäusten und tat mir vorn weh und sagte mit verzerrtem Mund und spiegelnden Augen: »Wir müssen aber packen« (da hörten wir auch, daß sich ein »Verband ehemaliger Minenräumer« gebildet habe, und Ansprüche anmelde!) Grete zupfte sie hinter die hispanische Wand und flüsterte: »Ich schlaf heut nachher drüben bei ihm! – Ja!«; »Ach, es hat keinen Sinn –« sagte Lore gequält und vertan; »Doch!« beteuerte Grete fanatisch: sie wisperten kurz; dann sagte Grete erloschen: »Ach so –«. Atmete zitternd ein: »Ja, dann hats auch keinen Zweck!«. Sie kam hastig hervor, dienerte vor dem größten Koffer und sagte automatisch in das bißchen Öffnung: »Du nimmst Dir meine Federbetten, wenn ich dann weg bin. Auch die Bettstelle,« und kniebeugte hoch, und setzte einen Kommodenschub auf den Tisch. (»In ganz Europa – / in ganz Europa – / in ganz Europa: / gibts nicht solchen O-papa!«) Grete erstickte empört den Repräsentanten unseres Wiederaufbaus; ich las ihnen vor, und sie packten, zögerten, sahen mich stöhnend an; und ich las vor:

»*Wir saßen einmal beisammen* in des Kaisers großer Halle; es ging schon gegen Mitternacht, aber die Becher wurden noch nicht leer, und die Trinker wurden immer erfreuter des edlen Getränks und der geselligen Mitteilung. Mein Vetter Roland sprach davon, wie er die Heiden so oftmals geschlagen habe, von der Elbe bis an den Ebro (dergleichen Reden er sonst nicht zu führen pflegte), und dann rann es ihm zwischendurch von den Lippen in goldnen Worten der Wahrheit, wie eine Prophezeihung dessen, so ihm bei Ronceval bevorstand: O mein herzlieber Vetter, Du hast es nun schon erlitten, und auch Dein Schwager Olivier, der damals mit uns so guter Dinge war. Der Erzbischof Turpin wollte bei unserm Feste nicht recht daran glauben; er meinte, dergleichen Äußerungen gehören dem Gotte Baccho an, nicht aber den frommen Offenbarungen aus echter Eingebung. Ach, ihm ist seitdem gleichermaßen der Name Ronceval durch das gottselige Herz gedrungen: / Aber wir wußten zu der Zeit noch wenig davon, und saßen vergnügt beisammen, wie ich Dir soeben beschrieben habe, Organtin. Da geschah es, daß eine der Marmorplatten des Bodens sich auf eine wunderliche Weise zu regen begann. Nun hob sie sich, nun senkte sie sich, recht wie eine Meereswoge im annahenden Sturme, und der Natur eines eingefugten Steines durchaus zuwider. Wir hatten unsre Lust dran, aber in Wehklagen hat sie sich verkehrt. Freilich nicht alsobald, sondern wie es der Welt Art ist: langes Würzen, schnelles Stürzen. / Nun, wir Alle sahen, wie ein Mann in morgenländischer buntfarbiger, goldglänzender Tracht unter dem Steine heraufstieg, und dem Erdboden durch einen Wink gebot, sich hinter ihm zu verschließen. Der Stein lag wieder fest. Aber der unter ihm hervorgekommen war, neigte sich gegen uns Alle im Kreise rings herum, zwar auf eine ganz fremde muhammedanische Weise, jedoch sehr höflich. Nun bat er um Erlaubnis, uns mit allerhand Proben seiner Kunst unterhalten zu dürfen. Turpin, der Erzbischof, warnte. Es sei zu nicht geheurer Stunde, sagte er, des Fremden Eintritt zeige sein Treiben an, denn von unten herauf sei er gekommen; und in Kurzem: dieser edlen Versammlung liege es ob, sich vor bedrohlichem Übel zu hüten. Wir aber meinten, es geschehe damit unsrer Ritterlichkeit eine Schmach, und forderten den Fremden auf, zu zeigen, was er Schönes und Ergötzliches zu bringen verstehe. / Ei, was er nun der Herrlichkeiten vor uns aufschloß! Die hängenden Gärten der Semiramis stiegen empor, und dann wieder der ungeheure Colossus von Rhodus, unter dessen gespreizten Beinen die hochmastigen Schiffe hinsegelten, und dann die andern der sieben Weltwunder. Und wenn es dabei noch geblieben wäre! Aber auch die alten Helden wandelten herauf, und fochten ihre Schlachten vor unsern Augen durch: Hektor, und Alexander, und Hannibal, und Furius Camillus, und dabei sprachen sie immer in ihrer eignen Mundart, welche zwar Keiner von uns (den Erzbischof Turpin etwa ausgenommen) erlernt hatte, dennoch aber in diesem Hexenspiele Jedermann auf eine unbegreifliche Weise verstand. Endlich sagte er: er wolle uns nun zum Beschluß noch recht die auserlesene Lieblichkeit der hesperischen Gärten zeigen, aber die Damen müßten mit dabei sein, vor Männern allein eröffne er diese wunderherrlichen Pforten nicht, und habe auch nicht einmal die Macht dazu. Carolus Magnus, gleich uns Allen schon in den mannigfachen Blendungen seiner Zauberei schwankend und halb berauscht, gebot, die Kaiserin zu wecken, und daß sie nebst den edlen Frauen ihres Hofhalts in der Halle erscheine. Sie traten

175

herein, die holden Gestalten, und feuerglühende Blicke schoß der Muhammedaner durch ihre lieblichen Reihen. – »Es fehlt noch Eine!« rief er mit einemmale zürnend aus. – »Das wird meine Tochter Mathilde sein,« sagte ein uralter Ritter »die kommt nur auf mein besonderes Geheiß, und ich will nicht, daß sie bei diesen Teufelsgaukeleien erscheinen soll.« – Der Muhammedaner aber lächelte höhnisch, und sprach in den Bart, worauf die Heldengestalt Hektors, an der der alte Ritter seine Freude ganz unverhohlen geäußert hatte, plötzlich neben ihm stand, und ihm angelegentlich ins Ohr sprach. – »Holt meine Tochter«, sagte nach einigen Augenblicken der Greis, zweien Kammerfräulein, die nach ihr gesandt wurden, zur Bewährung seines Willens einen Siegelring mitgebend. / Mathilde trat in die Halle, schüchtern, demütig, und so wunderschön, daß Blick und Herz eines jeden Ritters ihr entgegenflog. Sie aber, sobald sie des Muhammedaners ansichtig geworden war, der wunderliche Zeichen auf den Boden schrieb, und uns Andern mit einemmale überaus häßlich vorkam, hatte nur Augen für ihn. »O, die hesperischen Gärten –« lispelte sie mit himmlischer Anmut »– die goldbefruchteten Bäume; und Herakles in ihrem Schatten –! –« Wir sahen von alle dem nichts, wohl aber, wie sie, fast zu Tränen zerfließend, immer weiter vorwärts schwankte, dem Magier entgegen, der, sie plötzlich in seine Arme fassend, mit Hohngelächter ausrief: »Die wollt' ich!!« und vor unsern Augen mit ihr unter den Stein hinabsank, unter dem er hervorgekommen war. / Wir, voller Grimm und Entsetzen, faßten den Stein, aber er lag wieder fest und starr eingefugt, so, daß wir aus dem Saale rannten, Maurer und Schmiede zu holen. Zurückkommend aber sahen wir, wie der alte Vater in seiner gewaltigen Verzweiflung auf dem Boden lag, und im Nachscharren nach seinem einzigen Kinde den Stein bereits mit übermenschlicher Kraft zu lüften begann. Freilich floß ihm das Blut dabei über die verletzten Nägel und Finger herab. Es gelang ihm denn doch, und der Stein wich vom Platze. Darunter aber sah man nichts, als die feste dunstige Erde, und eine abscheuliche Kröte, die uns aus grellen Augen und fauchendem Schlunde angrinste, ja, als die herbeigerufenen Arbeiter nachher das ganze Marmorpflaster aufrissen, kamen so viele häßliche und giftige Wurmgestalten zum Vorschein, daß wir alle aus dem Saale flüchtig werden mußten. / Ganz Aachen lag in Trauer über die verlorne schöne Mathilde, nicht allein, weil sie den edelsten Häusern verwandt war, sondern vorzüglich, weil sie an Holdseeligkeit, Anmut und jedweder Tugend vor allen Frauen der Welt herrlich leuchtete, wie denn auch ich Dir versichern kann, Organtin, daß mir das Herz bei ihrem Angedenken

recht schmerzlich wehe tut. / Einigermaßen beruhigte uns der weise
Erzbischof Turpin. Der versprach: um dieselbe Stunde, wo Mathilde
verschwunden sei, wolle er in der nächsten Nacht in den Saal dringen,
und wir sollten mit dabei sein, und zusehn, wie er die liebreizende
Jungfrau wieder aus der Unterwelt herauf beschwöre. / Es geschah nach
seinen Worten: das Ungeziefer auf dem Fußboden wich vor des gewaltigen Beschwörers Formeln, und als nun das gräuliche Gewimmel fort
war, hörten wirs unter uns, wie eine dumpfe wunderliche Tanzmusik. /
»Sie feiern ihr Siegesfest da unten« murmelte Turpin vor sich hin, »aber
ich hoffe doch, ich will es ihnen verstören.« – Nun fing er an, heilige
und höchst unerhörte Worte auszusprechen, die meine sündliche armselige Zunge nicht nachsagen darf, und vor denen das Musizieren aus
der Tiefe zum mißklingenden Gejammer ward. Bald darauf rauschte der
Wehelaut näher und gewaltiger herauf, der dunstige Erdstaub drehte
sich und wirbelte an der Stelle, wo Mathilde verschwunden war, und
klaffte plötzlich zum gähnenden Spalt auseinander. – »Triumph!« rief
Turpin: »Triumph! Der Abgrund gibt sie uns wieder!« – Aber Mathilde
erschien ganz anders, als wir gemeint hatten. Mit halbem Leibe hob sie
sich aus dem Schlunde empor, in ein schwefelblaues und feuerflammen-
des Gewand gekleidet, vor dessen unstätem Flackern ihr Antlitz in
einem Augenblick totenbleich, im andern furchtbar glühend aussah.
Dabei flogen ihr die Haare wie Schlangen um die verstörten, fast
unkenntlich gewordenen Gesichtszüge hin, während sie mit gleichfalls
entstellter gellender Stimme ausrief: »Laß mich in Frieden! In Frieden
laß mich, Du frömmelndes Gesindel! Ich rat es Dir! Hei! steht nun
vollends der Alte da, der mich erzeugt hat; der meint, ich sei ihm zu
eigen, und er mein Herr, und er wundert sich nun: Herr Vater, ihr habt
mich gehalten wie ein blödsinnig Kind. Hier unten aber haben sie der
Freuden gar mannigfach und viele, und hier gefällts mir. Hier unten will
ich bleiben. Ihr werdet sagen, dann sei ich ewig verdammt: ja, Kinder:
mit dem Seeligwerden ists eine wunderliche Sache: wirds Mancher
nicht, der doch die ernsthaftesten Anstalten dazu macht. Drum halt ichs
mit der sichern Lust. Und stört mich nicht; ich warn Euch nochmals!
Sonst komm ich in der tiefen schweren Mitternacht, herauf komm ich
als ein alrunisch Weib, und setz mich auf Caroli Magni Bett und ängst
ihn sehr, würg an der Kehle ihn, saug ihm sein Blut, sprech ihm in das
Ohr von sinnverwirrendem Geschichtenkram ne Last! Hüt Dich
Beschwörer Turpin, Du zu meist! Bist auch kein sündlos Lamm, und
hast der bösen Flecken mancherlei, darum Dich Unsresgleichen strafen
darf: behaltet Eure Wahl, gönnt mir meine. – Hört ihrs nicht? Merkt ihrs

177

nicht? Sie stimmen schon unten die Geigen, sie stecken die Kronleuchter an mit Pech und Schwefel: s wird Zeit: Hinab: Juch! Juchhe!!« ......«

Nachts um 4 Uhr: Wir blökten gelbe müde Augen ins Licht, aber wir mußten arbeiten, bis wir umfielen. Sie legte mir dann ein glitzerndes Stückchen Karton hin: das war Er also: ein dürres ermattetes Gesicht; ohne Haare (nur in den Ohren wohl; man sah es nicht genau); zwei – »Syndikus und Gutsbesitzer« hauchte sie – zwei breite Schmisse spalteten die linke Backe, und es zuckte mir böse um den Mund: wenn sich arme Papuas und Australneger Schmucknarben beibringen, dann sagt man: die wissens nicht besser! Aber wenn unsre Studenten sich die ohnehin nur geringe Menschenähnlichkeit atavistisch zerhacken: und dann noch stolz darauf sind: – na, ich unterdrückte solche Reflexionen um ihretwillen und gab ihr das gekritzte Geschiebe zurück (auch son blödsinniger Ausdruck!)

Ich polterte hoch und drückte mit auf eine Ecke: jetzt ging er gut zu. Ich sah auf die fuchsrote leicht gewölbte Fläche mit den blitzenden Blechecken; ich fing plötzlich an zu zittern; ich sagte: »Wenn man 10 Pfund Kaffee hätte, könnte man vielleicht – Balken und Bretter – besorgen –« ich lachte einfältig und machte die alberne Gaunerbewegung mit der verbogenen rechten Hand: »Ein Häusel im Wald bauen ...« murmelte ich hilflos und schamkarg (blöd!). Wir standen und starrten uns an; da strich ich hart die Luft und heftig mit der Hand, schüttelte den Kopf und ging durch die Tür (Eine Tür, eine Tür.)

Fenster bleibt zu: erfroren sind schon Viele: erstunken ist noch Keiner. Ich schlug die Zeltbahn zurück und streute auf die Bretter englisches Insektenpulver mit DDT and with a lavish hand: beim losen Dichtervölkchen weiß man nie! Dann hinlegen; Stellung wie im Hockergrab; und ich schlief nicht (Kreise mein Gehirn, Bilder- und Wortirrnisse; Bilder- und Wortöden, zu viel, zu viel, bis die Mühle nicht mehr klapperte).

Wieder fast Abend: denn die Wolken rüsteten sich schon wieder einer langen unbekannten wilden Reise entgegen; und der Lügnermond (wie alle Blaßgesichter!) bog sich mokant inmitten ehrsamen Silberhaars.

Vorm Dorf raffte ich einen Feuerstein hoch übern Kopf und zog den Arm mit aller Kraft nieder: auf diesem steinernen Stern zerschmiß ich Steine; geschieht ihm recht.

»Geben Sie Alles!« forderte ich unternehmend: »Brot, Käse: was dran ist!« (Sollte Lores Karte vollständig abkaufen; es darf nichts in Feindeshand fallen, in diesem Falle also ans Gemeindeamt). – »Können Sie nicht Fleisch – oder Wurst: ist ja gleich – oder: Zucker: schon für die nächste

Dekade mit geben?!« – Sie machte mißmutige Dicklippen; wir waren allein im Laden; plötzlich sah sie mich von der Seite an: »Sie kriegen doch immer Amerikapakete –« plauderte sie halblos: »wenn da mal guter Kaffee drin is – –« dann schnitt sie stirnrunzelnd und flott immer ins Papiergemaser, zack hier die ganze Ecke runter; am Hals hatte sie ne Narbe von ner Drüsenoperation (dafür kann man ja nichts: aber Schmisse ...!!). Na, ich steckte sofort Alles weg, in die kleine schmucke Einkaufstasche, die wie aus buntem Bast aussah (war aber geflochtenes Cellophan, von Grete); auch in die Manteltaschen: es waren im Ganzen vielleicht 3 oder 4 Pfund Lebensmittel; wir kriegten ja nur 1050 Kalorien am Tage. Zahlen; wir benickten uns schurkisch aufgeräumt, ich quälte mich, bis ich lächelte, und verscholl in die Dämmerheit ...

Apel oben, ich die Hand am Leiterwagen: er hob ganz vorsichtig das Stroh und zeigte zwei riesige Kreissägen. »Die habt Ihr in der Eibia geklaut« sagte ich sofort, der Augur kennt den Genossen; und: »wollt Ihr Westermann Konkurrenz machen?! Das ist recht!!« (Denn das war der Wassermüller unten beim Mühlenhof, der für 10 Minuten 5 Mark verlangte, und, wenn ein armes Luder von Flüchtling mit einer selbst gerodeten Baumwurzel ankam, den noch wegnieselte: »S-tubben sägen wir hier nich!« – Allah tue ihm dies und das!) Der große Kuhfürst kicherte wohlgefällig und kitzelte sich noch zusätzlich. »Sicha« sagte er zufrieden und mit Würde: »da mach ich selbs noch eine auf: S-trom koscha nich so viel; und ich nehm bloß die Hälfte: was denksu, was der Alde s-puckt?!« und sein Gesicht rollte sich blitzschnell nach den Rändern hin auf, so lachte er: kein flacher Kopf, das! (Und mein Herz stieß mich wie mit Fäusten und verstört, und meine Haut bewegte sich schmerzhaft auf mir, und meine Zähne hätten gern geklappert: der kann sich eine Säge bauen, trabte es mit mir, als sich unsere Geräusche voneinander entfernten; und der Himmel verschob sich farblos über der Erde, rastlos, fahl, unerfreulich). Als ich oben war, floß mir auch Regen ums Gesicht, ganz kalt, und ich ging schräg und verstellt durch den windigen Hades (Orpheus hatte sie wieder bekommen; aber der konnte wohl auch singen).

»*Wann fährst Du eigentlich. Genau?*« Sie schluckte ganz schnell: »Morgen Mittag, 12 Uhr 4; geht der Zug von Krumau.« Ich legte die Sachen auf den Tisch, und Grete staunte wortreich, was ich alles gekriegt hätte: »Da bekommst Du Wurstschnitten mit, Lore!« rief sie erfreut; ein kleiner Kampf entstand, aber s war nur, daß mit jedem Wort die Sekunden vergingen. Auch ich, und lehnte mich flach ans Haus; Wind haderte und ich fror, was ich konnte: das machte Gänsehäute und vertrieb die Zeit.

Drinnen sprach ihremeine Stimme (noch: bis morgen um 12 Uhr 4: vielleicht hatte er gar gnädige Verspätung)

Sie sagte hastig: »– und was denkst Du, was ich schicke!! – Ich weiß ja am besten, was hier fehlt: und Du tusts immer heimlich ins Essen, daß er nicht merkt, von wems kommt!« Ihremeine Stimme schlug und schwankte, sie prahlte zitternd: »Einen Pullover kriegst Du sofort: gleich als Erstes! Und Hautcreme!« Sie schaltete das Licht aus; sie sagte steinern und tonlos das Letzte zur Schluchzenden: »Ihr könntet doch eigentlich – – zusammen ziehen; ganz; hier rein. – Du bist doch genau so hin wie ich.« und bebte und stöhnte, während Jene qualig aufschrie: »Du bist verrückt!« Und eine ganz fremde Stimme meinte tönern: »Er würde ja doch nur an Dich denken, wenn er mich –« und weinte doch schon vor dem erbärmlichen Glück; dann, gefaßt,: »Er machts ja auch gar nich...« Nach langer Zeit murmelte Lore: »So hätt ich wenigstens noch ein Stückchen sicher gehabt.«

»Wir wollen einander nämlich nicht mehr schreiben; das hielte kein Mensch aus.«

»Sei nicht böse, Gretel –« : »Ach nein!!«

Dünnes Mädchenzeug rauschte und knitterte; Knöpfe klingten leicht an Stühle; noch waren drinnen zwei warme feste Leiber.

»Du schickst aber jedes Buch, jeden Zeitungsschnitzel; und schreibst.« »Ich schick Geld zu m Foto und ner Schreibmaschine.« Eifrig: »Du führst ein Tagebuch, Grete, Du! : Und schickst mirs immer!« Dann schloß ein dunkler Stimmtrümmer: »Ich werds auch...« und dann brachen sie ineinander. (Während ich an der härenen Mauer entlangschwand).

Jeder für sich löffelten wir ganz schnell den krustigen gelben (aufgebratenen) Kartoffelbrei von Gestern. Der große Koffer; ein mittlerer, um halb elf waren wir bereit; Heia Safari. (Der kleine hinten auf Gretes Rad geschnallt, das sie führte. Der große war mir gerade recht). Der Wind kam kalt, und der Himmel war grau: ich kanns auch noch anders schildern!!

Schrader erschien in Gestalt eines Menschen am Zaun; unter ihm geübt gebreitete Rednerhände; wir hieltens aber nicht aus, und gingen bald weiter. Durch Blakenhof (wo ich den Koffer auf die andre Schulter nahm) dann den Landweg nach Rodegrund, nach Krumau.

Ein Bauernweg: er ging durch Brand's Haide (aber rechts waren keine Bäume mehr; nur rostiges und grünliches Gefläch, mit ganz seltenen gretehohen Föhren). Zwei sandige Wagenspuren, grasbandgetrennt; neben uns hantierten mißtönig, undeutsam, Unterholz und Hochwald; einmal hatte sie Rauhes geflucht, als wir an unserm Haidlein vorbeigingen, -schoben, -stampften; auch die Nase geputzt. (»Warm und still versteckte sich der Abend bei Rauchrot und Ackergrau«, I remember, I remember: »Dörflich glomm die Butzenscheibe des Mondes im Wacholder –«). Ich sprang auf, legte gelenkig den Dicken hoch: das kann Alles schweigend geschehn.

Schweiß fraß mir neben der Nase im Totenkopf, aber ich war froh, daß ich auch noch anderes fühlte: gesegnet sei unsere physikalische Seite, nischt wie Drüsen und traulicher Gestank, Saft und Haare, phlegma kai chole.

Ächzende Flederwolken dicht über uns auf häutenen Schwingen, kreisten ständig, pfiffen aus grauledernen Hohlbrüsten überm Wipfelrand, uns nach, uns nach. Ihr Haar flog wie Birkenlaub; und nadlige Decke, 10 Meter hoch links oben über uns flachgespannt.

Der Bahnhof: schön irrsinnig nach den Richtlinien von 1890 erbaut, aus jenen spezifischen amtlichen Ziegeln, mit unnachahmlichen Fialen, und Grete verabschiedete sich ängstlich; wir nestelten das Gepäck herunter; sie faßten sich stumm an den Armen: mit 12 Jahren waren sie schon zusammen in dieselbe Klasse gegangen, während jetzt die Güterwaggons neben uns rangierten und zweckmäßig lärmten. Dann entkam sie auf ihrem Rade; und wir gingen die 5 Stufen hoch, Fahrkarten kaufen.

Auf dem Bahnsteig blies der Wind an den runden Eisensäulen; um 11 Uhr 58 hielten wir uns die gefrorenen Hände (ich muß wie ein Kandidat aussehen in dem engen schwarzen Mantel!) Wieder schnappte der lange Zeiger, und wir zitterten wie die Besessenen (Bald brauchst Du nicht mehr zu frieren, Liebste, hoffentlich!). Es wäre aber nur die schlechte Nachahmung eines Kusses geworden; denn schon standen auch 50 Andere mit Säcken und Kistchen am Steinsaum. Wir zuckten nicht, als er dröhnend einfuhr.

Und wie! In Trauben hingen sie an den Trittbrettern; ritten auf Puffern, sprangen von den Dachgewölben: und es knackte wie Knochen im Nahkampf. Ich rannte pfeilschnell nach ganz hinten, wo 6 Güterwagen, gedeckte, dranhingen, und ein ältlicher Beamter aus der Schiebetür sah. Ich riß noch im Laufen die 3 Camelpackungen heraus: »Nehmen Sie meine Frau rein, ja?!« Er zuckte empört hoch; ich warf die Letzte, die Vierte, mit in die Handfläche und hielt Alles an sein abgeschabtes Knie: er sah sich um, und bückte sich, und: nahms. »Vorn hin, ins Bremserhäuschen –« zischte er: »erst das Gepäck –«. Der Page lief; während Lore damenhaft zurückblieb und nur langsam die Hauptkampflinie herabkam. Der Bestochene kletterte emsig im eisernen Gebälk und baute die Koffer ein, ließ die Tür gefällig offen und ging kühl um mich herum, ein Auge zu: da federt meine Frau in zwei Sätzen hoch!!

12 Uhr 4: sie stand auf der Eisenstiege: in einer Hand eine Tür, in der andern einen schwarzen Stab; ihr Kinn flackerte; sie rief: »Gib mir noch was. Von Dir!« Ich fuhr zusammen: ich hatte nichts; ich schlug die Hand an die linke Schulter und kam an Stoff; ich riß ein Stück herunter und warf es ihr hoch, lachte eine Sekunde lang, und betete sie weiter mit Augen an. Ein höllisches gurgelndes Rollen begann unter uns; das Bild oben verschob sich leise nach rechts: sie warf mir das Schwarzeck vor die Brust und schrie verzweifelt: »Du bist —« schloß den. Wilden. Wünschelmund. Und wir sahen uns noch ein bißchen an (Ikonodulen).

Ich stieß den Lappen gleichgültig vorbei und ging rasch und geschäftlich entlang, ersprang Treppen, probierte Geländer mit der Hand, holzbelegte, gab die Bahnsteigkarte in zangenbewehrte Finger: schön war draußen der leere hellgraue Platz (wie meine Seele: leer und hellgrau!) auf dem der hohe Wind mich mit Staubgebärden umtanzte; wir waren allein, hellgrau und frei, ni Dieu, ni Maitresse. Ich hatte große Lust, die Windschwünge mit den Armen nachzuahmen, unterließ es aber, der Schuljugend wegen. Dafür hing an der Post im Zeitungskasten ein Bild: in der Baseball Ruhmeshalle Amerikas zeigte man einem kid den Dreß Babe Ruth's: sollte man nicht doch Kommunist werden?! (Aber die ließen ja auch Wielands Osmannstädt zerfallen: also auch nicht!)

»Kann ich bitte ne spitze Schreibfeder bekommen?« »Leider nicht am Lager.« — »Ah, danke!«

Erst Felder, dann Haiden, bloß nicht hinsetzen, dann schwankte der Wald näher: man könnte hineingehen und was Weniges verzweifeln; aber die Straße war zum Trotten bequemer, und in mir wars still wie in einem Schrank.

Viele weiße Zettel hingen beim Gemeindeamt, und ich las mir Eins. Kommenden Freitag brachte Adventistenprediger Bögelmann allen Interessenten die volle Vergebung der Sünden; andrerseits wurde auch das Wasser wieder abgesperrt: da mußte ich gleich rauf, und welches einlassen, damit Grete heut Abend welches zum Waschen hatte.

Dröhnend rauschte das Wasser aus dem breiten Gummischlauch, mit dem ich Eimer und Wannen füllte, täubend und spritzend in der engen Steinzelle; ich trug sie hin und her in beiden Händen; trat vor die Tür und trocknete mich im fahrenden Wind:

Also: Weine nicht, Liu!

SCHWARZE SPIEGEL

I

(1. 5. 1960)

Lichter? (ich hob mich auf den Pedalen) – : – Nirgends. (Also wie immer seit
den fünf Jahren).

Aber: der lakonische Mond längs der zerbröckelten Straße (von den Rändern
her haben Gras und Quecken die Teerdecke aufgebrochen, so daß nur in
der Mitte noch zwei Meter Fahrbahn bleiben: das genügt ja für mich!)

Weiter treten: starrt die spitze Silberlarve aus m Wacholder – also weiter –

Des Menschen Leben: das heißt vierzig Jahre Haken schlagen. Und wenn es
hoch kommt (oft kommt es einem hoch!!) sind es fünfundvierzig; und
wenn es köstlich gewesen ist, dann war nur fünfzehn Jahre Krieg und
bloß dreimal Inflation.

Rücktritt: (und es quietschte beim Halten; morgen muß ich mal Alles durch-
ölen). Ich richtete den Karabinermund vorsichtshalber gegen das
schmierige Wrack: die Fenster dick verstaubt; erst als ich mit dem
Kolben darauf schlug, ging die Wagentür ein wenig auf. Hinten leer;
eine Skelettdame am Steuerrad (also wie immer seit den fünf Jahren!);
nun: wünsche Glückseligkeiten! Aber es wurde auch gleich dunkel, und
ich traute dem Kreatorium immer noch nicht: ob Farnhinterhalt, ob
Vogelspötterei: ich war bereit mit zehn Schuß im Vollautomatischen:
also weiter trampeln.

Senkrecht überm Straßenkreuz: auf der kleinen hübschen Abendfläche erhoben
sich einmal zärtliche Staubschleier, in denen Herr Windstoß Pirouetten
schlug: und wo lang nun?! Drüben war eine Schilderei; ich latschte
müde hin ‹Holzindustrie Cordingen› stands über höllisch hellgelb und
schwarz geringelten Pfählen. Daneben am verwobenen Rain eine Spitz-
säule. Ich rätselte ein bißchen an der eingegrabenen Legende: ach so: ein
T.P.! Und ich lachte schwächlich: mir hat mal ein Schupooffizier
erzählt, und treuherzig dazu, daß die Polizei alle halben Jahre auch
sämtliche trigonometrischen Punkte kontrollieren müßte, ob sie noch
vorhanden seien. Und da der eine viertels in einem Fußweg stand, hätte
er, zusammen mit den interessierten Bauern, das Ding anderthalb Meter
nach rechts in' Wald gesetzt, wo er Niemanden mehr störte, und dann

jahrelang still weiter das ‹Vorhandensein› gemeldet! Seit der Zeit miß-
traue ich den säkularen Ergebnissen der Geodäten, betreffend die weitere Auffaltung des Alpenmassivs, oder die Hebung Norddeutschlands:
cherchez les constables! – Ja aber nach rechts oder links?

Also: capita aut navim. Der Penny fiel, und Edward the Seventh, fidei
defensor, und auch sonst noch mancherlei, wies mich nach rechts: Bon!
(Und mein kleiner zweirädriger Anhänger klapperte und huppte).

Ein Bahnübergang (die Schranken seidank hoch) und immer mehr Gefälle.
Eine Tommy-Brücke (halb verfault; noch vom zweiten Weltkrieg her)
über den geschlängelten stillen Wasserlauf (schöner Teich zur Rechten,
mit letztem Abendgelb getäfelt); dann bog die Straße links ein, und ich
glitt mit müder Eleganz, à la Herr der Welt, in die Kurve: si quis, tota die
currens, pervenit ad vesperam: satis est.

Ich nahm die Brechstange hinten heraus, und die Pistole: ‹SUHM› stand an der
Tür, und daneben eine Toto-Reklame. Ich hieb die schwere Meißelspitze
ins Holz, oben; dann unten; das Schloß sprang mit Gebell, flash and
report.

Wie immer: die leeren Schalen der Häuser. Atombomben und Bakterien
hatten ganze Arbeit geleistet. Meine Finger preßten mechanisch, unaufhörlich, an der Dynamotaschenlampe. In einer Kammer ein Toter: sein
Gestank hatte Zwölfmännerstärke: also wenigstens im Tode Siegfried
(nebenbei selten, daß es noch roch; war ja alles schon zu lange her). Im
ersten Stock lagen fast ein Dutzend Gerippe, Männer und Frauen (an
den Beckenknochen kann mans unterscheiden). Also sechs Männer
(bzw. Knaben); fünf Frauen und Mädchen.

Draußen: Früher wars wohl adrett genug gewesen; jetzt schlotterte der
Garten ums hohle Haus. Schöne starke Kiefern aber. Graue Mauer, von
der graue Kräuter nickten, auch Lupinen und Wegerich. Aus grauen
Mauern machte man Häuser; aus Häusern Städte, aus Städten Kontinente: wer fand sich da noch durch! Bloß gut, daß Alles zu Ende war;
und ich spuckte aus: Ende! Koppelte den Anhänger los und zerrte ihn
mir nach über die Schwellen (gleich rechts rein; wozu Umstände).

Es raschelte im Nebenzimmer: ein Fuchs! Der rothaarige Hausvogt glitt keß um
alle Möbel, hinaus, in die einäugige Nacht. Ich rollte die Decken auf;
holte Wasser vom Bach; die Kerze blakte überm Küchentisch, als ich auf
der Karte suchte. (Auch der Ofen zog noch, und der zerhackte Stuhl sott
das trübe Wasser bis es stöhnte; wo war der Tee wieder – ach so).
Warnau hieß das Bächel stellte ich zwischen Biskuits und Cornedbeef
fest (Käse möchte ich wieder mal essen: Kräuterkäse; Schweizer,
Edamer: ach meinetwegen stinkigen Limburger!)

Nebenan im Fuchsheim: Fotos an den Wänden; Familienbilder mit haus-
machernem Lächeln. (Und speckig bin ich: wenn ich n Bindfaden
dreimal auf dem Oberschenkel hin- und herrolle, hab ich garantiert ne
Kerze in der Hand. – Also morgen große Pause und Waschen!)
Ein Klavier: ich klaubte eine Handvoll Mißtöne zusammen und acheron-
tisches Geschwirre, no use. Orpheus benötigte ich dringend: der hätte
mir Holz und Kohle herleiern können. Oder ne Badewanne. Ich fluchte
kurz und ging nochmal nach oben.
Manche hatten tatsächlich noch Ausweise auf den beinernen Brüsten: für wen
wohl? Und von verschollenen Autoritäten ausgefertigt, selbst wenn sie
echt waren. Einem Mädchen sah ich lange ins Paßfoto, unters wellige
Haar, auf die Bluse: und jetzt lagen ein paar gebogene Knochen neben
mir, auch die Haare noch, ja, dunkelblonde; am Ende werde ich allein
mit dem Leviathan sein (oder gar er selbst). Es bellte leise ums Haus; die
Füchslein mochten wohl draußen schleichen, und ich tastete doch nach
dem Handbeil (kurz vor Mainz, in Gaubickelheim, war ich einmal sechs
Wölfen begegnet!)
Decken aufgerollt und in die ewigen Jagdgründe der Phantasie: den fliegenden
Holländer und Odysseus müßte man in einer Geschichte identifizieren.
Wind begann und die großen Kiefern redeten tief und brausig. Es bleibt
immer nachdenklich genug, daß die Menschheit tatsächlich alle drei
Geometrien für ihr Weltbild verwendet hat: zu Homers Zeiten die
euklidische (Ökumene als Ebene); dann Kosmas, dessen Terrarium
eigentlich ein Stück Pseudosphäre repräsentiert, mit dem ‹Berg des
Nordens› als Pol, und die auch jahrhundertelang gegolten hat; und
endlich die Geoidoberfläche; interessant. Der Mond erschien traurig und
glänzend im Fenstervier. Seit fünf Jahren hatte ich keinen Menschen
mehr gesehen, und war nicht böse darüber; das heißt. Lesen konnte man
bei der mattgelben Helle auch nicht; ich holte ein Buch aus dem
Köfferchen: nein, nur den Titel ‹Satanstoe›; ich schüttelte bedauernd die
Hände (war zu faul, das Licht nochmals anzuzünden). Am besten
schlafen. – Die Uhr? Tickte auf dem Fensterbrett. Nicht mehr denken.
Auch der Fuchs mochte schlafen wollen, denn es wisperte hinter den
Wänden wie Tierlein und Wildstroh. War gesichert.
Nacht (und ovaler Stein in ebenhölzerner Fassung): und ich konnte und
konnte nicht einschlafen! Fluchte einfältig. Zuerst wollte ich nicht, aber
dann trank ich doch (etwas); Energie ist Glückssache; und zeigte mich
sogleich, stets ein Windbeutel hohen Ranges, fähig und unverdrossen zu
jeder Absurdität. Ruhig behing ich mich mit zwei Waffen und
mischte mich in die Nacht: haderte mit Zweigen, ahmte Menschenstimmen

nach, wurde Moosen gut; den Wind mochte ich aus einem Gebüsch aufgestört haben, denn er sprudelte unwillig Blättriges, jagte ein paarmal im Umkreise, und verscholl erst dann rauschend forstein. Selbst die kleinsten Kiefern stachen schon katzenwild um sich, wenn man sie zu plump anfaßte (muß mich auch rasieren, morgen früh). Einmal stank es derart, daß ich sofort das Gewehr herunter nahm: das konnte keine anständige Pflanze mehr sein, so roch es nur in der Zoologie! Aber ich ging doch nicht näher drauf zu, sondern eulte weiter im Hochwald; schon wurden die Stämme seltener, Sträucher gitterten am Rand. Ich trat gebückt über den Graben, und sah aufs leere Moor, wilde Weite, süß und eintönig, in der schwarzen Strahlung, bis ich die Schultern in der Jacke rieb. Das ist das Schönste im Leben: Nachttief und Mond, Waldsäume, ein stillglänzendes Gewässer fern in bescheidener Wieseneinsamkeit – so hockte ich lange und müßig mit rechtsgeneigtem Kopf; manchmal fiel ein Sternfunken stundenweit hinter Stellichte; manchmal beschlich mich eine schlacksige Windin und zerwarf mir die Haare, wie ne halbwüchsige fleglige Geliebte; sogar als ich einmal in die Büsche mußte, kam sie noch nach.

Das himmlische Barbierbecken hing schon an einem Kiefernarm, als ich darunter hinbummelte. War hohe Zeit, ‹nach Hause› zu latschen, denn im Osten gaste es bereits grau und striemig; und die Sträucher standen hohläugig krumm und überwacht, auch unpassend, umeinander (und mich) herum. Der Morgen widerte mir entgegen; denn

eine Morgensonne so vollschlank und schwiegermütterlich rüstig im nett gruppierten Käte-Kruse-Gewölk erschien, daß ich wütend einen Stein übern Bahndamm danach schmiß: weißgott, wie frisch gestärkt sah das Gelumpe aus! – Dann in die Decken (wobei Fuchsens wieder erwachten, und sich über den neuen unruhigen Mieter beschwerten). – Herakles: antiker Mistkutscher (und nach der Leistung konnte ich endlich einschlafen).

Der Himmel rauschte unablässig über mich; meine Haare bebten, als ich mich am Fenster rasierte. Sogar frische Wäsche hatte ich in einem Schrank gefunden; das Rad war durchgesehen; und mit ein paar kecken Scherenschnitten hatte ich mir auch das Hinterhaar gelichtet: sind wir nicht Knaben hübsch und fein?! Also war ich reif für einen Dorfbummel, mit Feuerrohr und Axt. (Dann nahm ich doch noch vorsichtshalber das Doppelglas mit).

Siedlungshäuser, recht geschmackvoll gebaut und angeordnet; auch viele Kiefern hatte man stehen lassen, so daß ich beifällig den Mund spitzen mußte (und links unten warbelte immer das Flüßchen entgegen, bis es

sich durch einen kleinen Wiesengrund entfernte, unter einer Eisenbahn-
brücke hindurch, sehr nett!). Oben wurde's kahler, die Mauern nackter;
ein winziger Schaukasten zeigte zwei Radioapparate vor; dann bog die
Straße schon wieder nach rechts, und ich blieb verdrossen auf dem
freien Plätzchen stehen: es ist ja immer derselbe Quark!

Ein Baräckchen: ‹Gemischtwarenhandlung›. Da ging ich hinein (vielleicht war
doch noch etwas eßbar); aber in dem armseligen Räumchen ruhte auch
nur noch Staub auf giftgelben Bonbons, Kaffee war längst verduftet, die
Konservenbüchsen aufgetrieben und zerplatzt (drei mit Rindfleisch
steckte ich ein; nachher mal probieren). Mit dem Fuß wühlte ich unterm
Ladentisch: aha: Flaschen! Essig, Essig, Öl (das kann ich ja mitnehmen!),
Essig, Essig (was haben die bloß mit dem ewigen Essig gemacht?!);
endlich eine Buddel Münsterländer, 32 Prozent, und ich wiegte abschät-
zig den Kopf: na, rin in' Sack! (Mehl und Brot ist die Schwierigkeit!
Aber das ist fast nicht zu machen!) So warf ich ein böses Gesicht um
mich, ging ein Weglein nach unten und stand schon wieder bei meinem
Rad (wie gut, daß die Bereifung Vollgummi war, sonst hätte ich längst
zu Fuß gehen müssen). Na, ne kleine Rundfahrt tut den Beinen gut.

Ein Sportplatz: Das Gras ging mir bis zum Gürtel, und auch die 400-Meter-
Bahn rundherum war fast ganz zugewachsen. Vorn am Eingang gilbte
noch ein Papier im Kasten, Schreibmaschinenzettel vom Schriftführer
Struve: Spielgemeinschaft Benefeld-Cordingen, die Aufstellung für
nächsten Sonntag (den sie nicht mehr erlebt hatten!): Rosan, der linke
Verteidiger, Mletzko und Lehnhardt die Außenstürmer, Nieber in der
Mitte; ach, du lieber Leviathan, weiß und rot mochte ihr lustiger Dreß
gewesen sein, oder gelb und schwarz; na, da raschle nur weiter. Drüben
die Straße hinunter standen auch noch ein Dutzend Häuschen.

Beim Grammophonspielen: (‹singender klingender Melodienreigen› hätten sie
bedenkenlos im Südwestfunk gesagt) und ich erschrak des Todes: Duke
Ellington sein Gesicht!! (Dafür kann er ja vielleicht nischt; aber dann
noch solch akustischen Abfall zu produzieren: dadurch wirds ein
Makel).

»*Kennen Sie den alten Scheich von Pakistan?*« – ‹Pakistan?› zweifelte tonlos ein
flinker Chor,

»*Der sich all die vielen Frauen hält* –« – ‹Frauen hält› – Ich spielte die Platte,
gleich nochmal, so süß heulte es aus den Luftröhren der Nihilisten, und
dann

»*Ich liebe Dich!!*« betheuerte (mit ‹h›) ein Männerchor so infernalisch dröhnend, daß es mir eiskalt über den Rücken lief; na, fünf Minuten noch.

»*Ich fürcht mich so / im Dunkälln* – : *nach Haàus zu gehn* ...« Nun, es war Zeit, dem tapferen Blödsinn ein Ende zu machen; Mozart war mir zu schade dazu, so tats denn ‹Sousa, Washington Post›: »Sie hat ein Kind – sie hat ein kínd-lí-chés-Gé-müt«: »daradattá, daradattá: da-dá«: Mann inne Tünn, was kann man Alles in der meilleur des mondes possibles erleben, bzw. veranstalten! Ich versetzte dem Namensschild des Inhabers, freilich war es ein Zahnarzt, einen komplizierten Tritt, und verließ das Lokal, in dem es noch immer blechbläserisch wumpte: »sie hat ein' Floh – sie hat ein fló-rén-tí-nér-Hút: daradattá, daradattá . . . . «

So sott die wilde Maisonne, daß ich mich unten aufs Pflaster setzte, mitten auf den Asphalt, und die Füße streckte (Rad stand im Schatten, ja? – Warum eigentlich?) Aber ich war dann doch zu unruhig und raffte mich wieder hoch: ein Fahrrad zu führen ist wunderbar! Und diese leeren Orte noch schöner; auf der Kreuzung fuhr ich acht Kreise; als ich Rücktritt nahm, stand ich wie eine Mauer.

Illustrierte: die Pest unserer Zeit! Blödsinnige Bilder mit noch läppischerem Text: es gibt nichts Verächtlicheres als Journalisten, die ihren Beruf lieben (Rechtsanwälte natürlich noch!). Die ‹Gondel›: fast nackte Mädchen besahen still und unschuldig ihr Geschenkel, und da mußte ich doch schlucken, und einige Häuser zurückreiten.

Duliöh! so blieb ich vor dem Schild stehen und nickte hocherfreut: Mensch, 8 miles von hier war ein englisches Verpflegungslager gewesen, und ich sah auf dem Conti-Atlas nach. Wenn da noch Einiges vorhanden wäre, bedeutete das längeren Aufenthalt in dieser Gegend für mich, und ich sah mich mit erneutem Interesse um. Am besten schnell was essen und dann gleich los, ohne Anhänger. Aber dann sah ich das Postamt und ging da noch erst mal kurz revidieren.

Zack: das Handbeil oben in den Türspalt, dehnen und biegen, und schon zersprangen mittschiffs die Riegel: ein kleiner Vorraum. Gegenüber die Telefonzelle; ich schritt kalt hinein und raffe den Hörer zum Ohr: »Mnja?!«; Utys meldete sich; ‹tote› Leitung, also auflegen, sorgsam, auflegen.

Interieurs: Drei Schalter, braun umholzt; drei Pulte, eine Bank für die Kundschaft, maid in waiting. Mit einem Satz war ich auf dem Zahlbrett und hinüber, im Allerheiligsten. In Büchern blättern. Einschreiblisten, Geld war gezahlt, Stempel ragten von ihren dörrenden Kissen, Tinte trockte rot und schillergrün, nutzlos hingen die milchernen Lampenkugeln, albern, antiquiert wie ein Blinddarm. War auch die örtliche Telefonzentrale gewesen; mollige Mädchenhüften hatten über jenem staubstumpfen Polster geritten (also war das Muster scheußlich!! Blau mit gelben breiten Unblumen. Und der Geistersopran: Sprechen Sie noch?!)

Vielfaltiger Mappe entnahm ich wichtig eine Postkarte (um noch dem er-
loschenen Gesetz meine Verachtung zu bezeigen), die grüne 10-Pfennig-
Marke war schon aufgedruckt: eigentlich könnte ich eine schreiben, und
ich spreizte überlegende Finger, schon im Sitzen. (Falls wirklich außer
mir noch ein Mensch am Leben war. Und zufällig hierher kam. Und die
Karte sah ...); und schon schrieb ich

An Herrn Klopstock (‹Gottlieb› oder so), Superintendent, Schulpforta bei
Naumburg – und die Postleitzahl machte mir doch Skrupel: Naumburg:
das war doch schon drüben in der ehemaligen deutschen deimokrati-
schen Republik; na, machen wirn Fragezeichen in den Kreis, Ordnung
muß sein.

»Anbei den Messias zurück«. Und Unterschrift. (Genügt vollkommen für den
Fall.)

Als ich sie in den Schlitz schob, fiel mir der Briefkasten darunter ein; sofort ging
ich herum und öffnete die hölzerne Box mit einem Fußtritt als Schlüssel
(war nur Sperrholz, 5 mm). Da lagen zirka 50 Briefe und Karten: weiß,
fahl, graublau und grün, alle mit Namen, Zahlen, Daten, Liebste glaub
an mich, und Lotterieanzeigen (einen Brieföffner brauchte ich nicht).

»Vielen Dank für Ihren lieben Brief. Und Ihr Mann muß immer noch auf
Wache gehen. Nun, einmal muß es ja wieder besser werden ...« (das
‹muß› unterstrichen; hier zwängte ich den Kopf ins Genick und feixte
durch alle Öffnungen) ... »... Lux hat sieben Junge gehabt ...« (‹Lux›:
eine große sandbraune Schäferhündin; wußte ich intuitiv, und nickte
anerkennend; las aber nicht weiter, da sie die Kleinen doch bloß – – na
ja).

»Gestern ging ich am Hause Deiner Eltern in der Brüderstraße vorbei, und
habe, im Schatten der Kirche, lange ins Lampenlicht gestarrt, bis die
Fenster neidisch und scheinheilig anliefen, wie Nachbarsaugen; die
kranke bleiche Abendluft kam, kalt und süß, wie eine schlanke grau-
haarige Geliebte, ‹zart und schwerfällig› fiel mir ein, und ‹Nebel›, ach
unser Leben.« Ich runzelte strenge und bitter Brauen und Mund und sann
ins gesplitterte Holz, stöhnte durch die Nüstern, nickte, lachte höhnisch,
weiter: »... Morgen lasse ich ‹das hier› im Stich, und fahre zu Dir! Lange
kann es ohnehin nicht mehr dauern, und wir wollen wenigstens noch
eine Stunde zusammen ..«

Ich faltete schamhaft den Bogen wieder, und grüßte mit Haupt und Hand den
Kollegen Schattenreisenden: fahr nur zu Deiner Johanna! Hoffentlich
hast Du sie noch erreicht, ehe die Wasserstoffbombe neben Eure Um-
armungen schwebte, einmal lebt ich wie Götter und mehr bedarfs nicht
(ist aber auch cosa rara, und das wiederum eine Oper von Martini).

Noch eine Postkarte: »Erbitte mir .... an Sie heran treten zu dürfen ....«
Rhabarber, Rhabarber .... kurzum: der wollte die Schreibmaschine
nicht bezahlen. Geld. Geld. Na, es wurde mir zuviel, und zwar bald. So
stand ich denn auf und verließ lautlos pfeifend die Situation.

Kauen (zwei von den Büchsen waren noch gut!), und die halbe Feldflasche
voll Tee genügt vollkommen; eine Stunde brauch ich höchstens bis hin.
– Ob ich den Anhänger mitnehme? Der Rucksack genügt aber auch;
nachher ist Alles leer, oder zerstört, oder verfault, oder? Ich kratzte
mich, wütend vor Unentschlossenheit, am Kopf; ach Quatsch, bloß den
Rucksack. Alles andere wird sich an Ort und Stelle ergeben; ist ja
schließlich keine Entfernung.

Autores fideles und autores bravos (wie die Spanier bei den Indios unterscheiden)
: mir fiels ein, als ich den Cooper aus dem Gesäck holte: wir sind beide
bravos. (Ähnlich wie beim Schopenhauer und Buddha ohne Übergang
aus einem Verbrecher ein Heiliger wird, hat mich das Leben aus einem
Pedanten zum Vaganten gemacht; nicht ohne daß sichs manchmal noch
wunderlich genug mischt. – Und ‹Satanstoe› ist gut: sogar witzig und
kulturhistorisch plastisch; sehr fein!)

Immer den rotblauen Schildern nach (und die Landschaft scharf im Auge
behalten): schön, die weiten wirren Wälder, und leeren Wiesen; ein
lichtgrüner Buchentunnel zur Rechten (muß bis zur Rückkehr warten:
aber schön ists!)

Verfluchter Mist!: schon wieder lag ein Telegraphenmast über der Straße und
die Drähte wirrten sich durch den gelben Löwenzahn. (Wenn ich die
Strecke wirklich öfter fahren sollte, muß ich das nächste Mal Säge und
Axt mitnehmen: so ein Krampf! – Bloß gut noch, daß es kein stählerner
Überlandmast war, sonst hätte ich das Gerümpel gar wegsprengen
müssen!)

Sechs: verwilderte Pferde, wie? Oder! Ich schraubte blitzschnell am Mittel-
trieb: Tatsache: Pferde! Sie gingen still am Waldrand und grasten, griffen
mit breiten Lippen zu: ich war bloß 300 Meter weg. – Das ist selten!
Einmal hab ich, bei Fulda, eine kleine Rinderherde gesehen, und, nach
größter Mühe, ein Stück schießen können. – Also Wild hats auch hier!

Ein Nest: Walsrode (Zwei Straßen, Schilder, alberne Rechtsanwälte, albernere
Richter, bloß gut, daß Alles ein Ende hat!)

Ein Beamter hätte überleben müssen; so Einer, der den Notizzettel durch-
streicht, ehe er ihn zerreißt und wegwirft: ach, ihr Lumpen! Ich warf
gleich einen verdorrten Blumentopf durch die Fensterscheiben des
Amtsgerichts, und wartete, die rifle auf der Patronentasche, auf das erste
entrüstete Sekretärsgesicht – – schade! Ein' Fuß auf dem heißen Bord-

stein; den andern auf der linken Pedale: Vielfältiges zog mir durch den wolkenschweren Sommersinn, nicht zu singen, in keinen Lais, nicht zu sagen, in keinem Satzgebände. Einmal neigte ich den Kopf, das Haupt, vor August Stramm: dem großen Dichter! (Auch Albert Ehrenstein, sagt was Ihr wollt!)

Kurz dahinter: Durchfallerscheinungen.

Die Straße war wunderbar und ich flitzte wie von der Bogensehne. Ein einsamer Bahnhof ohne Ort: Düshorn, und ich nickte anerkennend: ohne Ort! Das ist immer ausgezeichnet. Und gleich dahinter

die Wellblechhallen: (war rechts eingebogen; viele Gänge; kiesige Wege; die Vorlegeschlösser sprengte ein Schuß)

Die Wellblechhallen: Biskuitkanister: und ich schnitt gleich einen auf: Alles noch gut; und das schmeckte! – Wieviel mochten das sein: Fünftausend? Oder Zehn?! – Mein Schritt klopfte in den hohen Metallgewölben, gedämpft zwischen Regalen; aus Lattenkisten blinkten Büchsenköpfe; süße feste Marmelade grub ich mit dem Taschenmesser aus vergoldeten Zylindern: auch noch untadelig!

Bekleidung? Na, das ist nicht so wichtig (aber hübsch sah das linde Gelbgrün aus); höchstens ne Decke.

Ein Büro mit Schreibmaschinen: hm.

Ein kleiner Bau: Schnaps und Munition! Was war das tertium comparationis?: Feuer? Aber die Patronen waren meist grün und feucht, obschon wohlgefettet. 80 Schuß schienen o.k.; die nahm ich mit.

In einem Faß der Hahn: und funktionierte gar! Mißtrauisch: soll ich kosten? (Besser nicht; die Gifte sind in Alles eingedrungen; eigentlich darf man nur Glasflaschen mit Stanniolköpfen trauen). Also goß ich den Becher seufzend auf den gerillten Zement. – Rauchen tu ich nicht mehr (seit 43); also nützen mir die zahllosen Packungen auch nichts, Craven A mit Korkmundstück: far väl!

Wind? (Ich sah vorsichtshalber einmal hinaus): blauer Wind rauschte endlos ums Haus in großen Fahnen; auch die einzelnen Wolken bewegten sich faltig und bauschig und unruhig. – Aber das Lager war tadellos: davon kann man jahrelang leben! – Ich schnallte einen Kekskanister auf den Gepäckträger und fuhr nachdenklich zurück, im Rucksack allerlei hors d'œuvre.

Unter der linden an der haide (eigentlich: im Buchentunnel zwischen Walsrode und Ebbingen): Der Leberkäse war gut; Sphärengeschmack; von dem hol ich mirn ganzen Anhänger voll: habt ock verfluchten Dank! ‹Ihr Hunde: mein Geld›; das sind alles schlesische Redensarten)

Und die zahllosen Granitklötzchen summten unter mir, linksherum, rechts-

herum; nach sieben Minuten war ich keuchend wieder auf dem Asphalt-
band zwischen Ebbingen und Cordingen: beamtenhaft wiesen leinöl-
farbene Schilder in alle Richtungen der Rennbahn: oh, ihr Vernünftigen!
Weit und grünlich die Spätnachmittagswiege, durchbäumt, Waldstücke
überall, und der Wind war frisch und wies mich flötend zur Heimat
wiesenein; und ich glitt, wiegend und über harten Stampfschenkeln, die
wellige Teerbinde entlang: es lebe die Einsamkeit!

Unfertig (auf halbem Weg rechts hatten sie angefangen zu bauen). Ich ging
zum Brunnenschacht und lehnte mich über die feuchte hallende Röh-
rung (stand das Rad noch da? – Ja).

In der modernen Ruine: das hatte wahrscheinlich die Küche werden sollen. Das:
vielleicht ein Stall? Die Wohnräume gaben Aussicht auf die Wälder ums
Ostermoor. Ging gegen Abend, und die Sonne bei Wolkenufern; doch
blieb es warmundhelle, und leuchtete nur langsam ab; Gräser und
Straßenraine, zerfallendes Licht: und weit drüben ein Häherpaar pendelnd über den Forsten.

Tiefe Traurigkeit: Ich strich mit der Hand über das mühsam Gemauerte; mein
Mund bog sich nach unten, die Füße hafteten im Dielenlosen: das war
nun das Ergebnis! Jahrtausendelang hatten sie sich gemüht: aber ohne
Vernunft! Hätten sie wenigstens durch legalisierte Abtreibung und
Präservative die Erdbevölkerung auf hundert Millionen stationär gehalten; dann wäre genügend Raum gewesen, abendlicher, wie jetzt über
jenen lieblichen Gründen und dämmernden Fluren, Licht und Pflanzen
schlossen den Hainbund. Aber alle ‹Staatsmänner›, die Waschweiber,
hatten dagegen geeifert, mit welchem Buchstaben ihr Name auch anfing
– ach, es war doch gut, daß Alle weg waren: ich spuckte leberkäsig aus,
so viel ich konnte, daß unten der Sauerampfer zitterte: nein!! Es war
doch richtig so – Dann bummelte ein Rad die Straße hügelab (links die
Apfelallee in eine Kolonie Hünzingen; rechts die Filiale von Trempenau)
‹nach Hause›. (Ich fürcht mich nicht im Dunkeln nach Haus zu gehn).
Und wer die flying fortress will, bekommt den blockbuster obendrein.

Malepartus (aber die Wirte schienen indigniert ausgezogen; na: ewig bleib ich
nicht!) Ist denn kein Papier im Hause; ich erbrach die Schreibtischfächer,
daß es knallte; eine lederne geprägte Mappe, ein Mensch ärger Dich
nicht (wie zum Hohn), und ich wurde zusehends ungehalten; endlich ein
Buch: Rilke, Geschichten vom lieben Gott, du kommst mir gerade
recht; und ich riß der Goldschmiedsprosa sogleich die benötigte Anzahl
Blätter heraus: schon der Titel empörte mich; feinsinniges Geschwafel;
auch so ein Pneumatomache: geh zu den Guacharos!

Diesmal flanierte ich nach der entgegengesetzten Richtung, auf den Fabrikschornstein zu. Ein Fußsteig führte nach links bis zum Bahndamm, gleich neben der Brücke, und da sah ich schon, daß eins der Geleise hinter ins Fabrikgelände lief, also ihm nach, über die torfbraunen Schwellen.

Holz, viel Holz! In mächtigen Bretterstapeln unter Schuppen; in Sperrholzplatten, aneinandergelehnten. Auch Balken, aber weniger. Im Hof noch Riesenstämme, elefantengrau, Buchen zumeist, von 80 bis 100 Zentimeter Durchmesser: schade um die schönen Bäume. War aber alles superb trocken das Zeug, würde im Winter brennen wie Gift. – Na ja; ich erhob mich seufzend (ob der vorgestellten Schinderei beim Sägen und Hacken solcher Mengen) und schlenderte nachdenklich aus der Umzäunung, vor der wiederum steif die Zebrabeine des bewußten Schildes warteten: das war also die Holzindustrie.

Birken aus denen der Saft lief. Irgendwo (auch irgendwann) hatte ich gelesen, daß man tatsächlich Wein draus machen kann. ‹Birkenwein›, mädchenröckiges, wehendes Wort (auch feinsinnig werden, eh? Und ich bummelte empört weiter über die Schwellen).

Was war das?: ach so. Im Glas sah man sogar die primitive Leiter des Hochstandes genau, und ich träumte mich einen Augenblick hinauf, wo der Wind Haut und Haare glatt strich, weit umher nur die glänzenden einsamen Wipfel; Natty hatte schon recht: Wälder sind das Schönste! Und ich war erst Anfang Vierzig; wenn Alles gut ging (?) konnte ich noch lange über die menschenleere Erde schweifen: ich brauchte Niemanden! –

Der Bahnhof: Lütt und proper. Güterwagenrot: da standen sie, einzeln und in Ketten, und ich mußte wieder daran denken, wie im vorletzten (zweiten) Weltkrieg wir Kriegsgefangene zu Fünfzigen in die Dinger gesperrt waren; die Holländer schmissen mit Dreck und Ziegelbrocken, daß die Wände knackten, furchtbar und langweilig. Auf einem Nebengleis eine kleine Draisine, und ich versuchte zum Spaß meine Kräfte daran: rollte verhältnismäßig leicht (aber es ging wohl auch ein wenig bergab).

Das Karawanserai gegenüber: Bierplakate in lebhaften Emaillefarben. Zur Zierde ein neckisch gläserner Bücherschrank in dem gefällig der Schlüssel stak; ich klappte eins der Bändchen auf: »... Man erschlage ihn / Mit einer Keule doppelten Gewichts ...« und ich entfloh sofort. (Noch auf dem Flur zischte mir die Lachluft aus breiten Lippen: wahrscheinlich hatte es damals im hunnischen Lager die ‹leichte Feldkeule 53› gegeben; sowie auch die ‹doppelte FK 17› für Schwergewichte: wohin kann einen Rhetor sein Wortvorrat verführen!)

Unten: eine Mühle neben zwei schönen Teichen; der Brückensteg durchgefault, aber ich balancierte über die Balkenköpfe. Kleiner Platz mit einer ungewöhnlich hohen Thuja, mindestens 15 Meter maß sie; ein größerer Hof; zur Linken die lange Schuppen- und Garagenreihe: was sollte ich in den Menschenhöhlen? Wieder die ewigen Skelette betrachten? Wieder denken: das mag ein Dicker gewesen sein, der zufrieden am Abendwürstchen kaute; dies ein Leptosomer mit Baskenmütze und Menjoubärtchen; dort ein Trottel mit kahlem Eierkopf; hier eine christlich orientierte Jungfrau mit oder ohne Brille. Ein kleiner Straffer, mit Postbotengang und philosophischer Stummelpfeife (der aber doch heimlich ins Toto setzte). – – Auch drohte ein kurzer Platzregen, und ich schnürte ab, nach Norden, zum Hauptquartier (Zeltbahn übers Rad und Anhänger decken). Rechts hatte noch eine Kreissäge gestanden.

Dämmerung: für eine phantastische Erzählung fiel mir ein: kleine geflügelte Giftschlangen, die, zumal im Dunkeln, umherschwirren; schreckliche Folgen (und erfand gleich den ältlichen Titel:

Achamoth
oder
Gespräche der Verdammten,
das ist

gründliche und wahrhafftige Beschreybung der Reise, so Giovanni Battista Piranesi, napolitanischer Schiffer, in autumno des Jahres 1731

nach
Weylaghiri, der Höllenstadt,
gethan,

enthaltend eine ausführliche Darstellung von Land und Leuten, deren Sitten (vielmehr Unsitten), seltsam hellischen Gebräuchen, Institutionen, auch absonderliche und mitleidswürdige Qualen, sowie die merkwürdigen Dialogen, welche besagter G.B.P. zu unterschiedlichen Malen unter großen Gefahren für Leib und Seele daselbst geführt oder belauschet; Alles

nach Dessen
eigenem oft beeideten Bericht,

so er am Abend des 11. Maii anno domini 1738 und der darauf folgenden mondhellen Nacht auf der Piazza di Pesci zu Napoli in Gegenwart der seit langem dort ansässigen Herren doct. utr. jur. Markmann und Volquardts, des reisenden Past. emerit. Stegemann aus Dresden, sowie des Autors und einer großen Menge Volkes aller Stände in italiänischer Zunge abgeleget; neuerlich zu sonderbarer Belehrung und

geistlicher Befestigung
des teilnehmenden publici sorgfältig ins Teutsche
übergetragen.)

Hat viel geregnet.

Der Mondkeil wurde in eine Wolke getrieben, daß sie langsam spaltete; dünnes margarinenes Licht fiel auf das Unteroffiziersbild neben der Tür: der Dank des Vaterlandes: das hieß in jenen guten Zeiten nach dem ersten Weltkriege: einen Leierkasten, und das Halsschild ‹keine Rente›. (Aber die Deutschen schrieen ja noch zweimal nach Männchen machen, und »Es ist so schön Soldat zu sein«: they asked for it, and they got it!)

Ich erwachte: so stierte der Mond durchs Seitenfenster in mein taubes Gesicht. Unermüdlich kamen sie: Tag und Nacht. Einmal würde ich keuchend irgendwo liegen (hoffentlich gings schnell; und ein Schuß als Freikarte für die Fahrt ins Blaue mußte immer im Colt bleiben). – Ich lehnte mich an die Wand, die Kniee angehockt, und sah denkend mit Eulenaugen in den langsamen Lichtwechsel.

Reziproke Radien (und der Einfall faszinierte mich für 5 Minuten). – Denken Sie an graphische Darstellung von Funktionen mit komplexen Variabeln, und zwar eben an den erwähnten Spezialfall: ein schicklichstes Symbolum von Mensch im All (denn der ist der Einheitskreis, in dem sich Alles spiegelt und dreht und verkürzt! Die Unendlichkeit wird zum tiefsten inneren Mittelpunkt, und wir haben durch den unsere Koordinaten gekreuzt, unser Bezugssystem und Maß der Dinge. Nur die Peripheriehaut ist sich selber gleich; die Grenzscheide zwischen Makro und Mikro. – In einer Einheitskugel könnte man ja einen dreidimensionalen unendlichen Raum projektiv wiedergeben.–)

Hübsch und eine kluge Gedankenspielerei; für 5 Minuten.

Je weiter sich also die Geliebte entfernt: desto tiefer dringt sie in uns ein. Und ich drückte die Stirn auf die Kniee und flocht Finger durch Zehen.

(Kurz draußen). Mond: als stiller Steinbuckel im rauhen Wolkenmoor. Schwarze Spiegel lagen viel umher; Zweige forkelten mein Gesicht und troffen hastig. (»Hat viel geregnet« heißts wohl auf Einfachdeutsch). Dumpfschlaf.

Ich steckte noch das kleine Handbeil in den Gürtel und schob los, in die letzte noch unerforschte Richtung, also Nordost. Dem Marschkompaß nach gehen die Schienen fast genau nordwärts, und auf den Schwellen läuft sichs leidlich (nur der Abstand: ist kleiner als ein Männerschritt, und, wenn man eine überschlägt, wieder zu groß. – Am besten ne Eingabe deswegen machen).

Ein Bauernweg quer drüber (hinten die Sonne schwebte durch weiße Wolkengewinde, brennende Montgolfiere: und ich hob die Hand vor Pilâtre de Rozier, abgestürzt am 16. 6. 1785, der Erste der langen Reihe, Ikarus unpräjudizierlich); ich ging diesen Bauernweg, der in leichter Schwingung nach Westen wies, links am Wald entlang; in der Mitte der 500 Meter breite Streifen dessen, was einst Felder gewesen waren; und drüben wieder Waldketten, licht und düster. Der Wind war kühl, rasch und hold, und ich lächelte als junger Wanderbursch in den Grünzauber ringsum. Ein Brombeerdorn zog eine rote Gerade quer übers Wurzelglied meines rechten Zeigefingers; ich sah es, kurz und kalt im Gewehrzurechtrücken, und der winzige Schmerz verfloß in die Wälder.

Viele Pilzruinen (noch vom vorigen Jahr her); weit drinnen dahlte ein Wässerlein durch stark grün verbrämte Reiser, sickerte aus einer großen Wiese zusammen, gesetzlos und schön.

Ich hatte die Richtung drinnen verloren, und fand mich plötzlich am Waldrand wieder, nur hundert Meter vom Schienenstrang, auf einem kleinen freien Stellchen. Wacholder bildeten zwei feine Halbkreise: das mußten sehr alte Pflanzen sein, der Größe nach zu urteilen (werden 800 bis 1000 Jahre alt; ich nicht). Auch war der Boden so fest und sauber, daß ich mich behaglich seufzend hingoß. Wunderbar!

Die schrille Sonne fuhr hinter sausende Wolken; das graue fette Vließ dehnte sich; zwanzig Minuten später lag es überm ganzen Moor (und zwar für eine Stunde).

Mailicher Regen: ich saß darin gelassen wie ein Stein: schön, so am Waldrand durchzuregnen bei völliger Windstille (im Mai-Land; nicht Milano) und ich bewegte entzückt die feuchten Schultern und Waden.

Die Feldflasche?: Ja! – (Ich habe immer nur getrunken, um die Bildkraft der Seele zu steigern; dem geschundenen Geist die irdenen Bremsklötze wegzunehmen; die Peripherie des Einheitskreises zu weiten: reziproke Radien; also doch!). (Und von gestern her kam funkenschnell ein Bildchen: die schöne Birkenallee von Borg her; ein kleiner Friedhof mit Spitzbäumchen von Taxus; eine plumpe Kirchenscheune – einen Geschmack hatten diese Bauern gehabt! Neben einem Meilenstein ein meterhohes Holderchen)

Ich atmete tief und feurig, und trat sicher in die graubuntgrüne Luftnachdemregen: stand: in jeder Hand eine rauhe Jungkiefer. Zwei Vögel schossen drüben aus dem gesägten Baumband, kurvten kreischend hoch, zogen dahin, dahin vor der Westwolkenbrandung, schrieen noch einmal indianerhaft, und versanken hinter der stillen Bodenwelle wie geworfene Steine. (Die Drehzahl eines Geschosses ist $N = V_0 \cdot \tan \xi_e / 2 \cdot R \cdot \pi$, worin ξ_e

der Enddrallwinkel, und R das Halbkaliber in Metern ist – weil ja auch V_0 in Metern angegeben wird!)

Der Abend: schrecklich und schön! Feuerrote und weiße Nebel traten aus den Gründen und Hainen, wie Schmuggler mit silbernem und brennendem Gerät; kamen zusammen und hielten Rat in Senke und grauem Gras (da kehrten auch die großen Häher wieder, und fielen streng ein).

Die Karte: ich hatte das Blatt auf dem Knie und schätzte: gleich weit nach Hamburg, Hannover und Bremen. (Die schienen drüben zu einem Entschluß gekommen zu sein: geduckt und grau trennten sich die Gruppen; schwanden lautlos die Birkenstraße davon, krochen durchs gelbe Vorjahrsried: einer blieb hochaufgerichtet als Posten).

Das englische Verpflegungslager gleich bei der Hand: da lag Vorrat für 10 Jahre! Unten in der Fabrik Holz genug für einen ganzen Clan, der siedeln wollte. (Jetzt neigte sich die Wache langsam nach vorn, und schob sich, jede Gelegenheit tarnend ausnützend, in die Wildschonung).

Wasser: War hinten der Bach-Graben; und Regen hats in Norddeutschland überflüssig genug. Auch die Arbeit beim Bau, Sägen und Hacken, Schleppen und Transport, würde mir gut tun (dick werden: die Sünde wider den heiligen Körper!)

Ich erhob mich unter einem mittleren Mond; ich sagte: »Herr von Baer (oder wie der Besitzer sonst heißt): ich danke Ihnen für die Überlassung dieser Waldstücke: ich werde hier nämlich ein Haus bauen, und nehme somit das Ganze« – ich wies ungeduldig mit der Hand um den Horizont – »in Besitz –«. (‹Erb- und eigentümlich› fiel mir noch an juristischen Formeln ein: gibts so was?)

Ich steckte das kleine Handbeil in den Gürtel (schräg!): der Umstandswauwau. Und trat fest auf den – meinen! – Weg. Der Abend loderte noch still mit breiter schon gedämpfter Glut und silbernen Wolkenflammen (war aber zu faul zum Figurenlesen). Wohl wußte ich, wo ich lief: in umbüschten Gründen im Osten rann Lütt-Warnau; Erde unter mir; in Rücken und Flanken die großen Waldhaufen – meine! –, straßenumsponnen; Wieder erschien im Nacken der Mond als Meilenstein: 17 müßte ihm im Gesicht stehen (oder 18; immer großzügig). Junge Blätter legten sich willig und wellig und breit um mein glattes Gesicht: wollt ihr euch schon beim Herren einschmeicheln? (Alles meine Gesellen!)

Vorm Einschlafen: trotz Müdigkeit schon eine Zeichnung gemacht fürs Haus. Morgen muß ich gleich noch einmal in die Wacholderringe und genau die Stelle ausmessen, wie hoch usw. (Und auch für den Schuppen. Am besten gleich mit Pflöcken abstecken. – Im Ort noch Millimeterpapier suchen).

Lange davor sitzen: (vor den Brettern drüben im Lager): ist das schwierig! – Als Erstes muß ich die Transportmöglichkeiten klären: da ist oben am Bahnhof der kleine Plattenwagen von gestern; den kann ich mit Balken etc. beladen, und bis an die Wegekreuzung schieben (erst muß ich aber noch Rost klopfen und ölen); vom Bahnhof ab fällt auch das Gelände nach Norden etwas: das ist sehr gut. – Was für Balken kann ich eigentlich bewegen? Da waren Vierzöller, Sechszöller, 8 Zöller: ich entschied mich für die 15 cm zum Hausgerüst und rechnete: Spezifisches Gewicht ungefähr 0,7; Querschnitt 225, durch 10 ergibt gleich Kilo, also wiegt der Meter davon rund 30 Pfund, und ich fluchte innig: Dreißig Pfund! Stand sofort auf, und versuchte ein 10 Meter langes Untier zu bewegen: sieh da! Mit Gewalt würde ich ihn vielleicht draufhebeln können. – Dann versank ich wieder in das Studium der Holzverbände, deren Abbildung ich in einem alten Lexikon gefunden hatte.

Ja: jetzt rollte sie! (Und auch die eine Weiche, gerade die, die ich brauchte, unbedingt, ließ sich knarrend stellen: wenn das nicht ein Zeichen ist!). Vier der Ungetüme würgte ich mit Stangen und Stricken auf die niedrige Platte und begann

die Probefahrt: hei-li-ges-Etwas! Ich stierte benommen auf die groben Kiesel und meine staubbraunen hohen Schuhe, die sich von Schwelle zu Schwelle stemmten: wenn ich bloß erst oben am Bahnübergang wäre! Der Schweiß tropfte schön unrhythmisch, und ich bog mich verzweifelt, stemmte auch den edelsten Teil mit an; die Bäume wandelten wie die Schatten an mir entlang, mein lieber Freund, einmal wär ich fast abgerutscht (‹Wer abrutscht kann nochmal›), und die Knie bogen sich immer steifer (wenn mal eins nach hinten schnappt: das soll es geben!). Aber jetzt erschien ein staubiger Holzbelag unten im schiebenden Blickfeld: gleich kam, Herr des Himmels, die Weiche. Ich stampfte noch einmal keuchend an, und brachte den Geleitzug über die Stelle : nie wieder eine Landpartie! –

Den Hebel umgelegt: jetzt aufpassen: kurz anschieben, dann aufspringen und nach vorn zur Handbremse: jetzt müßte es eigentlich rollen: –

Und es rollte milde, der Wind pfiff mir nicht an den Bartstoppeln, aber stetig und bewußt. Schön rumpelten wir durch die Waldmauern, schöner, schon kam der kreuzende Landweg in Sicht; ich nahm Fahrt weg, und zog kurz davor einmal scharf durch: voilà! Genau hingekriegt. – Aber das Abladen war wieder grausam, grausam; denn zerbrechen sollte ja auch nichts.

Rückweg (langsam schieben): die andern Balken kann ich ja vorher alle zersägen; die längsten Stücke, die jetzt noch kommen, sind höchstens 5

Meter! (Lore noch ins Holzlager geschoben, dann Schluß für heute; erst
muß genau der Plan feststehen; und Werkzeug, Nägel, Schrauben, ran).

Drei Tischler waren im Ort gewesen: da hatt' ich die Auswahl (und Zeichen-
material en masse aus der Walldorf-Schule unten); so saß ich lange, bis in
die lichterzuckende Nacht und grübelte: neben dem Bahnhof hatte auch
gleich ein Kohlenhändler seinen Platz, und in den Speichern lagerten
noch so 500, 600 Zentner, Eierkohle und Briketts; vielleicht warens auch
1000; ist schwer zu schätzen, so was; jedenfalls sorgloses Heizen für
manches Jahr. Und dann würde man in den Kellern überall noch Einiges
finden. Das ist also auch gesichert.

»*Vaubansche Front*« fiel mir beim Zeichnen ein: alle Verhältnisse: von Face,
Flanke, Kurtine, Kavalieren, Tenaille, Ravelin. (Interessant; ich hab mal
den Bousmard gelesen) – Aber weiter:

Wehe dem Manne, der nicht wenigstens 10 Mal in seinem Leben bereut hat,
daß er kein Tischler wurde! Oder der sich beim Anblick eines neuen
Nagels der Vorstellung von appetitlich zubereitetem Holz und klein-
klobigem Hammer enthalten kann!

Ich probierte die Bohrwinden am Treppengeländer: ob ich die dreifache Durch-
dringung unten fertig kriege? Ich wollte es nämlich so machen:

1.) 5 lange 10-Meter-Balken in Abständen von je einem Meter parallel
   zueinander hinlegen; dann

2.) rechtwinklig dazu die fünfmetrigen (das war noch einfach; da
   brauchte ich an den Kreuzungsstellen nur in umgekehrtem Sinne
   7,5 cm tief und 15 cm breit einzuschneiden, ausstemmen; über die
   vier Ecken schräge Stücken legen, damit feste Dreiecksverbindungen
   auftreten; dann das Grundnetz mit Kieseln ausfüllen). Aber jetzt

3.) die senkrechten Pfosten: da mußte ich mit Stemmeisen durch die
   Verbindungen vom Typus (2) quadratische Löcher schlagen, etwa
   6 mal 6, und am Pfahl den passenden Zapfen stehen lassen. Also
   durften die nicht bloß 2,20 hoch sein, sondern unten noch 15 mehr,
   macht 2,35, und dasselbe oben – also 2 Meter 50.

4.) Die Decke: Querüber wieder die 15-zentimetrigen, und 5 Meter
   lang. Aber als Längsverbindungen genügen jetzt die Vierzöller, und
   auch zum

5.) Dach. Die Winkel: an der Basis 50, oben demnach 80 Grad; und ein
   Stück übergreifend, an jeder Seite 50 Zentimeter. So. – (Das Gerüst
   war das Schwierigste; die Bretterverkleidung fand sich leicht; hatte
   genug gespundete unten). Good!

So saß ich und rechnete. –

(4 Wochen später): und unermüdlich floß das gezahnte Stahlband im bunten

Holz; weißer hölzerner Staub übersank den ausgefallenen linken Fuß, guter Staub, sammethart, und jedes Körnchen war da: man müßte die Biographie jedes Körnchens schreiben: will doch Jeder da sein! »Lebensbeschreibung eines Wacholders«; »So wuchs die Kiefer da rechts«; »Wir Moos«; »Ich war ein Vogel Habicht«; warum soll nicht »eine Schneise« ein Wesen sein? Der Bahndamm hat »Seine Geschichte«. Ein Kiesel der Beschotterung: lebt länger als Sie, Herr Leser Irgendein! »Mein Fußtapf«. »Tannenzapfen« (sind ja ganze Communities). Auf meinem Fenster standen 24 Blumentöpfe mit Bäumchensamen: so floß das gezahnte Stahlband im bunten Holz; unermüdlich.

22. Juli 1960: Richtfest! (War zwar ein Freitag, aber was tut das mir?!). Ein Zimmermann hätte sich pucklich gelacht, aber das Gerüst stand. Und fest auch; ich war genügend drin herum geturnt. (Jetzt kam nur noch der zweite, leichtere Teil: das Benageln mit Brettern; dann noch Möbel holen – aber erst mal feiern!). Und die Flasche kam mir nicht vom Mund (die Uhr müßt' ich auch wieder mal überprüfen; am 5. 9. war die nächste totale Mondfinsternis, da würde ich auch feststellen können, ob ich noch das korrekte Datum führte. Den ungefähren Ortsmittag ergab ja außerdem jeder Meridiandurchgang: Dein Wohl! Und der Malaga, Scholtz hermanos, rann wie aromatisches Feuer in meinem Zimmermannsschlund).

»Die Öfen« fiel mir ein: ich hatte keine gemauerten Schornsteine! – Na; s war ja wohl nicht der erste Gekachelte, dessen Rohr frei durch die Wand ging (aber ich wurde doch ernster: auf Waldbrände würde ich sehr achten müssen!). – Und dann hatte ich auch noch keine Hausnummer! So munter war ich geworden, daß ich noch einmal heiter meiner Leistung zunickte, und dann, bebüchst und bebeilt, die Hausnummer suchen ging.

Über die dünstende Wiese: diesmal kam ich von hinten in den Mühlenhof; das Fenster an der kleinen Treppe fiel mir beim ersten Antippen entgegen (richtig: Fenster muß ich auch noch komplett irgendwo herauslösen, und bei mir im Haidehaus wieder einsetzen!), und ich schwang mich hinein: armselige Einrichtung: ein Bett mit Bretterboden, ohne Kissen und Federbetten, bloß 5 Decken. Ein zerwetzter Schreibtisch, darauf zwanzig zusammengelaufene Bücher in Wellpappkartons als Regälchen; ein zersprungener winziger Herd (na, der hat das große nasse Loch auch nicht erheizen können!), ich tippte ihm anerkennend aufs geborstene Eisen, und sah mich mürrisch um. Papier in den Schüben; Manuskripte; »Massenbach kämpft um Europa«; »Das Haus in der Holetschkagasse«; ergo ein literarischer Hungerleider, Schmidt hatte er sich geschimpft.

Allerdings lange Knochen: mußte mindestens seine 6 Fuß gehabt haben. Das ist also das Leben. Ich salutierte den beinernen Poeten mit der Flasche (den Schädel müßte man mitnehmen und bei sich aufstellen); dann schwang ich mich wieder durch die dicke Fensterhöhle, und schritt bergauf längs den verwilderten Kleingärten.

Der Sportplatz: ich lehnte mich an den ergrauten Torpfosten und verschränkte sämtliche Arme: hier hatten die Hunderte gestanden, an den simplen Schranken, und begeistert ihre Hütchen in die Luft beordert, wenn »Opa« einen Alleingang machte. Ich lief eine halbe Ehrenrunde bis zum anderen Tor (und kletterte sogar noch weiter über den Zaun; denn drüben war ein winziges Zementhäuschen gesprengt worden, wohl von den Tommies noch im vorletzten Weltkrieg, die Irren).

Die Trümmer: tischgroße Zementbrocken. Die Wände waren erst nach außen geblasen worden; dann das Dach eingefallen; auf dem Hügel wucherte es von Gras und Ampfer, Hirtentaschen und Taubnessel: hatten sie auch das kleine Ding in die Luft jagen müssen! Ich ging noch näher und bohrte mit der leeren Flasche im Gebröckel.

Tiefblau und weiß: so erschien eine emaillierte Ecke in der Tiefe, und ich pfiff hastig und ruhte nicht eher, bis ich das Schild ganz heraus hatte: 12 mal 20 und B. 1107. Und ich dehnte die Augen und lachte nickend und ingrimmig: très bien! Da habe ich also meine Hausnummer: B Punkt (oh: ein solider dicker Punkt!) Elfhundertsieben. Ich wischte das Staubige mit dem Taschentuch blank und blau: darauf konnte jedes Holz staus sein (oder »Haus stolz«; ist egal). So zog ich im Triumph in mein altes Standquartier, aß, was mir schmeckte (Eier hätte ich wieder mal essen mögen!), und vertrieb mir den Rest des (bullenheißen) Tages: morgen kommt der Fußboden rein, aus zweizölligen Bohlen! (– Quatsch: natürlich erst das Dach. Dachpappe hats oben beim Hogrefe; soviel, daß ich sie doppelt nehmen kann.)

Drei Räume. Ich teilte drei Räume ab, jeden durch die ganze Hausbreite gehend (außer dem ersten); die Außenwände verschalte ich doppelt; dann die Zwischenwände auch: Zeit und Material hatte ich.

Nochmal die Mondfinsternis (das war wieder der Pedant, der sich ums Datum sorgte!) – Nach meiner Rechnung müßte die Totalität am 5. 9. um 5 Uhr 23 Mez eintreten; die Sonne ging dann bei mir hier kurz vor 6 auf; also würde der Mond eine Stunde vorher im Westen dicht über den Wäldern stehen; alpha betrug nur 0,5 Grad: also war die Eintauchtiefe fast maximal: gegen 3 Uhr würde das Spektakel also anfangen. – Na, da war noch ein Monat bis hin.

Fenster: ins Wohnzimmer setzte ich zwei große dreiteilige; in die Küche ein kleines nach Osten; ein ganz schmales (aus einem Abort der Siedlung) in die Nordwand des Vorraums (und ganz oben hin). Ehe ich richtig mit dem Hobel hantieren lernte, war das Haus fertig: das ist immer so (aber dem Schuppen kams dann zu gut!).

Am Schuppenkomplex (und ich wohnte noch immer in der Uferstraße): das vorgebaute Dach war auch keine Kleinigkeit (und ich machte ihn dann doch noch zwei Meter länger; ich würde zuviel drin aufbewahren müssen. Auch das Fahrrad und alles mögliche Handwerkszeug!).

Ich malte eine Tafel ‹Verbotener Weg› und befestigte sie vorn an dem Fußpfad zur Linken, waldab (den man gehen sollte! sic!), und der mitten in die Kolonie Hünzingen führte. Den alten Waldsteig an der Bahn entlang, der sich zu mir schlängelte, ließ ich frei: Psychologie, mon vieux! – Sämtliche Verpflegung kam natürlich auf den Boden, unter das geräumige Spitzdach.

Mit Besenreis in der Hand (wie Droll): ich hatte alles ausgefegt, und die Öfen (einer mit braunen Kacheln im Wohnzimmer; der Küchenherd; ein Kessel mit Rohr in der Waschküche) standen auch schon. Ansonsten: spinnige Kiefernschonung; und ich soff, bis die Grauhaarigen um mich torkelten.

Völlig unangebracht: ein feuriger brünetter Mond in Wolkenrüschen. – Zwei Tage nehm ich zum Möbel holen; besser drei. Dann ist der 2. 9. Bis zur Eklipsis gebe ich noch für Kleinigkeiten zu (Bücher zusammensuchen; Spaten, Hacken, Harke; der Sägebock war noch gut). Am 6. wollte ich nach Hamburg starten, die ‹Glanzlichter› zur Einrichtung besorgen; auch rare Schmöker einkassieren etc. Etwa am 10. zurück. Dann erhob sich schon die Heizungsfrage; also 4 Wochen für Kohle holen; Holz sägen und hacken; Lebensmittel vom Düshorner Lager (und die Wasserentgiftungs-Tabletten nicht vergessen!) Darüber würde es bestimmt Oktober/November werden; und dann kam die herrliche einsame Zeit, viele Jahre lang: morgen hol ich die Dachrinnen und drei weitere Bütten zum Auffangen des grauen Regens. Töpfe, Wannen, Pfannen: ich werde euer Mor-Pork schon braten! Vielleicht kann ich fürs kommende Frühjahr sogar eine Art von Kartoffelfeld herrichten (obgleich Landarbeit mir so ziemlich das Widerlichste von Allem ist; außer Militär natürlich; Militär und Textilindustrie).

Der fleckige abgegriffene Besant d'or (ich hatte den Wecker auf 1 Uhr gestellt und starrte ihm ins gelbliche Rund); schön saß sichs auf dem Weg, mitten im leichten Sessel, und der Himmel war bleich und klar über den großen Wäldern zu beiden Seiten. In Hamburg würde ich mir ein gutes astronomisches Fernrohr beschaffen; für jetzt genügte der große Kieker und die Taschenuhr. War Alles still und kühlig; auch feuchtlich; keine Grille schrillte mehr; nur dann und wann floß Hauch durch die Pflanzen zur Rechten zur Linken. Früher mochte um diese Zeit ‹ein Zug› hier vorbeigefahren sein: ganz fern im Norden ein leises Rollen, kam näher, orgelte tief weit und nah, schwoll polternd an mit jagenden Stößen, Lichter flossen perlenschnürig vorbei, verschwanden im Süden: leises Rollen. Jetzt war Alles still: und schöner! Früher waren auf den Asphaltbändern lautlos Autolichter geglitten: jetzt herrschte nur noch der Mond:

Der Kupfergong! Hängt blaß, ein Kupfergong, noch hoch im Äther. (Datum stimmt also genau!). Die merkwürdigen verschwollenen Lichter auf der Scheibe. Mädler hatte viele Untersuchungen darüber angestellt; das waren die eigentlichen Mondautoritäten: Lohrmann, Mädler, J. Schmidt, und vielleicht Fauth. Eine Eule begann sehr tief im Forst zu monen: schien auch ihr die Gaukelscheibe verändert? (Hoffentlich waren die Elbbrücken noch unzerstört; oder ich würde im Boot übersetzen müssen). Unten im Dorf hatte ich den Almanach gefunden ‹Handbuch der hanseatischen Departements 1812›; altes französisches Kaiserreich hier: so war auch ich ein citoyen. Ob außer mir überhaupt noch jemand übrig war? Wohl kaum; vielleicht irgendwo auf den Südzipfeln der Kontinente, die vermutlich noch am wenigsten abgekriegt hatten; man müßte ein Radio in Betrieb setzen können. Wind strich wie ein mächtiger achtloser Vogel weit von Westen her; wiegten sich die Gräser in schmalen grünen Hüften, knarrten leis die Kiefern, schwört es im Wacholder, bräunlich breit der Mond. So trieb ich es jene Nacht. (Und: dic mihi ..!)

Auf der Kreuzung hinter Schneverdingen, Reichsstraße 3: also so geht das nicht! Den Weg kann ich auf der Rückfahrt mit überladenem Anhänger nicht nehmen. (Vor Visselhövede war die Straße noch gut; aber dann bis hierher völlig verkrautet, manchmal bis über die Radachsen; hinter Neuenkirchen erkannte ich die frühere Fahrbahn überhaupt nur daran, daß die Tännchen noch so klein waren: das sind die Folgen des Kopfsteinpflasters, jetzt schon! In 20 Jahren findet Niemand mehr Straßen auf der Welt; vielleicht erkennt man die Autobahnen noch, aber in 30 sind auch die weg). Hier die große Reichsstraße war in der Mitte noch ganz erträglich; obwohl schon viel Sand eingeweht war: zurück mußte ich also den Umweg über Soltau machen; Soltau, Fallingbostel. Ja: dann nach Walsrode und von hinten herum kommen! – Ich stand steifgliedrig auf (war in letzter Zeit doch zu wenig Langstrecken gefahren), und beschaute noch einmal den Omnibus, dem ich auf dem Trittbrett gesessen hatte: sieht scharmant aus: ein Auto mit üppigem Gras auf dem Kühler! Dabei hatte ich noch nicht mal ein Drittel der Reise hinter mir; also: ‹auf die Rössel!›

Dicht hinter Sprötze (wo die große Bremer Straße einmündet): und die Fahrt durch Haide und Wiesenwuchs war prachtvoll gewesen; nur bei der langen Brücke mußte man ganz vorsichtig sein – was heißt ‹man›?: Ich! Das Wort ‹man› kann ich eigentlich aus der Sprache streichen! – erstens klappert der Bohlenbelag gefährlich, und dann fehlt schon jede Vierte. Aber das war Alles nicht »das Problem«, sondern dieses: vor und um (und in) Hamburg hatte ganz im Anfang eine große Schlacht (mit unzähligen Luftattacken von beiden Seiten) ‹stattgefunden› (»Jeder ist herzlich eingeladen«); es schien pueril, anzunehmen, daß auch nur noch eine der Elbbrücken intakt sein könne! Also versuchte ichs am sichersten irgendwo an der Niederelbe, in einem kleinen Ort; da war auch noch am ehesten die Möglichkeit, ein brauchbares Ruderboot zu finden. – 25 km noch bis Neuenfelde; und schon 15 Uhr: no, bis 19 Uhr 30 bleibt es hell, inklusive Dämmerung; und die Sonne sengte ‹einem› die dünnen Leinenshorts (früher hätte ich nie kurze Hosen tragen können: die Insekten hätten mich aufgefressen; wenn andere unangefochten spazierten, hingen sie um mich in Wolken! Aber jetzt, wo die Mehrzweckbomben die meisten Arten vernichtet oder dezimiert hatten, und die Vögel den Rest leicht in Schach hielten, war es eine Freude mit bloßer Haut zu gehen). Und Beobachter waren auch keine mehr da: so zog ich gar die Shorts noch aus, und ließ mich ein Stündchen braten: Mitten auf· der Kreuzung.

Verflucht noch Eins! (Waren doch zwei Stunden geworden!). Ich hing mürrisch den Anhänger wieder an die Hinterachse und hob mich zum Anfahren in den Pedalen (und Sonnenbrand auf allen pikanten Stellen!)

Wulmstorf: wie gut, daß die Schilder noch stimmten; sonst hätte ich jeden Ort erst mühsam identifizieren müssen (indem ich einen Briefkasten einschlug, und die Absender las; oder beim Postamt oder Bürgermeister den Stempel probierte: was näher war!). Und jetzt nahm ich, auf der Treppe des Friseurs sitzend, den mir versprochenen Schluck Whisky: kalt und sehr stark! – Noch einen kleinen: hier hieß es genau dosieren, daß der bis Blankenese vorhielt. Nur Narren oder etiolierte Ästheten sind Abstinenzler: die können nie erlebt haben, wie Schnaps bei völliger körperlicher Erschöpfung Wunder wirkt. Außerdem kann ich Menschen ohne Gelüste nicht ausstehen. – Überhaupt keine!

Und mit Whiskyschwung an den Deichen entlang: das Wasser stand hoch am kleinen Anleger, und links waren auch 5 Bötchen. (In der verlassenen

206

Gaststätte öffnete Zugluft einladend die Türen, und ein Mövenklub brach eben auf).

Was für Wind eigentlich? Ziemlich genau West und Stärke 2–3. Demnach könnte ich sogar das kleinste Segelboot nehmen (in dem auch ein Paar Ruder lagen; so artig wars).

Großschot in der Rechten, Steuer in der Linken, und es war Zeit, daß ich rüber kam, denn ich dachte den bekannten langen Schlaf zu tun. Wie ist die Formel: das Segel soll den Winkel zwischen Windrichtung und Fahrtrichtung halbieren: so glitt ich über den blauen langen Strom, neckte mich mit den graziösen Wellchen, hielt aus Spaß eine Zeitlang auf Flottbek zu und sah auch oft zurück, um mir die Neuenfelder Bake als Zielpunkt für die Rückfahrt genau einzuprägen.

Sorgfältig festmachen das Boot (und dem Tau etwas Spielraum geben, wenn nachher das Wasser fällt). Dann stieg ich in die nächste rassige Villa: nee: war zu muffig drinnen; also entrollte ich meine Decken auf der Veranda.

Jungfernstieg: ich setzte mich in den Straßenbahnwagen, der genau vorm Kaufhaus stand, und beabsichtigte, melancholisch hinaus zu blicken; aber es gelang mir nicht, und ich stieg wieder aus: linke Hand am linken Griff; sprang in einer bösen Laune gegen die Fahrtrichtung ab, und ging hinter der gelben Blecharche herum bis zur Balustrade. –

Auf dem Zettel murmelnd abstreichen: Taschenlampenbirnen 2,5/0,1 für meine Dynamolampe hatte ich schon mit Glück gefunden (ist gar nicht so einfach: 0,2 usw. findet man überall genug!); vier schön vergoldete Wandleuchter für je zwei Kerzen (also noch die Messingschrauben dazu); ebenso Nr 6, 7, 8 streichen; blieben vor allem noch Bücher und ein, zwei Bilder.

Vielleicht ne Mappe mit Graphik, was?

Ein Alsterdampfer kam unter der Lombardsbrücke hervor, Schiff ahoi, schwenkte ein, geriet gefährlich ins Wanken (denn der frische Wind rannte mit Geschrei durch die Trümmergassen), und wuppte eine Zeitlang unschlüssig auf und nieder (schien der Letzte zu sein, der noch trieb; bei den andern waren längst die Haltetaue durchgefault, die Seiten eingestoßen, gesunken: von dem links drüben sah man noch einen Meter Dach aus dem Wasser schrägen). Auch der hier hatte schon furchtbare Beulen im weißgrauen Bug, und stieß eben wieder dröhnend an den Steinrand, daß mir der Anblick wehtat.

Vor Geschäften: brauchte ich noch einen spitzen Hut? Oder Lackschuhe (auch spitz)? Mein Haar stob im Wind (was ich gar nicht schätze!), und ich trat einen Augenblick unters Portal der Petrikirche, mich zu adjustieren (ein kurzer Blick hinein: nee, werter Nazarener: Du bist kein Problem! Gott hab Dich selig; da das nach eurer Ansicht ja einmal Gottes Aufgabe ist).

Und wieder stürzte ich Türen, schlug Kellerfenster ein, zwängte mich durch Mauern, die Axt erbrach Schränke, staubdurchfunkelte Auslagen (Knochenhaufen, Rippenkörbe stören mich nicht mehr: sollte der Himmel nicht bloß eine Fiktion des Teufels sein, uns arme Verdammte noch mehr zu quälen?)

Zu gekästeltem Papier, wie es in Rechenheften ist, hatte ich von klein auf rechte Anmutung; so nahm ich auch hier ein derbes Büchlein mit (obwohls Quatsch war: das fand ich in Soltau auch!)

Neue Metamorphosen (frei nach Ovid, fiel mir in einem Ruinenfeld ein): Ein Windgott, Flöse, verwandelt eine vor Russen fliehende Berlinerin in einen stöhnenden Schornstein. Oder den von Polypen verfolgten Waffenschmuggler in einen Trampdampfer der Reederei Rickmers. In den Unterführungen des Dammtorbahnhofes saßen sie noch aufrecht, hart oder betend, auf Koffern und Hutschachteln, in dumpfen und karierten Kleidern; ein Mumienkind drückte's Gesicht in den dürren Schoß der grauseidenen Mutter: und ich schlenderte hallend, den Karabiner auf der Patronentasche, den Finger am Hahn, durch die Reihen der lederbezogenen Totenhäupter: und siehe, hatte der gesagt (und sich den behaarten Bauch gestrichelt), siehe: es war Alles gut! Vor der Sperre, wo ein Leichenberg haufte, drehte ich um, und ging den Korso wieder zurück: dazu also hatte der Mensch die Vernunft erhalten.

Ich war so haß-voll, daß ich die Flinte ansetzte, in den Himmel hielt: und klaffte sein Leviathansmaul über zehntausend Spiralnebel: ich spränge den Hund an!

Ein Rechtsanwaltsbüro daneben? Auch das noch! – Daß dies feile Pack: für Geld sogleich komödiantisch wortreich; gegen Bezahlung voller Gebärden des Rechts; aus Berufsinteresse Schürer und Anstifter aller Händel: auch Mörder, Ilse Koch, Generale, Diebe, geizige alte Weiber, finden ja stets noch ihre ‹Rechts›anwälte! Das muß man sich einmal vorhalten, um die Entbehrlichkeit dieses Standes zu erkennen: im Altertum war der Sykophant das verächtlichste Wesen: also daß dies Pack weg ist, versöhnt mich wieder mit der großen Katastrophe. Die kamen noch unter den Preisboxern, die sich vor Gaffern für Geld die Fressen einschlugen: es ist doch gut, daß mit all dem aufgeräumt wurde! (Und wenn ich erst weg bin, wird der letzte Schandfleck verschwunden sein: das Experiment Mensch, das stinkige, hat aufgehört!) Solche Betrachtungen stimmten mich wieder fröhlich. Auch daß einem Theater die ganze Vorderwand fehlte, und man von der Straße aus direkt ins Parkett spazieren konnte, verwand ich darüber.

Vor dem Eisernen: schon rollte ich Tenoraugen, breitete geschmeidig (wie ich mir einbildete!) die Arme: »Da standest Du vor meinen Bli-hi-cken /: ich sah Dich an –: es war um mich getan / Du meine Wonne mein Entzücken . . .« (ganz leise und prononciert): »Dein ist mein Herz!« »Und ewig Dir gehör ich aaaaaaaannnnnnnnn!!!« (und ich nickte zufrieden: aber wo blieb der Beifall??) Da gab ich es gekränkt auf, und entfernte mich pikierten Ganges (Hätt ich nur was vom Pi-Pa-Paddelboot geplärrt; oder »Unter einem Regenschirm am Abend« – und schon pfiff ich das letztere).

In der Universitätsbibliothek (Nur Studierende haben Zutritt: bitte: stud. pimp. et mes.!). Schon war ich im Lesesaal und begann mit possessiven Gebärden die Präsenzbibliothek zu handhaben: da hätte ich einen Lkw gebraucht! (Gottlob standen in Celle auch die wichtigsten Lexika).

Im Katalog. Ich suchte ganz sachlich nach Liste meine Desiderata zusammen: Barockromane; ein großes Kostümwerk; Ellingers ETA Hoffmann (300 Bände standen schon zu Hause; etwa 200 brauchte ich noch).

Sieh da: der alte Franz Horn, Shakespeares Baladin: hat der Mist geschrieben! Und ich nickte ihm bittersüßlich zu. – Ranke; ‹Historiker› Ranke! (Wie genau er es mit der Wahrheit nahm, kann man unschwer daran erkennen, was er 1850 über Marwitzens Erinnerungen an Friedrich Wilhelm den Dritten sagte: es wäre zu früh: zu früh! sic! jetzt dem Voke den Glauben an den ‹seligen› König zu nehmen / Also zu früh für Wahrheit! – Und Tischrücken tat er auch noch!) So schleppte ich Arm auf Arm in den schwarzen Blechkasten unten. Aber gute Karten hatten sie auch nicht; das war Alles alter Rambo: hätte doch nur einmal ein Verleger den Mut gehabt, einen Großatlas mit nur physischen Karten herauszubringen! Die politischen Grenzen änderten sich ja doch alle 10 Jahre! Das wäre ein verdienstvolles Werk gewesen; jetzt mußte ich halt zusehen, was ich einzeln fand. Wenigstens war vom Cooper so viel da, daß ich meine Auswahl daheim komplettieren konnte; aber natürlich auch wieder keine Biographie. –

In der Eisenhandlung: einen kleinen Schleifstein bitte, so einen zum Anschrauben an die Tischplatte; wenn möglich mit auswechselbaren Scheiben: da niemand kam und mich bediente, wählte ich selbst, und legte noch ein paar Stahlklingen dazu (ich will mir nämlich 2 Lanzen, und Pfeil und Bogen fertigen; das Schießen macht manchmal zu viel Krach). Ich drückte prahlerisch einen Hundertmarkschein auf die Theke: immer nobel, Robert! (»Blende ihn mit Deinem Schein«!).

Der nackte Bronzereiter (in der Kunsthalle) mit seinem böldsinnigen Hütchen (wenn er sonst nichts anhat, wird er gerade son kunstvollen Sturzhelm aufsetzen!); ich ging kopfschüttelnd an dem Betreffenden vorbei, und stand wieder in der Vorhalle. Glaskästen: hier konnte man für 20 Pfennig fotographische Wiedergaben kaufen (aber ich hatte schon drei Originale, sogar mit Rahmen; obwohl die goldgeschnitzten sicher nicht ins Holzhaus passen würden). – Wieder sah ich unentschlossen auf das Plakat: Ausstellung der Griffelkunst-Vereinigung; noch einmal; ogott-ogottogott; aber dann ging ich doch seufzend und mißtrauisch die Treppe hinunter.

Tische mit Prospekten: (grünlinoleumbelegter Fußboden); sparsam beladen mit Prospekten. Ich projizierte mir hinter den einen ein kleines dralles ernsthaftes Mädchen; kaufmännische Angestellte, mit kurzen biederen Brüsten und blauem Cheviot-Rock; meinem lasterhaften Lächeln setzte sie sekretärene Sachlichkeit entgegen, rhombisch fleckte die Sonne um uns, und als ich noch einen Schluck vom 50%igen genommen hatte (kalt und mißbilligend schrieb mich da der Blick ab), hörte ich auch Summen und Fußgaukelei eines besichtigenden Nachmittagspublikums. Ich rückte die Baskenmütze schiefer und ging auf die Rahmen an der Wand los.

»Das Gerücht«. A. Paul Weber. Ich war besoffen, aber ich murmelte sofort: »seit Leonardo die beste Allegorie.« (Ebenso »die große Lähmung«: dem Kraken fehlte bloß Hitlers Schirmmütze!) A. Paul Weber also. Und ich zwinkerte der imaginären Angestellten, aber schon ohne Hoffnung, zu: wenn sie bloß hier wäre; je pouvais prendre un chien hatte Tucholsky gesagt. Die Stahlrohrstühle interessierten mich weniger, und ich trat nur den Kecksten aus dem Wege.

»Kuh am Meer«: Nee! Ich schürzte das Gesicht, und starrte in das unsagbar scheußliche Grün: nee! – Rahmen hingen korrekt und schön über die Wände herunter: ich kippte einen hoch, um die Befestigung zu sehen: aha!: Spangen auf der Rückseite; man kann also jedes Blatt leicht rausnehmen. Aber ein Puh Dir, lieber Freund: dich Rindvieh nicht.

Magnus Zeller: angenehm: Hick! Aber der war wieder gut: die Mondlandschaften; und die »Italienische Stadt«; die vor allem. Ich wiegte mich in den Knöcheln und fummelte lange, ehe ich das Blatt hatte und zu den zwei anderen legte (dann doch auch noch die beiden Vollmonde). Muß ich mir merken »Magnus« (obwohl mir »Zeller« durchaus odiös war; so hatte ein Lump von Oberleutnant, damals im zweiten Weltkriege, geheißen: den möchte ich jetzt hier haben! Den leptosomen Lumpen! Ich schöß ihn in den Bauch, »daß ihm die Kutteln schuhlang herausplatzten« – ist von Schiller, falls Sie den Stil nicht erkennen sollten!)

»*Der Sprung*«, »*Das Ende*«, »*Frohe Fahrt*«: wieder A. Paul Weber und ich schlug mit der Faust an die Wand: voilà un homme! (Also rin in Rucksack!) Weiter hinten Marcs »Affenherde« mit schönen Farben; ebenso ein originelles Treppenhausgemälde: gar nicht schlecht. Dann allerdings auf einem Sockel etwas aus gelbem geglätteten Holz, das ungefähr wie ein weiblicher Oberschenkel aussah (.. Bembergseide). »ZEN (verhüllt)« schriebs darunter, und ich stand davor, linke Hand am linken Back: »verhüllt«: das Eigentliche mußte man sich also bei den beiden Schwellungen selbst denken. (Schien nicht bloß guter, sondern sogar »bester« Hoffnung zu sein; und Risse waren auch noch drin!): Kopfschütteln. Kopfschütteln. – Dann nahm ich die Treppenknaben und ging langsam nach vorn.

Die Sonne brach aus mittlerem Gewölk, blaugrauem, wie ein Bogenschuß, und ich erstarrte mitten im bildervollen Gemach:

Zuerst sah ich nichts: d'abord je ne vis rien; mes yeux déshabitués de la lumière se fermèrent brusquement: das hatte ich in unserer Zeit nicht mehr erwartet!! Ich kniete hin, den Magnus Zeller im Rücken (hol der Teufel den Schuft: den Offizier, heißt das!)

»*Kinder mit Papierdrachen*«: der Eine hob die Hand. Der Andere, Ärmerchen, lief barfuß nebenher, die Bindfadenrolle unter grünem Arm, und die blaue Himmelswand, weißgefasert, hob sich übers Gras! Ich schlug mit dem Kopf in die stille Goldluft; ich fauchte durch die Nase; ich hob die gefühllosen Hände: da!: Da flog er!

Der Dämon: huldreich und golden gebogen; Gottheit und listige Gefolgschaft, erschaffen und losgelöst, hinter einem selig Tobenden: so will ich ein selig Tobender sein. – Ich ging heran, und strich mit dem Finger über den gelben Rahmen; und lachte, als die Leine unter meinem Messer barst: ei, der muß mit!

Und gelobt sei die Griffelkunst-Vereinigung, Hamburg-Langenhorn 2, Timmerloh 25: denn ich habe den größten unsrer neuen Graphiker gesehen: A. Paul Weber! (Im Kupferstichkabinett hingen noch mehr; davon nahm ich »Die Luftschaukel« und »das Neueste«: das vor allem).

Piranesis »*Carceri*« und Callot »Balli di Sfessania«. Dann noch einmal oben: nee. Ein Mädchenporträt: weichgekochte blaue Augen, kurzsichtige, wie Bier, blöd, dünn und hellgelb. Immerhin: der gewölbte Pullover, und ich sah lange hin: war doch wohl Starkbier. – Ein Mönch in Habt-Acht-Stellung vor Gott. – (Dann geriet ich noch in eine Helmsammlung!! Bloß raus nach Flottbek!). – (Am Abend Gewitter).

Das Dorf Welle brannte: (So groß war die Hitze, daß ich zögerte, durch die breite Reichsstraße zu fahren, über der die riesigen Flammengewölbe fauchten). Gestern muß der Blitz eingeschlagen haben; erst hats ein paar Stunden geschwelt, dann fing der feurige Springborn an. (Und ich wurde mühsam schneller: Handpumpe und Wasserfässer muß ich auch noch aufstellen!)

2 volle Tage brauchte ich bis nach Hause, und ging ganz schön kaude von der Schinderei; dann schob ich den (unnötig breiten) Eisenriegel von innen vor, und stellte allerlei Schlaf- und Eßkunststücke an. – Am übernächsten Tage 20 große Körbe, zum Kohle schleppen, aus den Bauernhöfen der Umgegend zusammengesucht: 15 Stück, gleich 5 Reihen à 3, gehen auf den Wagen.

In 4 Tagen 80 Zentner Kohle und 40 Briketts geholt. Viel geflucht.

Unten in der Holzindustrie: meine Muskeln waren steif und geschwollen: aber sie hackten; breite Späne, dralle Scheite, durch Knorren schlug ich wie ein Wildling. Jeden Abend schwamm ich in Holzprismen (die würde ich morgen hinschaffen, aufbauen, unterm Dachvorsprung). Ich leckte Oberlippe, Mundwinkel, Unterlippe, Mundwinkel, Mundwinkel.

Silent killing (denn die 300 Schuß würden ja nicht ewig reichen). Da war zunächst eine Keule; liebevoll aus Eichenholz, und just meinem Arme gemäß (nicht »doppelten Gewichts«). Aus dem zwei Meter hohen Bambusstock wurde eine Mordslanze, leicht und fest. (Auf Pfeil und Bogen verzichtete ich doch; dazu seh ich wohl zu schlecht). Deshalb schuf ich zum Schluß noch einen Shillelah, um den mich Mike O'Hearn beneidet hätte. – Lange mit der Lanze geübt: ist schwierig (und selbst auf 15 Meter traf ich die Sperrholzscheibe nicht immer. Hm). Hat viel geregnet.

Boletus subtomentosus Linné: mir fiel auf, daß die Kappen mit der fortschreitenden Jahreszeit immer dunkler wurden und mehr rötliche Schollentupfen bekamen; dazu das seladonene Hymenäum: das sah prachtvoll aus. (Pilze hab ich mal du fond studiert, und kann lateinische Namen, lang wie der Arm eines neunjährigen Knaben). Und die Waldchampignons schmeckten wie zartestes Hühnerfleisch. Abends lange im Dickens gelesen "Master Humphrey's Clock": das und Bleakhouse sind die Meisterstücke.

Eine Katze müßte man zähmen können (daß sie auch warnt wie ein Hund, was?) Mir wars, als ob verwilderte Hunde und Kätzel manchmal an meiner Abfallgrube, hinten am Bahndamm, hantierten (das heißt, das war wohl schon die fünfte oder sechste Wildgeneration wieder; immerhin müßte man sie noch leicht zurück–domestizieren können).

Unschlüssig mit einem Spaten: gewiß: ich hatte noch sechs Kanister Kartoffel-

flocken. Aber ich sollte doch wohl ein kleines Feld anlegen, ehe das
Zeugs auf den alten Äckern restlos verwilderte. Ich fluchte leise, und
beschloß, jenseits des Weges zu graben. Nach einer mürrischen halben
Stunde stank mich die Hantierung derart an! Ich stieß den Spaten
daneben in die Erde (um die Stelle wiederfinden zu können), und ging
mir ein Stück lesen. (Später doch noch so 500 Quadratmeter gerodet,
mein Dung, den ich schaudernd verteilte, gab die persönliche Note, und
von den Feldern kartoffelähnliches geholt. – Wird wohl nichts werden!)

Ein Detektorapparat (ich weiß: es war verrückt!) aber ich versuchte es doch.
Zog beim Appenrodt eine gute Antenne aus Kupferlitze; saubere Erde. –
Nichts. Drei Nachtstunden mit dem Kopfhörer davor gehockt; danach
war ich so weit, daß ich auf 42,5 ein Pfeifen zu hören wähnte, ganz
dahinten, »weit in der Türkei«; aber es war wohl Selbsttäuschung; denn
später vernahm ich nichts mehr. Ob man mit einem Fahrraddynamo
einen Röhrenapparat betreiben kann? Und ich verwünschte meine
Halbbildung (besser: meine Lehrer!), die mir nichts darüber sagte.
Vielleicht ne einfache Voltasche Säule. Vielleicht saßen so in Südaustra-
lien, Perth, doch noch ein paar Menschengruppen, und ich hätte sie
wohl faseln hören mögen. Ich möchte wissen, warum ich überhaupt
noch diariiere; ich habe keine Lust mehr, im Sinnlosen zu stochern: wie
sauber und fest könnte ich Arbeiter leben (»Oh, daß ich doch ein
Schreiner wär«). Meine Hände riechen nach Cheddar-Cheese; mein
Gesäß juckt: wie wird das erst riechen! (Das sind keine Witze, sondern
Abscheu vorm Organischen).

Wildschweine; und ich schaltete am Gewehr: soll ich?! (Wegen meinem
Kartoffelfeld!). Aber der letzte Sonnenschein verblaßte; ein Wolkenmor-
locke schlich darüber, flachsig behaart und grauweiß am ganzen Körper.
Da stand ich wieder vom Knie auf, und stakte verdrossen heim durch
Busch und Wildwuchs, heim, nach Wacholdringen. – Letzte schöne
Tage; Indian Summer (Noch am Abend plus 16 Grad).

Völlig leer: der Himmel. Der schneidige Drittelmond ließ nur 20 große Sterne
übrig, heiß, die Starken. Und im Klaren tobte der Wind, daß mir die
Haare wirbelten und bebten. Blank und hellgrau war die Hauswand mit
der schattigen Wartetür; übers Dach lief Schwarzglanz und himmlisch
Silberblau, schwarz und blau, daß mir die Seele wirbelte und bebte. So
stand ich im dunklen waldenen Gehöft, bis mir die Schulterhaut unterm
Hemd gefror, und nur noch die Wahl blieb, zu saufen oder wieder ins
federne Futteral zu schliefen:

Ich trat in den Mond, das Gewehr ritt mit, in der Achselhöhle, über den
Pistolen spannte der Hosentaschenstoff. Ich bog mich geschmeidig

rechts und glitt in die Kiefernphalangen, oben glitt der mit: immer schneller. Es rollte im Baumgekrön und wurbelte im schwarz geschnitzten Unterholz, das Blättergeschwätz schnellte und federte mich vorwärts. Ich sprang mich hinter den dicksten Tannenstamm und rauhte in die strahlende Lichtung: schwirrten Äste, wehten Kräuter, wachten Jäger, blitzt der Mond. Griff zur runden Hüfte und drehte am Köpfchen der Feldflasche; das Kettlein klinkerte und schüchtern. Ich schloß den Lippenrand ums Aluminiumgewinde; der Kehlkopf pumpte; und die Helligkeit wurde noch stählerner. Wind griff an, straight über die Lichtung, erstes allein: Du mich attackieren?! Ich sprang über alte Stümpfe, tanzte unter den Ästen entlang, der Wald entfaltete sich: gleich fließt die Straße.

Straße noch mit harten Wagenspuren aus der Menschenzeit. Ich trieb vorm Wind auf ihr entlang bis zum Gehöft; an ihm vorbei; die Apfelbäume murrten im Untakt. Hurtiger wurde ich, schon war die Lippenhaut gefühllos, und die Schenkel ritten unter mir auf dem platten Radfahrweg entlang, eins, zwei, rast ich, so rost ich.

Kolonie Hünzingen: früher waren hier Lichter gewesen für den nächtigen Wanderer: las ein Mann im Kalender, spielte ein Mädchen am Schlüpfer, zählte man Geld, strahlten die mächtigen Birnen, radiotierten Meldungen »aus der Welt des Sports«. Schliefen Pflüge im Scheunendunkel, Hunde standen dröhnend an Ketten, die Pappel am Wasserloch sah am Tag Enten. War. Sah.

Im zweiten Haus rechts (und in der unermüdlichen Hand schnarrte die Lampe). Nach vier Axthieben schwankte auch die Tür auf: eine Küche. Noch schrie das Aluminium matt, Tassen und Teller hatten auch blaue Blumen. Meine Finger erstarrten und völlige Dunkelheit kam erst; dann gleich der Mond durchs Fenstervierseit. Ich tappte finstere Treppen entpor, schlug Fäuste an Türen, eine Kammer öffnete sich vielsagend: ein Mädchenzimmer! Am gebrochenen Fenster blaffte der frigide Zwitterwind; ich schob den Kopf zwischen die Schamkissen und hörte den Nessel am Barte kratzen. Fürstliche Müdigkeit überkam mich, gefährliche, und ich schluckte den kleinen Rest, fußwackelnd und keuchend.

Hinab! über der Straße spritzte Licht aus dem Mond. Ich grätschte heiß zurück; diesmal nur, und langsamer, auf den Wegen. Die Felder, obwohl monderhellt, ließen mich kalt: ich tat sie mit einer Handbewegung ab: was wollte lackweißes Wildgetreide: eine Maus hätte ich gerne gehabt (das heißt: gesehen!). Oder einen Zahnarzt. – Ich hastete bewußt mit weichenden Beinen zurück und setzte mich vor mein Haus: aus! –

Wer hat die Kulturwerte geschaffen?! Nur Griechen, Romanen, Germanen; Inder in der Philosophie. – Die Slaven sind typisch kulturlos: mein Gott: Schach und n bissel Musik!

Regen tagelang. Der greise Wind stand wie ein Widder ums Haus, Gramwind, Gramwind (und die Tonnen füllten sich mit dem schönen matten Wasser!). Ich ging zum anderen Fenster und sah nach Osten.

Draußen (hatte mir doch die Schuhe angezogen und das Zeltbahn-Cape umgeschwungen; auf dem Weg ging sichs bequemer, und in der Tarnkleidung sah mich Niemand vor den Kiefernkulissen). Der Regen steppte mir auf dem Mützenschirm, an der Schulter fingerte und morste es flink, als ich um die Ecke lehnte, blieben auch die Böen zurück.

Der Bahndamm: körnig wies der flache Kunstwall in Ferne und Regendunst. Da hatten sie sich mit Kollergängen gemüht, gemessen und geschnitzt; eisernes Gelumpe ausgelegt, und waren für sehnödes Geld draufrumgefahren: jetzt war Alles schon überwachsen. Es tropfte im Unterholz, und in den Pfützen sott es kalt und seidengrau, Blasen sprangen und schwammen: hätten sie nur auf Malthus und Annie Besant gehört; aber 1950 waren sie soweit gewesen, daß die Bevölkerung der Erde jeden Tag um 100000 zunahm: Einhunderttausend!! Ich sah zufrieden durch die schwarzen Kiefernstangen: wie gut, daß es so gekommen ist!

Der zweite November brach die Blätter ab, überall lagen die Kupferscheibchen herum, eine feurige Woche lang; dann verschwand ich im frühen und harten Winter (stimmte auch wieder ungefähr mit dem elfjährigen Sonnenfleckenzyklus, nicht?!) Im Januar fror der Bach und ich mußte viel Eis schmelzen; der Ofen donnerte und strahlte breithüftig am weißblauen Tag und der zebranen Nacht.

Der Mond blitzte scharfe Schatten um mich und erschien immer wieder in den samtenen Abgründen. Einmal blies es 50 Stunden lang aus Osten, daß ich minus 33 ablas. (An dem gleichen Morgen fand eine Jupiterbedeckung statt.)

Die schwarze Kuppel der Nacht: aus dem kreisrunden Oberlicht im Zenit kam es giftigklar und so hohnhell, daß der Schnee Augen und Sohlen brannte. Ich setzte mich auf die oberste meiner beiden Holzstufen, und schrieb auf einem großen Bogen:

Das Problem des Fermat: In $A^N + B^N = C^N$ soll, die Ganzzahligkeit aller Größen vorausgesetzt, N nie größer als 2 sein können. Ich bewies es mir rasch so:

(1) $A^N = C^N - B^N$ oder $A^{2 \cdot N/2} = (C^{N/2} - B^{N/2}) \cdot (C^{N/2} + B^{N/2})$ oder also

(2) $A^{N/2} =$ Wurzel aus der rechten Seite; ich setzte $C^{N/2} - B^{N/2} = x^2$

und $C^{N/2} + B^{N/2} = y^2$, damit wird automatisch (3) $A^N = (x \cdot y^2) = a^2$
und weiterhin ergibt sich:

(4) $C^N = [(x^2 + y^2)/2]^2 = c^2$ sowie auch (5) $B^N = [(y^2-x^2)/2]^2 = b^2$

Die Gleichung $A^N + B^N = C^N$ läßt sich also grundsätzlich stets auf die quadratische Form $a^2 + b^2 = c^2$ zurückführen, worin x und y die Fundamentalgrößen sind. Damit a, b und c ganze Zahlen werden, müssen x und y ebenfalls ganze Zahlen sein, außerdem auch $y - x = 2$ m. usw. usw. (Gleich mehrere Möglichkeiten: für y = 4; x = 2 ergibt sich $8^2 + 6^2 = 10^2$. Für y = 5; x = 3 heißt es $15^2 + 8^2 = 17^2$; so daß also die 8 z. B. zweimal vorkommen kann, je nachdem sie a oder b wird.)

Ins Bedeutend Allgemeine: Für die Bedingung der Ganzzahligkeit darf jeder Ausdruck $A^N + B^N + C^N + D^N + \ldots\ldots = Z^N$ in seiner sparsamsten Form auf der linken Seite N Glieder haben, nicht weniger! Und – wie oben im Beispiel die 8 – kann derselbe Zahlenwert darin bestenfalls N mal vorkommen, je nachdem, ob er A^N, B^N etc. wird. Z. B. für N = 3 gelten: $3^3 + 4^3 + 5^3 = 6^3$; $18^3 + 3^3 + 24^3 = 27^3$; $36^3 + 37^3 + 3^3 = 46^3$. Flink zogen sich die Symbole aus dem Bleistift, und ich murkste munter so weiter: das muß man sich mal vorstellen: ich löse das Problem des Fermat! (Aber die Zeit verging vorbildlich dabei).

With all its numberless goings on of life / inaudible as dreams: Viel im ST Coleridge gelesen. Auch die Lais der Marie de France (Hier also das Vorbild zu Fouqués »Ritter Elidouc«. D. h. es kann evtl. auch noch Gottfried von Monmouth sein).

Über das Universum als Fortsetzung des Sinnensystems.

II

20. 5. 1962.

USA-Kultur: so klein ist Niemand, daß er sich nicht zu Hause grande nennen
   ließe! Ich schmiß das Reader's Digest an die Wand, hieb ein Papier in die
   Tippa und knatterte los (oh, war ich wütend!):

Herrn Professor George R. Stewart, University of California, U.S.A.

Sehr geehrter Herr Professor!

Ich habe mit großem Interesse den instruktiven Auszug aus Ihrem neuen
Buche "Man, an Autobiography", welchen Reader's Digest vom Juli
1947 auf den Seiten 141–176 bringt, durchlesen, und mit tiefem Staunen
diese Geschichte der Menschheit nacherlebt.

Mit Recht rühmt ein Ungenannter in seinem kurzen Vorwort die
»Originalität Ihrer Schriften«, und daß Sie aus dem alten Thema eine
"rattling good story" ohne den üblichen Ballast schwerfälliger Namen
und Zahlen gemacht hätten. Hierzulande schrecken Manche zwar vor
dem Gerattle in kulturgeschichtlichen Fragen immer noch etwas zurück;
desto mehr aber schätzt man Ihre weiterhin garantierte »Sorgfalt, mit
der Sie Ihre Belege ausgewählt haben«.

Zunächst ein Wort hierzu. Langes früheres Studium der Geographie der
Alten läßt mich auf dieses Gebiet auch heute noch stets aufmerken.
Deshalb war mir Ihre Behauptung (S. 170a) besonders empfindlich, und
hat mir keine besonders günstige Meinung von Ihrem Wissen oder Ihrer
Sorgfalt beigebracht: »Trotz Griechen und Phöniziern waren die Alten
im Wesentlichen Landratten (landlubbers), ausgesprochene Küstenfah-
rer. Aber wer am Atlantic wohnte, mußte schon entweder Seefahrer
werden oder zu Hause bleiben. Und sie fuhren, und bauten tüchtige
Schiffe, und segelten weiter: die Wikinge, Flamen und Engländer, die
Hansakaufleute, Bretonen und Portugiesen ...« (Ich will das sinnige
»entweder – oder« übergehen: der Löwe brüllt wenn er nicht schweigt).
– Wenn Sie (und Andere) immer wieder die Wikinger preisen, dann
denken Sie wahrscheinlich an die erste Entdeckung Amerikas; vergessen
aber dabei, daß keiner dieser Seeräuber jemals in direkter Fahrt von
Norwegen oder England aus Vinland erreichte, sondern stets über die

Zwischenstationen Island und Grönland (die z. B. in Sichtweite voneinander liegen!): keine dieser Etappen verlangte mehr als allerhöchstens 1000 km Hochseefahrt; die letzte wurde oft unfreiwillig gemacht.

Ich will nicht zur Entschuldigung der Alten anführen, daß in den Meeren, deren Anwohner sie waren – Mittelmeer, schwarzes und rotes Meer – für solche Strecken gar kein Raum gewesen wäre. Sobald sie die Gewässer genügend erkundet hatten, verließen sie natürlich die Ufer, und durchkreuzten regelmäßig die Flut nach allen Richtungen; und von Byzanz nach Phanagoria waren es doch auch schon über 700 km! (Ich will allerdings nicht unredlich verschweigen, daß auf dieser Route nach den Berichten der Schiffer sich ein Punkt fand, wo der Wissende Kap Kriumetopon im Norden und Karambis im Süden wie einen leichten Dunst zugleich ausmachen konnte).

Aber es gibt ein ganz anderes Großbeispiel, nämlich den Indienhandel! Nachdem Eudoxos zur Zeit des Ptolemaios Euergetes als erster Grieche den Seeweg nach Indien offiziell erschlossen hatte, nahmen die Handelsunternehmungen wahrhaft gigantische Formen an. Ich empfehle Ihnen, die wirklich interessanten "facts" in Ihr Repertoire aufzunehmen: wie man von Alexandria nilaufwärts nach Koptos fuhr; und von dort mit Karawanen nach Berenike am roten Meer zog, wo die Indienflotte mit bis zu 120 (!) Großfrachtern wartete. Bis Oikilis am Ausgange des roten Meeres war man freilich noch zwangsläufig in Landnähe; aber von da fuhr der Geleitzug im Juli/August mit dem Monsun *in 40 Tagen ununterbrochener Hochseefahrt,* Herr Professor, 3000 km nach Barygaza, etc., an der Malabarküste; im Dezember wieder zurück. Und diese Fahrt wurde seit dem Schiffer Hippalos jahrhundertelang, Jahr für Jahr mit Großgeleiten betrieben, so daß Plinius den Wert der Güterausfuhr mit 50 Millionen Sesterzen, den der Einfuhr mit 5 Milliarden angeben konnte. Auch die Chryse-Fahrten über den bengalischen Meerbusen (1300 km Hochseestrecke) gehören hierher; denn die Reisen wurden regelmäßig gemacht, und Ptolemaios spricht davon als einer bekannten Sache. – Niemals ist vor Kolumbus Ähnliches unternommen worden, von keiner der von Ihnen als überlegen angepriesenen Nationen des Entweder-Oder; und auch Kolumbus selbst ist ja mit Vinland-Kenntnissen gestartet.

: Sie aber stellen denen die Alten als "landlubbers" gegenüber, nicht wahr?! Ich mache Ihnen den Vorwurf der Unwissenheit!

Nicht, daß ich jede Ihrer Ansichten ablehnte; denn wie Sie richtig bemerken (S. 165a): "Continual talking is likely to be associated with some thought here and there"; nur sollte man nach dieser Maxime keine

Bücher verfertigen, zumal keine kulturgeschichtlichen. Aber für Ihren "Man" ist ja das Ausschlaggebende "Civilization", d. h. nach Ihrer eigenen Definition auf S. 175b: "The mass of such things as agriculture, metalworking and social tradition" (nicht etwa Kunst oder Wissenschaft, nichts da! Das Wort Kultur kommt ja auch nicht einmal vor bei Ihnen: nur S. 168a sprechen Sie in einer Zeile ironisch von solchen, denen ein Gedicht mehr gilt, als ein Pflug); aber civilization: das gibt die "Control over the outside world" und das ist Ihnen auch der eigentliche "rough and easy way", das entscheidende Kriterium, Epochen miteinander zu vergleichen, oder, wie Sie Ihre Methode deutlicher präzisieren, zu »testen«.

Und wie um uns das volle Gewicht Ihres Zivilisationstestes recht bald handgreiflich zu machen, applizieren Sie ihn (unser »anwenden« gibt Ihr Verfahren nur unvollkommen wieder) mit anerkennenswerter Parteilosigkeit auch auf die Griechen.

Zunächst machen Sie uns die Entstehung hellenischer Kultur unschwer faßlich: "Not having much regular work to do, they had to pass the time in various ways. *Thus the Greek citizens were able to develop art, athletics, and philosophy*". Klingt ganz einleuchtend, wie? Und so einfach! – Nicht wahr: die Regierenden und Priester der Jahrtausende vor und nach Jenen hatten diese faule Zeit nicht?! Und die gleichfalls arbeitsscheuen Südseeinsulaner, oder Germanen, oder Klosterinsassen etc. hatten sie auch nicht! Und dennoch haben die alle Künste und Wissenschaften (von Philosophie einmal ganz zu schweigen!) nicht nur nicht entwickelt, nicht nur sie gar nicht verstanden, wo sie ihnen begegneten, sondern sogar ihr bestes getan, sie zu unterdrücken! Kultur ist nämlich für gewisse Leute – so 99 Prozent – langweilig: wissen Sie das?! – Wohl braucht der Künstler und Denker Muße; aber umkehrbar ist dieser Satz, ähnlich wie der vom Schwein und der Wurst, nicht.

»Viel Unsinn ist schon über die Griechen im Allgemeinen, und besonders die Perserkriege geschrieben worden ...«: zugegeben: ich habe ja Ihr Buch in der Hand!

»Das Hauptunglück der Perser war nämlich nicht, den Griechenkrieg zu verlieren, sondern die Griechen die Geschichte dieses Krieges schreiben und an die Nachwelt weiter gehen zu lassen ...« Herr: daß der Bericht Herodots – er ist ja die Quelle, nicht »die Griechen« – ein Unglück für die Perser gewesen sei, kann nur Jemand daherfaseln, der ihn nie gelesen hat! Denn: »Was Herodotos von Halikarnassos erkundet, das hat er hier aufgezeichnet, auf daß nicht mit der Zeit vergehe, was von Menschen geschah, noch die großen Wundertaten ruhmlos verhallen, *die Hellenen nicht minder als Barbaren* vollbracht haben!«, und wirklich kommen ja auch die Perser durchaus nicht schlechter weg.

Das war nämlich auch so etwas, was Ihre beliebten "intelligent Egyptians or Babylonians" oder die "in many ways more admirable" Perser von den Griechen hätten lernen können: wie man objektiv und in genialer Gesamtschau Universalgeschichte schreibt, anstatt des engstirnigen und überheblich-verlogenen hölzernen Chronikentons der ägyptischen oder alttestamentarischen Lokalklätschereien. Nach diesen einleitenden Feststellungen setzen Sie nun erbarmungslos Ihren "test" an (ich übergehe Ihre billigen und dabei nichts weniger als originellen Ausführungen über den Zusammenhang zwischen Quatschen und Denken; ein sicherer James Burckhardt hat schon vor Gründung der Universität California über das agorazein wesentlich lesenswertere Betrachtungen hinterlassen). Sie resümieren: »Nirgends in aller Welt ist auch nur eine wichtige Erfindung im Gebrauch, die wir mit Sicherheit den Griechen zuschreiben können.« »Aus alle dem ziehe ich (ICH, Professor George R. Stewart!) die Folgerung, daß die Griechen die Zivilisation weder schufen, noch retteten, noch nennenswert erneuerten.«: Thank you! Nun sehen wir, so lange vom Präjudicium antiquitatis gehemmten abendländischen Neurotiker doch endlich einmal klar!

Zwar hatten uns die Fliegenden Blätter schon vor Jahrzehnten davon unterrichtet, wie man in Arkansas Wandmalerei treibt; Mark Twain vom Zeitungswesen in Tennessee; und vor Monaten entlas ich mit tiefem Glücksgefühl der New-York-Post, wie man endlich in Cazenovia für fünf Millionen Dollar die so lang entbehrte Fußball-Ruhmeshalle errichten wird (allerdings von den Griechen entlehnt: die setzten ihren Raufern und Luftspringern auch immer Denkmale zu Olympia); aber Ihrem Buch, dieser Bonanza des Unsinns, war es vorbehalten, uns zu informieren, wie man in den US Menschheitsgeschichte lehrt!

Wir pflegten den Griechen bisher kurz folgendes zuzuschreiben: daß sie als Erste Geist und Methode abendländischer Forschung entwickelt und geübt haben. Ihnen verdanken wir so wichtige Einzelresultate wie die genaue Messung der Erdkugel, und, daraus, resultierend, Karten mit nach Länge und Breite fixierten Objekten. In der Astronomie sind Sternenkataloge, geo- und heliozentrisches Weltbild etc. auch griechische Erfindungen; biologische Systeme rühren von ihnen her; : könnten Sie diophantische Gleichungen lösen?

Vergleichen Sie die griechischen Kunstleistungen, Statuen, Tempel, Epen, Dramen usw. selbst mit allen vorhergehenden und gleichzeitigen Leistungen: größere Männer als wir Beide haben davon geschwärmt!

Philosophie – – nun, so weit sind Sie da drüben noch nicht. – Wir sind und bleiben der Meinung, daß, dem Stewarttest zum Trotz, unsere gesamte geistige Existenz, wie sie als Ergebnis aus den zwei letzten Kulturwellen, der Renaissance und der Klassik-Romantik, hervorgegangen ist, wie diese selbst auf dem Griechentum beruht. Sie stellen fest, daß es niemals einen "fall of civilization" gegeben habe, und nach Ihrer Definition will ich Ihnen beistimmen: aber Sie hatten als Ihr Thema "Man" angegeben, Herr! "Man" nicht Ihre komische Civilization! Die Gleichung zwischen diesen beiden ist allerdings originell und Ihr geistiges Eigentum; aber ich bezweifle, daß Sie deshalb viele Neider finden werden. Es mag beschämend sein, daß Ihre Nation – Edgar Poe ausgenommen – noch keinen Beitrag zur großen Kultur geliefert hat; aber auch diese Zeit wird kommen! (Allerdings nicht durch Ihr Verdienst!)

Möge Ihre Wasserspülung stets funktionieren;
in aufrichtiger Verachtung:

Falten, kouvertieren; 30 Pfennig laut Tradition drauf geklebt und per Rad zum Briefkasten unten im Dorf geschafft: so ein Salzknabe! (Und noch auf dem Rückweg entrüstete ich mich alle hundert Meter: Die hätten doch weißgott genug mit der Herstellung von Atombomben und Cornedbeef zu tun haben sollen: man kann halt nicht Alles machen!)

Der hagestolze Mond (fast noch voll) Ich hatte mich immer noch nicht beruhigt, und beschloß, rachsüchtig, auch einen test zu machen (felibre läßt das Schreiben nicht) Also: auf gehts:

1.) Kennen und schätzen Sie Meyerns »Dya-Na-Sore«, Moritzens »Anton Reiser«, Schnabels »Insel Felsenburg«?

2.) Sind Sie der Ansicht, daß ein Künstler auf Geschmack und Niveau des Volkes pfeifen sollte?

3.) »Des Menschen Wille ist nicht frei.« – Glauben Sie das?

4.) Ziehen Sie Wielands »Aristipp« oder die "Forsyte Saga" vor?

5.) Haben Sie Ihre Eltern zuweilen verachtet?

6.) Sind Sie abergläubisch?

7.) Haben Sie einen Freund, der Ihnen ernsthaft die Lektüre von Klingers »Raphael de Aquillas« empfahl?

8.) Hassen Sie Alles soldatische und Uniformierte?

9.) Können Sie kurz den Inhalt von Jean Pauls »Campanerthal« angeben?

10). Halten Sie Nietzsche für einen mediokren Geist (aber großen Redner)?

11.) Sind Ihnen Boxen, Film, Mode, feines Benehmen, sehr lächerlich? Dann stach mich der Teufel und ich schrieb (ich kann *Alles* schreiben und rufen: ich bin ja allein!!):

12.) Ist Ihnen zu irgend einem Zeitpunkt Ihres Lebens dieses ein Zweifel gewesen: ob irgend ein heiliges Buch, als Klopapier verwendet, Ihnen das Gesäß sengen könnte? –

Setzen Sie für Ja + 1; für Nein – 1 und addieren Sie: *Sie täten am besten sich zu hängen.* (Damit war ich endlich den Komplex los).

Versuch mit einem Foto (bin neugierig, ob die Filme noch gehen; und entwikkelt hab ich auch noch nie; abers macht Emotionen und vertreibt die Zeit). So fing ich denn an zu knipsen: Sonnenflecke; eine stübchengroße Lichtung; verrosteten Stacheldraht (am Bahnhof, wo das Alteisen lag); larvenzerfressene Pilzruinen; ein Ast im Wald, oh ewig flüchtende Gestalt; einmal mitten ins deutsche Gewölk durch ein spreiziges Tännchen. Natürlich auch mich (mit Selbstauslöser): auf den Stufen des Hauses, sinnschwer in einen Folianten vertieft (aber ich zog – wie immer – ein so blödes Gesicht, daß mir schon das Negativ entgegenwiderte).

Heinrich Heine: Sehr nett zu lesen (sehr nett zu vergessen). Hätte er nur einen Band – nach Maßgabe meiner vierbändigen Ausgabe – geschrieben, wäre er ein großer Mann gewesen: aber das erlaubte die finanzielle Misere keinem Schriftsteller: jeder mußte aus Not zum Zuhälter der Muse werden, zum Louis (d. h. auf Deutsch: neckische Zeitungsgeschichten brauen; einiges für Rias arrangieren; fleißig Ausländer übersetzen usw. – bloß gut, daß auch der Zauber auf ewig vorbei war!)

Schönwetterperiode, und viel an der großen Karte 1:10000 ergänzt. (Hatte als Ausgangsbasis eine Linie vom schon erwähnten Hochstand bis zum ehemaligen Flakturm, gegenüber Bauer Lüdecke gewählt, und ausreichend Punkte eingemessen; für die kleinen Flächen dazwischen genügten Kompaß, Winkelspiegel und Distanzen abschreiten). Ich will mein Gebiet immer unter Kontrolle halten. –

Im Verpflegungslager Düshorn für alle Fälle eine Notwohnung angelegt: bloß ganz roh: den Raum zurechtgemacht, Decken hingelegt, etwas Kleidung und Gerät; man weiß nie.

24. 6.: mit irren Händen im Gebüsch blättern (und der Kessel dampft und kocht bald; kann nur in den Pausen berichten).

Ich ging am Waldrand so für mich hin, buchstäblich: ganz ohne Vorsatz. Wie Robinson mit 2 Flinten, und, der Mittagssonne wegen, unter der weißen Schirmkappe (also das soll mir die Lehre sein: nie mehr mit so ner Schießscheibe auf dem Kopf rumzulaufen!). Ich sah es drüben in den Gebüschen funkeln, und legte das Doppelglas auf einem dürren Ast fest an, um noch behäbiger einstellen zu können: daß ich dabei hinter die Fichte kam, hat wahrscheinlich mein Leben gerettet; denn schon flog mir Borke um die Nase, und der Querschläger verhummelte hinten im Unterholz. Ich fiel sofort geistesgegenwärtig in den Graben (und erdolchte mich halb von hinten an dem plumpen Kammerstengel meiner Knarre).

Gedanken sammeln: also das war neu! (Ruhig werden; ganz kalt: ich kannte das Gelände, der da drüben nicht!) So hob ich erst einmal vorsichtig das Reservegewehr und knallte flach in die allgemeine Richtung: ließ es auf der ebenen Walderde vor der Rinne liegen und schob die Kappe über die runde Steinknolle daneben: dann kroch ich ganz vorsichtig 10 Meter nach rechts (also aufs Haus zu). Gab noch 20 Meter zu, bis der Graben fast zu flach wurde.

Visier 500 (Zielfernrohr war für 300 und 500 Meter adjustiert): da blitzte es drüben schon wieder, und der Dreck flog meiner Tarnkappe so um die hypothetischen Ohren, daß sie einen Zoll tiefer rutschte: superb! Da versucht ers bestimmt nochmal. – Nach kurzem Nachdenken ringelte ich mich noch 30 Meter weiter durch Nadelstreu und Bodenwust. Stieg im Kieferdickicht auf, und rannte in zwei Wacholder am Waldrand: –

Jetzt sah ich den Buben ganz deutlich im Doppelglas: hinter einem Steinhaufen lag er, und versuchte unruhig, die Wirkung seiner Schüsse zu kontrollieren; aber er mißtraute doch der eisernen Ruhe des Strohmannes und legte den (scheinbar bemützten) Kopf wieder tiefer zwischen die Klamotten.

Hinterm Bahndamm, keuchend: ich war blitzschnell, am Haus vorbei, über die Schienen, auf der rechten Seite geduckt entlang, gerannt, und lag nun auf gleicher Höhe mit ihm – ungefähr –, doch: da war er noch! Gerade zog der Unersättliche wieder den Kolben in die Schulter (sprang ich auch schon hoch, da ich ihn so beschäftigt wußte, und schnürte im Waldsaum dahin: Pautz!!; jawoll, mein Sohn! Immer lenk Dich tüchtig ab!)

Aber jetzt wurde es schwierig: ich stand 20 Meter hinter ihm und überlegte –

Eine Möglichkeit: ihn wegzuputzen, eh er noch Jack Robinson sagen könnte. (Da lehnte auch sein Damenrad an einer krummen Föhre. Mit geraden Unterrohren: hatte die Minderzahl der deutschen Marken gehabt; rotbraun und hellgelb abgesetzt; dreckig; Pappkarton aufm Gepäckträger. Ein schlapper Rucksack im Grase: Feldflaschengebaumel, Kochgeschirr, Kartentasche). (Vielleicht hatte er vorhin auch gedacht – als ich hinter den Baum trat, und das Fernrohr spitzte – ich legte schon auf ihn an, und er müsse mir nur noch rasch zuvorkommen? –)

Gefangennehmen und ‹unschädlich› machen: am liebsten hätte ich mich am Kopf gekratzt: was heißt hier unschädlich?! Wenn der Bocher mir dann nach zwei Tagen mein Häusel anzündet, oder mich im Schlaf schächtet?! – Er juckte sich klauig den Oberschenkel und strampelte so wütend, daß ich grinsen mußte, wurde aber sofort wieder ernst: der konnte womöglich gleich aufstehen und rüber wollen!

Noch 8 Meter (graue Haare schon, was?!). Ich atmete noch einmal tief und unglücklich, dann gab ich mir den Ruck, sprang zu, und schlug – na: erstmal leicht – mit dem Kolben drauf!

In Overall und Mütze: so lag sie da!! Mit weißen zerschlissenen Händen.

Maßlose Blicke: Hände, Schultern, ein Gesicht. Hände schultern ein Gesicht. Augen lippen einen Mund: Du! – Keuchend stand ich auf und schoß ihre Pistolen in die Erde leer; ihrem Gewehr riß ich bewußtlos das Schloß heraus.

Die kleinen sehr weichen Brüste: die kleine sehr feste Hand.

Mit torkelnden Fingern ersuchte ich an meiner Hüfte die Rumflasche, und hielt sie angstvoll an den schlaffen gebogenen Bleichmund (da: unterm kurzen Grauhaar fühlte man jetzt die dicke Beule: oh, ich Idiot! Aber rasiert war ich gottlob).

Schlucken: endlich! Ich mach eine Hymne drauf! Schlucken. – Da legte ich ihren Kopf auf die gefaltete Decke zurück, und meine Hände als Spangen über die dünnen Schultern.

Graue Augen (noch unbewußt; grau und reifig: schön!)

Wie eine Gerte (und mit erstaunlicher Kraft): so schlug der Körper! Aber ich hielt fester: »Ruhig liegen!« sagte ich ganz still: »Und die Beule sind Sie in 8 Tagen wieder los«, Lächelte. Und sie atmete; ungleichmäßig und unsicher. Pause. Ich nahm probeweise die Hände fort und hockte mich dicht an ihre rechte Flanke (sah sie aber immerfort an). »Wie heißen Sie?« fiel mir ein. »Lisa« (und ich merkte wohl, wie es sie amüsierte, daß die beiden letzten Menschen ‹Sie› zu einander sagten; aber trotzdem) dann erzählte ich; langsam.

Sie staunte müde: »Und Sie haben mich nicht vergewaltigt.« Ich legte ihr die Hand an die Schläfe, mitleidig; einmal schüttelte ich den Kopf: »Armes Ding; mit was für Männern müssen Sie zu tun gehabt haben!« (Als ich meine Hand wieder fortzog, glitten die Fingerspitzen lange wangenentlang.) Über dem staubgrauen Weg brannte blau die Himmelseinsamkeit; ich wandte langsam das lügenlose Gesicht hinein und gestand: »– daran denken müssen habe ich allerdings auch. Einen Augenblick –«. Jetzt lachte der erschöpfte kranke Mund ein wenig, weise, spöttisch, auch gütig: »Das Geständnis ist Ihr Glück!« Listig: »Denn s wär ja auch anders ne Schande für mich gewesen.« Noch ein bißchen ausruhen? (Drüben bei mir hats Aspirin, ja).

Die Wildkatze: ich war kaum aufgestanden und wollte ihr Zeug zusammenraffen, da stand sie schon vor mir: in jeder Hand die Mauser, den Mund zürnend halb offen, die Augen kalt und ruchlos: la donna e mobile (Oder la belle Dame sans merci, das wirds sein!)
»So, mein Junge« sagte sie steinern und halblaut:»jetzt heb erst mal die Hände hoch!« (Na, warum nicht? : so kann ich sie leichter auf Dich runterfallenlassen!) Ich tat es gutmütig; aber als ich merkte, daß sie zu meinem Gewehr gehen wollte, lief ich ihr doch in den Weg: da fühlte ich beide Läufe tief zwischen den Rippen. Wir standen Brust an Brust und sahen uns in die Gesichter.
Sie schätzte mich ab: Größe, Schultern. – Ich schlug vor (warum soll ich sie beschämen und umsonst knipsen lassen? So hat sie später immer das Gefühl der Gleichwertigkeit, Freiwilligkeit); ich schlug vor:»Lassen Sie uns Waffenstillstand schließen. – Erst mal bis morgen Mittag. –« Dann überwand ich mich und sagte noch:»Bitte.« Sie runzelte die Stirn und horchte dem Widerstreit ihrer Motive. Endlich hob ich (ganz langsam) die rechte Hand und legte sie um ihre Linke; ließ sie eine Minute in irdischer Lust darum liegen, und zog dann sanft die Waffe zur Seite (wobei wir uns so ernst in die Augen sahen wie zwei Käuzchen). Die Rechte nahm sie resolut alleine fort; mit gespielter Kälte entschied sie: »Also gut!: Bis morgen Mittag!« – Ich belud das Rad, und wir gingen, gelöst und im kleinen Schlenderschritt, zu mir hinüber. (Jetzt muß sie sich waschen; das Wasser kocht). Und ich schleppte die Eimer und füllte in der Waschküche die große Wanne, während sie drinnen ein bißchen aß, Biskuits und Leberkäse, und süßen Tee trank (mit dem seltenen Rohrzucker; der ist schon was anderes als unser Rübenzeug!); dann mußte sie sich auf die Couch legen.
Ganz leise daneben kauern (lange).
»Lisa –« (mit der Stimme berühren; ganz leicht; antupfen). Jetzt erkannte ich aber sofort, daß sie gar nicht geschlafen, sondern es sich bei der Anbetung hatte wohl sein lassen, so lausbübisch und entzückend schimmerten Iris und Zähne. : »Das Wasser wär' so weit« meldete ich da gekränkt, und sah doch schon wieder in das dämmernde Gesicht.
Hände im Holz (des Türrahmens: mein Gott, ich habe 8 Jahre lang keine Frau mehr gesehen! Und da drüben planscht es und pfeift dazu wilde Potpourris, Marion Kerby konnte es nicht besser. Zehn Mal war ich drauf und dran: ‹Komm in meine Liebeslaube› : nu Dich soll doch der Deuwel holen!)

‹Lisa›: ich kostete ‹Lisa›; sprach ins Flüstergras ‹Lisa›; atmete nasenbreit (Alles hinten am Bach), und war nennbar selig: Lisa!

Kartoffeln: sie war heilig glücklich und schälte sie ganz dünn (auf meiner Treppe sitzend, zwischen zwei blanken Wännchen), und ich nickte tief befriedigt: good for squaw to do that. (Dazu sah sie so scheinbar gutmütig zu ihren Augen heraus, ihr Blick rann über mich, daß ich fast drauf reingefallen wäre: hätte sie nicht einmal amüsiert den Mund spitzen müssen: weil ich versunken dakäferte, wie vor einem Bild in der Galerie).

Mit Zucker aß sie die Kartoffelpuffer: war also östlich der Elbe zu Hause (Ja: zur Sache erst mal!)

Und sie berichtete, tief im Sessel, ganz still, ohne Augengelichter und Handgaukelei (nur einmal hatte ich aufgeschrieen: Lisa wollte Wasser an den Rum tun!)

Von Osten war sie gekommen (da ergänzten wir uns aufs Sachlichste; ich hatte West und Südwest durchstreifen müssen): aus der Ukraine, wohin sie verschleppt worden war; dnjestraufwärts, Lemberg, Krakau, Warschau (dort zweimal überwintert). Posen, Stettin (hatte versuchen wollen, auf dem Wasserwege weiter zu kommen, konnte aber kein Segelboot regieren: auf Usedom war sie bei konträrem und schwerem Wind beinahe bei dem Versuch verhungert). Berlin (wieder überwintert; genau wie ich während meines Wanderlebens: in eine Wohung eingenistet; Möbel zerhackt und verheizt; Läden geplündert – und ich nickte schwer: who should know but I!), dann nach Dresden, Prag: aber von da nach Süden war sie an eine der Strahlungszonen gekommen, wo noch jetzt, Hunderte von Kilometern weit, keine Pflanze wuchs, kein Vogel flog: da war sie wieder nach Norden gebogen, über Karlsbad nach Leipzig. Hatte es aber – aus irgend einem Grunde – noch letzten November verlassen, und war, quer durch den Harz, bis Quedlinburg gekommen, wo sie der frühe und kalte Winter überrascht hatte; mühselig hatte sie sich noch mit Vorräten eindecken können. Im Mai war sie dann gestartet: Braunschweig, Hannover, Celle; 10 Tage hatte sie schon in Fallingbostel mit einem scheußlichen Schnupfen gelegen, bis Vorvorgestern. Dann Walsrode (übernachten); gleich nach dem Morgenstart hatte sie in Borg eine Radpanne gehabt, und den ganzen Tag daran geflickt. In einem Bauernhof schnell geschlafen; dann war sie versehentlich auf die Chaussee nach Ahrsen geraten, hatte fluchend ihre kleine Karte zu Rate gezogen, und wollte eben, ‹quer durch die Eifel›, zur Hauptstraße nach Westen stoßen, als sie ‹einen Kerl› am Waldrand sah, der sofort auf sie anlegte: hab ich also doch recht geraten! (Und stets

vermied sie den Konjunktiv, wahrscheinlich aus Furcht, ihn abzu-
nützen). Aber müde war sie noch nicht, und, obwohl der Wind tobte,
gespannt, meinen Trick zu lernen; so gingen wir die 400 Meter im
letzten Abendlicht.

Der Wind blies in die Segel ihrer Locken, weiße Schultern schlenderten voran
unterm Kleid; ihre Augen erschienen zur Rechten, zur Linken, bald
dicht und spottvoll, bald geweitet und horizonten, und dazu pfiff meine
Jägerin, that it would have done your heart good to behold.

Sie war fertig (und ich dito: selbst von 20 Metern Entfernung sah es noch
frappierend aus!) »Da hört doch Alles auf« sagte sie wütend, und wies
hin, mit beiden an ihr befindlichen Händen: optischste Täuschung, Tja.
War ein splendidum mendacium gewesen (obwohl das eigentlich was
anderes ‹bedeutet›; weiß schon). – Aber jetzt brachte sie herausfordernd
die Kappe an: »Nun, würdiger Knäs?!«: wurde mir doch etwas unheimlich, als ich die beiden Löcher überm Schirm sah: und sie verschwand
triumphierend im Windniagara, maid of the mist. (Das ist doch allerhand: auf mindestens 400 Meter, und ohne Zieloptik! Allerdings Weiß
auf Schwarz sieht man brilliant. Aber Trotzdem! – So was!)

Ihr dünnes seladonenes Gesicht schwebte dreieckig im Stacheldüster vorbei; der
biegsame Körperstiel richtete es unbarmherzig hin und her; langsame
finstere Göttin mit eisernen Waffen.

Wieder in Sesseln: die Petroleumlampe schimmert friedlich. (Und uns Beiden
war wohl wie im Traum – ein Satz, in dem ‹wohl› beide Bedeutungen
hat). Aber noch blieb die wichtigste Frage:

»Haben Sie in all den Jahren – auf allen Wanderungen – keine Menschen
gefunden?« – Sie wollte zuerst nicht heran; dann sah sie doch die
Wichtigkeit, unsere Erfahrungen zu kombinieren, und begann:

»Doch – zweimal.« – »Einmal, noch in Rußland, vier Frauen: drei Junge, eine
Alte. Dabei ein Mann.« – »Die Alte hat erst die Jungen vergiftet. Dann
hab ich sie vorsichtshalber übern Haufen geschossen.« – Ich würgte
heraus: »Und der – Mann?!« Sie schüttelte verneinend den Kopf:
»Blutvergiftung. 6 Wochen später.« Stille. Ich stand planlos auf und
geriet zum Bücherregal; dann wandte ich mich, und lehnte Schultern,
Haare, Kniekehlen, flache Hände daran, Alles; ich fragte mit heiserer
Munterkeit: »Und? Affaire Nummer Zwei?« – Sie knüllte das gelblich-
beleuchtete Gesicht: »Lag im Sterben: eine 80jährige Polin.« Stieß Luft
durch die krause Nase: »War nicht schön!« Nochmals Kopfschütteln;
sah verlegen lächelnd herüber: »Und Sie? Wen haben Sie getroffen?« Ich
schob die Unterlippe vor, nachdenklich, aus dem eben Gehörten das
allgemeine Bild komplettierend: »Niemanden.« konnte ich Auskunft

sagen. – »Also südlich von Prag ist eine der Atomwüsten.«. »Wahrscheinlich ist das der Korridor« fiel sie eifrig ein, »von Danzig bis Triest, durch den sie am Anfang des Krieges Ost und West trennen wollten – und ich habe bei Lemberg nur zufällig einen Durchgang gefunden –?« »Höchstwahrscheinlich«, gab ich zu, und holte eine Karte von Europa: »die zweite Separationslinie, Genua-Antwerpen, habe ich gesehen. – Über die Schweiz passiert« erläuterte ich den fragenden Blick.

Resümieren: »Wir wissen also durch Autopsie, daß ganz Mitteleuropa menschenleer ist –« Sie nickte. »Auch in den angrenzenden Gebieten können keine nennenswerten Gruppen mehr sitzen, sonst wären sie in den verflossenen Jahren ja längst wieder eingesickert.« Auch das schien logisch. »Haben Sie in der Zeit jemals ein Flugzeug gesehen?« Personne. »Rußland und die USA haben sich gegenseitig vollständig fertig gemacht: also wird auch da nicht mehr viel los sein.« (Jetzt schlugen wir schon die Weltkarte im Andree auf).

»Was bleibt eigentlich« sagte sie tiefsinnig, und ich nickte anerkennend: genau zur Sache! »Meiner Ansicht nach«, erklärte ich kalt, »wird die Lage folgende sein: Asien, Europa (Asiopa besser) –; ebenso Nordamerika –« ich wischte mit der Hand über die blaue und gelbe Nordhalbkugel, und sie kniff zustimmend die Lippen ein. »Südafrika hats auch erwischt; ebenso die Industriezentren Australiens und Südamerikas.«. »Meine Theorie ist: daß, getrennt durch sehr große Räume, hier und da noch ein paar Einzelindividuen nomadisieren. – Vielleicht sind auf den Südzipfeln der Kontinente –« (ich verfiel unwillkürlich in oft gedachtes Formelhaftes) – »noch kleine Gemeinden übrig. – Die Einzelnen werden, des rauhen Lebens und der Wildkrankheiten ungewohnt, wahrscheinlich rasch aussterben.« Sie atmete schwermütig und behaglich: bei Lampenlicht klangs wie ein Buch. »Von den erwähnten Kleinstgruppen aus kann sich ja eventuell eine Wiederbevölkerung der Erde anbahnen; aber das dauert – na – hoffentlich tausend Jahre.« »Und es ist gut so!« schloß ich herausfordernd.

Begründung?: »Lisa!!«: »Rufen Sie sich doch das Bild der Menschheit zurück! Kultur!?: ein Kulturträger war jeder Tausendste; ein Kulturerzeuger jeder Hunderttausendste!: Moralität?: Hahaha!: Sehe jeder in sein Gewissen und sage er sei nicht längst hängensreif!« Sie nickte, sofort überzeugt. »Boxen, Fußball, Toto: da rannten die Beine! – In Waffen ganz groß!« – »Was waren die Ideale eines Jungen: Rennfahrer, General, Sprinterweltmeister. Eines Mädchens: Filmstar, Mode‹schöpferin›. Der Männer: Haremsbesitzer und Direktor. Der Frau: Auto, Elektroküche, der Titel ‹gnädige Frau›. Der Greise: Staatsmann –«Die Luft ging mir aus.

»*Setzen wir den Fall*« hob ich wieder die Rede des alten Kalenders an, »es gäbe – in welchem Planeten Sie wollen – eine Art von Geschöpfen, die mit einer so schlechten Anlage in die Welt kämen, daß unter Tausenden kaum Eines, und auch dies nicht anders als durch die sorgfältigste und mühsamste Kultur, unter einem Zusammenstoß der günstigsten Umstände, wovon auch nicht einer fehlen dürfte, zu einem bemerkenswerten Grade von Wert zu bringen wäre: was würden wir von der ganzen Art halten?!!«

»*Die menschliche Gattung* ist von der Natur mit Allem versehen, was zum Wahrnehmen, Beobachten, Vergleichen und Unterscheiden der Dinge nötig ist. Sie hat zu diesen Verrichtungen nicht nur das Gegenwärtige unmittelbar vor sich liegen und kann, um weise zu werden, nicht nur ihre eigenen Erfahrungen nützen: auch die Erfahrungen aller vorhergehenden Zeiten und die Bemerkungen einer Anzahl von scharfsinnigen Menschen, die, wenigstens sehr oft, richtig gesehen haben, liegen zu ihrem Gebrauch offen. Durch diese Erfahrungen und Bemerkungen ist schon längst ausgemacht, nach welchen Naturgesetzen der Mensch – in welcher Art von Gesellschaft und Verfassung er sich befinde – leben und handeln muß, um in seiner Art glücklich zu sein. Durch sie ist Alles, was für die ganze Gattung zu allen Zeiten und unter allen Umständen nützlich oder schädlich ist, unwidersprechlich dargetan; die Regeln, deren Anwendung uns vor Irrtümern und Trugschlüssen sicher stellen können, sind gefunden; wir können mit befriedigender Gewißheit wissen, was schön und häßlich, recht oder unrecht, gut oder böse ist, warum es so ist, und inwieweit es so ist; es ist keine Art von Torheit, Laster und Bosheit zu erdenken, deren Ungereimtheit oder Schädlichkeit nicht schon längst so scharf als irgend ein Lehrsatz im Euklides bewiesen wäre: Und dennoch! Dessen Allen unerachtet, drehen sich die Menschen seit etlichen tausend Jahren immer in dem nämlichen Zirkel von Torheiten, Irrtümern und Mißbräuchen herum, werden weder durch fremde noch eigene Erfahrung klüger, kurz, werden, wenns hoch in einem Individuum kommt, witziger, scharfsinniger, gelehrter, aber nie weiser.«

»*Die Menschen nämlich* raisonieren gewöhnlich nicht nach den Gesetzen der Vernunft. Im Gegenteil: ihre angeborene und allgemeine Art zu vernünfteln ist diese: von einzelnen Fällen aufs Allgemeine zu schließen, aus flüchtig oder nur von einer Seite wahrgenommenen Begebenheiten irrige Folgerungen herzuleiten, und alle Augenblicke Worte mit Begriffen und Begriffe mit Sachen zu verwechseln. Die Allermeisten – das ist nach dem billigsten Überschlag 999 unter 1000 – urteilen in den meisten und wichtigsten Vorfallenheiten ihres Lebens nach den ersten sinnlichen Eindrücken, Vorurteilen, Leidenschaften, Grillen, Phantasien, Launen, zufälliger Verknüpfung der Worte und Vorstellungen in ihrem Gehirne, anscheinenden Ähnlichkeiten und geheimen Eingebungen der Parteilichkeit für sich selbst, um deretwillen sie alle Augenblicke ihren eigenen Esel für ein Pferd, und eines anderen Mannes Pferd für einen Esel ansehen. Unter den besagten 999 sind wenigstens 900, die zu all diesem nicht einmal ihre eigenen Organe brauchen, sondern aus unbegreiflicher Trägheit lieber durch fremde Augen falsch sehen, mit fremden Ohren übel hören, durch fremden Unverstand sich zu Narren machen lassen, als dies wenigstens lieber auf eigene Faust tun wollen. Gar nt von einem beträchtlichen Teil dieser 900 zu reden, die sich angewöhnt haben, von tausend wichtigen Dingen in einem wichtigen Tone zu sprechen, ohne überhaupt zu wissen, was sie sagen, und ohne sich einen Augenblick zu bekümmern, ob sie Sinn oder Unsinn sagen.«

»*Eine Maschine,* ein bloßes Werkzeug, das sich von fremden Händen brauchen und mißbrauchen lassen muß; ein Bund Stroh, das alle Augenblicke durch einen einzigen Funken in Flammen geraten kann; eine Flaumfeder, die sich von jedem Lüftchen nach einer anderen Richtung treiben läßt – sind wohl, seit die Welt steht, nie für Bilder, wodurch sich die Tätigkeit eines vernünftigen Wesens bezeichnen ließe, angesehen worden: wohl aber hat man sich ihrer von jeher bedient, um die Art und Weise auszudrücken, wie die Menschen, besonders wenn sie in große Massen zusammengedrängt sind, sich zu bewegen und zu handeln pflegen. Nicht nur sind gewöhnlicher Weise Begier und Abscheu, Furcht und Hoffnung – von Sinnlichkeit und Einbildung in Bewegung gesetzt – die Triebräder aller der täglichen Handlungen, die nicht das Werk einer bloß instinktmäßigen Gewohnheit sind: sondern in den meisten und angelegensten Fällen – gerade da, wo es um Glück oder Unglück des ganzen Lebens, Wohlstand oder Elend ganzer Völker: und am allermeisten, wo es um das Beste des ganzen menschlichen Geschlechtes zu tun ist – sind es fremde Leidenschaften oder Vorurteile, ist es der Druck oder Stoß weniger einzelner Hände, die geläufige Zunge eines einzigen Schwätzers, das wilde Feuer eines einzigen Schwärmers, der geheuchelte Eifer eines einzigen falschen Propheten, der Zuruf eines einzigen Verwegenen, der sich an die Spitze stellt – was Tausende und Hunderttausende in Bewegung setzt, wovon sie weder die Richtigkeit noch die Folgen sehen: mit welchem

Rechte kann eine so unvernünftige Gattung von Geschöpfen ...« (erst mal Luft holen).

Also: »Die Grimassenmacher, Quacksalber, Gaukler, Taschenspieler, Kuppler, Beutelschneider und Klopffechter teilten sich in die Welt; – die Schöpse reckten ihre dummen Köpfe hin und ließen sich scheren; – die Narren schnitten Kapriolen und Burzelbäume dazu. Und die Klugen, wenn sie konnten, gingen hin und wurden Einsiedler: die Weltgeschichte in nuce, in usum Delphini.«

»*Schuld daran?*« – »Ist freilich der Primo Motore des Ganzen, der Schöpfer, den ich den Leviathan genannt, und langweilig bewiesen habe.« Sie hatte während meiner schönen Rede – wahrscheinlich in einem Übermaß von Konzentration – die Augen geschlossen, und öffnete sie erst jetzt wieder, als das Mühlrad zu poltern aufhörte. »Na ja«, sagte sie langsam: »Und Zahnschmerzen hab ich auch etwas.« »Da müssen Sie sofort die heilige Apollonia anrufen«, wußte ich Rat, bekam aber nur einen bösen Blick: »Ihrem Kolbenschlag zu verdanken!« murmelte sie (mit vornehm elliptischer Wendung).

Betten machen: Sie schlief auf der Riesencouch (Einsdreißig breit!), und: »Ich leg mich in die Küche«, stellte ich beklommen fest. »Hm-M.« machte sie, nicht ohne Wohlwollen: das versprach ein Roman zu werden, mit allem avec. »Gute Nacht« sagte sie lieblich und zuvorkommend (und nestelte versonnen am Ausschnitt); – »Gute Nacht. – – Lisa!« setzte ich blitzschnell hinzu, hörte noch ihr anerkennendes Schnurren und den Riegelklapp, und lauschte abwesend den leisen unbekümmerten Geräuschen im Nebenan: Zauberei! Heute früh –: ach was!: noch heute Nachmittag –! Plötzlich kam die große Welle Zärtlichkeit und Glück: ich hob den Kopf und lachte hell in die umsauste Kammer; ich sprang zur Tür, stemmte die Handflächen dagegen, und rief – ach, irgend etwas Sinnloses: »Tuts noch weh?!«. »Nein: gar nicht mehr!« kam es so rasch und strahlend, und ein prächtiges kleines Lachen folgte, daß Alles gut war. – »Gute Nacht: Lisa!« »Gú-té-Nácht.« sang es fröhlich und müde vom Bett her, die Federung klang fein und äolsharfig, zauberflötig, paganinisch, music at night, bis ich endlich die Hände abnahm und zärtlich das Holz betrachtete.

Nochmals draußen (nach dem Kessel sehen; ob die Glut nicht etwa noch Schaden macht).

Dann am Fensterladen (mit der freien Rechten den Wind abwehren: daß er einen Augenblick ruhig ist –): Atmet drinnen, und regelmäßig.

Achtzehn Grad schon! (Und erst 5 Uhr 30!). Draußen war das bunte Seidentuch hochstraff über die Kiefernwipfel gespannt, blau und hellgelb und rosa. Im Kessel war das Wasser noch ein bißchen lau von gestern; ich rasierte mich à la maître, und legte zum braunen nackten Oberkörper nur die langen grauen Verführerhosen an, 30 cm Schlag, und den breiten schwarzen Gürtel mit der piratengroßen Messingschnalle (darunter ein Paar seegrüne Turnhöschen: denn heute würde es ja heiß werden).

Mit kleinen Fäusten hämmerte es an die Türfüllung:

>>Kann ich mich waschen?

Wie spät ist es?

Sind Sie schon lange wach?<<

Ich gab gewissenhaft jede gewünschte Auskunft, stellte auch das gefüllte Aluminiumwännchen auf den Hocker in der Küche, und floh dann ein bißchen den Weg auf und ab: cibiat ischtinem: es waren doch keine größeren Flächen zu waschen (aber kompliziertere fiel mir ein, fiel mir ein; und am besten: Tee, Biskuits mit Marmelade, und Erdnußbutter: wir werden sie orientalisch verweichlichen, entnerven!)

Rauhfelliger Wind schrotete hinten im Gebüsch, während hier das grüne Moos durch ihre hellgelben Zehen und Finger quoll, die schwebten darin und biegsamten.

>>*Das brauchen wir ja jetzt Alles doppelt*<<, sagte ich strahlend, und rieb die Wannenhöhlung trocken, hingekniet vor ihr, im Arm das schimmernde Rund, wie den Schild des Hephaistos. >>Wieso –<< fragte sie eisig: >>Woher wissen Sie denn, daß ich bleibe?!<< Und mein Herz gerann, daß die Finger am Blechrand erstarrten; ich senkte den großen Kopf und atmete still: richtig!: Wer sagte mir, daß Diana blieb. (Eins Null für Lisa).

>>*Was essen wir heute?*<< Sie streckte träumerisch ein Bein in die frische blaue Luft; schnippte mit den Zehen (sic!); versunken: >>Ja, wenn ich wünschen könnte – –<<. Seufzende Stille, mädchenträumerische: >>Makkaroni<< murmelte die liebenswürdige Schwärmerin: >>– Makkaroni mit Käse; dazu grüne Erbsen. Einen Mordsbraten; Tomatenmarksoße. – Und zwei Spiegeleier drauf!<< schloß sie wild erwachend, und ihr Blick umfaßte mich weit und voll transzendenter Bitterkeit: >>Nu<<, sagte ich munter: >>Makkaroni, Käse, .. mm, ... m: also außer den Eiern wär Alles da: kommen Sie nur.<< >>Iss wahr?<< fragte sie mißtrauisch, schon im Schwung des Aufstehens (und ich mußte gleich Feuer machen, und als Belegstücke die betreffenden Büchsen öffnen).

12 Uhr! Da standen wir mit den dampfenden Schüsseln in der Hand, und sie zischte wie eine Natter: >>Der Waffenstillstand läuft ab! Mein Gewehr! – Und Munition!<< Ich setzte das leckere Rund hastig auf den Tisch, lief und gabs ihr: »Wo ist das Schloß?!« hetzte sie giftig. »Ja – ischa Waffenstillstand«, sagte ich patzig: »Das hab ich noch von gestern!« Sie atmete unruhig: der Bratenduft! »Verlängern wir ihn!« schlug ich vor; trat vor sie hin, ganz dicht: so viel Männlichkeit und Bratenduft! Ich wurde ernst; ich sagte: »Lisa –« (heiser): »für hundert Jahre, ja?« Sie nickte mit dem Kopf nach der Seite: »Gut –« hauchte sie mit seltsamem Lächeln: »also zunächst für hundert Jahre.« Und dann zogen wir im Triumph mit dem Tablett hinaus, hockten im Rasen und hantierten mit spitzen und runden Instrumenten, erfunden von den Verschollenen. (Anschließend wollte sie sich noch ein bißchen hinlegen: »Eine Stunde noch«, bat sie beschwichtigend und legte mir die Hand über die Schulter. »Schön« sagte ich bockig: »ich werde bis 3600 zählen« und die Hand blieb zur Belohnung noch drei Sekunden länger, und Fingerspitzen prüften meine Haut. Du).

Das Gewitter stand über Stellichte mit schweren geschmiedeten Wolken (Luft wie heißes graues Glas). Alle Vögel versteckt; nur drüben kreischte maschinen das Häherpaar.

Sie kam aus dem Haus, nur in briefs und schmalstem Büstenband und kauerte sich stumm auf die graue Decke, dicht am Rand, zum Nadelboden; den mageren Rücken zu mir, Knie am Kinn, riemenschmale Arme um die Schienbeine gewunden. Hinter dem grünen Geschnitz der Kiefernborten rumpelte landsknechtisch die eiserne Trommel; Staubwind atmete zitternd auf; dann sank wieder die schwarze Hitze, daß unsere Häute schauderten und schrumpften. Zuerst glühte es noch grün seitlich im Wald, und das verworrene Feld vor uns war staubig und giftgelb; dann schloß sich die ganze Kuppel, und der ungeschickte Janitschar wirbelte polternd näher. Meine weiße Wilde; der Wind fuhr ihr ins Haar und ich murmelte eifersüchtig: er soll das lassen! Der rosagestreifte Ball antwortete nicht; nur die Rippenspangen bogen sich deutlicher, als sie einmal tief durchatmete.

(Tiefste Dämmer): der blasse dünntrainierte Leib erwürgte mich fast. Regen zog heulend hoch und vorbei. Hände kannten keine Pause; Glieder winkelten puppig in der verwachsenen Nacht; manchmal sah ich teilnahmslos in geschäftiges Reisegewölk, reisewinde, reisewild:

Station Grauhelle: Wir halfen uns zum offenen Haus, trugen uns in hölzernen Händen übern Gang. Wir. Uns. Gang.

Immer noch Nacht: »Geh in Deinen Mantel!« befahl ich unerbittlich; ihr umgehängter Mantel lehnte seltsam schräg und kaffeebraun um sie in der Luft. »Ich bin Dir zwar herzlich gut ...« sagte sie noch kunstvoll drohend (war aber doch tief gerührt ob der Fürsorge); ihr Gesicht ging stürmisch unter dem meinigen auf; wir küßten uns Feuer aus den Gliedern; sie nahm mein Ohr in den Mund und flüsterte Gesetzloses, bis wir es taten. Dann in die wärmliche Nacht; aber:

»Hö:mal: Dein Kopftuch!« sagte ich energisch: »das grenzt ja an Piraterie –« (und sie kicherte wohlig) – »fehlt bloß noch n Brotmesser zwischen n Zähnen« (wohlgefällig mißbilligend), »ne Rumflasche in der Hand, und nackter Oberkörper.« Sie nickte nachdrücklich und völlig überzeugt: »Das könnte Dir so passen«, murmelte sie hinter spitzen doppelten Zähnen: »na, mal sehn: nachher vielleicht –« (Und schlenderte in meinen linken Arm). »Ich bin ne richtige Zigeunersche.« und ich nickte besorgt, kummervoll: truetrue.

So I'm for drinking honestly and dying in my boots. Like an old bold mate of Lisa Weber. Also: Bibe Gallas! (‹Bibe Piccolomini› entgegnete sie unerschütterlich; gelernt ist gelernt).

»Ein Oetker-Kochbuch will ich haben« (Varium et mutabile semper femina) »Was meinst Du, was ich uns da kochen kann!«. »Na dann« zustimmte ich resigniert und schwerfällig, und sie lachte auf und kam sofort nahe: »Wir müssen ja schließlich auch mal essen«, sagte sie behaglich, und: »heute brauchst Du endlich nicht mehr in der Küche zu schlafen – gestern war ich so kaputt –« vertraute sie mir noch reuig an. (Georginen: die sind adrett und ohne Falsch; auch Logarithmen. Da werd ich sie also in den nächsten Tagen in Alles einweihen).

»Ob es den Leuten nicht unheimlich dabei war? ...« (im Gewölbe der spreizenden Kiefer gelagert) erzählte sie nachdenklich: »– wenn sie so diese Zukunftsromane erfanden?« (Sie las eins aus ihrem Rucksack: Jens, Angeklagte; die Tagesarbeit war getan: wieder zwei Fuhren Verpflegung geholt; ich hatte noch methodisch eine Stunde gesägt und gehackt: der Winter bleibt uns nicht erspart). »Nicht etwa wegen der Majestät ihrer Gedankengänge« kam sie meinen präzisierenden Fragen zuvor, »sondern so: wenn Einer Ende Juni 2070 meinetwegen n schönen Abend sein läßt ...« und sie schüttelte tiefsinnig verstummend den Kopf. »Nu« sagte ich behutsam: »feststehen tuts wohl heute schon, was dann für Wetter ist ...« aber sie tat schon, hermelinen und geschmeidig, Lisa aus dem Busch, ihre zwei Sätze, und kniete über meiner Brust: »Was willst Du damit sagen. Du Philister?!« (So schnell zog sie also, wie instinktiv, sämtliche Folgerungen; auch hinsichtlich ihres Verehrers). Sie hatte eine Hand an meiner Kehle, während die andere suchte: »Das nimmst Du zurück. Solchen Unsinn!« zürnte sie, freiheitlich entrüstet, aber ich stellte die Brauen schräg und schüttelte bedauernd den Kopf.

Sie stieß mir die breite grüne Grasklinge dramatisch in die Brust, und das kam

so ausladend und natürlich, daß ich tief innen nachdenklich wurde, ob
sich gleich die Oberflächen vor Gelächter krausten: die alte Wildkatze!
Und ich fuhr der kunstvoll Fauchenden in den grauen Pelz, daß sich ihr
Genick durchbog und der Mund spaltete.

In leichten hölzernen Sesseln auf dem Rasen. Die Flaschen standen zwischen
uns und funkelten anmutig in den letzten rotgoldenen Lichtern. Sie
rauchte, die Füße auf einem schicklichen Schemelchen, langsam vom
Camel-Päckchen (mußte aber sämtliche Stummel religiös in eine Konservenbüchse legen – nicht werfen!)

»Ja: das ist ein Mann.« seufzte sie bedeutsam und faul. Stille und Kühle. Der
frische blaue Abend, gelb abgesetzt, würde noch lange dauern. Ich
wandte ihr mein Gesicht zu: »Laß Deine Priameln« sagte ich streng,
»und komm gleich zum Apropos: wer ist nun wieder besonders viril?«
Und fügte, um sie zu rascherer Rede zu reizen, noch ‹He?› hinzu. Sie
winkte mit den plakatischen Umschlägen, und ich erkannte das gröbere
Bild: »Ach so,« sagte ich schwach, und kam zum halben Bewußtsein
meiner Aufgabe ‹Hemingway, sowohl Fiesta als auch Haben und Nicht-
haben.› »Nee,« lehnte ich ab, »ich bin mehr für die Spitzen der US-
Entwicklung, so Poe und Cooper: was soll ich da mit dem missing
link –?«. »Und Wolfe und Faulkner?«. »Und Wolfe und Faulkner.« Sie
maulte ein paar Sekunden und strich über den Umschlag: »Da ist noch
Vitalität und volles Leben« meinte sie pikiert. »Wird diesmal noch mehr
geschossen?« fragte ich neugierig: »Oder geboxt: Jubeltrubelheiterkeit?
Die Welt besteht doch nur aus Barmixern, Menschenschmugglern,
Veterans; kein Mädchen ohne Nymphomanie; Autofuhren: Gott, muß
Amerika schön sein!« Aber sie fuchtelte schon drohend mit den Beinen
in der Luft: Denken greift an, und man braucht Ruhe dazu. Seufzen.
Dann warf sie ihren größten Tannenzapfen nach mir; sagte schwach:
»Gib mir ihn aber wieder; ich will ihn zum Spielen –« und vertiefte sich
abermals in Reizungen der neuen Welt. (‹Was der für Stärke haben muß›;
genau wie Frau Salabanda in den Abderiten!)

Vorschlag: »Lisa: wollen wir in Hamburg ein Segelboot nehmen? Ausrüsten
und in der Welt herumfahren?« (Denn sie war gewißlich der Zigeuner-
typ). Aber wohl war mir nicht dabei, wenn ich mich umsah (außerdem
kannte ich das Meer von 3 Jahren an der Norwegenküste her, und traute
den verfaulten Kuttern nicht mehr viel: aber ich hätt's noch gemacht).
Sie schüttelte nüchtern den Kopf (scharfsinnig: kennt mich). Ein drei-
eckiges hellgelbes Segel tauchte am Horizont auf, lateinisches Segel über
unsichtbarem Boot; und auch sie sah hinterhältig dem treibenden zu,
gekonnt sehnsüchtig: ist denn der Stellichter Forst nicht übrig? Hasel-

büsche: sind sie nicht mehr gefüllt mit kleinen Schatten? (Die Camel: schmeckt sie nicht? und hinten reimte es sich auf begatten). Der himmlische Pilot landete weit an Dämmerbänken; mein unruhiger Passagier hatte die Hände am Hinterkopf und flötete fein und abendlich unregelmäßig »Ich küsse Ihre Hand, Madam –« (wie 1930: wo sind die Jahre hin?!!). »Und träum, es sei Ihr Mund«: na, das kannste haben. Und ich erhob mich schwerfällig. (Kalte Nacht dann; anschließend Regenperiode).

Lisa hatte heut ihren würdigen Tag: schon beim Frühstück rückte sie fatidik an zwei Tassen und wollte einen Tisch decken, matronengütig, als könne sie jeden Augenblick nach Stricknadeln fragen. Ich soff Tee in düsterem Schweigen, und als sie einen Stuhl verkehrt auf meinen Schreibtisch schob, erkannte ich das Kismet: Saubermachen! Fenster auf, Fegen, Staubwischen, Wasserholen, Fußboden schrubben, Wasserholen, von Liebe war überhaupt keine Rede, aber schüttel mal das Tuch aus, und ich sah nur im Vorbeigehen seufzend nach der Couch: da schlug sie heuchlerisch vor, auch die zu klopfen: »Hab ichs erraten, Liebster?«. Also prügelten wir das arme Möbel kunstvoll ab, zum Dank für frohe Stunden, per ben fare (Es möllerte aber wirklich unheimlich, und da müssen wir uns heute Abend wenigstens baden, werte Diktatrix!)

»Seif mir mal den Rücken ab –« murmelte sie badschlaff; und ich ließ die Hände sorgsam über die gebogene schaumige Fläche reisen, fühlte die Schulterblätter, die dünnen Rippen, noch mehr. – – »Mmm« machte sie faul und genießerisch: also noch einmal, da capo al fine; – »aber vorn bin ich schon –« erklärte der Teufel langsam (und auch erst, nachdem es ein paarmal zu spät war).

Beim Pilze sauber machen: »Morgen hab ich Geburtstag« bekannte sie nervös (d. h. am 22. 8.; nach dem Jahrgang fragte ich edelmännisch nicht, denn 50 klingt zu gußeisern, also würde sie 35 eingestehen); »ich erst nächstes Jahr, am 18. 1.« erwiderte ich das Vertrauen: »Du: da machen wir morgen große Orgie.« Die Messer schnirpten flink, dann hob sie die breite Stirn: »Ich wünsch mir auch was ...« bemerkte sie gleichmütig lauernd; »Nu: Lisa« entgegnete ich gutmütig und fürstlich: »Was ich dazu tun kann: wünsche nur – : –?«. »Ehrenwort?!« fragte sie mißtrauisch, und ich runzelte betroffen die Mundwinkel: was mochte sie nur wieder wollen?? »So was Dummes! –« meinte ich unwirsch: »Sag was Du willst, und ich tus: Na?!«

Sie zog einem Waldchampignon das Präputium zurück, beschnitt den Rand und schob den verstümmelten Pflanzenleib mir zu (»Diese Hüpferlinge!« knurrte sie ärgerlich und blies durch die Lamellen des nächsten):

»Du sollst mir von Deiner Kindheit erzählen: wo und wie Du aufgewachsen bist – Eltern Undsoweiter.« und sah kalt herüber: das hatte ich wieder nicht erwartet! Ich war völlig perplex; ich kratzte mir den Kopf; ich bat:»Lisa! – Liebste Lisa: kann ich nicht dafür n Sonettenkranz auf Dich machen: denk ma: 14 Stück, und das 15., das Meistersonett, ganz aus den Zeilen der übrigen? Stell Dir das mal vor!!« Jetzt war es an ihr, sich mit Zweifeln zu füllen:»Einen Sonettenkranz?« fragte sie interessiert, und gestand im gleichen Atem:»Das hat noch Niemand auf mich gemacht. – Hm. –« Und das Schwanken war groß und eitel.»Verflucht!« sie rückte gequält hin und her und warf mir einen bitterbösen Blick zu.

20 Minuten später erhob sie sich resolut, holte die zwei Würfel (dies Auskunftsmittel hatte ich sie gelehrt, wenn die Gründe 50 : 50 stehen), und erhielt für den Sonettenkranz 8, o weh; dann für die Jugenderinnerungen 11 (obwohl es ‹brannte›; denn der eine lag ausgesprochen auf einem Stück Schale!). Also: –

22. 8.: tarattattaaaaaaa!!! – Ich trat auf die dezent Geschmückte zu, hielt eine kleine oratio, und führte sie zu den Geschenken: ein echter Feuerbach war dabei ‹Die Lautenschlägerin› (noch von Hamburg her); ein neues Doppelglas 12 mal 60 Leitz (denn ihres war nur ein ganz gewöhnliches 6 mal 40 gewesen); ein großer Colt (man muß auch einen der verläßlichen Trommelrevolver haben; die Pistolen sind zu kompliziert); ein paar Bücher: 2 Cooper (in Deutsch allerdings), Victoria Regina (sowas interessiert Frauen immer), und Wieland»Don Sylvio von Rosalva«. Sie bedankte sich gerührt und erfreut (ließ mich allerdings bei dem offiziellen Kuß raffiniert ihre Zunge fühlen, quite unladylike) und wies mit dem dünnen nackten Finger auf die 10 beschriebenen Blätter:»Sind das die Memoiren?« bemerkte auch auf mein stummes Nicken hoheitsvoll: »Verdammt wenig, mein Lieber.« Dann schufen wir das Symposion: Zwanzig bliesen zugleich der Blasebälg in die Öfen / allerlei Hauch aussendend des glutanfachenden Windes (und ihr gefiel das donnernde Maß ungemein: Jene stellt auf die Glut unbändiges Fett in den Tiegeln; wohlgefällig nickte sie: kai tote de chrüseia pater etitaine talanta: denn sie wog just Mehl und funkelndes Mus in zween Schalen).

Golden und hitzig strömte der Nachmittag: »Nächste Woche machen wir Kartoffeln raus« mahnte ich nörgelig; aber sie rümpfte indigniert die Geburtstagsnase und hielt lässig die Hände vors Tympanum. Ein wenig Wind (und winzige weiße Schafflocken am Fuß der Ahrsener Gehölze: nur zu sehen im neuen großen Leitz 12 mal 60: das Instrument gefiel ihr!)

Lampiges Fenster weht auf: ich stöhnte noch ein bißchen, händigte ihr aber dann doch die Blätter anstandslos aus, ein Mann ein Wort, und sie las (bequem im Sessel, völlig zerküßt, unter der Stehlampe: meine Erinnerungen. Ich durfte stumm zusehen).

... *die gute Stube* war nicht verschlossen; denn man konnte, obwohl es selten genug geschah, durch sie hindurchgehen, in der derben Dämmerung der häßlichen fleischfarbenen Vorhänge, auf den harten körnigen Balkon, der wie eine kahle Steinkiste aus dem zweiten Stock des Mietshauses ragte. So schwer und trübe war er mit seinen über handbreiten undurchbrochenen Seitenwänden, daß man ihn nur auf den Zehenspitzen betreten mochte, und stets noch das schnell zweifelnde Herz bekämpfen mußte, das zagend den freiwilligen Sprung in die felsige Gassenschlucht vorschlug, um nicht zwischen den rauhen klobigen Lasten hinabzupoltern.

Zwar der lange grüne Blumenkasten vorn war anziehend genug; doch er stand am Rande; mit der dürftigen Wildnis seiner winzigen Unkräuter, welche die sinnlosen Erwachsenen sorgfältig ausrissen, mit tauben Händen und ungestraft; fäustiges Volk.

So wurde der ‹Balkon› zum Anfang seltsamer Flugträume, in denen man die gedämpft schreienden und scheltenden Eltern hinter sich ließ, und mit wehenden Armen weit um die Häuserecken dicht über den menschenarmen nachtgrauen Straßen schräg nach unten glitt – nicht allzuweit; meist faßte man Fuß zwischen dem Kentzlers- und Louisenweg – und schritt dann schwebend unter den graulockigen Wipfelballen der vormorgendlichen Allee dahin (Richtung Schule Hammerweg) ...

... *so hell und leer* war die Welt mit großen Räumen und reinem kaltem Farbenspiel. Von breiten hölzernen Brücken sah man hinab auf die Bahngeleise, die in erregender Unerbittlichkeit schnurgerade auf den erbleichenden Himmel zu liefen; schollige Felder gingen ins fernste Blau; Mehlbeeren hingen wie traubiges Feuer in drahtstarren Dornenbüschen; vereinzelte Garben wie aus nickendem Golddraht gebündelt auf den Feldern; fliegend überall zauberfarbenes Laub und tönender Wind zwischen roten Zweigen. Weiße ruhige Villen lagen hinter abwehrend umgitterten Gärten, an den kahlen Vorstadtstraßen; raschelnd wandelte man im kühlen Abendgold. Und wenn man eins der großen gelben Blätter am weichen kalten Stiele aufnahm, lag eine rote funkelnde Kastanie darunter: der schlanke Geist im roten Seidenmantel hatte ein edles Haus. Dann kam ein kurzer kalter Windstoß, der die schleifenden Blätter drehte, und man wußte, daß er ein Wesen für sich war, deren viele diesen großen rauschenden Vorort bewohnen mußten. In langen Reihen zogen die Kinder, meist von den größeren Mädchen geordnet, auf den stillen blanken Straßen, vor dem grün und gelben Himmel entlang, mit den bunten Kugeln ihrer gerippten Papierlaternen, in denen kleine Wachshäufchen glimmten.

Einmal wurde der Abend fremd und eisscharf und so hoch, daß der Himmel, die schützende schöne Wölbung verschwand. Teilnahmsloser als Steine waren die unzählbaren glitzernden Sterne, die miteinander flinke spöttische Strahlnadeln tauschten: warum wechselten sie zierliche und eiserne Blicke, wenn man mit gefrorenen Händchen am Laternenpfahl stand? Alles verfremdete sich.

Oben war die Küche warm und hellgelb und es gab heißen Tee, den der Junge am flachen eisernen Ofen trank, während bei den anderen – den Erwachsenen – ruhiges Gespräch und matter Scherz wechselten. Es blieb immer seltsam genug, wie sie darüber hinwegsahen – mit basaltenen Seelen und warmen Händen – daß sie sich, um das Leben zu ertragen, von der Welt kleine Stücke – Stuben – abtrennten. Was war es, das ihnen diese entsetzliche Sicherheit, dies gespenstische Vergessen gab, daß sie nicht hörten, wie es im Ofen heilig und singend rief (unbekannte hohe und tiefe Stimmen, die sich gelassen und schwermütig aus den Tiefen der Nacht unverständliche Zeichen gaben; höfliche und undeutbare Rufe, ablehnende); wie draußen die edlen Bäume sich im fahrenden Eiswind kummervoll und sehnig nach rückwärts warfen; wie metallene Sternpfeile in herrlichem und tödlichem Bogen abschossen aus Nichts in Nichts, from the Alone to the Alone? Sie hatten Grenzen in sich und um sich gezogen; sie maßen und wogen: Aber das Maßlose? das nicht zu Wiegende?

(Da er keine Grenzen in sich fand, haßte er alles, was Grenze und Grenzpfahl war, und wer sie errichtet hatte).

... *Nachdem er* sorgfältig den dünnen Tee, der beim letzten Schluck einen winzigen spitzen Zuckergeschmack gab, ausgetrunken hatte, stellte er die Tasse auf den Kindertisch und sah in das spärliche Feuer, in dem sich ein länglicher Brikett aus einem stumpfschwarzen bedruckten Ziegel still in ein Anderes verwandelte. Feine rote Risse drangen von allen Seiten in ihn hinein, und darüber am Außenrand lag schon eine blättrige weiße Aschenschicht, aus der sich zuweilen noch lautlos winzige bläuliche Flämmchen mit hellgelber Spitze blähten, wenn aus dem dunklen unbekannten Berginnern die Gasströme stürzten. Für einen Augenblick konnte man am Fuße der felshohen Wand stehen, und tief in die wilden stumm glühenden Klüfte schauen; auch in roten felsigen Hochländern und funkelnden Sandwüsten wandern; oder behutsam Papierschiffchen auf ein noch schwarzes Stück Kohle setzen und mit vergehendem

Herzen warten, bis das rote Meer lautlos an die verkohlenden Planken schlug, wehe der Zaubermannschaft.

Der graubraune Sofaüberzug, und er blickte an der altmodisch hohen Rückenlehne hinauf und hinunter: bei Gaslicht, wenn die kurzhaarige, an vielen Stellen abgeschabte Plüschwand mit wilden Schatten dastand, nahm er manchmal zwei drei Stecknadeln und ein fingerlanges Endchen Zwirn, und begann unten, wo Sitz und Lehne zusammenstießen, anfangend, die Nadeln emporwandern zu lassen: bald war man mitten in der unsäglichen Bergwelt allein, im donnernden Geröll, unter überhängenden Wänden, an denen klatschend das schwere Seil schwankte.

... *die große Sonne* war rein gelb und rot aufgegangen und schien durch die gefrorenen Scheiben, auf denen sich, da die Küche noch nicht recht durchheizt war, das Schauspiel entfaltete.

Einmal wandte er den Kopf und rief seine Mutter, die eifrig kochte und gelben süßen Teig in einer Schüssel drehte: »Du!«; dann wies er auf das Fenster, an dem die Eiskräuter schlank und gebogen in den silbernen Schatten standen. Sie kam hastig herbei – bis an den Grenzpfahl – sah einen Augenblick in das kleine helle Gesicht, sagte schnell: »Hm – Eisblumen.« und blickte dann wieder gespannt, einen Finger am Gashahn, in das wallende Wasser. Der Kleine sah es auch, wie es mit feinen heißen Blasen aus der unergründlichen verschleierten Tiefe des großen Topfes emporstieg, mit schraubigen Wellen an den Rändern nach der Mitte zu strömte und leise brausend wieder versank.

Dann ging er wieder in den bereiften Garten, unter den wie dünne Reifen gebogenen und mächtig gefiederten Blattwedeln entlang, einen engen weißen Pfad, der – man sah es ganz deutlich – bis ans flache Ufer eines weiten gefrorenen Sees führte, auf dessen Rand die rosige Sonne rollte. Er hätte gern gewußt, wie die stolzen fremden Pflanzen hießen – nicht, wie sie genannt wurden – das war etwas ganz verschiedenes; denn er hatte wohl gemerkt, daß man manche Dinge richtig und manche falsch rief. »Eisblumen« war falsch; sicher hatte auch jede davon ihren eigenen Namen: aber recht wohl war ihm bei dieser Vermutung nicht; denn er erinnerte sich mit Schrecken daran, daß ja auch die Blumen, Gräser, selbst die hohen Bäume des Sommers, angeblich keine eigenen Namen hatten. Oft begegnete ihm im Treppenhaus ein großer leicht warziger Mann, mit einem lauten, roten Gesicht, der Pfeiffer hieß: warum hieß er Herr Pfeiffer, und warum hatten die sechs schlanken geliebten Pappeln am Bauerberg mit ihren munteren Blättern und den langen schönen Zweigen keine Namen? Er wollte ihnen keine ‹geben›; er wollte nur ihre richtigen hören!

Er sah wieder auf das Fenster und bemerkte mit Erstaunen, daß er nicht mehr in dem Garten herumlief, sondern wieder auf seinem Doppelstuhle saß; steif und mattsilbern stand in der Ferne der Zauberpark und wartete ...

Die Tasse erschien in der Luft (ich hattes zuerst gar nicht gesehen) und man bewegte sie ungeduldig hin und her, ohne vom Papier aufzublicken: das hieß also ‹einschenken›, na schön; ich arretierte die Wackelnde mitsamt den hellen Fingern und füllte nach. »Pre ...« fing ich an; aber da hielt sie sie schon wieder gerade, und ich flüsterte nur der Vollständigkeit halber noch »... caución«. (Gut schaute sie aus mit der eckigen Lesebrille und dem langen schlanken Kleid; aber man hätte nach 8 Jahren wohl Helena in jedem Weibe gesehen, mahnte der Kritikus). Wahrscheinlich sollte ihr Interesse ein Kompliment für mich sein.

Sie nickte langsam und griff, ohne mich anzusehen, zum nächsten Blatt: *(Interessiert ja doch Niemanden).*

Mitternacht längst vorüber: sie faltete die Blätter sorgfältig zusammen und nahm sie fest in die Hand. Ich stand am Fenster und sah den Viertelmond (crescit: er lügt) langsam und gebückt über die Wiesen schleichen; Wiesenmond durch Herbststille; alle Uhren gehen aus; ein Geist müßte man sein: schwebend über Herbstwiesen, so sähe mein tauiges Paradies aus. Sie stand hinter mir im Vorhang; sie legte die Hand an meinen Ärmel: »Ist es Dir sehr schwer gefallen?« fragte sie abwesend-reuig; ich antwortete natürlich nicht, und wir hörten es ums Haus kiefern und hauchen.

Auf dem Wege auf und ab gehen: »Immer kann ich nicht bleiben« sagte sie vor sich hin: »ich muß noch mehr Menschen finden.« Nachtkälte. Ich sagte lange: »Wenn Du aber Niemanden sonst antriffst?« (Wendung auf den Schienen; stehen; der Mond sank langsam ein in Nadelgezweig und Dunstband: rötlich war das silberne Wesen geworden, die untere Spitze schon weg, unten). »Dann komm ich wieder« flüsterte sie tröstlich, atmete hoch und tief. Traurig und schön. –

Stiller Nebelgrund im Ostermoor: lautlos Kartoffeln rausmachen. Die Erde glühte schwarz und rot; wir wühlten langsam in den kalten Schollen, mit fleckigen weinroten Händen; es drückte unter den schwarzgeränderten Nägeln. Das Wolkenfeuer veraschte bald; kalt und dämmergrün blieb der Weidengrund unten, während ich am beuligen Sack knotete. Schärfe entstand in der Luft, und die Büsche wirbelten ein wenig mit dem schwarzen Laub. Die Stille lag herbstheil über dem ‹ganzen› Land.

Sie fragte: »Warum schreibst Du eigentlich noch? – Warum hast Du überhaupt Bücher geschrieben?« (Antwort: Geld verdienen. Worte meine einzigen Kenntnisse. »Das ist nicht wahr!« sagte sie empört. Habs anders versucht. Auch: es macht mir Vergnügen, Naturbilder, Situationen, in Worten zu fixieren, und kurze Geschichten so durchzukneten).

Sie pfiff den Marsch der finnländischen Reiterei: püpüpi: püpüpi: püpüpüperü- püpü (og frihet gar ut fra den ljugande pol); sie sagte gerunzelt: »Also niemals für Leser, wie? Nie irgendeine propagandistische oder ‹sittliche› Aufgabe gefühlt?«

»Für Leser?« fragte ich zutiefst erstaunt; auch die ‹sittliche Aufgabe› war mir neu. »Ich meinte ja auch bloß −« besänftigte sie, bohrte aber sanft weiter: »aber sag mal: −?«. »Ich hab immer begeistert Wieland gelesen: Poe, Hoffmann, Cervantes, Lessing, Tieck, Cooper, Jean Paul − das hab ich mir manchmal vorgestellt: ob die mit meinen Sachen zufrieden wären, oder Alfred Döblin und Johannes Schmidt. Aber allgemein ‹Leser›?? − Nee!!« (Sowas kenn ich nicht).

»Heldenverehrung?« ich schnob verächtlich: »Mädchen!« Wer so lange mit mir gelebt hat wie ich, der glaubt an keine heroes mehr (vielleicht einige, aber die sind sicher schon lange tot). Trotzdem bat ich: »Lisa: bleib!« aber sie war schon zu weit weg, mindestens 10 Furchen, und füllte den Drahtkorb wieder mit den sanften steinhellen Knollen.

Frost at midnight: die hölzerne Stube war weiß und schwarz vor Mondgeflunker; im Ofen schlief ein dicker roter Punkt. Wir erwachten fröstelnd, und sie bohrte die geliebten Schultern scharf in mich. Ich streichelte einmal mit den Händen über Alles, sagte: »ich mach noch mal Feuer,« küßte in schläfriges Haar, und holperte, nächtlich bekleidet: gestreift wie im bagno, zum herrlichen Ofen. Jetzt segnete ich unser Gesäge, und all die Spändel-Nachmittage; ich griff in schattige Hölzer und baute schnell ein kunstvolles Gitter um den roten Punkt, blies delphinenmäulig schlaftrunken, und sogleich wucherte die Flamme im eisernen Gewölbe, dehnte sich begehrlich und dünn durch die Züge, der Kopf torkelte mir auf die kalte Brust, und ich stolperte wieder zur Lisa.

Nach 15 Minuten floß die warme Welle über uns. Sie stöhnte befriedigt, pflanzenhaft willenarm (und ich huschte noch einmal davon und schob Buchenkloben nach). Wir umschoben uns mit Händen und flochten die Beine umeinander, ruhig und sicher. Als es richtig warm war, sagte sie lüstrig:

»Komm: laß uns wacholdern!« Ich erhob mich, einverstanden ohne Widerspruch, denn der Mond hatte auch mich toll gemacht; wir verkleideten uns, stirnziehend und flink, und gingen hintereinander durch die Bretterwände.

Wacholdermond: er funkelte und weißblaute genug. Die Pflanzen standen

seydenschwartz mit wunderlchen Gebärden (das ‹i› muß um des Satz-
rhythmus willen ausfallen). Noch einmal: glitt Lisa ins Haus nach den
Flaschen. – Wir tranken in festes Nadelparkett gehockt, still und
beherrscht.

Sie reckte den Hals, ihre Stimme sagte: »Ich fahr ab.« Ich sah die Wacholder
um mich huschen, sitzen; ich faßte meinen Nebenast: »Wieso?« fragte
ich trocken und un. Drüben blinkte das grüne Flaschenglas im Hoch-
licht: »Mir gehts zu gut bei Dir« atmete es über drei Moosfleckchen. Ich
war mit einem Donnersprunge neben der Weißen und faßte in ihr
Fleisch: »Lisa!!«

Ich sagte: »Lisa!: –«

»Meine Haut zittert, wenn ich ein Kleidungsstück von Dir sehe. Und
mein Herz ist wie ein Fundevogel, denke ich nur Deinen Namen: wollen
wir nicht wie die Prinzen leben. Meine Champignonne?«

Sie antwortete gellend: »Ich hab keine Schuhe an.« (Richtig: ihre Füße waren
nackt!) Ich riß mir die Jacke auf und stemmte ihre Sohlen an die Brust,
ihre Knie lagen in meinen Händen. Der Mondwirt goß es weiß über
uns; rechts von ihr lag eine gelbe Hand, links von ihr lag eine gestreifte
Hand: und sie kamen auf meinen Körper zu. Ich rieb ihre Knie und
drang näher auf sie ein; aber sie straffte die Beine und trieb mich zurück.

»Morgen fahre ich ab: es ist gerade noch Zeit, ehe ich ganz behäbig werde. Du
bist mir zu stark.« Sie schob sich hoch; sie sagte ruhig: »Du kannst mir
gleich dabei helfen: sieh das Rad durch und den Anhänger; ich zieh mich
an.«

Rad aufgepumpt; der Anhänger dran. Ich ging ins Haus; sie stand in der Küche
und packte, mit Büchsen und Flaschen einen Rucksack. Ich rief: »Bleib!«
(Glas und Blech erscholl nicht gedämpfter).

»Lisa!« aber eine Leine machte Knoten und raschelte. Da ging ich hinaus und
gaffte, wie sich der Reif auf dem Land bildete.

In Overall und Mütze: so griff sie nach der Lenkstange. Noch einmal trank sie
süchtig; hielt mir das gläserne Behältnis hin, und ich küßte den kalten
feuchten Flaschenmund, den kalten schnapsfeuchten Frauenmund,
bebend vor Kälte und Elend.

»Ich muß!« erklärte sie entschlossen, »ich werde bei Dir – ich weiß nicht –
dicker und klassischer. – Sicher ists nur mein Zigeunergeist und in
8 Tagen bereu ichs schon. – Du bleibst ja hier, und ich ˌ eiß immer,
wo meine letzte Zuflucht sein kann: –?!« Sie hielt mir die Hand über
den Rahmen hin, und ich griff ihr Halsfleisch und küßte was ich fand,
daß wir fast umfielen.

»Ich bin verrückt!« stellte sie stöhnend fest: »Aber kein Mensch kann für seine

Natur. Entwurzelt durch 3 Kriege, ach –« Sie brach ab und befahl: »Tritt zurück. In den Buschkreis.« Ich tats. Sie saß ruhig auf und sah sich noch einmal um: *Die Wiesen glänzten still und luftig* im sottschwarzen Kiefernrahmen. Der Mond als Schlußstein des schief zugespitzten Himmelsgewölbes. Ich sagte sinnlos: »Hast Du auch Streichhölzer – Du?«. Sie erwachte und erwiderte interessiert: »Nein! – Hol mir welche: ja?!«

Im Haus: wo sind die denn?! Ich zerriß Schübe und Packpapier: wo denn!!– *Fort:* Sie war fort! Natürlich! Und ich stand mit geducktem Kopf wie in einem blauen Stein. Blödes Gesicht. Inmitten Pflanzen. In der Rechten ein Paket Streichhölzer.

Gegen Morgen kam Gewölk auf (und Regenschauer). Frischer gelber Rauch wehte mich an: mein Ofen! So verließ ich den Wald und schob mich ans Haus: der letzte Mensch.

Noch einmal den Kopf hoch: da stand er grün in hellroten Morgenwolken. Reif in Wiesenstücken. Auch Wind kam auf. Wind.

ERSTVERÖFFENTLICHUNGEN

AUS DEM LEBEN EINES FAUNS
Hamburg: Rowohlt 1953

BRAND'S HAIDE
und
SCHWARZE SPIEGEL
Hamburg: Rowohlt 1951